AF832257

Das Multilaterale Instrument im System des internationalen Steuerrechts

FINANZ- UND STEUERRECHT IN DEUTSCHLAND UND EUROPA

Herausgegeben von Klaus-Dieter Drüen, Hanno Kube und Rainer Wernsmann

Band 49

Zur Qualitätssicherung und Peer Review der vorliegenden Publikation

Die Qualität der in dieser Reihe erscheinenden Arbeiten wird vor der Publikation durch Herausgeber der Reihe geprüft.

Notes on the quality assurance and peer review of this publication

Prior to publication, the quality of the work published in this series is reviewed by editors of the series.

Vorwort

Die vorliegende Arbeit wurde im Sommersemester 2021 an der Juristischen Fakultät der Westfälischen Wilhelms-Universität Münster als Dissertation angenommen. Berücksichtigung fanden Literatur, Rechtsprechung und Gesetzeslage bis Mitte August 2021.

Zunächst möchte ich meinem Doktorvater Herrn Prof. Dr. Joachim Englisch meinen Dank aussprechen. Er ermöglichte mir eine Tätigkeit am Institut für Steuerrecht und stand stets mit wertvollen Ratschlägen bei der Verwirklichung des Promotionsvorhabens zur Seite. Herrn Prof. Dr. Sebastian Benz danke ich für die gründliche Erstellung des Zweitgutachtens. Für die Ermöglichung eines Forschungsaufenthalts an der Université Paris 1 Panthéon-Sorbonne bin ich zudem Herrn Prof. Daniel Gutmann sehr dankbar.

Ein besonderer Dank gilt sodann auch allen Kolleginnen und Kollegen am Institut für Steuerrecht, auf deren Kollegialität und hervorragende fachliche Einschätzungen ich stets vertrauen konnte. In freundschaftlicher Verbundenheit möchte ich insbesondere Dr. Arno Görlitz, der auch die Mühen des Korrekturlesens auf sich nahm, sowie Dr. Till Krummel, Dr. Julia Kamps und Dr. Tim Würstlin für eine einzigartige Arbeitsathmosphäre und befruchtenden Austausch danken.

Ferner danke ich in aller Liebe Yung-Ju Tsai, deren unermüdlicher Beistand und sorgsame Geduld von nicht zu unterschätzender Bedeutung für die Verwirklichung dieser Arbeit waren. Überragende Wichtigkeit hat schließlich die kontinuierliche Unterstützung meiner Eltern, Franziska Grünberg-Lemli und Andreas Lemli, die ich besonders hervorheben möchte. Sie haben mir meine juristische Ausbildung ermöglicht und in liebevoller und bedächtiger Art und Weise meinen bisherigen Lebensweg mitgeprägt. Ihnen sei daher diese Arbeit gewidmet.

Düsseldorf, im März 2024

Jan Luis Lemli

Inhaltsverzeichnis

Abkürzungsverzeichnis

Aufl.	Auflage
Bd.	Band
bspw.	beispielsweise
bzgl.	bezüglich
bzw.	beziehungsweise
BEPS	Base Erosion and Profit Shifting
CbCR	Country-by-Country Reporting
CoP	Conference of the Parties
CTA	Covered Tax Agreement
DB	Der Betrieb
DBA	Doppelbesteuerungsabkommen
et al.	et alii
EU	Europäische Union
G7	Group of Seven
G20	Group of Twenty
GAAR	General Anti-Abuse Rule
GATT	General Agreement on Tariffs and Trade
gem.	gemäß
GloBE	Global Anti-Base Erosion Proposal
ICSID	International Centre for Settlement of Investment Disputes
IFA	International Fiscal Association
IGH	Internationaler Gerichtshof
ILC	International Law Commission
insb.	insbesondere
IP	Intellectual Property
i.S.d.	im Sinne des
i.S.v.	im Sinne von
ISR	Internationale Steuer-Rundschau
IStR	Internationales Steuerrecht
IWF	Internationaler Währungsfonds
krit.	kritisch
LoB	Limitation on Benefits

MERCOSUR	Mercado Común del Sur
MLI	Multilaterales Instrument
m.w.N.	mit weiteren Nachweisen
OECD	Organisation for Economic Co-operation and Development
OECD-MA	OECD-Musterabkommen
OECD-MK	OECD-Musterkommentar
OEEC	Organisation for European Economic Co-operation
Rn.	Randnummer
S.	Seite
SCM	Subsidies and Countervailing Measures
sog.	sogenannte/r
SPS	Sanitary and Phytosanitary Measures
StB	Der Steuerberater
StuW	Steuer und Wirtschaft
SWI	Steuer & Wirtschaft International
u.a.	unter anderem
UN	United Nations
UNCITRAL	United Nations Commission on International Trade Law
v.a.	vor allem
vgl.	vergleiche
Vol.	Volume
WVK	Wiener Vertragsrechtskonvention

A. Einleitung

I. Untersuchungsgegenstand

Der Kontext, in welchem das Verhalten von Staaten auf internationaler Ebene beschrieben wird, ist oftmals vom Eindruck der Anarchie geprägt.[1] Dieser Zustand der internationalen Arena als „self-help-system"[2] führt zu einem unbestimmten Charakter zwischenstaatlicher Kooperation.[3] Das steuerrechtliche Abkommensrecht war hingegen seit seiner Entstehung geprägt von dem Bestreben, drohende Beeinträchtigungen der Wohlfahrt in den beteiligten Staaten, insbesondere in Form von Doppelbesteuerungen, zu beseitigen.[4] Die Gleichförmigkeit der so über die Zeit geschaffenen Mechanismen der Zusammenarbeit, allen voran der OECD sowie der Musterabkommen, bestimmten über lange Zeit den Lauf der Rechtsentwicklung des internationalen Steuerrechts.[5]

Durch zunehmende Globalisierung verstärkte sich jedoch das grenzüberschreitende Element der Wirtschaft in einem Maße, welches umfangreiche Gewinnverlagerungen und anderweitig veranlasste Erosionen des Steuersubstrats ermöglichte.[6] Diese Entwicklung verschärfte sich zusätzlich durch das Aufkommen digitaler Geschäftsmodelle sowie der graduellen Digitalisierung traditioneller Geschäftsmodelle.[7] Die eindimensionale Ausrichtung des internationalen Steuerrechts auf den Aspekt der Vermeidung der Doppelbesteuerung hatte jedoch eine Struktur geschaffen, welche nicht imstande war, auf die neuen

---

1 Etwa *Baldwin*, Neoliberalism, Neorealism, and World Politics, in Baldwin, (Hrsg.), Neorealism and Neoliberalism, S. 4; *Donnelly*, 40 International Organization 1986, 599, 601; *Stein*, 36 International Organization 1982, 299, 300.

2 Grundlegend *Waltz*, Theory of International Politics, S. 104; aufgegriffen u.a. durch *Glaser*, 19 International Security 1994–1995, 50, 50; *Lebow*, Classical Realism, S. 55.

3 Vgl. *Glaser*, 19 International Security 1994–1995, 50, 56.

4 Vgl. hierzu League of Nations, Report on Double Taxation. Submitted to the Financial Committee by Professors Bruins, Einaudi, Seligman and Sir Josiah Stamp, Geneva: League of Nations, 5 April 1923, E.F.S.73.F.19.

5 Bzgl. der Fortführung der Arbeiten des Völkerbunds durch die OECD *Jogarajan*, Double Taxation and the League of Nations, S. 243 ff.

6 Vgl. OECD, Base Erosion and Profit Shifting Project, Explanatory Statement, 2015 Final Reports, Rn. 2.

7 Vgl. OECD, Base Erosion and Profit Shifting Project, Action 1 Final Report, Rn. 109 ff.

Herausforderungen zu reagieren.[8] Vor diesem Hintergrund unternahm die OECD 2013 auf Ersuchen der G20 mit Entwurf des BEPS-Projekts den Versuch einer umfassenden Neuausrichtung des internationalen Steuerrechts unter dem Gesichtspunkt der Vermeidung steuerlicher Substanzbeeinträchtigungen und Gewinnverlagerungen.[9] Die Umsetzung des Projekts ist angesichts der Notwendigkeit einer Änderung sowohl des nationalen als auch des Abkommensrechts eine komplexe Herausforderung.[10] Der Aspekt einer erforderlichen Neuverhandlung der bestehenden Doppelbesteuerungsabkommen veranlasste die OECD dazu, ein multilaterales Abkommen zu planen, um die geplanten Änderungen in das bisherige Abkommensnetzwerk zu überführen.[11]

Das so geschaffene Multilaterale Instrument, welches am 24.11.2016 verabschiedet wurde und am 1.7.2018 in Kraft trat, bildet ein rechtstechnisches Novum in der über hundertjährigen Geschichte des internationalen Steuerrechts.[12] Der völkerrechtlich multilaterale Charakter mutet zunächst als Fremdkörper in dem ansonsten ganz überwiegend bilateral geprägten Abkommensrecht an.[13] Die Zwecksetzung als völkerrechtliches Umsetzungsinstrument steht jedoch für die Notwendigkeit einer Rechtstechnik, welche im Verhältnis zum bestehenden Bilateralismus vermittelt und das multilaterale Element systemkomform integriert.[14] War der bisherige OECD-Prozess durch Einsatz des empfehlenden Musterabkommens sowie des Musterkommentars von einer Unbestimmtheit und Varianz in der Regelungsübernahme geprägt, trägt die Multilateralität der Abkommensinhalte das Versprechen einer gleichförmigen Umsetzung in

---

8 Vgl. *Brauner*, Bulletin for International Taxation 2020, 28, 47; vgl. *Frotscher*, Internationales Steuerrecht, Rn. 1140, welcher eine Einbindung von Missbrauchsklauseln im Kern lediglich bei neueren Doppelbesteuerungsabkommen erkennt. „International taxation is widely perceived to be in shambles“, siehe *Kane*, 32 Yale Journal on Regulation 2015, 311, 312.

9 OECD, Base Erosion and Profit Shifting Project, Explanatory Statement, 2015 Final Reports S. 13 ff.

10 Vgl. OECD, Base Erosion and Profit Shifting Project, Explanatory Statement, 2015 Final Reports, S. 7, 9.

11 OECD, Base Erosion and Profit Shifting Project, Developing a Multilateral Instrument to Modify Bilateral Tax Treaties, Action 15, 2015 Final Report.

12 Vgl. *Avi-Yonah/Xu*, 39 Michigan Journal of International Law, 155, 156.

13 Vgl. zur Annahme eines durch das Abkommen ausgelösten Multilateralismus *Antón*, British Tax Review 2019, 462, 462.

14 Vgl. *Brauner*, British Tax Review 2019, 437, 459.

sich.[15] Auf diese Weise tritt das Multilaterale Instrument in Beziehung zu den gewachsenen rechtlichen und institutionellen Strukturen des internationalen Steuerrechts.

Die Auswirkungen und Konsequenzen dieser systemischen Integration sind mannigfaltig und zum jetzigen Zeitpunkt noch nicht hinreichend aufgearbeitet. Bisherige Publikationen untersuchen insbesondere die dogmatische Funktionsweise des Abkommens.[16] So beschäftigt sich etwa eine Dissertation aus dem Jahr 2020 substanziell mit der dogmatischen Struktur des Multilateralen Instruments.[17] Sofern das Multilaterale Instrument in Hinblick auf das System des internationalen Steuerrechts begutachtet wird, geschieht dies in Bezug auf Einzelaspekte[18] oder aber in pauschaler Abgrenzung zum bilateral geprägten Abkommensnetzwerk.[19]

Vor diesem Hintergrund wird das Erkenntnisinteresse der vorliegenden Arbeit offenbar. Einerseits berührt das Abkommen in rechtlicher Hinsicht die bisherigen Parameter des internationalen Steuerrechts, wie etwa den völkerrechtlichen Änderungsprozess oder die Auslegung des internationalen Steuerrechts.[20] Andererseits ist auch die Rolle der Institutionen des internationalen Steuerrechts neu zu begutachten. Hieraus ergeben sich zahlreiche Fragen, welche sowohl an die rechtliche, als auch an Fragen der Wirkung auf Institutionen und Funktionsweise des Systems internationalen Steuerrechts anknüpfen. Den Ausgangspunkt bildet dabei die Frage, inwiefern sich das Multilaterale Instrument als neue Ebene der Koordination in das System des internationalen Steuerrechts einfügt.[21] Die Transformationswirkung des Multilateralen Instruments

---

15 Vgl. OECD, Base Erosion and Profit Shifting Project, Developing a Multilateral Instrument to Modify Bilateral Tax Treaties, Action 15, 2015 Final Report, Rn. 23.

16 Siehe u.a. *Berens*, Multilaterales Instrument im Kontext der Einkünfteerzielung hybrider Gesellschaften; *Bosman*, Intertax 2017, 642 ff.; *Jung*, IStR 2019, 91 ff.; Haase, MLI; sowie die Beiträge in *Lang/Pistone/Rust/Schuch/Staringer* (Hrsg.), The OECD Multilateral Instrument for Tax Treaties. Analysis and Effects.

17 *Bravo*, A Multilateral Instrument for Updating the Tax Treaty Network.

18 Etwa *Broekhuijsen*, A Multilateral Tax Treaty, S. 230 ff.; *Broekhuijsen/Valderrama*, 23 International Community Law Review 2021, 79 ff.

19 Vgl. *Antón*, British Tax Review 2019, 462, 477 ff.; *Brauner*, British Tax Review 2019, 437, 456; *Drüen*, in Wassermeyer, Doppelbesteuerung, Vor Art. 1 MA Rn. 190 f.; *Gomes*, Bulletin for International Taxation 2018, 87, 88 ff.

20 Vgl. beispielhaft *Bravo*, A Multilateral Instrument for Updating the Tax Treaty Network, S. 101 ff.; *Lang*, SWI 2017, 11 ff.

21 Vgl. *Brauner*, British Tax Review 2019, 437, 437.

kann sich in diesem Rahmen sowohl rechtlich, institutionell als auch in Hinblick auf die Verfahren und Funktionsweise des internationalen Steuerrechts manifestieren.

In rechtlicher Hinsicht stellt sich aufgrund des multilateralen Charakters die Frage einer konvergenzverstärkenden Wirkung sowie inwiefern Auswirkungen auf die Auslegung sowie die Bildung von Gewohnheitsrecht bestehen. Institutionell ist insbesondere die Entwicklung der Rolle der OECD im System des internationalen Steuerrechts im Verhältnis zu den Nationalstaaten sowie die etwaige Schaffung eigener Abkommensinstitutionen zu betrachten. Aus funktioneller Perspektive ist schließlich die Transformationswirkung auf die Entscheidungsprozesse im System des internationalen Steuerrechts anzudenken. Dies bezeichnet sowohl Verhandlungs- als auch Schiedsverfahrensabläufe. Untersuchungsgegenstand der Arbeit bildet daher die Frage, inwiefern vor diesem Hintergrund durch das multilaterale Instrument eine neue Koordinationsebene im System des internationalen Steuerrechts entstanden ist.

II. Gang der Untersuchung

Zur Ergründung des Untersuchungsgegenstands wird in einem ersten Schritt das System des internationalen Steuerrechts näher beleuchtet. Ausgangspunkt bildet hierbei eine Untersuchung der klassischen Aufteilungsprinzipien des internationalen Steuerrechts. Auf dieser Grundlage wird anschließend das Koordinationsbedürfnis im internationalen Steuerrecht vor dem Hintergrund von Doppelbesteuerung und doppelter Nichtbesteuerung dargelegt. Im Weiteren werden die Methoden zur Vermeidung der Doppelbesteuerung aufgeführt. Im Rahmen der Ebenen der Vermeidung der Doppelbesteuerung wird dann auf das Verhältnis von nationalen und internationalen Maßnahmen zur Vermeidung der Doppelbesteuerung eingegangen. Nach Darstellung dieser grundsätzlichen Aspekte wird vor dem Hintergrund der potenziellen Unverträglichkeit eines Systembegriffs mit den national und abkommensrechtlich grundsätzlich pluralen Regelungen im internationalen Steuerrecht eine Systemkonvergenz untersucht. Die hierbei ausgewählten konvergenzbegründenden Faktoren umfassen den Aspekt der Musterabkommen, der Existenz von Gewohnheitsrecht sowie rechtliche „Transplants". Die Untersuchung der Musterabkommen weist eine kurze historische Einführung auf. Nach knapper Feststellung der Rechtsnatur wird eine Prinzipienanalyse unter dem Gesichtspunkt der Konvergenzwirkung der Musterabkommen vorgenommen. Im Anschluss wird auf den Gesichtspunkt der Auslegung im Zusammenhang mit einer Konvergenzwirkung eingegangen. Zu diesem Zweck werden zunächst die diesbezüglichen rechtlichen

Grundlagen der Wiener Vertragsrechtskonvention erarbeitet. In einem nächsten Schritt werden diese Grundlagen dann auf das Recht der Doppelbesteuerungsabkommen angewandt. Hiernach wendet sich die Untersuchung hinsichtlich des Gesichtspunkts der Konvergenz dem Status des Völkergewohnheitsrechts sowie rechtlicher Transplants zu.

Nach demgemäßen Abschluss der rechtlichen Betrachtung des Systems des internationalen Steuerrechts wird unter den Vorzeichen einer interdisziplinären Untersuchung die Funktionsweise des Systems des internationalen Steuerrechts anhand der Theorie der internationalen Beziehungen erläutert. Im Anschluss an eine knappe Einführung in die Fruchtbarmachung des Forschungsbereichs für das internationale Steuerrecht im Allgemeinen fokussiert sich die Arbeit auf die Regimetheorie. Aufbauend auf der Skizzierung der Regimetheorie wird diese dann auf das internationale Steuerrecht angewandt. Nach Abschluss dieser rechtlichen und politischen Perspektiven auf das System des internationalen Steuerrechts wird auf die Herausforderung des Systems durch die Digitalisierung der Wirtschaft eingegangen.

Diese Betrachtung leitet über zum zweiten Oberabschnitt, der Darstellung des Multilateralen Instruments. Nach kurzer Darstellung der Entwicklungsgeschichte wird in den Anwendungsbereich des Abkommens eingeführt. Hierauf folgend wird die Funktionsweise des Abkommens umfangreich in den Blick genommen. Zu diesem Zweck werden nach eingehender Beschreibung des Verhältnisses der Doppelbesteuerungsabkommen zum Multilateralen Instrument die Flexibilitätsmechanismen des Abkommens sowie der Änderungsprozess erklärt. Zudem findet auch die Auslegung des Multilateralen Instruments Berücksichtigung.

Auf Grundlage der Systemkonzeption in rechtlicher und politischer Hinsicht sowie der Darlegung der Abkommensmechanik des Multilateralen Instruments wird sodann dessen Rolle als neue Koordinationsebene im System des internationalen Steuerrechts beleuchtet. Hierbei wird zwischen unterschiedlichen Transformationswirkungen differenziert. Zunächst wird die rechtliche Transformationswirkung des Multilateralen Instruments in den Blick genommen. Hinsichtlich einer Prüfung des Reichweitepotenzials des Abkommens wird die konvergenzverstärkende Wirkung des Abkommens sowie ferner Auswirkungen auf Auslegung und die Bildung von Gewohnheitsrecht untersucht. Als entgegenstehendes Hemmnis einer Transformationswirkung wird zudem der Prozess innerstaatlicher Umsetzung elaboriert.

Hiernach wird die institutionelle Transformationswirkung analysiert. Fokussiert wird sich dabei auf eine mögliche Steigerung des Einflusses der OECD, die Rolle der CoP als Institution des Multilateralen Instruments sowie auf den

Prozess einer Entstaatlichung im Wege qualifizierter Veränderungsresistenz des internationalen Steuerregimes.

In letzter Hinsicht wird sich sodann der auf die funktionalen Abläufe und Verfahren innerhalb des internationalen Steuerrechts bezogenen Transformationswirkung zugewandt. Diese wird in zweierlei Hinsicht untersucht: Einerseits bezüglich der Auswirkungen auf die Verhandlungen von Doppelbesteuerungsabkommen, andererseits hinsichtlich der Bedeutung von Schiedsverfahren im internationalen Steuerrecht.

Auch trotz der fortgeschrittenen Implementierung des BEPS-Projekts durch das Multilaterale Instrument befindet sich das internationale Steuerrecht weiterhin in einer Umbruchs- und Orientierungsphase. In diesem Kontext wird das Multilaterale Instrument auch auf eine Tauglichkeit zur Umsetzung künftiger Maßnahmen überprüft, wobei einerseits die Nachhaltigkeit des Abkommens als Umsetzungsinstrument generell sowie auch Kriterien der Umsetzbarkeit von Maßnahmen im Rahmen des Abkommens angesprochen werden.

B. Das System des internationalen Steuerrechts

I. Systemkonzeption des internationalen Steuerrechts

Das internationale Steuerrecht bezeichnet die normative Befassung mit internationalen Sachverhalten aus steuerrechtlicher Perspektive. Dementsprechende Rechtsquellen sind zunächst auf nationaler, jedoch auch auf völkerrechtlicher Ebene vorzufinden. Generell kommt Steuern eine Staatsfinanzierungsfunktion zu, indes besteht aufgrund von national divergierenden ökonomischen und sozialen Bedürfnissen eine ebenso divergierende Ausgestaltung von Steuergesetzen.[22] Auch das internationale Steuerrecht bildet diese variablen Erfordernisse ab, sodass die Grundsätze eines systemischen Zusammenwirkens im internationalen Steuerrecht zu ergründen sind. Daher ist zunächst der Status quo der internationalen Aufteilung von Besteuerungsbefugnissen darzulegen. Auf dieser Grundlage ist das zwischenstaatliche Koordinationsbedürfnis als Fixpunkt in der Entstehung von internationalem Steuerrecht[23] zu untersuchen. Nach Erarbeitung der hieraus folgenden Methoden und koordinativen Ebenen ist aus einer Systemperspektive der Aspekt der Regelungskonvergenz im internationalen Steuerrecht zu vertiefen.

1. Die internationale Aufteilung der Besteuerungsrechte

a) *Historischer Kontext*

Das 19. Jahrhundert war geprägt von einer zunehmenden globalen Verflechtung von Kapital- und Warenströmen, welche eine grundlegende Veränderung der ökonomischen Struktur der einzelnen Staaten bedeutete.[24] Um den Prozess der Industrialisierung voranzutreiben, wurde ein interkontinentaler Rohstoff- und Warenhandel zunehmend bedeutsam, was die Bildung internationaler Wertschöpfungsketten beförderte.[25]

---

22 Vgl. hierzu *Livingston*, Tax and Culture, S. 50, 54.

23 Dies betrifft primär das Abkommensrecht, jedoch wird im Rahmen der rechtlichen Transplants sowie der Rolle von Völkergewohnheitsrecht auch auf außensteuerrechtliche Regelungen eingegangen.

24 *Jones*, Entrepreneurs, Firms and Global Wealth since 1850, Harvard Business School Working Paper No. 13-076 v. 12.3.2013, S. 9.

25 *Fitzgerald*, The Rise of the Global Company, S. 27.

Um die Jahrhundertwende bestanden jedoch die entscheidenden staatlichen Einnahmequellen in Zöllen sowie in Steuern auf Grund und Immobilien, Einkommensteuern bestanden lediglich auf Eigentum und Vermögen.[26] Die Gefahr einer Besteuerung durch mehrere Staaten bestand vornehmlich in Hinblick einer Besteuerung von Erbschaften.[27] Ferner entstand Regelungsbedarf bzgl. der Behandlung von Eisenbahngesellschaften und fahrenden Händlern.[28] Die Finanzierung der staatlichen Ausgaben im Rahmen des Ersten Weltkriegs löste hingegen bis in die 1920er Jahre hinein in zahlreichen europäischen Staaten die Einführung von umfassenden Einkommensteuern aus.[29] Multinational tätige Unternehmen waren daher unter Umständen einer Doppelbesteuerung ausgesetzt.[30]

Der unzureichende Charakter des Erlasses nationaler Normen zur Verhinderung der Doppelbesteuerung führte zum Abschluss bilateraler Verträge; ein erstes derartiges Doppelbesteuerungsabkommen wurde 1899 zwischen Preußen und Österreich-Ungarn abgeschlossen.[31] Die Verhandlung über die Aufteilung von Besteuerungsrechten schuf ein Bedürfnis der Entwicklung international tragfähiger Aufteilungskategorien.[32] Die hierfür notwendige internationale Koordination wurde federführend von der *League of Nations* wahrgenommen.[33] So berief das *Financial Committee* der *League of Nations* im Jahr 1923 einen vierköpfigen Expertenrat, um Lösungskonzepte für Fragen der Doppelbesteuerung zu erarbeiten.[34] Dieses bestand aus den Ökonomen *Bruins*, *Einaudi*, *Seligman*

---

26 So *Rixen*, The Political Economy of International Tax Governance, S. 86.

27 *Rixen*, The Political Economy of International Tax Governance, S. 87.

28 *Rixen*, The Political Economy of International Tax Governance, S. 87.

29 Vgl. *Valta*, Das Internationales Steuerrecht, S. 350; ferner *Rixen*, The Political Economy of International Tax Governance, S. 87.

30 *Valta*, Internationales Steuerrecht, S. 350; *Picciotto*, International Business Taxation, S. 3.

31 Zum Ganzen *Rixen*, The Political Economy of International Tax Governance, S. 87; dies war allerdings nicht das erste völkerrechtliche Abkommen steuerrechtlicher Natur: So wurde bereits 1843 ein Abkommen zwischen Frankreich und Belgien abgeschlossen, welches indes wesentlich die behördliche Zusammenarbeit zum Inhalt hatte, vgl. *Barbé*, Droit Fiscal International, S. 19.

32 *Rixen*, The Political Economy of International Tax Governance, S. 87.

33 Hierzu und folgend *Ho/Jiang*, A New Dawn for the International Tax System, S. 147.

34 League of Nations, Report on Double Taxation. Submitted to the Financial Committee by Professors Bruins, Einaudi, Seligman and Sir Josiah Stamp, Geneva: League of Nations, 5 April 1923, E.F.S.73.F.19.

und *Stamp*.[35] In Bezug auf die internationale Aufteilung der Besteuerungsrechte wurden unter der Bezeichnung eines „economic allegiance principle" konzeptionelle Zuordnungskriterien aufgestellt.[36] Diese gingen maßgeblich auf die Arbeiten von *Schanz* zurück.[37] Das Prinzip der „economic allegiance" basierte auf vier Elementen, und zwar „origin, situs, enforceability and domicile".[38] Mit Bezugnahme auf die Herkunft der Einkünfte sowie den Sitz des doppelt besteuerten Subjekts sind bereits zu diesem Zeitpunkt Konturen der im Laufe der weiteren Jahrzehnte entwickelten Anknüpfungspunkte zu erkennen.[39]

b) Völkerrechtlicher Ausgangspunkt des Besteuerungsrechts

Der steuerrechtliche Zugriff auf einzelne Personen oder Unternehmen ist ein Hoheitsakt, welcher im Grundsatz aus der Souveränität des handelnden Staates folgt.[40] Das Prinzip staatlicher Souveränität ist in Art. 2 Abs. 1 UN-Charta verbürgt ("sovereign equality") und war auch vor Kodifikation anerkanntes Prinzip.[41] Staatliche Souveränität kann im Sinne der drei Gewalten in die Ausübung von Exekutivgewalt (*jurisdiction to enforce*), den Beschluss von Gesetzen (*jurisdiction to prescribe*) sowie die Ausübung von Rechtsprechung (*jurisdiction to judicate*) unterteilt werden.[42]

---

35 League of Nations, Report on Double Taxation. Submitted to the Financial Committee by Professors Bruins, Einaudi, Seligman and Sir Josiah Stamp, Geneva: League of Nations, 5 April 1923, E.F.S.73.F.19.

36 League of Nations, Report on Double Taxation. Submitted to the Financial Committee by Professors Bruins, Einaudi, Seligman and Sir Josiah Stamp, Geneva: League of Nations, 5 April 1923, E.F.S.73.F.19, S. 22 ff.

37 Vgl. hierzu *Schanz*, Finanzarchiv 1892, 365 ff. sowie *Schanz*, Finanzarchiv 1923, 353, 355 f.; siehe *Rixen*, The Political Economy of International Tax Governance, S. 60.

38 League of Nations, Report on Double Taxation. Submitted to the Financial Committee by Professors Bruins, Einaudi, Seligman and Sir Josiah Stamp, Geneva: League of Nations, 5 April 1923, E.F.S.73.F.19, S. 27.

39 Siehe *Rixen*, The Political Economy of International Tax Governance, S. 60, welcher diesbzgl. von „main intuitions" spricht.

40 Vgl. *Hongler*, Justice in International Tax Law, S. 77 f.

41 Siehe zur Begriffsprägung *Janis*, Sovereignty and International Law: Hobbes and Grotius, S. 399 f.

42 So *Olmstead*, 14 Yale Journal of International Law 1989, 468, 468; in dieser Kategorisierung auch *Valta*, Internationales Steuerrecht, S. 47, vgl. zudem *Bühler*, Prinzipien des Internationalen Steuerrechts, S. 130.

Wenngleich die Regelung staatlicher Souveränität überwiegend aus dem Staat heraus durch nationale Vorschriften bestimmt ist, kann diese, insbesondere mit Blick auf die Souveränität anderer Staaten aus Art. 2 Abs. 1 UN-Charta, nicht grenzenlos erfolgen.[43] In ihrer Ausübung ist staatliche Souveränität eingehegt durch das Territorialitätsprinzip; die Ausübung wird hierdurch lediglich im Zusammenhang mit einem bestimmten Territorium für zulässig erachtet.[44] In Bezug auf eine Besteuerung von Staatsbürgern im Inland stellt sich kein Problem durch das Territorialitätsprinzip ein. Nimmt das Gesetz, welches Grundlage der Besteuerung ist, jedoch Bezug auf ausländische Sachverhalte oder Personen, so steht die Ausübung der Souveränität nicht mehr ausschließlich im Zusammenhang mit dem Staatsterritorium; gleichwohl wird eine solche Bezugnahme völkerrechtlich nach allgemeiner Ansicht als zulässig erachtet, sofern ein substantiierter sachlicher Zusammenhang zwischen dem Territorium des erlassenden Staates einerseits sowie dem verpflichteten Rechtssubjekt andererseits gegeben ist (sog. *genuine link*).[45] Ohne entsprechenden Sachzusammenhang führt eine Besteuerung zu einer Beeinträchtigung der Souveränität des durch die Bezugnahme berührten Staates und ist somit als völkerrechtswidrig zu erachten.[46] Das völkerrechtliche Erfordernis eines *genuine link* bildet daher denn Ausgangspunkt jeglicher steuerrechtlichen Gesetzgebung, welche tatbestandlich internationale Sachverhalte erfasst. Die Reichweite dieses völkerrechtlichen Anknüpfungspunktes ist indes nur schwer zu konturieren.[47] So führt der IGH beispielsweise den Anknüpfungspunkt der Normierung der Staatsangehörigkeit in der Staatspraxis auf „social fact of attachment, a genuine connection of existence, interests and sentiments, together with the existence of reciprocal rights and duties" zurück.[48]

---

43 Vgl. *Kelsen*, 53 The Yale Law Journal 1944, 207, 208; *Valta*, Internationales Steuerrecht, S. 46.

44 Vgl. *Kegel/Seidl-Hohenveldern/Darby*, 5 Hastings International & Comparative Law Review 1982, 245, 249. Siehe für die Positionen zum engen bzw. weiten Territorialitätsprinzip *Sternberg*, Die extraterritoriale Besteuerungsgewalt des Staates, S. 157 ff.

45 Vgl. IGH, Entscheidung v. 6.4.1955 „Nottenbohm" (Liechtenstein vs. Guatemala), ICJ Reports 1955, S. 23, welcher von „genuine connection" spricht; vgl. BVerfG, Beschl. v. 22.3.1983, 2 BvR 457/78, BVerfGE 63, 343, 369; *Valta*, Das internationale Steuerrecht, S. 47.

46 Vgl. Gadzo, Intertax 2018, 194, 199.

47 Vgl. *Gadzo*, Intertax 2018, 194, 209.

48 IGH, Entscheidung v. 6.4.1955, „Nottebohm" (Liechtenstein vs. Guatemala), ICJ Reports 1955, S. 23; hierzu *Sloane*, 50 Harvard International Law Journal 2009, Vol. 50, No. 1, S. 3.

Auch aufgrund des Charakters als Fundamentalerfordernis ist eine weite Betrachtungsweise zur Erfüllung des sachlichen Zusammenhangs angebracht. So verlangt das Bundesverfassungsgericht etwa ein hinreichend sachgerechtes Anknüpfungsmoment, spricht ferner von einem einzuhaltenden „Mindestmaß an Einsichtigkeit“.[49] Das Erfordernis eines *genuine link* stellt somit ein grundlegendes Prinzip zur Zurückweisung willkürlicher Besteuerung dar, die genaue Ausformung der Anknüpfungspunkte einer Besteuerung obliegt jedoch innerhalb eines weiten Einschätzungsbereichs den Staaten selbst.[50]

c) Prinzipien der Zuordnung von Besteuerungsrechten

Die sachlichen Kriterien, an welche Staaten die Ausübung ihres Besteuerungsrechts knüpfen, können daher mannigfaltig ausfallen. Dennoch lassen sich die gewählten Anknüpfungspunkte grundsätzlich einzelnen Ausprägungen zuordnen.

Überwog zu Zeiten des Aufkommens der Einkommensbesteuerung im 19. Jahrhundert die Anknüpfung an die Staatsangehörigkeit deutlich, wurde diese im Laufe des 20. Jahrhunderts aufgrund des wachsenden Bedürfnisses einer wirtschaftlichen Substantiierung der Steuerhoheit durch das Territorialitätsprinzip weitgehend ersetzt.[51]

Wirtschaftlich betrachtet ist eine territoriale Anknüpfung in der vergleichbaren Stellung zwischen dem Staatsangehörigen einerseits sowie dem ansässigen Nichtstaatsangehörigen andererseits fundiert – nehmen diese Parteien im Rechts- und Wirtschaftsverkehr vergleichbar teil, so erscheint auch die Anwendung der gleichen Steuergesetze gerechtfertigt.[52] Aus dem territorialen Oberbegriff lassen sich wiederum zwei Kriterien differenzieren, welche einen völkerrechtlich vorgegebenen *genuine link* weiter präzisieren.[53] So lässt sich in einem steuerrechtlichen Sachverhalt auf territorialer Basis an den potenziell

---

49 BVerfG, Beschl. v. 22.3.1983, 2 BvR 475/78, BVerfGE 63, 343, 369.

50 *Frotscher*, Internationales Steuerrecht, § 1 Rn. 44; *Gadzo*, Intertax 2018, 194, 209.

51 *Bühler*, Prinzipien des Internationalen Steuerrechts, S. 161 f.; so offenbarte das Reichseinkommensteuergesetz vom 29.3.1920 noch die Anknüpfungen des Wohnsitzes, qualifizierten Aufenthalts sowie der Staatsangehörigkeit, siehe *Isay*, Internationales Finanzrecht, S. 147.

52 *Bühler*, Prinzipien des Internationalen Steuerrechts, S. 162.

53 *Valta*, Internationales Steuerrecht, S. 195.

Steuerpflichtigen selbst sowie an die Herkunft der Einkünfte anknüpfen, welche als zu besteuerndes Substrat in Betracht kommen.[54]

In Bezug auf die Anknüpfung an die pflichtige Person bedeutet dies eine Eingrenzung des Kreises möglicher Steuerpflichtiger auf solche, welche mit dem Territorium physisch verbunden, also ansässig sind.[55] Hierdurch wird die Frage aufgeworfen, welcher Grad von Intensität einer physischen Verbundenheit für die Bejahung einer Ansässigkeit erforderlich ist bzw. welche abstrakten Kriterien für die Bestimmung einer solchen Intensität zur Verfügung stehen.

In Bezug auf die Herkunft der Einkünfte geht mit der Anknüpfung an das Territorium eine Eingrenzung auf inländische Einkünftequellen einher.[56]

aa) Die Quellenbesteuerung

Spricht man von einer solchen „Quellenbesteuerung", so ergibt sich zunächst ein Definitionsproblem.[57] Dem Wort der Quelle ist lediglich zu entnehmen, dass Einkommen der Herkunft nach besteuert wird.[58] Damit ist auf den Staat verwiesen, in dem die Wertschöpfung stattfindet.[59] Die Verbindung zwischen Wertschöpfung und dem jeweiligen Staat kann jedoch nicht generell definiert werden.[60] Konsequenterweise ist diese global auch unterschiedlich gesetzgeberisch vorgegeben.[61] Selbst wenn eine umfassende Definition möglich wäre, ergäbe sich bei einer sich über mehrere Länder erstreckenden Wertschöpfungskette das Problem, dass kein allgemeingültiger Maßstab zur Errechnung des Wertschöpfungsanteils des steuererhebenden Staates existiert.[62]

---

54 *Valta*, Internationales Steuerrecht, S. 195 mit Verweis auf die Drei-Elemente-Lehre von Jellinek; ferner *Reith*, Internationales Steuerrecht, S. 60, ohne Herleitung aus dem Territorium.

55 Vgl. *Hongler*, Justice in International Tax Law, S. 78; bereits League of Nations, Report on Double Taxation. Submitted to the Financial Committee by Professors Bruins, Einaudi, Seligman and Sir Josiah Stamp, Geneva: League of Nations, 5 April 1923, E.F.S.73.F.19, S. 24 f. setzte sich mit der Reichweite der Verknüpfung von Territorium und Person auseinander.

56 Vgl. *Hongler*, Justice in International Tax Law, S. 78.

57 *Vogel*, Intertax 1988, 216, 223; vgl. bzgl. der Unbestimmtheit des Begriffs ferner *Escribano*, Jurisdiction to Tax, S 110.

58 *Vogel*, Intertax 1988, 216, 223.

59 Vgl. zur Aufteilungsfunktion des Maßstabs *Kane*, A Defense of Source Rules in International Taxation, 32 Yale Journal on Regulation 2015, 311, 331 ff.

60 *Vogel*, Intertax 1988, 216, 223.

61 *Vogel*, Intertax 1988, 216, 223.

62 *Schön*, World Tax Journal 2009, 67, 75 f.

Die Besteuerung an der Quelle der Einkünfte rechtfertigt sich bereits intuitiv aus dem Gedanken, dass zur Erwirtschaftung der Einkünfte auf staatliche Leistungen, wie etwa die Bereitstellung staatlicher Infrastruktur zurückgegriffen wird.[63] Durch die Aufteilung des Steuersubstrats auf mehrere Staaten erlangt dieser Umstand auch jenseits einer nationalen Steuerrechtfertigung im internationalen Steuerrecht Bedeutung.[64] Diese intuitive Überlegung spiegelt sich im Äquivalenz- bzw. Nutzenprinzip wieder.[65] Dieses beruht auf genanntem Austauschgedanken: Die Erhebung von Steuern erfolgt im Zusammenhang mit der Gewährung staatlicher Leistungen.[66] Welchen Inhalt der Zusammenhang zwischen der Erhebung von Steuern und der Gewährung staatlicher Leistungen aufweist, wird indes verschieden beurteilt.[67]

Jedenfalls die Betrachtung der konkreten Steuerlast als direktes Äquivalent bzw. Abgeltung staatlicher Leistungen ist kritisch zu sehen: Gegen diese Sichtweise können Einwände vorgebracht werden, welche sich einerseits aus einem liberalen Staatsverständnis sowie andererseits aus der Ausgestaltung der Verwendung des Steueraufkommens speisen.[68]

Zieht man den Staat im Rahmen des Äquivalenzprinzips als Faktor der Einkünfteentstehung heran, so verkennt man in dem Zuge, dass ein freier Markt zwar nach ordoliberalem Verständnis staatlich gewährleistete Institutionen benötigt, jedoch kein vom Staat verliehenes Recht ist.[69] Vielmehr resultiert die marktwirtschaftliche Betätigungsfreiheit aus der Freiheit des Menschen an sich.[70] Überdies ist auch die Beziehung des Äquivalenzprinzips zum Einsatz des Steueraufkommens zu Umverteilungszwecken unstimmig.[71] Der Anspruch, in der Steuererhebung ein kostendeckendes Äquivalent zu staatlichen Leistungen

---

63 *Escribano*, Jurisdiction to Tax, S. 111.

64 *Lang*, in Tipke/Lang, Steuerrecht, 20. Aufl. 2010, § 4 Rn. 86; vgl. auch *Miller/Oats*, Principles of International Taxation, S. 27, welche hervorheben, dass nationale Steuerprinzipien nicht lückenlos auf die internationale Eben zu übertragen sind.

65 *Lang*, in Tipke/Lang, Steuerrecht, 20. Aufl. 2010, § 4 Rn. 86; *Rixen*, The Political Economy of International Tax Governance, S. 59.

66 *Lang*, in Tipke/Lang, Steuerrecht, 20. Aufl. 2010, § 4 Rn. 86; *Ho/Jiang*, A New Dawn for the International Tax System, S. 150.

67 Vgl. *Escribano*, Jurisdiction to Tax, S. 32 ff.

68 Siehe hierzu *Hey*, Vom Nutzen des Nutzenprinzips, in FS Lang, S. 144 ff.; *Tipke*, Die Steuerrechtsordnung Bd. II, S. 615 f.

69 *Tipke*, Die Steuerrechtsordnung Bd. II, S. 615.

70 So *Tipke*, Die Steuerrechtsordnung Bd. II, S. 615 f.

71 *Hey*, Vom Nutzen des Nutzenprinzips, in FS Lang, S. 144.

zu sehen, erfordert jedoch zudem die Darlegung eines diesbezüglichen quantitativen Zusammenhangs.[72] Die einzelne staatliche Leistung kann jedoch für den Bürger nicht wertmäßig bestimmt werden.[73]

Vor diesem Hintergrund scheidet die Äquivalenztheorie jedenfalls zur Rechtfertigung einer konkreten Steuerlast aus; dies schließt gleichwohl nicht aus, die Äquivalenztheorie als Gerechtigkeitsprinzip zur Rechtfertigung der Steuererhebung dem Grunde nach heranzuziehen.[74] Sachgerechter ist es jedoch zu diesem Zwecke, das Äquivalenzprinzip als Nutzenprinzip zu interpretieren, nach welchem die Steuererhebung aufgrund des Nutzens, welcher dem Steuerpflichtigen durch die Gewährung staatlicher Leistungen entsteht, gerechtfertigt ist.[75] Denn hierdurch wird die Suggerierung eines abgeltenden Effekts der Steuerleistung vermieden.[76] Derart losgelöst von der konkreten Steuerlast ist das Nutzenprinzip ein zur abstrakten Untermauerung der Quellenbesteuerung zwar unerlässliches, jedoch im Einzelfall unpraktikables Prinzip, da es keine Grundlagen für eine konkrete Ausgestaltung der Quellenbesteuerung bietet.[77] Aufgrund der langen Tradition einer nutzentheoretischen Begründung der Besteuerung[78] besitzt diese insbesondere auch in der globalisierten Welt eine große Konstanz und Berechtigung.[79] Im internationalen Kontext kann das Nutzenprinzip zur Begründung dafür herangezogen werden, einzelnen Staaten ein Besteuerungsrecht, je nach dem Grad ihrer Beteiligung am Wertschöpfungsprozess, zuzubilligen.[80]

---

72 *Hey*, Vom Nutzen des Nutzenprinzips, in FS Lang, S. 145.

73 *Tipke*, Die Steuerrechtsordnung, Bd. II, S. 618.

74 *Hey*, Vom Nutzen des Nutzenprinzips, in FS Lang, S. 143; vgl. auch *Tipke*, Die Steuerrechtsordnung, Bd. I, S. 232; vgl. ferner BFH v. 14.4.1993 – I R 29/92, BStBl. II 1994, 27, 29.

75 *Lang*, in Tipke/Lang, Steuerrecht, 20. Aufl. 2010, § 4 Rn. 86; schon in League of Nations, Report on Double Taxation. Submitted to the Financial Committee by Professors Bruins, Einaudi, Seligman and Sir Josiah Stamp, Geneva: Legaue of Nations, E.F.S.73.F.19., S. 18 wird auf den Unterschied einer an den staatlichen Ausgaben orientierten „cost theory" sowie der am erhaltenen Nutzen orientierten „benefit theory" hingewiesen. Mit dem Begriff des Nutzenprinzips geht auch eine engere sprachliche Orientierung am *benefit principle* einher.

76 Vgl. *Hey*, Vom Nutzen des Nutzenprinzips, in FS Lang, S. 134.

77 Vgl. *Hey*, Vom Nutzen des Nutzenprinzips, in FS Lang, S. 143; vgl. auch *Birk/Desens/Tappe*, Steuerrecht, Rn. 34.

78 *Escribano*, Jurisdiction to Tax, S. 32.

79 *Lang*, in Tipke/Lang, Steuerrecht, 20. Aufl. 2010, § 4 Rn. 86.

80 *Escribano*, Jurisdiction to Tax, S. 35; *Hey*, Vom Nutzen des Nutzenprinzips, in FS Lang, S. 159.

In dieser Funktion hat es neben der steuerrechtfertigenden Wirkung vor allem eine rechtfertigende Wirkung in Bezug auf die zwischenstaatliche Aufteilung der Besteuerungsbefugnisse.[81] Es besitzt daher auch große Ähnlichkeit zur Überlegung einer „inter-nation equity", welche versucht Besteuerungsbefugnisse mit Rückgriff auf eine Beteiligung am Wertschöpfungsprozess aufzuteilen.[82]

Auch der Begriff der „value creation" des BEPS-Projekts strebt eine Angleichung des Orts der Wertschöpfung mit dem Ort ihrer Besteuerung an und greift so den Gesichtspunkt des Nutzenprinzips in internationalen Kontext, ein Besteuerungsrecht vom Grad der Beteiligung am Wertschöpfungsprozess abhängig zu machen, auf.[83]

bb) Besteuerung im Ansässigkeitsstaat

Indes können sich im Rahmen einer reinen Quellenbesteuerung Unzulänglichkeiten bei der Begründung einer leistungsfähigkeitsgerechten Besteuerung ergeben.[84] Nach dem Leistungsfähigkeitsprinzip ist eine Besteuerung gerechtfertigt, „wenn ihre Bemessungsgrundlage geeignet ist, dem Prinzip gleichmäßiger Besteuerung der Leistungsfähigkeit zu entsprechen".[85] Im Rahmen einer Quellenbesteuerung bleiben im Ausland erzielte Einkünfte jedoch außen vor, sodass lediglich eine inländische Leistungsfähigkeit berücksichtigt werden könnte.[86] Zwar ist hieraus aufgrund der Vorfrage, ob ein am Leistungsfähigkeitsprinzip orientierter Einkommensbegriff inländische Einkünfte oder das gesamte Welteinkommen miteinbeziehen sollte, keine generelle Unvereinbarkeit einer Quellenbesteuerung mit dem Leistungsfähigkeitsprinzip zu folgern.[87] Staaten, welche

---

81 Vgl. *Hey*, Vom Nutzen des Nutzenprinzips, in FS Lang, S. 159; *Lang*, in Tipke/Lang, Steuerrecht, 20. Aufl. 2010, § 4 Rn. 86.

82 *Escribano*, Jurisdiction to Tax, S. 35; *Hongler*, Justice in International Tax Law, S. 408 f.

83 Vgl. *Becker/Englisch*, Intertax 2019, 161, 165; vgl. ferner *Hongler*, Justice in International Tax Law, S. 439.

84 *Schön*, World Tax Journal 2009, 67, 72; *Valta*, Das Internationale Steuerrecht, S. 202 f.; vgl. auch *Rixen*, The Political Economy of International Tax Governance, S. 59 f.; im Umkehrschluss *Fleming/Peroni/Shay*, 5 Florida Tax Review 2001, 299, 311; *Valta*, Das international Steuerrecht, S. 202 f.

85 *Tipke*, Die Steuerrechtsordnung, Bd. II, S. 614.

86 Vgl. *Schön*, World Tax Journal 2009, 67, 72; *Valta*, Das international Steuerrecht, S. 202 f.

87 *Schaumburg*, Das Leistungsfähigkeitsprinzip im internationalen Steuerrrecht, in FS Tipke, S. 130 f.; vgl. ferner *Vogel*, Die Besteuerung von Auslandseinkünften, DStJG 1985, S. 23, 26; siehe jedoch *Ho/Jiang*, A New Dawn for the International Tax System, S. 149, welche eine territorial ausgerichtete Leistungsfähigkeit generell ablehnen sowie

aus Gerechtigkeitserwägungen eine Gesamtleistungsfähigkeit zur Grundlage der Besteuerung machen wollen, müssen aber jedenfalls entgegen des Quellenprinzips das gesamte Welteinkommen des Steuerpflichtigen erfassen.

Um alle Einkünfte eines Steuerpflichtigen zu erfassen und damit dem Welteinkommensprinzip zu entsprechen, ist folglich eine Besteuerung im Ansässigkeitsstaat angezeigt.[88] Dies erfolgt auf der Grundlage, dass der Ansässigkeitsstaat in der Regel mehr verfügbare Informationen über das Gesamteinkommen einer Person hat.[89] Auch auf die soziale Situation bezogene Informationen wie bspw. solche in Hinblick auf die familiäre Situation stehen im Ansässigkeitsstaat grundsätzlich zur Verfügung und können zur Bestimmung einer individuellen Leistungsfähigkeit berücksichtigt werden.[90]

Trotz der prima facie bestehenden Gegensätzlichkeit in der Zielsetzung des Quellenprinzip und des im Ansässigkeitsstaat verwirklichten Welteinkommensprinzips lässt sich der Ansässigkeitsstaat teilweise auch als „typisierter Quellenstaat“ ansehen.[91] Hierfür spricht, dass im Ansässigkeitsstaat in aller Regel auch Einkünfte erwirtschaftet und daher im Sinne des Quellenprinzips ein Teil der Wertschöpfung im entsprechenden Staat werden.[92] Auch das Kapital, welches Unternehmen für Investitionen im Ausland exportieren, wird möglicherweise zunächst auf dem Markt des Ansässigkeitsstaats generiert.[93]

Die Vergleichbarkeit gilt indes nur innerhalb gewisser Grenzen – insbesondere die Konstituierung einer Ansässigkeit mit dem alleinigen Zweck, Abkommensvergünstigungen zu erlangen, zeigt auf, dass eine Typisierung als Quellenstaat die Möglichkeit von Ansässigkeiten aufgrund von Steuergestaltungen unberücksichtigt lässt. Denn in diesen Fällen ist regelmäßig keine Eingliederung in die Wertschöpfung vor Ort erkennbar. So ist eine Typisierung des Ansässigkeitsstaats als Quellenstaat in Bezug auf Unternehmen, insbesondere Kapitalgesellschaften, davon abhängig, dass die Definition der Ansässigkeit

---

Valta, Das Internationale Steuerrecht, S. 205, der die Notwendigkeit einer weltweiten Erfassung für eine gerechte Besteuerung herausstellt.

88 *Ho/Jiang*, A New Dawn for the International Tax System, S. 149.

89 *Ho/Jiang*, A New Dawn for the International Tax System, S. 149; ferner *Valta*, Das Internationale Steuerrecht, S. 206.

90 *Ho/Jiang*, A New Dawn for the International Tax System, S. 149.

91 So *Valta*, Das Internationale Steuerrecht, S. 212; die Möglichkeit des Zusammenfallens von Wohnsitz und Belegenheit der Einkommensquelle erwähnte bereits *Schanz*, Finanzarchiv 1923, 353, 356.

92 *Valta*, Das Internationale Steuerrecht, S. 212.

93 *Valta*, Das Internationale Steuerrecht, S. 212.

nicht allein auf den juristischen Sitz des Unternehmens, sondern auch auf den Ort der Geschäftsleitung abstellt.[94] Ein Zusammenfallen von Sitz und Geschäftsleitung bleibt zwar auch im Fall des Abstellens auf den Unternehmenssitz möglich, gleichwohl kann unter diesen Umständen nur noch eingeschränkt von einer Typisierung als Quellenstaat gesprochen werden.

cc) Das Verhältnis von Quellen- und Ansässigkeitsprinzip

Durch die Einbeziehung des Welteinkommens im Rahmen des Ansässigkeitsprinzips werden im Quellenstaat erzielte und bereits besteuerte Einkünfte mitberücksichtigt. Insofern kollidieren die Steuerhoheiten des Quellen- und Ansässigkeitsstaats.[95]

Auf Basis der das Quellen- sowie das Ansässigkeitsprinzip einrahmenden Grundsätze des Nutzenprinzips bzw. des Leistungsfähigkeitsprinzips lässt sich keine abstrakte Höherwertigkeit im Wege eines Prinzipienvergleichs herauskristallisieren.[96] Während das Nutzenprinzip als grundlegendes Verteilungsprinzip wirkt, ist das Leistungsfähigkeitsprinzip im internationalen Steuerrecht kein Aufteilungsmaßstab im klassischen Sinne, sondern Grundlage einer progressiven leistungsgerechten Besteuerung zwischen den Steuerpflichtigen im nationalen Steuerrecht, welchem durch eine reine Quellenbesteuerung nicht Rechnung getragen werden kann.[97] Folglich kann aufgrund einer rechtlichen Prinzipienabwägung kein Vorzug eines bestimmten Anknüpfungspunktes gefolgert werden.

Wie bereits im Rahmen der Vorzüge einer Besteuerung im Ansässigkeitsstaat bei der Erfassung der personenbezogenen Umstände des Steuerpflichtigen angesprochen, existieren jedoch praktische Umstände, welche für eine Anknüpfung an die Quelle oder die Ansässigkeit sprechen, die in erster Linie auf die Effektivität der Steuerverwaltung abzielen.[98] Diese lassen sich auch für eine Quellenbesteuerung finden: Während der Ansässigkeitsstaat insbesondere bzgl. im Ausland erzielter Einkünfte auf Selbstauskünfte des Steuerpflichtigen

---

94 Zur Unterscheidung grundlegend *Miller/Oats*, Principles of International Taxation, S. 67 ff.

95 Vgl. *Lehner*, in Vogel/Lehner, DBA, Grundlagen Rn. 7.

96 Siehe *Lang*, in Tipke/Lang, Steuerrecht, 20. Aufl. 2010, § 4 Rn. 86, der für eine „sachgerechte Kombination“ plädiert.

97 Hierzu *Schön*, World Tax Journal 2009, 67, 72 f., welcher u.a. ausführt: „Ability to pay helps define the cake but it does not help to slice it“.

98 *Rixen*, The Political Economy of International Tax Governance, S. 61; vgl. auch *Cnossen*, Fiscal Studies 1996, S. 80, der vor dem Hintergrund von Neutralität und Subsidiarität für Kostenvermeidung für die Steuerverwaltung plädiert.

vertrauen muss, hat der Quellenstaat eine bessere Informationsbasis zur Erfassung der Kapitalflüsse des Unternehmens und kann auf dieser Grundlage einen Quellensteuerabzug vornehmen.[99] Durch eine Ansässigkeitsbesteuerung wird eine Gewinnverlagerung durch die Einbeziehung des Welteinkommens zwar formell erschwert.[100] Jedoch besteht ohne die Erhebungsform der Quellensteuer die strukturelle Gefahr, dass im Falle einer nachträglichen Verlagerung der Einkünfte in einen anderen Staat die Erfassung deutlich erschwert wird.[101] Hieraus resultiert wiederum ein a priori bestehendes Erfordernis zwischenstaatlichen Informationsaustausches, um auf ausreichender Informationsgrundlage eine Erfassung zu gewährleisten.[102] Eine Besteuerung im Ansässigkeitsstaat hat hingegen den praktischen Vorteil, dass Einkünfte, welche durch keinen Quellenstaat erfasst werden, im Rahmen von Auffangtatbeständen einer Besteuerung zugeführt werden können.[103]

Jenseits dessen spielen auch Gerechtigkeitsaspekte eine Rolle: International betrachtet würde eine reine Ansässigkeitsbesteuerung de facto Entwicklungsländer benachteiligen, da in diesen weniger Unternehmen ansässig sind und Wertschöpfung durch Unternehmen mit Sitz im Ausland steuerlich nicht erfasst werden könnte.[104] Innerstaatlich weist eine Ansässigkeitsbesteuerung hingegen den Vorteil auf, dass durch die Einbeziehung des Welteinkommens und die Unterwerfung unter einen einheitlichen Steuersatz geringere Diskriminierungsmöglichkeiten bestehen als im Falle einer Quellenbesteuerung.[105]

Neben den für eine Besteuerung an der Quelle bzw. im Ansässigkeitsstaat streitenden Prinzipien, welche jeweils sachgerechte Begründungen für

---

99 *Rixen*, The Political Economy of International Tax Governance, S. 61.

100 *Vogel*, Die Besteuerung von Auslandseinkünften, DStJG 1985, S. 23.

101 Hierzu *Valta*, Das Internationale Steuerrecht, S. 181, vgl. auch pauschal *Hongler*, Justice in International Tax Law, S. 439.

102 *Valta*, Das Internationale Steuerrecht, S. 181; *Rixen*, The Political Economy of International Tax Governance, S. 61.

103 *Valta*, Das Internationale Steuerrecht, S. 211.

104 Vgl. die Ausführungen von *Musgrave/Musgrave*, Inter-Nation Equity, S. 75 ff.; in der Feststellung der benachteiligenden Wirkung auch *Brooks*, Inter-Nation Equity: The Development of an Important but Underappreciated International Tax Policy Objective, S. 478; vgl. auch im Umkehrschluss *Hongler*, Justice in International Taxation, S. 441.

105 So weist *Valta*, Das Internationale Steuerrecht, S. 208, auf den Umstand hin, dass selbst Art. 24 Abs. 3 S. 2 OECD-MA eine Diskriminierung durch Quellensteuern aufgrund der alleinigen Anknüpfung an die Staatsangehörigkeit nicht verhindert.

die entsprechende Besteuerungsart darstellen, zeigt also auch die Ambivalenz anwendungsbezogener Argumente ein kontroverses Bild in Hinblick auf die Etablierung eines ultimativen Anknüpfungspunktes.[106] Festzuhalten ist, dass eine Quellenbesteuerung durch die Grundierung im Nutzenprinzip sowie insbesondere auch aus einer entwicklungspolitischen Perspektive grundsätzlich besser geeignet ist, eine global faire Aufteilung der Besteuerungsbefugnisse zu gewährleisten.[107] Die Belange des Ansässigkeitsstaats, insbesondere jener einer leistungsfähigkeitsgerechten Besteuerung, sind jedoch bei der Frage der Verteilung angemessen zu berücksichtigen.[108]

Auch das vom Völkerbundkommittee angewandte Konzept der „economic allegiance" zielte darauf ab, für die Zuordnung der Steuerhoheit zwischen – dem damals nicht so benannten – Quellen- und Ansässigkeitsstaat ausbalancierte Kriterien zu entwickeln.[109] Diese umfassten die Merkmale „origin, situs, enforcability" sowie „domicile".[110] Somit bestand bereits zu diesem Zeitpunkt die Erkenntnis der Zweckmäßigkeit einer ausgewogenen Anzahl von Anknüpfungspunkten, welche sowohl der Herkunft der Einkünfte als auch dem Ort der Person des Steuerpflichtigen Bedeutung verleihen. Von Beginn der Entstehung der Prinzipien des internationalen Steuerrechts an wurde daher die aus einer adäquaten Interessenverteilung geborene Notwendigkeit der Abstimmung zwischen Quellen- und Ansässigkeitsstaat erkannt.

2. Koordinationsbedürfnis im internationalen Steuerrecht

Kommen nun zwei Staaten aufgrund des Quellen- oder Ansässigkeitsprinzips zum Ergebnis einer (beschränkten) Steuerpflicht in Bezug auf „dieselbe oder eine gleichartige Steuer"[111], so stehen diese Besteuerungsansprüche

---

106 Vgl. *Rixen*, The Political Economy of International Tax Governance, S. 60 f.

107 Vgl. *Seer*, in Tipke/Lang, Steuerrecht, Rn. 1.95 mit Hinweis auf die Rücksichtnahme in der Völkergemeinschaft; *Valta*, Das Internationale Steuerrecht, S. 598, der nach „[Grundsätzen internationaler Gerechtigkeit] Quellenbesteuerungsrechte gegenüber Entwicklungsländern" für „geboten" hält.

108 *Rixen*, The Political Economy of International Tax Governance, S. 60, spricht von einer „relative priority".

109 Vgl. hierzu und zum Folgenden mit Bezug auf die vorausgegangenen Untersuchungen von Schanz *Rixen*, The Political Economy of International Tax Governance, S. 60.

110 League of Nations, Report on Double Taxation. Submitted to the Financial Committee by Professors Bruins, Einaudi, Seligman and Sir Josiah Stamp, Geneva: Legaue of Nations, E.F.S.73.F.19., S. 27.

111 *Bühler*, Prinzipien des internationalen Steuerrechts, S. 32.

nebeneinander.[112] Ohne zwischenstaatliche Koordination führt dies zur Durchsetzung der separat bestehenden Ansprüche und somit zu einer Doppelbesteuerung des Steuerpflichtigen.

a) Doppelbesteuerung

Die Koordination der konkurrierenden Ansprüche ist mit Blick auf die Arbeiten des Völkerbunds jedenfalls seit den 1920er Jahren der Fixpunkt des internationalen Steuerrechts.[113] Die Frage, ob aus den seitdem gewachsenen internationalen Bestrebungen zur Vermeidung der Doppelbesteuerung ein völkerrechtliches Verbot der Doppelbesteuerung entstanden ist, ist dennoch zu verneinen.[114] In den welthandelsrechtlichen Abkommen sucht man ein Verbot der Doppelbesteuerung vergebens[115] und auch ein völkergewohnheitsrechtliches Verbot der Doppelbesteuerung ist jedenfalls mangels einer Überzeugung der sich in Abkommen zur Vermeidung von Doppelbesteuerung verpflichteten Staaten, in rechtlicher Verbindlichkeit zu handeln, abzulehnen.[116]

Hinsichtlich des Begriffs der Doppelbesteuerung besteht eine Fülle von Unterkategorien und Ausdifferenzierungen.[117] Dies hängt einerseits mit der Komplexität internationaler wirtschaftlicher Beziehungen zusammen, andererseits aber auch mit der fehlenden Verrechtlichung des Begriffs der Doppelbesteuerung.[118]

---

112 Vgl. auch *Miller/Oats*, Principles of International Taxation, S. 94.

113 *Bühler*, Prinzipien des internationalen Steuerrechts, S. 166.

114 BFH v. 31.5.2006 – II R 66/04, BStBl. II 2007, 49, 52; *Seer*, in Tipke/Lang, Steuerrecht, Rn. 1.92; Vogel/Lehner, DBA, Grundlagen Rn. 13; siehe bereits *Bühler*, Prinzipien des internationalen Steuerrechts, S. 167, der dies als „Wunschrecht" abtut.

115 Ausführlich *Englisch*, Wettbewerbsgleichheit im grenzüberschreitenden Handel, S. 800 ff.

116 Vgl. *Hongler*, Justice in International Tax Law, S. 170; vgl. ferner *Charney*, 61 Washington Law Review 1986, 971, 982 f., welcher im Kontext der Frage von Völkergewohnheitsrecht auf die Detailabhängigkeit der Vermeidung der Doppelbesteuerung verweist; auch *Avi-Yonah* sieht schließlich einen völkergewohnheitsrechtlichen Charakter lediglich für speziellere Prinzipien, etwa für den Fremdvergleichsgrundsatz, als gegeben an, nicht jedoch hinsichtlich einem Verbotsprinzip als solchem, vgl. *Avi-Yonah*, Law & Economics Working Papers, Art. 161, 2019, S. 9 f.

117 Einen Überblick über die Begriffsfülle in diesem Zusammenhang bietet *Schaumburg*, Internationales Steuerrecht, Rn. 15.1 sowie *Wassermeyer*, in Wassermeyer, Doppelbesteuerung, Vor Art. 1 MA Rn. 1.

118 *Schaumburg*, Internationales Steuerrecht, Rn. 15.1; *Wassermeyer*, in Wassermeyer, Doppelbesteuerung, Vor Art. 1 MA Rn. 1.

Dieser ist nämlich für die Anwendung von Normen der Doppelbesteuerungsabkommen oder nationalen Normen zur Vermeidung der Doppelbesteuerung irrelevant.[119] Eine klassische Auslegung ist daher aufgrund fehlender Gesetzesanknüpfung ausgeschlossen, sodass dem Begriff der Doppelbesteuerung die Gefahr fehlender Eingrenzbarkeit innewohnt.[120] Aus diesem Grund soll an dieser Stelle lediglich auf konstitutive Parameter der Doppelbesteuerung eingegangen und aus diesen Unterkategorien der Doppelbesteuerung gebildet werden. Hierzu gehören grundsätzlich aufgrund der Konkurrenzprägung doppelter Besteuerung jedenfalls unterschiedliche Hoheitsträger sowie ferner Identität von Steuersubjekt und Steuerobjekt.[121] Hinzu kommt, dass die von den Hoheitsträgern erhobenen Steuern eine inhaltliche Gleichförmigkeit aufweisen müssen, damit von einer „doppelten" Besteuerung gesprochen werden kann.[122]

aa) Juristische Doppelbesteuerung

Juristische Doppelbesteuerung liegt dementsprechend vor, wenn mehr als ein Staat das Einkommen ein und desselben Steuersubjekts aufgrund desselben Steuertatbestands mit einer inhaltlich vergleichbaren Steuer besteuert.[123] Im Hinblick auf die Identität des Steuerobjekts könnte man bei strenger Betrachtungsweise die juristische Identität des Steuerobjektes für eine Begriffsbestimmung einfordern.[124] Im Rahmen des Quellenprinzips werden jedoch mannigfaltige wirtschaftliche Anknüpfungspunkte gewählt, sodass eine vollständige Identität des

---

119 *Englisch*, Wettbewerbsgleichheit im grenzüberschreitenden Handel, S. 762 f.; *Schaumburg*, Internationales Steuerrecht, Rn. 15.1; *Wassermeyer*, in Wassermeyer, Doppelbesteuerung, Vor Art. 1 MA Rn. 1.

120 Vgl. zur schwierigen Eingrenzbarkeit *Schaumburg*, Internationales Steuerrecht, Rn. 15.1.

121 S. detailliert *Spitaler*, Das Doppelbesteuerungsproblem bei den direkten Steuern, S. 150 ff.; ferner *Schaumburg*, Internationales Steuerrecht, Rn. 15.2. sowie *Bühler*, Internationales Steuerrecht, S. 32, welche indes auch eine zeitliche Identität fordern, was jedoch mit Blick auf die Relevanz der Mehrbelastung abzulehnen ist, siehe *Englisch*, Wettbewerbsgleichheit im grenzüberschreitenden Handel, S. 763.

122 *Schaumburg*, Internationales Steuerrecht, Rn. 15.2; *Bühler*, Prinzipien des internationalen Steuerrechts, S. 32; im Ergebnis auch *Spitaler*, Das Doppelbesteuerungsproblem bei den direkten Steuern, S. 132, welcher dies jedoch nur als „Unterstützung" des Merkmals der Objektgleichheit kategorisiert.

123 *Flick*, StuW 1961, 679, 681; *Schaumburg*, Internationales Steuerrecht, Rn. 15.2; *Wassermeyer*, in Wassermeyer, Doppelbesteuerung, Vor Art. 1 MA Rn. 2.

124 *Schaumburg*, Internationales Steuerrecht, Rn. 15.3.

Steuerobjekts nach der fiskalen Beurteilung unterschiedlicher Staaten nicht immer gegeben sein wird.[125] Aus dieser praktischen Erwägung ist die wirtschaftliche Identität des Steuerobjekts maßgebend.[126] Die Notwendigkeit wirtschaftlich identischer Steuerobjekte umfasst nicht die Notwendigkeit identischer Bemessungsgrundlagen.[127]

Die Anwendung des Progressionsvorbehalts auf Einkünfte, welche nach einem Doppelbesteuerungsabkommen von der Besteuerung ausgenommen sind, ist nicht als Doppelbesteuerung im juristischen Sinne zu werten.[128] Denn durch die Anwendung des Progressionsvorbehalts wird das betroffene Einkommen nicht besteuert.

Kennzeichnend ist, wie bereits erwähnt, zudem die Identität des Steuersubjekts. Aufgrund der mitunter international variablen steuerlichen Beurteilung von Steuersubjekten, etwa in Bezug auf Personengesellschaften, welche in manchen Staaten – wie Deutschland – als transparent betrachtet werden, wird der Doppelbesteuerungsbegriff durch die juristische Betrachtung der Subjektidentität stark verengt.[129]

bb) Wirtschaftliche Doppelbesteuerung

Daher ist parallel zu der Überlegung, dass Staaten in Bezug auf das Steuerobjekt aufgrund ihrer völkerrechtlich gewährleisteten Gesetzgebungshoheit multiple Anknüpfungspunkte wählen können und somit vom Erfordernis einer vollkommenen Objektidentität abgesehen werden muss, auch die juristische Betrachtung der Subjektidentität vor diesem Hintergrund zu hinterfragen.[130] Die fehlende internationale Einheitlichkeit des Subjektbegriffs würde bei Durchführung nationalen Rechts dazu führen, dass auch bei Anwendung einseitiger Maßnahmen zahlreiche Doppelbesteuerungssachverhalte nicht erfasst werden würden.[131] Konsequenterweise ist ein reines Abstellen auf die Rechtspersönlichkeit des

---

125 *Schaumburg*, Internationales Steuerrecht, Rn. 15.3.

126 *Schaumburg*, Internationales Steuerrecht, Rn. 15.3; *Spitaler*, Das Doppelbesteuerungsproblem bei den direkten Steuern, 180; *Wassermeyer*, in Wassermeyer, Vor Art. 1 MA Rn. 2. *Flick*, StuW 1960, 329, 341 f.

127 *Flick*, Gleichheit von Steuergegenstand und Bemessungsgrundlage im Internationalen Steuerrecht, StuW 1961, 679, 682.

128 Vgl. *Bühler*, Prinzipien des internationalen Steuerrechts, S. 33, aufgrund der doppelten Pflichten spricht dieser von „formeller Doppelbesteuerung".

129 *Schaumburg*, Internationales Steuerrecht, Rn. 15.4.

130 *Schaumburg*, Internationales Steuerrecht, Rn. 15.4.

131 *Flick*, StuW 1960, 329, 342; *Schaumburg*, Internationales Steuerrecht, Rn. 15.4.

Steuersubjekts für die Identitätsbestimmung aus einer wirtschaftlichen Betrachtungsweise unzweckmäßig.[132] Treffen die wirtschaftlichen Folgen der Steuerbelastung nicht das rechtlich definierte Steuersubjekt, sondern ein anderes Subjekt mit eigener Rechtspersönlichkeit, so ist angesichts der Folgen der Doppelbesteuerung auf das andere Subjekt abzustellen.[133] Folglich ist eine wirtschaftliche Identität der Steuersubjekte anzunehmen.[134]

Die wirtschaftliche Doppelbesteuerung ist vom Begriff der Doppelbelastung abzugrenzen, mit welchem teilweise eine begriffliche Vermengung besteht.[135] Eine Doppelbelastung liegt vor, wenn eine Hoheitsgewalt aus gleichem Anlass dieselben Steuersubjekte oder Steuerobjekte zur Besteuerung heranzieht.[136] Als Beispiel mag hier die Kumulation der Besteuerung einer juristischen Person im Rahmen der Körperschaftssteuer und der Besteuerung der von den Anteilseignern bezogenen Dividenden dienen.[137]

cc) Virtuelle Doppelbesteuerung

Realisiert sich die Doppelbesteuerung im Ergebnis nicht, sondern verbleibt lediglich eine theoretische Möglichkeit der Doppelbesteuerung, so wird dies als virtuelle Doppelbesteuerung bezeichnet.[138] Diese Konstellation entsteht vor allem dann, wenn ein Vertragsstaat eines Doppelbesteuerungsabkommens im Wege der Freistellungsmethode einer vermeintlichen Doppelbesteuerung vorbeugen möchte, im anderen Vertragsstaat jedoch keine Besteuerung erfolgt.[139] Auch die Vermeidung dieser bloß virtuellen Doppelbesteuerung wird klassischerweise

132 *Schaumburg*, Internationales Steuerrecht, Rn. 15.4.

133 *Schaumburg*, Internationales Steuerrecht, Rn. 15.4.

134 *Schaumburg*, Internationales Steuerrecht, Rn. 15.4.

135 So bspw. durch *Miller/Oats*, Principles of International Taxation, S. 82 f., die indes eine Abgrenzung von der internationalen Doppelbesteuerung vornehmen; *Krause*, Internationale Doppelbesteuerung, IFSt-Schrift Nr. 405, S. 8, siehe aber *Spitaler*, Das Doppelbesteuerungsproblem bei den direkten Steuern, S. 74; *Wassermeyer*, in Wassermeyer, Doppelbesteuerung, Vor Art. 1 MA Rn. 2; auch *Seer*, in Tipke/Lang, Steuerrecht, Rn. 6.54.

136 *Spitaler*, Das Doppelbesteuerungsproblem bei den direkten Steuern, S. 74; *Wassermeyer*, in Wassermeyer, Doppelbesteuerung, Vor Art. 1 MA Rn. 2.

137 *Miller/Oats*, Principles of International Taxation, S. 82 f.

138 *Brähler*, Internationales Steuerrecht, S. 18; *Schaumburg*, Internationales Steuerrecht, Rn. 15.8; *Wassermeyer*, in Wassermeyer, Doppelbesteuerung, Vor Art. 1 MA Rn. 4.

139 *Wassermeyer*, in Wassermeyer, Doppelbesteuerung, Vor Art. 1 MA Rn. 4.

von Doppelbesteuerungsabkommen angestrebt.[140] Das Verbot virtueller Doppelbesteuerung gewährleistet die Souveränität der Vertragsstaaten, indem die getroffenen Verteilungsentscheidungen perpetuiert werden und die nationale Besteuerung im Rahmen der abkommensrechtlichen Verpflichtungen vorgenommen werden kann.[141]

dd) Ursachen der Doppelbesteuerung

Wie eingangs beschrieben, führt typischerweise eine Besteuerung im Ansässigkeitsstaat sowie im Quellenstaat zu einer Doppelbesteuerung.[142] Fiskalpolitisch sind Staaten geneigt, eine Besteuerungsbefugnis auch auf Auslandstatbestände auszuweiten, jedenfalls sofern ein *genuine link* zum Steuerpflichtigen in Form der Ansässigkeit besteht.[143] Dies führt zur Etablierung einer unbeschränkten Steuerpflicht des Individuums oder Unternehmens.[144] Sofern sich nach nationalem Recht keine Ansässigkeit ergibt, ersuchen Staaten regelmäßig eine Anknüpfung im Sinne des Quellenprinzips, sodass sich folglich eine bloß beschränkte Steuerpflicht ergibt.[145]

Insgesamt betrachtet ergibt sich eine Doppelbesteuerung somit nicht nur bei Kollision der unbeschränkten Steuerpflicht mit der in einem anderen Staat geltenden beschränkten Steuerpflicht, sondern jedenfalls auch bei Kollision unbeschränkter Steuerpflichten von Staaten, welche konkurrierende Ansässigkeitsregeln aufweisen.[146] Im Falle des Aufeinandertreffens zweier beschränkter Steuerpflichten ergibt sich auf den ersten Blick keine unmittelbare Konkurrenzsituation.[147] Sofern der Anknüpfungspunkt für die beschränkte Steuerpflicht jedoch verschieden ist, kann sich auch bei beschränkter Steuerpflicht eine Doppelbesteuerung ergeben.[148]

---

140 *Lehner*, in Vogel/Lehner, DBA, Grundlagen Rn. 69; *Wassermeyer*, in Wassermeyer, Doppelbesteuerung, Vor Art. 1 MA Rn. 4.
141 *Lehner*, in Vogel/Lehner, DBA, Grundlagen Rn. 70.
142 Auch noch *Michinau*, Droit Fiscal, S. 8.
143 *Reith*, Internationales Steuerrecht, S. 60.
144 *Reith*, Internationales Steuerrecht, S. 60 f.; zudem *Lang*, Introduction to the Law of Double Taxation Conventions, Rn. 4.
145 *Reith*, Internationales Steuerrecht, S. 61; ferner *Lang*, Introduction to the Law of Double Taxation Conventions, Rn. 4.
146 Siehe *Kußmaul/Berens*, StB 2016, 136, 137.
147 *Lang*, Introduction to the Law of Double Taxation Conventions, Rn. 10.
148 *Lang*, Introduction to the Law of Double Taxation Conventions, Rn. 10.

ee) *Auswirkungen der Doppelbesteuerung*

Die Vermeidung der Doppelbesteuerung rechtfertigt sich nicht bereits aus dem Bestehen der Doppelbesteuerung als solcher und der damit benannten Mehrbelastung des Steuerpflichtigen im Vergleich zu einer Einmalbesteuerung. Das Bedürfnis einer Vermeidung lässt sich erst mit Blick auf die Folgen des Zusammenspiels der Doppelbesteuerung mit den benannten Gerechtigkeitsprinzipien des Steuerrechts darlegen.[149]

Aus der Perspektive des Nutzenprinzips rechtfertigt sich die Steuer aus dem Nutzen, welchen eine Person aus den zur Verfügung gestellten staatlichen Leistungen zieht.[150] Wird aufgrund einer Doppelbesteuerung in zwei verschiedenen Steuerhoheitsgebieten eine Steuer entrichtet, so spiegelt dies eine Nutzenziehung in ebendiesen Gebieten wider.[151] Zur Zeit der Entstehung der internationalen Steuerrechtswissenschaft war unter anglo-amerikanischen Wissenschaftlern, welche die Äquivalenztheorie mit dem Verständnis der Steuer als Gegenleistung/Preis für staatliche Leistungen vertraten, die Auffassung, dass die Erhebung doppelter Steuern für doppelte Inanspruchnahme staatlicher Leistungen gerechtfertigt ist, verbreitet.[152] Auch wenn das Verständnis der Äquivalenztheorie als Gegenleistungstheorie nach den bereits ausgeführten Erwägungen abgelehnt werden sollte, muss sich auch die Nutzentheorie in Bezug auf die Doppelbesteuerung den Einwand entgegenhalten lassen, dass sich kein Bedürfnis zur Vermeidung der Doppelbesteuerung herleiten lässt, wenn in allen beteiligten Staaten eine Nutzenziehung stattfand, welche einem Inländer zumindest gleichsteht.[153] Typischerweise ist jedoch die Nutzenziehung in einer Jurisdiktion geringer als in der anderen im Vergleich zu Inländern.[154] Denn in Bezug auf natürliche Personen ist eine solche Nutzenziehung naturgemäß durch die Begrenztheit physischer Anwesenheit ausgeschlossen. Anders ist die Sachlage hingegen bei Unternehmen zu beurteilen. Diese haben über die Errichtung von Betriebsstätten die Möglichkeit, auch in unterschiedlichen Ländern eine vergleichbare Nutzenziehung zu den jeweils inländischen Unternehmen herzustellen. Eine

---

149 Vgl. *Spitaler*, Das Doppelbesteuerungsproblem bei den direkten Steuern, S. 220.

150 Siehe hierzu und folgend Abschnitt B.I.1.c)aa).

151 Vgl. *Spitaler*, Das Doppelbesteuerungsproblem bei den direkten Steuern, S. 220, 227.

152 *Spitaler*, Das Doppelbesteuerungsproblem bei den direkten Steuern, S. 227 f.

153 Vgl. *Spitaler*, Das Doppelbesteuerungsproblem bei den direkten Steuern, S. 220, 227.

154 *Spitaler*, Das Doppelbesteuerungsproblem bei den direkten Steuern, S. 220; vgl. zum Gerechtigkeitsaspekt zwischen doppelt besteuerter Person sowie Inländer *Valta*, Das Internationale Steuerrecht, S. 223.

generelle Unvereinbarkeit der Nutzentheorie mit Doppelbesteuerung ist daher nicht zu erkennen.

In Hinblick auf das Leistungsfähigkeitsprinzip sind die Auswirkungen eindeutiger: Eine Doppelbesteuerung führt schlicht dazu, dass der Steuerpflichtige nicht mehr anhand seiner Leistungsfähigkeit besteuert wird.[155] Voraussetzung hierfür ist jedoch, dass ein Leistungsfähigkeitsbegriff vertreten wird, welcher auch ausländische Einkünfte miteinbezieht.[156]

Aus ökonomischer Perspektive stellt die Doppelbesteuerung schließlich einen privatwirtschaftlichen Kostenfaktor dar und wirkt damit wachstumshemmend.[157] Überdies stellt sich im Fall einer Doppelbesteuerung die Anreizwirkung ein, Kapitalexporte ins Ausland zukünftig einzuschränken oder zu unterlassen, um nicht erneut einer Doppelbesteuerung ausgesetzt zu sein.[158] Insbesondere bei hohen Quellensteuern, welche die Steuerlast im Ansässigkeitsstaat übersteigen und damit in ihrer nachteiligen Wirkung nicht durch inländische Maßnahmen zur Vermeidung der Doppelbesteuerung im Ansässigkeitsstaat beseitigt werden können, besteht eine negative Anreizwirkung.[159] Die ökonomischen Auswirkungen sind in ihrer Tragweite überdies abhängig von Handelsvolumen zwischen den beteiligten Staaten.[160] Obgleich die nachteilhafte Wirkung der Doppelbesteuerung für die Abhilfebemühungen von Staaten eine zentrale Rolle spielt, ist ein konkreter positiver Effekt auf ausländische Direktinvestitionen durch eine Vermeidung der Doppelbesteuerung schwer zu belegen, was mit den zahlreichen politischen und ökonomischen Einflussfaktoren auf den Investitionsfluss zusammenhängt.[161] Nichtsdestotrotz lässt sich immer

---

155 Hierzu und folgend *Spitaler*, Das Doppelbesteuerungsproblem bei den direkten Steuern, S. 228, in Hinblick auf die Opfertheorie.

156 Vgl. *Spitaler*, Das Doppelbesteuerungsproblem bei den direkten Steuern, S. 229, welcher die Relevanz ethischer Konzepte auf internationaler Ebene generell infrage stellt.

157 Vgl. *Birk/Desens/Tappe*, Steuerrecht, Rn. 1441.

158 Hierzu und folgend *Frotscher*, Internationales Steuerrecht § 1 Rn. 1.

159 OECD, Model Tax Convention on Income and on Capital, Condensed Version, 2017, Introduction Rn. 15.4; siehe zu den Maßnahmen im Einzelnen Abschnitt B.I.3.

160 Vgl. OECD, Model Tax Convention on Income and on Capital, Condensed Version, 2017, Introduction Rn. 15.2.

161 Vgl. etwa *Braun/Zagler*, World Tax Journal 2014, 242, 265, welche diesbezüglich die Entwicklung in den Staaten Südafrika, Brasilien, Uruguay und Kolumbien betrachten; ebenso einen unklaren Zusammenhang bestätigend *Egger/Larch/Pfaffermayr/Winner*, 39 The Canadian Journal of Economics 2006, 901, 926.

wieder eine Korrelation zwischen einem Anstieg von Direktinvestitionen und dem Abschluss von Doppelbesteuerungsabkommen beobachten.[162]

b) *Nichtbesteuerung*

Die Entstehung doppelter Nichtbesteuerung lässt sich in vier unterschiedliche Kategorien einteilen.[163] Erstens kann eine doppelte Nichtbesteuerung durch einen Qualifikationskonflikt (*hybrid mismatch*) entstehen.[164] Hierzu zählt beispielsweise die Nichtbesteuerung einer Personengesellschaft mit internationaler Geschäftsaktivität, welche in einem Staat auf Grundlage des Transparenzprinzips, in einem anderen Staat auf Grundlage des Trennungsprinzips besteuert wird.[165] Ein weiteres großes Anwendungsfeld von Qualifikationskonflikten ist der Bereich hybrider Finanzierungsinstrumente.[166] Dies umfasst bestimmte mezzanine Finanzierungsmodelle, welche eine intermediäre Stellung zwischen Eigen- und Fremdkapital aufweisen und daher international abweichende Besteuerungsfolgen auslösen können.[167]

Zweitens sind „einseitig induzierte doppelte Nichtbesteuerungen" anzuführen.[168] Als Beispiel mag hier im Sinne der Vermeidung virtueller Doppelbesteuerung die Anwendung der Freistellungsmethode in einem Staat, kombiniert mit der Nichtsteuerbarkeit in einem anderen Staat, dienen.[169] Drittens ist die

---

162 Vgl. wiederum *Braun/Zagler*, World Tax Journal 2014, 242, 265 f.

163 Nach *Jankowiak*, Doppelte Nichtbesteuerung im internationalen Steuerrecht, S. 34 ff.; so auch *Valta*, Internationales Steuerrecht, S. 223.

164 *Jankowiak*, Doppelte Nichtbesteuerung im internationalen Steuerrecht, S. 34; siehe ferner *Bärsch/Spengel*, Bulletin for International Taxation 2013, 520, 520 f.; vgl. ferner konkret *Ting*, British Tax Review 2014, 40, 52; vgl. ferner *Kollmann/Roncarati/Staringer*, Treaty Entitlement for Fiscally Transparent Entities, S. 2 f.

165 *Jankowiak*, Doppelte Nichtbesteuerung im internationalen Steuerrecht, S. 35.

166 Hierzu und folgend *Jankowiak*, Doppelte Nichtbesteuerung im internationalen Steuerrecht, S. 41; *Kahlenberg/Kopec*, World Tax Journal 2016, 37, 38, vgl. auch *Parada*, Double Non-taxation and the Use of Hybrid Entities, S. 109 ff.

167 Kommission v. 25.11.2013, COM(2013) 814 final, S. 2 definiert hybride Finanzierungsinstrumente in Hinblick auf Kreditvarianten als „financial instruments that have characteristics of both dept and equity"; hierzu auch *Kahlenberg/Kopec*, World Tax Journal 2016, 37, 40.

168 *Jankowiak*, Doppelte Nichtbesteuerung im internationalen Steuerrecht, S. 58; vgl. zur Kombination von Anrechnungsmethode und steuerlicher Nichterfassung *Parada*, Double Non-taxation and the Use of Hybrid Entities, S. 288 ff.

169 *Jankowiak*, Doppelte Nichtbesteuerung im internationalen Steuerrecht, S. 59.

doppelte Nichtbesteuerung durch Steuerhinterziehung und Steuerverkürzung zu nennen.[170] Schließlich ist viertens die „vereinbarte Nichtbesteuerung" anzuführen: Hierzu zählen im Regelfall entwicklungspolitische und investitionsfördernde Methoden, welche vor allem zugunsten von Entwicklungs- und Schwellenländern als Maßnahme im Steuerwettbewerb eingesetzt werden.[171] Zentrales Ziel einer vereinbarten Nichtbesteuerung ist die Erhöhung der Standortattraktivität.[172] Letztere Ursache der Nichtbesteuerung ist also kein Fall koordinationsbedürftiger Nichtbesteuerung, sondern ein steuerpolitisches Instrument.[173]

Die Folgen der Nichtbesteuerung in Bezug auf eine nutzentheoretische Rechtfertigung der Besteuerung scheinen zunächst klar: Sofern überhaupt keine Besteuerung erfolgt und staatliche Leistungen im Ansässigkeits- oder Quellenstaat in Anspruch genommen wurden, besteht ein Widerspruch zum Nutzen- oder Äquivalenzprinzip, welches das Besteuerungsrecht gerade mit der Inanspruchnahme von staatlichen Leistungen verknüpft.[174] Es ist jedoch zu bedenken, dass das Äquivalenz- oder Nutzenprinzip eine Steuerrechtfertigungstheorie ist, jedoch nicht vorschreibt, welche Steuertatbestände zu besteuern sind und welche nicht.[175] Insofern besteht vor dem Hintergrund staatlicher Souveränität ein Gestaltungsspielraum, welche Tatbestände als steuerbar eingeordnet werden.[176] Daher ist nicht jede Nichtbesteuerung als Beeinträchtigung des Äquivalenz- oder Nutzenprinzips zu sehen, sondern vielmehr lediglich eine solche, die nicht Ergebnis des souveränen abkommensrechtlichen Zusammenwirkens der beteiligten Staaten ist, mithin nicht dem Willen der Parteien entspricht.[177] Eine solche Situation ist jedenfalls bei einer Nichtbesteuerung aufgrund eines Qualifikationskonflikts gegeben.[178] Anders liegt es bei der sog. einseitig induzierten

---

170 *Jankowiak*, Doppelte Nichtbesteuerung im internationalen Steuerrecht, S. 66; kritisch jedoch *Parada*, Double Non-taxation and the Use of Hybrid Entities, S. 34 ff., welcher doppelte Nichtbesteuerung als stets legitimes Anliegen proklamiert, S. 46.

171 *Jankowiak*, Doppelte Nichtbesteuerung im internationalen Steuerrecht, S. 69 ff.

172 *Jankowiak*, Doppelte Nichtbesteuerung im internationalen Steuerrecht, S. 69.

173 Siehe Jankowiak, Doppelte Nichtbesteuerung im internationalen Steuerrecht, S. 73.

174 *Jankowiak*, Doppelte Nichtbesteuerung im internationalen Steuerrecht, S. 93 f.

175 Vgl. *Jankowiak*, Doppelte Nichtbesteuerung im internationalen Steuerrecht, S. 95 f., der von einer Vorschreibung durch Abkommensrecht spricht.

176 *Jankowiak*, Doppelte Nichtbesteuerung im internationalen Steuerrecht, S. 95 f.; vgl. auch *Laguna*, World Tax Journal 2017, 189, 194.

177 Vgl. *Jankowiak*, Doppelte Nichtbesteuerung im internationalen Steuerrecht, S. 95 f.; vgl. die Ausführungen von *Valta*, Das Internationale Steuerrecht, S. 224.

178 *Jankowiak*, Doppelte Nichtbesteuerung im internationalen Steuerrecht, S. 94 f.

Nichtbesteuerung: Aufgrund einer Freistellung auf der einen Seite sowie einer Nichtsteuerbarkeit auf der anderen Seite wird die souveräne Verteilungsentscheidung der Staaten gewahrt.[179] Dies gilt zunächst auch für die Fallgruppe der Steuerhinterziehung und Steuerverkürzung, nach welcher die Nichtbesteuerung aufgrund eines delinquenten Verhaltens des Steuerpflichtigen eintritt.[180] Jedoch steht Steuerhinterziehung per se der Umsetzung des Äquivalenz- oder Nutzenprinzips entgegen, sodass in diesem Fall eine Inkongruenz zum Äquivalenz- oder Nutzenprinzip angenommen werden muss.[181] In Bezug auf die vereinbarte Nichtbesteuerung ist der Zusammenhang der Verteilungsentscheidung mit der Souveränität der beteiligten Staaten und damit die Wahrung des Nutzenprinzips unmittelbar einleuchtend.[182]

Beeinträchtigungen des Leistungsfähigkeitsprinzips sind danach zu beurteilen, ob die Nichtbesteuerung Ausdruck einer souveränen Gestaltung der nationalen Steuergesetze ist, sofern diese unter Berücksichtigung des Leistungsfähigkeitsprinzips vorgenommen wurde. Denn wenn die Steuernorm dem Prinzip der Leistungsfähigkeit folgt, ist eine daraus resultierende Nichtbesteuerung keine Beeinträchtigung desselben.[183] Folglich ergibt sich in Bezug auf die Kategorien der Nichtbesteuerung grundsätzlich ein Gleichlauf zum Äquivalenz- oder Nutzenprinzip: Lediglich die „unfreiwilligen" Nichtbesteuerungen, also entweder solche aufgrund von Qualifikationskonflikten oder aufgrund von Steuerhinterziehung oder -verkürzung beeinträchtigen die Umsetzung des Leistungsfähigkeitsprinzips.[184] Sofern eine Ausgestaltung nationaler Steuergesetze jedoch im Widerspruch zum Leistungsfähigkeitsprinzip steht, gilt dies auch für die daraus folgende Nichtbesteuerung.

---

179 *Jankowiak*, Doppelte Nichtbesteuerung im internationalen Steuerrecht, S. 95 f.

180 *Jankowiak*, Doppelte Nichtbesteuerung im internationalen Steuerrecht, S. 97; vgl. dazu *Parada*, Double Non-taxation and the Use of Hybrid Entities, S. 38, welcher Steuerverkürzung als Informationsproblem und nicht als Problem doppelter Nichtbesteuerung klassifiziert.

181 Vgl. *Jankowiak*, Doppelte Nichtbesteuerung im internationalen Steuerrecht, S. 97, welcher anführt, dass ansonsten „der Ansässigkeitsstaat vom unrechtmäßigen Verhalten Steuerpflichtiger profitieren würde".

182 Vgl. *Jankowiak*, Doppelte Nichtbesteuerung im internationalen Steuerrecht, S. 98.

183 In diesem Sinne *Jankowiak*, Doppelte Nichtbesteuerung im internationalen Steuerrecht, S. 103 ff.

184 *Jankowiak*, Doppelte Nichtbesteuerung im internationalen Steuerrecht, S. 103 ff.

3. Methoden zur Vermeidung der Doppelbesteuerung

Die rechtlichen und ökonomischen Folgen der Doppelbesteuerung sind Anlass zur Schaffung von Regelungen zur Vermeidung derselben. Im Zusammenhang mit den Aufteilungsprinzipien wurden Methoden geschaffen, welche mit Rücksicht auf die Zuteilung der Besteuerungsbefugnisse das Problem der Doppelbesteuerung beseitigen sollen. Die zwei verbreitetsten Methoden zur Vermeidung der Doppelbesteuerung sind die Anrechnungs- sowie die Freistellungsmethode.[185]

Die Anrechnungsmethode ist darauf ausgelegt, die Doppelbesteuerung im Ansässigkeitsstaat zu vermeiden.[186] Traditionell besteht – schwerpunktmäßig für Unternehmensgewinne – vorrangig eine Anwendung im angelsächsischen Raum.[187] Sie besagt, dass Steuern auf ausländische Einkünfte auf den inländisch zu zahlenden Steuerbetrag angerechnet werden.[188] Hierdurch entspricht sie dem Anliegen des Ansässigkeitsstaats, zunächst die globalen Einkünfte des unbeschränkt Steuerpflichtigen zu erfassen.[189] Einer Besteuerung nach der Leistungsfähigkeit kann so entsprochen werden.[190] Durch die gleichmäßige Steueranrechnung stellt der Ansässigkeitsstaat ferner Kapitalexportneutralität her.[191] Neben einer vollen Anrechnung ist die Anwendung der Anrechnungsmethode jedoch auch dergestalt denkbar, dass eine Anrechnung nur bis zur Höhe des Teils der inländischen Steuer, welcher sich auf die Auslandseinkünfte bezieht, möglich ist.[192] Hiermit gehen Abstriche bei der Umsetzung des Leistungsfähigkeitsprinzips einher, da in Bezug auf den Reststeuerbetrag der ausländischen Steuern eine Anrechnung nicht stattfindet und eine Doppelbesteuerung verbleibt.[193]

---

185 *Jacobs*, Internationale Unternehmensbesteuerung, S. 11; *Seer*, in Tipke/Lang, Steuerrecht, Rn. 1.93.

186 *Jacobs*, Internationale Unternehmensbesteuerung, S. 11; *Seer*, in Tipke/Lang, Steuerrecht, Rn. 1.94.

187 Pauschal *Wassermeyer*, in Wassermeyer, Doppelbesteuerung, Art. 23A MA Rn. 1.

188 *Jacobs*, Internationale Unternehmensbesteuerung, S. 11; *Seer*, in Tipke/Lang, Steuerrecht, Rn. 1.93; *Spitaler*, Das Doppelbesteuerungsproblem bei den direkten Steuern, S. 332.

189 Vgl. *Schaumburg*, Internationales Steuerrecht, Rn. 17.17.

190 *Valta*, Das internationale Steuerrecht, S. 202.

191 *Schaumburg*, Internationales Steuerrecht, Rn. 17.29.

192 *Jacobs*, Internationale Unternehmensbesteuerung, S. 12.

193 *Schaumburg*, Internationales Steuerrecht, Rn. 17.30.

Durch die Anrechnungsmethode erfolgt eine höhenmäßige Beschränkung des Besteuerungsrechts des Ansässigkeitsstaats, indes bleiben die Besteuerungsbefugnisse dem Grunde nach bestehen.[194]

Die Freistellungsmethode versucht im Gegensatz hierzu eine Doppelbesteuerung im Wege einer Befreiung von ausländischen Einkünften zu vermeiden.[195] Hierbei sind grundsätzlich zwei verschiedene Gestaltungsmöglichkeiten denkbar: Einerseits könnte eine Freistellung lediglich den Ausnahmebetrag aus der Bemessungsgrundlage umfassen, andererseits ist zusätzlich denkbar, dass der befreite Betrag im Rahmen des Progressionsvorbehalts berücksichtigt wird.[196] Durch die Freistellung sämtlicher ausländischer Einkünfte wird zudem eine Kapitalimportneutralität gewährleistet.[197] Klassischerweise findet eine Anwendung durch die kontinentaleuropäischen Länder statt.[198] Die Freistellungsmethode überlässt die Besteuerungsbefugnis bezüglich der ausländischen Einkünfte vollständig dem Quellenstaat und gestattet diesem mithin die Möglichkeit von steuerrechtlichen Maßnahmen zur Erhöhung der Standortattraktivität.[199] Aufgrunddessen ergibt sich eine Vorteilhaftigkeit der Freistellungsmethode für Entwicklungs- und Schwellenländer.[200] Hieraus ergibt sich freilich keine notwendige Verbindung der Freistellungsmethode mit dem Ansässigkeitsprinzip.[201] Auch der Quellenstaat kann die Freistellungsmethode mit der Folge verwenden, dass der Ansässigkeitsbesteuerung ein Vorrang eingeräumt wird.[202]

Schließlich ist die Abzugsmethode anzuführen, welche wirtschaftlich der Anrechnungsmethode ähnlich, jedoch dogmatisch von dieser verschieden ist.[203] Anstatt einer Anrechnung der gezahlten ausländischen Steuer wirkt die Abzugsmethode über eine Verringerung der Bemessungsgrundlage in Höhe des Betrags der ausländischen Steuer. Im Ergebnis steht sie damit einer Betriebsausgabe gleich. Die Abzugsmethode kommt typischerweise zum Tragen, wenn bei

---

194 Vgl. *Ismer*, in Vogel/Lehner, Art. 23 Rn. 4.

195 *Jacobs*, Internationale Unternehmensbesteuerung, S. 12; *Seer*, in Tipke/Lang, Steuerrecht, Rn. 1.93.

196 *Jacobs*, Internationale Unternehmensbesteuerung, S. 12.

197 *Seer*, in Tipke/Lang, Steuerrecht, Rn. 1.98; *Wassermeyer*, in Wassermeyer, Doppelbesteuerung, Art. 23A MA Rn. 4.

198 *Wassermeyer*, in Wassermeyer, Doppelbesteuerung, Art. 23A MA, Rn. 1.

199 *Wassermeyer*, in Wassermeyer, Doppelbesteuerung, Art. 23A MA Rn. 4.

200 *Wassermeyer*, in Wassermeyer, Art. 23A MA Rn. 4.

201 *Frotscher*, Internationales Steuerrecht, § 5 Rn. 305.

202 *Frotscher*, Internationales Steuerrecht, § 5 Rn. 305.

203 Hierzu und folgend *Frotscher*, Internationales Steuerrecht, § 5 Rn. 348 f.

grundsätzlicher Anwendung der Anrechnungsmethode keine inländische Steuer anfällt – folglich also ein Anrechnungsobjekt fehlt. In dem Fall greift die Abzugsmethode auf die Bemessungsgrundlage zurück. Durch den Abzug von der Bemessungsgrundlage handelt es sich grundsätzlich nicht um eine Methode zur Ausschaltung, sondern lediglich zur Abschwächung der Doppelbesteuerung.[204]

Eine nur wenig verbreitete Methode ist überdies die sog. Pauschalierungsmethode.[205] Hierbei wird ein Pauschbetrag festgelegt, welcher für die ausländischen Einkünfte als Steuer maßgeblich ist – diese ist daher grundsätzlich nicht dazu geeignet, stets eine Vermeidung der Doppelbesteuerung herbeizuführen.[206]

4. Ebenen koordinativer Maßnahmen zur Vermeidung von Doppelbesteuerung

Jeder Staat kann bereits nach nationalem Recht entsprechende Maßnahmen erlassen, um Doppelbesteuerung zu vermeiden.[207] Angesichts zahlreicher Abkommen auf bilateraler Ebene stellt sich folglich die Frage, worin der Mehrwert einer zwischenstaatlichen Abstimmung zur Ausschaltung der Doppelbesteuerung besteht.[208]

Zunächst ist für den Abschluss bilateraler Abkommen deren fiskalische Vorteilhaftigkeit ins Feld zu führen.[209] Im Fall einer unilateralen Vermeidung der Doppelbesteuerung lässt sich die Vermeidung letztlich nur durch einen Verzicht auf Steuersubstrat realisieren.[210] Auf Abkommensebene steht der Verzicht hingegen

---

204 *Schaumburg*, Internationales Steuerrecht, Rn. 17.34; mit konkretem Beispiel *Spitaler*, Das Doppelbesteuerungsproblem bei den direkten Steuern, S. 328 ff.

205 *Schaumburg*, Internationales Steuerrecht, Rn. 17.36.

206 *Schaumburg*, Internationales Steuerrecht, Rn. 17.36.

207 Hierzu eben genannte Methoden im Abschnitt B.I.3.

208 Vgl. *Ebling*, Unilaterale Maßnahmen gegen die internationale Doppelbesteuerung bei den Steuern vom Ertrag, S. 150; *Lornsen*, Unilaterale Maßnahmen der Bundesrepublik Deutschland zur Ausschaltung der internationalen Doppelbesteuerung bei der Einkommen- und Körperschaftsteuer, S. 55; *Schaumburg*, Internationales Steuerrecht, Rn. 17.40.

209 *Ebling*, Unilaterale Maßnahmen gegen die internationale Doppelbesteuerung bei den Steuern vom Ertrag, S. 151; *Lornsen*, Unilaterale Maßnahmen der Bundesrepublik Deutschland zur Ausschaltung der internationalen Doppelbesteuerung bei der Einkommen- und Körperschaftsteuer, S. 56; *Schaumburg*, Internationales Steuerrecht, Rn. 17.40.

210 *Ebling*, Unilaterale Maßnahmen gegen die internationale Doppelbesteuerung bei den Steuern vom Ertrag, S. 151; *Lornsen*, Unilaterale Maßnahmen der Bundesrepublik Deutschland zur Ausschaltung der internationalen Doppelbesteuerung bei der

in einem reziproken Verhältnis zu Zugeständnissen des anderen Vertragsstaats, sodass sich eine ausgewogenere Verteilung der Besteuerungsbefugnisse einstellt als bei einer durchgehend unilateralen Vermeidung, welche einseitig zulasten des verzichtenden Staates – in der Regel des Ansässigkeitsstaates – geht.[211]

Durch eine bilaterale Koordination werden in der Regel auch weitergehende Zugeständnisse zur Vermeidung von Doppelbesteuerung eingegangen als auf unilateraler Ebene.[212] Dies ist einerseits darin begründet, dass sich Staaten durch einseitige Zugeständnisse nicht Verhandlungsvorteilen auf bilateraler Ebene berauben wollen. Zudem ist offenkundig, dass Staaten die Notwendigkeit eines Besteuerungsverzichts eher anerkennen, wenn dies mit der Durchsetzung von Besteuerungsansprüchen in anderen Tatbeständen durch Zugeständnisse des Vertragspartners einhergeht.

Zudem ist der Aspekt einer erhöhten Flexibilität durch den Abschluss von Abkommen anzubringen.[213] Denn im Wege der Abkommensaushandlung kann sich eine Aufteilung der Besteuerungsbefugnisse an den ökonomischen und fiskalpolitischen Voraussetzungen der Vertragsstaaten orientieren und damit potenziell angemessenere Aufteilungsergebnisse erzielt werden als bei einer unilateralen Verteilung, welche auf die ökonomische Umstände des anderen Staats keine Rücksicht nehmen kann.[214]

Einkommen- und Körperschaftsteuer, S. 56; *Schaumburg*, Internationales Steuerrecht, Rn. 17.40.

211 *Ebling*, Unilaterale Maßnahmen gegen die internationale Doppelbesteuerung bei den Steuern vom Ertrag, S. 151; *Lornsen*, Unilaterale Maßnahmen der Bundesrepublik Deutschland zur Ausschaltung der internationalen Doppelbesteuerung bei der Einkommen- und Körperschaftsteuer, S. 56; vgl. auch *Schaumburg*, Internationales Steuerrecht, Rn. 17.40.

212 Vgl. zu diesem Aspekt und im Folgenden *Ebling*, Unilaterale Maßnahmen gegen die internationale Doppelbesteuerung bei den Steuern vom Ertrag, S. 150 f. sowie *Lornsen*, Unilaterale Maßnahmen der Bundesrepublik Deutschland zur Ausschaltung der internationalen Doppelbesteuerung bei der Einkommen- und Körperschaftsteuer, S. 55 f.

213 *Ebling*, Unilaterale Maßnahmen gegen die internationale Doppelbesteuerung bei den Steuern vom Ertrag, S. 151; *Lornsen*, Unilaterale Maßnahmen der Bundesrepublik Deutschland zur Ausschaltung der internationalen Doppelbesteuerung bei der Einkommen- und Körperschaftsteuer, S. 56.

214 *Ebling*, Unilaterale Maßnahmen gegen die internationale Doppelbesteuerung bei den Steuern vom Ertrag, S. 151; *Lornsen*, Unilaterale Maßnahmen der Bundesrepublik Deutschland zur Ausschaltung der internationalen Doppelbesteuerung bei der Einkommen- und Körperschaftsteuer, S. 55; *Schaumburg*, Internationales Steuerrecht, Rn. 17.40.

Darüber hinaus ist zugunsten von Abkommensregelungen anzuführen, dass sie völkerrechtliche Bindungswirkung entfalten.[215] Der Steuerpflichtige profitiert von der Bindungswirkung in Form von Rechtssicherheit.[216] Zwar gilt die Rechtsverbindlichkeit im Grundsatz auch für unilateral vorgenommene Maßnahmen.[217] Durch eine völkerrechtliche Bindung wird jedoch auch in Staaten, in denen aufgrund geringer Rechtssicherheit eine größere Gefahr einer negativen Veränderung der unilateralen Maßnahmen anzunehmen ist, das Vertrauen des Steuerpflichtigen in den Fortbestand der Rechtslage gestärkt und damit eine Investitionsbereitschaft gefördert.[218]

Gleichwohl ist das Netzwerk der weltweiten Doppelbesteuerungsabkommen keinesfalls so umfassend, dass hierdurch bereits jedwede Doppelbesteuerung vermieden werden könnte.[219] Vor diesem Hintergrund besteht auch weiterhin ein Erfordernis unilateraler Maßnahmen.[220]

5. Konvergenzbegründende Faktoren im System des internationalen Steuerrechts

Angesichts der Pluralität von Kodifikationen internationalen Steuerrechts ist eine Systemkonzeption daran zu messen, inwiefern strukturelle Gründe für eine konvergente Entwicklung auszumachen sind. Hierfür ist zunächst auf Musterabkommen einzugehen. Aufgrund der fehlenden Relevanz multilateraler Rechtssetzung ist zudem Völkergewohnheitsrecht als rechtsverbindliche Grundlage

215 *Ebling*, Unilaterale Maßnahmen gegen die internationale Doppelbesteuerung bei den Steuern vom Ertrag, S. 150; *Lornsen*, Unilaterale Maßnahmen der Bundesrepublik Deutschland zur Ausschaltung der internationalen Doppelbesteuerung bei der Einkommen- und Körperschaftsteuer, S. 56; *Schaumburg*, Internationales Steuerrecht, Rn. 17.40.

216 *Ebling*, Unilaterale Maßnahmen gegen die internationale Doppelbesteuerung bei den Steuern vom Ertrag, S. 150; *Schaumburg*, Internationales Steuerrecht, Rn. 17.40.

217 *Ebling*, Unilaterale Maßnahmen gegen die internationale Doppelbesteuerung bei den Steuern vom Ertrag, S. 150; *Lornsen*, Unilaterale Maßnahmen der Bundesrepublik Deutschland zur Ausschaltung der internationalen Doppelbesteuerung bei der Einkommen- und Körperschaftsteuer, S. 56.

218 Vgl. hierzu *Flick*, Finanzarchiv 1961, 86, 90, der die Gefahr einer Veränderung durch den staatlichen Gesetzgeber benennt; zudem pauschal für eine höhere Wertigkeit von Abkommen in diesem Zusammenhang *Schaumburg*, Internationales Steuerrecht, Rn. 17.40.

219 *Schaumburg*, Internationales Steuerrecht, Rn. 17.40.

220 *Schaumburg*, Internationales Steuerrecht, Rn. 17.40.

im Zusammenhang mit Konvergenz zu thematisieren. Schließlich ist auch die Übertragung und Übernahme fremden Rechts im Kontext mit einer Konvergenzbegründung zu untersuchen.

a) Musterabkommen

aa) Historischer Kontext

Nachdem der Völkerbund bereits in den 1920er Jahren als federführender Akteur bei der Gestaltung des internationalen Steuerrechts in Erscheinung trat, setzte sich dieser globale Führungsanspruch auch in den Folgejahren fort.[221] Im Jahr 1925 lud das *Financial Committee* der *League of Nations* sechs Staaten, die bereits bestehende internationale Verträge zur Steuerflucht hatten, zu einer Konferenz, welche sich noch gleichermaßen mit den Themen der Doppelbesteuerung sowie der Steuerflucht beschäftigte.[222] In diesem Rahmen wurde die Empfehlung gefasst, eine weitere Konferenz zur Erstellung eines Mustervertrages durchzuführen, welche auf den Resolutionen des Reports aus 1925 beruhen sollte.[223] Diese wurde durch das *Committee of Technical Experts* durchgeführt und resultierte im Report von 1927, welcher ein erstes bilaterales Musterabkommen von insgesamt 14 Artikeln sowie einen diesbezüglichen Kommentar enthielt.[224]

Auf Vorschlag des „General Meeting of Government Experts on Double Taxation and Tax Evasion" wurde dann mit Resolution des Rats der *League of Nations* vom 14.12.1928 das *Fiscal Committee* begründet, welches im Weiteren mit der Behandlung der Frage der internationalen Doppelbesteuerung auf Ebene des Völkerbunds betraut wurde.[225] Im Zuge der Arbeiten des *Fiscal Committee* wurden sodann die Grundlagen für die ersten Musterabkommen nach dem Zweiten

221 Vgl. *Schaumburg*, Internationales Steuerrecht, Rn. 19.14.

222 *Jogarajan*, Double Taxation and the League of Nations, S. 25.

223 *Jogarajan*, Double Taxation and the League of Nations, S. 98; siehe auch League of Nations, Double Taxation and Tax Evasion, Report presented by the Committee of Technical Experts on Double Taxation and Tax Evasion, Geneva, April 1927, C.216.M.85.1927.II, S. 8.

224 League of Nations, Double Taxation and Tax Evasion, Report presented by the Committee of Technical Experts on Double Taxation and Tax Evasion, Geneva, April 1927, C.216.M.85.1927.II, S. 10 ff.

225 League of Nations, The Committees of the League of Nations, Classified List and Essential Facts, Geneva 1945, C.99.M.99.1945.V, S. 53 f.

Weltkrieg erarbeitet.[226] Hierzu zählen der Mustervertrag von Mexiko aus dem Jahr 1943 sowie der Mustervertrag von London aus dem Jahr 1946.[227] Diese beinhalteten themenspezifische Musterverträge zu direkten Steuern, Vermögen und Erbschaften sowie internationaler Verwaltungskooperation.[228] Nach diesen Errungenschaften kam es jedoch im Jahr 1954 zur Auflösung des UN *Fiscal Committee*, 1956 wurde die OEEC gebildet,[229] welche vor der Aufgabe stand, die bereits bestehenden Musterverträge zu vereinheitlichen.[230]

Diese Anstrengungen mündeten in der Verabschiedung des Musterabkommens von 1963, welches in Struktur und Form den Grundstein für das bis heute bestehende OECD-Musterabkommen legte.[231]

Bereits zum Zeitpunkt der Musterverträge von Mexiko und London offenbarte sich ein Antagonismus der Fiskalinteressen zwischen Industriestaaten und Entwicklungsländern.[232] Die Interessen der Entwicklungsländer wurden in der Folge durch die UN aufgegriffen, welche im Laufe der Siebziger Jahre basierend auf einer Aufforderung durch den Wirtschafts- und Sozialausschuss ein Musterabkommen erarbeitete.[233] Dieses wurde 1980 endgültig veröffentlicht.[234]

bb) Rechtsnatur

Musterabkommen sind keine völkerrechtlichen Verträge, sondern abgegebene Empfehlungen zur Gestaltung bilateraler Doppelbesteuerungsabkommen.[235] Sie bilden folglich keine rechtliche verbindliche Grundlage des internationalen

---

226 *Schaumburg*, Internationales Steuerrrecht, Rn. 19.14; *Wassermeyer*, in Wassermeyer, Doppelbesteuerung, Vor Art. 1 MA Rn. 76.

227 *Schaumburg*, Internationales Steuerrrecht, Rn. 19.14; *Wassermeyer*, in Wassermeyer, Doppelbesteuerung, Vor Art. 1 MA Rn. 76; *Avery Jones*, 10 Florida Tax Review 2009, 3, 3.

228 *Szczepanski*, Intertax 2018, 766, 773.

229 *Avery Jones*, 10 Florida Tax Review 2009, 3, 3.

230 *Szczepanski*, Intertax 2018, 766, 774.

231 *Avery Jones*, 10 Florida Tax Review 2009, 3, 3.

232 *Schaumburg*, Internationales Steuerrrecht, Rn. 19.14.

233 *Whittaker*, 8 North Carolina Journal of International Law and Commercial Regulation 1982, 39, 39 f.; ferner *Wassermeyer*, Doppelbesteuerung, Vor Art. 1 MA Rn. 22.

234 UN, Model Double Taxation Convention between Developed and Developing Countries, 2017 Update, ST/ESA/PAD/SER.E/213, Rn. 8.

235 *Reith*, Internationales Steuerrecht, Rn. 4.101; vgl. *Lehner*, in Vogel/Lehner, DBA, Grundlagen Rn. 34.

Steuerrechts,[236] indes besteht eine signifikante Wirkung auf den Abschluss von Doppelbesteuerungsabkommen.[237] Unterhalb der Frage der Rechtsverbindlichkeit lassen sich jedoch noch Unterschiede im rechtlichen Gehalt zwischen den Musterabkommen ausmachen. So hat das OECD-Musterabkommen einen formellen Empfehlungscharakter, während das UN-Musterabkommen keine formelle Empfehlung der Vereinten Nationen darstellt.[238] Art. 5 b) der *Convention on the Organisation for Economic Co-operation and Development* sieht Empfehlungen der OECD an die Mitgliedstaaten vor; um eine solche handelt es sich auch beim OECD-Musterabkommen.[239] Beim UN-Musterabkommen handelt es sich hingegen nicht um eine Resolution, sondern um eine Veröffentlichung des *Committee of Experts*, welches direkt an den Wirtschafts- und Sozialrat berichtet.[240]

cc) Prinzipien der Musterabkommen

Die konvergenzbegründende Kraft von Musterabkommen liegt in der Bereitschaft der Staaten, Vorschriften aus dem Musterabkommen in ihre zwischenstaatlichen Doppelbesteuerungsabkommen zu inkorporieren. Im Gegensatz zu einem multilateralen Vertrag ist jedoch die konkrete Regelung, welche letztlich Eingang in den Abkommenstext erhält, immer auch abhängig von dem Verhandlungsergebnis der späteren Abkommensparteien.[241] Dieses ist bedingt durch die steuerpolitischen Voraussetzungen der Verhandlungsparteien, welchen grundsätzlich ein Veränderungspotenzial hinsichtlich der Regelungen der Musterabkommen zukommt.[242] Folglich ergibt sich ein globales System an Regelungen, welche Ähnlichkeit, jedoch keine allgemeine Gleichartigkeit aufweisen.[243]

---

236 OECD, Model Tax Convention on Income and on Capital, Condensed Version, 21 November 2017, Introduction, Rn. 29; UN, Model Double Taxation Convention between Developed and Developing Countries, 2017 Update, ST/ESA/PAD/SER.E/213, Rn. 12.

237 Für eine länderspezifische Übersicht *Lang/Pistone/Schuch/Staringer* (Hrsg.), The Impact of the OECD and UN Model Conventions on Bilateral Tax Treaties, S. 37 ff.

238 *Arnold*, Tax Treaty News: An Overview of the UN Model (2011), Bulletin for international Taxation 2012, 523, 523.

239 *Lehner*, in Vogel/Lehner, DBA, Grundlagen Rn. 34.

240 *Arnold*, Bulletin for international Taxation 2012, 523, 523.

241 Vgl. *Charney*, 61 Washington Law Review 1986, 971, 981, welcher u.a. den Bereich des internationalen Steuerrechts als von „quid pro quo" – Vereinbarungen geprägt ansieht.

242 Vgl. *Rixen*, European Journal of International Relations 2010, 589, 607, welcher den Vorzug von bilateralen Aushandlungen in der Berücksichtigung asymetrischer Investitionsströme sieht.

243 Vgl. *Avi-Yonah*, International Tax as International Law, S. 3 f.

Das internationale Steuerrecht steht damit in einem ständigen Spannungsfeld zwischen Konvergenz und Fragmentierung.[244] Einem Systembegriff steht dies jedoch nicht schlechterdings entgegen. Völkerrechtlich überlagerte Rechtssysteme sind in Abwesenheit einer übergeordneten Instanz dezentral organisiert.[245] Um völkerrechtliche Konvergenz zu demonstrieren, ist sich folglich nicht auf Übereinstimmung von Detailregelungen zu fokussieren, sondern vielmehr auf die Übereinstimmung von Prinzipien.[246] Im Gegensatz zu konkreten Regeln besitzen Prinzipien nach Dworkin einen relativen Charakter,[247] welcher sich besser auf eine Übereinstimmung prüfen lässt als Detailregelungen, für die konsequenterweise eine absolute Übereinstimmung für eine Vergleichbarkeit gegeben sein muss.[248] Prinzipien kommt aufgrund der Veränderbarkeit konkreter Ausgestaltung auch eine „lückenfüllende" Funktion zu.[249] So bleibt auch bei Fortentwicklung von Komponenten des internationalen Steuerrechts eine gewisse Systemkonsistenz gewährleistet. Im Folgenden sind daher die Prinzipien der Musterabkommen auszuführen.

(1) Das Prinzip der Einmalbesteuerung

Zentrales Anliegen von Doppelbesteuerungsabkommen ist die Vermeidung der Doppelbesteuerung. Dies ist sowohl aus der abkommensrechtlichen Entstehungsgeschichte als auch unter dogmatischen Gesichtspunkten ersichtlich. Die Abwendung einer wirtschaftlichen Mehrbelastung des Steuerpflichtigen bildet, wie ausgeführt, jedenfalls seit den 1920er Jahren des letzten Jahrhunderts den Angelpunkt zwischenstaatlicher Anstrengungen auf dem Gebiet des internationalen Steuerrechts.[250] Bereits die Präambel der Musterabkommen weist auf die Bedeutung der Vermeidung der Doppelbesteuerung hin: Sowohl das OECD Musterabkommen als auch das UN-Musterabkommen sprechen von „intending

---

244 Siehe etwa Fragmentierungsbedenken bzgl. des auf Konvergenz angelegten BEPS-Prozesses, *Panayi*, Bulletin for International Taxation 2016, 628, 658.

245 *Andenas/Chiussi*, Cohesion, Convergence and Coherence of International Law, S. 9.

246 Vgl. *Andenas/Chiussi*, Cohesion, Convergence and Coherence of International Law, S. 11, welche die vereinheitlichende Wirkung von Prinzipien im Völkerrecht aufzeigen.

247 *Dworkin*, Taking Rights Seriously, S. 26; *Englisch*, Wettbewerbsgleichheit im grenzüberschreitenden Handel, S. 16.

248 Vgl. *Dworkin*, Taking Rights Seriously S. 26 f., *Englisch*, Wettbewerbsgleichheit im grenzüberschreitenden Handel, S. 15 f.

249 „Gap-filling function", siehe hierzu und vgl. folgend *Andenas/Chiussi*, Cohesion, Convergence and Coherence of International Law, S. 14.

250 Siehe Abschnitt B.I.1.a) sowie Abschnitt B.I.5.a)aa).

to conclude a Convention for the Elimination of Double Taxation".[251] Das Prinzip wird in den einzelnen Verweisungsnormen sowie den Methodenartikeln zur Vermeidung der Doppelbesteuerung verwirklicht.

Mit der Zunahme von Regelungen, welche auf die Verhinderung einer doppelten Nichtbesteuerung ausgerichtet sind, wird das Prinzip der Vermeidung der Doppelbesteuerung zudem vielmehr fortentwickelt zu einem Prinzip der Einmalbesteuerung ("single tax principle").[252] Dies betrifft im Wesentlichen die Aufnahme von aus dem BEPS-Projekt hervorgegangenen Regelungen in das OECD-Musterabkommen, welche auch durch das UN-Musterabkommen in großen Teilen angenommen wurde.[253] Auch bereits vor der Inkorporation des BEPS-Projekts wurde ein Prinzip der Einmalbesteuerung bestimmt, welches mit dem Gesichtspunkt der Besteuerungsneutralität zwischen grenzüberschreitend tätigen und innerstaatlich tätigen Steuerpflichtigen begründet wurde.[254] Auch dogmatisch bestanden hierfür jedoch bereits Anhaltspunkte, etwa insbesondere Art. 23A Abs. 4 OECD-MA, welcher den Ansässigkeitsstaat von der Verpflichtung, Einkünfte nach Art. 23A Abs. 4 OECD-MA freizustellen unter der Voraussetzung entbindet, dass diese durch die Abkommensanwendung durch die andere Abkommenspartei von der Besteuerung ausgenommen wurden.[255] Dazu weist auch die frühzeitige Aufnahme von LOB-Klauseln in den OECD-Kommentar auf ein Prinzip der Einmalbesteuerung hin.[256]

(2) Das Verhältnis von Quellen- und Ansässigkeitsprinzip

Die internationale Zuordnung einzelner Besteuerungsrechte schlägt sich im Quellen- und Ansässigkeitsprinzip nieder.[257] Je nach Quantität der Zuteilung wird somit eher das Ansässigkeits- oder Quellenprinzip akzentuiert. Das

---

251 UN, Model Double Taxation Convention between Developed and Developing Countries, 2017 Update, ST/ESA/PAD/SER.E/213, S. 5; OECD, Model Tax Convention on Income and on Capital, Condensed Version 2017, S. 27.

252 *Avi-Yonah*, International Tax as International Law, S. 8 ff.

253 Siehe den Überblick bezgl. der BEPS-Regelungen im OECD-Musterabkommen in B.III.3.b), zum Zusammenhang des BEPS-Projekts mit dem „single tax principle" siehe *Avi-Yonah*, 59 New York Law School Review 2014/15, 305, 307; *Shaviro*, 41 Brooklyn Journal of International Law 2016, 1293, 1300.

254 *Avi-Yonah*, 52 Tax Law Review 1997, 507, 518.

255 Vgl. generell zu Art. 23A Abs. 4 OECD-MA *Burgstaller/Schilcher*, European Taxation 2004, 266, 267.

256 Vgl. *Avi-Yonah*, 59 New York Law School Review 2014/15, 305, 314.

257 Siehe Abschnitt B.I.1.c).

OECD-Musterabkommen ist grundsätzlich von einer stärkeren Orientierung am Ansässigkeitsprinzip geprägt, was vor allem den steuerpolitischen Interessen der Industriestaaten entgegenkommt.[258] Dies betrifft u.a. Art. 7 OECD-MA, nach welchem Unternehmensgewinne einer Ansässigkeitsbesteuerung unterworfen sind. Jedoch wird durch das Merkmal der Betriebsstätte eine Schwelle für die Besteuerung im Quellenstaat eingezogen, die als immanente Begrenzung des Ansässigkeitsprinzips fungiert.[259] Eine Ansässigkeitsbesteuerung wird ferner im Grundsatz in den Artikeln 8, 10, 11, 12, 15, 18 und 21 OECD-MA vorgesehen, welche jedoch auch überwiegend beschränkte Quellensteuerbefugnisse enthalten.

Das UN-Musterabkommen weicht angesichts der historischen Maßgabe, ein Modell zu entwickeln, welches an den Interessen der Entwicklungsländer ausgerichtet ist,[260] naturgemäß von dieser Aufteilung zugunsten einer Quellenbesteuerung ab.[261] So weist die Betriebsstättendefinition des UN-Musterabkommens einen größeren Anwendungsbereich auf und führt damit zu einer Ausweitung des Besteuerungsrechts des Quellenstaats.[262] Als weiteres Beispiel dient die Dividendenbesteuerung gem. Art. 10 UN-MA: Im Gegensatz zu einer Begrenzung des Quellensteuersatzes auf höchstens 15 % im Fall einer Dividendenzahlung an einen *beneficial owner* nach Art. 10 Abs. 2 OECD-MA sieht das UN-Musterabkommen in Art. 10 Abs. 2 UN-MA eine individuelle Verhandlung des Quellensteuersatzes vor.[263]

(3) Nichtdiskriminierung

Das Prinzip der Nichtdiskriminierung ist in Art. 24 OECD-MA kodifiziert, ebenso in Art. 24 UN-MA. Art. 24 OECD-MA/UN-MA weisen fünf

---

258 *Lehner*, in Vogel/Lehner, DBA, Grundlagen Rn. 36; vgl. in Hinblick auf die europäischen Länder *Bretschger/Hettich*, European Journal of Political Economy 2002, 695, 700.

259 Vgl. *Reimer*, in Reimer/Rust, Klaus Vogel on Double Taxation Conventions, Bd. I, Art. 7 Rn. 10.

260 Vgl. Abschnitt B.I.5.a)aa).

261 Vgl. *Pistone*, General Report, in Lang et al., The Impact of the OECD and UN Model Conventions on Bilateral Tax Treaties, S. 2; bzgl. der historischen Entwicklung siehe Abschnitt B.I.5.a)aa).

262 *Lennard*, Asia-Pacific Tax Bulletin 2009, 4, 4.

263 *Lennard*, Asia-Pacific Tax Bulletin 2009, 4, 8.

unterschiedliche absolute Diskriminierungsverbote auf.[264] Bis auf den Verweis auf Art. 12 in Abs. 4, welchen Art. 24 OECD-MA vorsieht, stimmt die Formulierung des UN-Musterabkommens mit dem OECD-Musterabkommens überein.[265] Diese stehen in keinem Spezialitätsverhältnis zueinander.[266]

Art. 24 OECD-MA/UN-MA ist teleologisch nicht auf eine Aufteilung der Besteuerungsbefugnisse unter den Vertragsstaaten gerichtet, sondern strebt eine Verhinderung der Schlechterbehandlung bei vergleichbaren Sachverhalten an.[267] Dadurch richtet der Artikel Gestaltungsgebote an den nationalen Steuergesetzgeber zur Verhinderung von Diskriminierung.[268]

Art. 24 Abs. 1 OECD-MA/UN-MA richtet sich gegen eine Schlechterbehandlung aus Gründen der Staatsangehörigkeit. Geschützt ist nur der Personenkreis des anderen Vertragsstaats, sodass Art. 24 Abs. 1 OECD-MA/UN-MA keinen Schutz vor Inländerdiskriminierung gewährleistet.[269] Der Gehalt der diskriminierenden Besteuerung ist weit auszulegen.[270] Statt einer höheren Steuerlast ist bereits eine unterschiedliche Besteuerung ausreichend, um diskriminierend zu wirken.[271] Das aliud zur Besteuerung der eigenen Staatsangehörigen kann daher ausweislich des Musterkommentars in „charge and the method of assessment, its rate (…) and finally the formalities connected with the taxation (returns, payment, prescribed times, etc.)“ begründet sein.[272] Art. 24 Abs. 2 OECD-MA/UN-MA erstreckt dieses Diskriminierungsverbot auch auf Staatenlose.[273] Mit dem Ziel der Wettbewerbsneutralität versucht Art. 24 Abs. 3 OECD-MA/UN-MA Betriebsstätten von Unternehmen des anderen Vertragsstaats einer

---

264 *Wassermeyer/Schwenke*, in Wassermeyer, Doppelbesteuerung, Art. 24 Rn. 1; UN, Model Double Taxation Convention between Developed and Developing Countries, 2017 Update, ST/ESA/PAD/SER.E/213, S. 515 ff.

265 UN, Model Double Taxation Convention between Developed and Developing Countries, 2017 Update, ST/ESA/PAD/SER.E/213, S. 515.

266 *Wassermeyer/Schwenke*, in Wassermeyer, Doppelbesteuerung, Art. 24 Rn. 2b.

267 *Wassermeyer/Schwenke*, in Wassermeyer, Doppelbesteuerung, Art. 24 Rn. 1.

268 *Von Pannwitz*, in Haase, AStG, DBA, Art. 24 Rn. 1.

269 *Bruns*, in Schönfeld/Ditz, DBA, Art. 24 Rn. 48; auch eine Diskriminierung, welche an das Merkmal der Ansässigkeits anknüpft, bleibt damit möglich, siehe *Cockfield/Arnold*, 2 World Tax Journal 2010 No. 2 (online edition), 1, 1.

270 *Bruns*, in Schönfeld/Ditz, DBA, Art. 24 Rn. 66.

271 *Bruns*, in Schönfeld/Ditz, DBA, Art. 24 Rn. 66.

272 OECD, Model Tax Convention on Income and on Capital, Condensed Version, 2017, Commentary on Art. 24 Rn. 15; *Bruns*, in Schönfeld/Ditz, DBA, Art. 24 Rn 66.

273 *Bruns*, in Schönfeld/Ditz, DBA, Art. 24 Rn 75; vgl. ausführlich *Bammens*, The Principle of Non-Discrimination in International and European Tax Law, S. 179 ff.

Gleichbehandlung mit inländischen Unternehmen zuzuführen.[274] Im Gegensatz zum Diskriminierungsverbot aufgrund der Staatsangehörigkeit bzw. Staatenlosigkeit ist im Rahmen des Art. 24 Abs. 3 OECD-MA/UN-MA erst im Fall einer konkret höheren Belastung der Betriebsstätte eine steuerliche Diskriminierung angezeigt.[275]

Trotz des bereits weiten Anwendungsbereichs der Diskriminierungsverbote in Abs. 1–3 OECD-MA/UN-MA ist in Abs. 4 ein Verbot mittelbarer Diskriminierung von bestimmten Zahlungen durch ansässige Unternehmen an Unternehmen des anderen Vertragsstaats durch Abzugsbeschränkungen festgelegt.[276] Abs. 4 stattet somit das ansässige Unternehmen gegenüber dem Vertragsstaat mit Rechten aus.[277] Gleiches gilt für Art. 24 Abs. 5 OECD-MA/UN-MA, welcher sich gegen Diskriminierungen von Unternehmen aufgrund der Beteiligung von im anderen Vertragsstaat ansässigen Personen wendet.[278]

Bezüglich der Rechtsfolge aller genannten Diskriminierungsverbote ist zudem festzuhalten, dass aus den einzelnen Tatbeständen kein Gleichbehandlungsgebot folgt.[279] Untersagt ist lediglich eine Diskriminierung, nicht jedoch eine Besserbehandlung der dem anderen Vertragsstaat zugeordneten Steuersubjekte.[280]

Naheliegend erscheint vor dem Hintergrund des Verbots einer Schlechterbehandlung zudem eine Verbundenheit des Prinzips der Nichtdiskriminierung mit den Neutralitätsprinzipien.[281] Die Musterabkommen kennen kein klares Bekenntnis zur Kapitalimportneutralität einerseits oder Kapitalexportneutralität andererseits, sondern sind von der – wenn auch unausgewogenen – Aufteilung der Besteuerungsrechte zwischen Ansässigkeits- und Quellenstaat geprägt.[282] Folglich lässt sich auch in Hinblick auf die Diskriminierungsverbote des Art. 24 OECD-MA/UN-MA keine lückenlose Kongruenz mit einem Neutralitätsprinzip zeigen.[283] Da Art. 24 OECD-MA/UN-MA jedoch auf eine Verhinderung der Schlechterbehandlung von Ausländern oder Betriebsstätten ausländischer Unternehmen abstellt, ist eine eindeutige Grundfestlegung auf

---

274 *Von Pannwitz*, in Haase, AStG, DBA, Art. 24 Rn. 22.
275 *Von Pannwitz*, in Haase, AStG, DBA, Art. 24 Rn. 24.
276 Vgl. *Wassermeyer/Schwenke*, in Wassermeyer, Doppelbesteuerung, Art. 24 MA Rn. 62.
277 *Von Pannwitz*, in Haase, AStG, DBA, Art. 24 Rn. 29.
278 *Von Pannwitz*, in Haase, AStG, DBA, Art. 24 Rn. 32.
279 *Wassermeyer/Schwenke*, in Wassermeyer, Doppelbesteuerung, Art. 24 MA Rn. 2c.
280 *Wassermeyer/Schwenke*, in Wassermeyer, Doppelbesteuerung, Art. 24 MA Rn. 2c.
281 Siehe *Ault/Sasseville*, World Tax Journal 2010, 101, 102.
282 *Ault/Sasseville*, World Tax Journal 2010, 101, 102.
283 *Ault/Sasseville*, World Tax Journal 2010, 101, 102.

die Kapitalimportneutralität erkennbar.[284] Als Ausnahme zu dieser Grundregel mag der Fall gelten, in dem der Ansässigkeitsstaat zusätzlich zu den diskriminierungsfreien Steuern des Quellenstaats Steuern erhebt.[285]

Abzugrenzen ist das Nichtdiskriminierungsprinzip vom insbesondere im Welthandelsrecht relevanten Meistbegünstigungsprinzip.[286]

Nach diesem kommt einem Staat die Verpflichtung zu, die Angehörigen eines anderen Staats gleich mit den Angehörigen desjenigen Staats zu behandeln, welcher abkommensrechtlich die günstigen Konditionen mit erstgenanntem Staat vereinbart hat.[287]

Eine Meistbegünstigungsklausel ist den Musterabkommen als solche fremd.[288] Bis 1992 war auch ein dahingehender Hinweis im OECD-Kommentar enthalten, welcher jedoch gestrichen wurde.[289] Ein Blick auf die Landschaft der Doppelbesteuerungsabkommen zeigt indes, dass eine Meistbegünstigungsklausel vereinzelt in Abkommen beschränkt auf einzelne Tatbestände enthalten ist.[290]

(4) Fremdvergleichsgrundsatz

Die Bestimmung des Werts der grenzüberschreitenden Lieferungs- und Leistungsbeziehungen zwischen Unternehmen spielt bei der steuerlichen Gewinnermittlung eine zentrale Rolle.[291] Dem Grunde nach sind diese nach ihrem vertraglich vereinbarten oder bereits vergüteten Wert zu beurteilen.[292] Sofern jedoch ein Näheverhältnis zwischen den Unternehmen besteht, ist der ermittelte

284 *Ault/Sasseville*, World Tax Journal 2010, 101, 102.

285 *Ault/Sasseville*, World Tax Journal 2010, 101, 102.

286 *Von Pannwitz*, in Haase, AStG, DBA, Art. 24 Rn. 4.

287 UN, International Law Commission, The most-favoured-nation clause in the law of treaties: working paper submitted by Mr. Endre Ustor, Special Rapporteur, A/CN.4/L.127, Yearbook of the International Law Commission 1968, vol. II, A/CN.4/SER.A/1968/Add.1, S. 166.

288 Vgl. auch OECD, Model Tax Convention 2017, Condensed Version, Art. 24 Rn. 2, wo ein von Art. 24 ausgehendes Meistbegünstigungsprinzip ausgeschlossen wird.

289 *Dürrschmidt*, Bulletin for International Taxation 2006, 202, 202 f. mit dem Verweis auf Musterkommentar 1977, Art. 24 Rn. 54.

290 Vgl. *Dürrschmidt*, Bulletin for International Taxation 2006, 202, 203.

291 Siehe *Wassermeyer*, in Wassermeyer/Baumhoff, Verrechnungspreise international verbundener Unternehmen, Rn. 1.17; vgl. ferner *Kluge*, Das Internationale Steuerrecht, Rn. N 252 ff.

292 Siehe *Wassermeyer*, in Wassermeyer/Baumhoff, Verrechnungspreise international verbundener Unternehmen, Rn. 1.17.

Wert zu hinterfragen.[293] Denn im Kontext internationaler Leistungsbeziehungen besteht die latente Gefahr von grenzüberschreitenden Gewinnverlagerungen.[294] Mithilfe des Fremdvergleichsgrundsatzes soll daher die Besteuerung am Ort der wirtschaftlichen Tätigkeit ermöglicht werden.[295] Dies würdigt das OECD-Musterabkommen in Art. 9, 11 Abs. 6 sowie Art. 12 Abs. 4 OECD-MA. Der Wortlaut des UN-MA unterscheidet sich insofern nicht.[296]

Gemäß Art. 9 Abs. 1 OECD-MA/UN-MA können Gewinne eines Unternehmens, welches eine Verbundenheit zu einem Unternehmen des anderen Vertragsstaats aufweist, korrigiert werden, sofern die vereinbarten Leistungsbeziehungen mit diesem Inhalt nicht von unabhängigen Unternehmen eingegangen worden wären.[297] Eine solche Korrektur ist damit nur im Rahmen eines Fremdvergleichs zulässig.[298] Art. 9 OECD-MA/UN-MA trägt daher einen Unterschied zu den anderen Artikeln des dritten Kapitels des Musterabkommens insofern in sich, als dass dieser keine Aufteilung der Besteuerungsrechte, sondern eine Gewinnverteilung zu einzelnen Unternehmen anstrebt.[299] In dogmatischer Hinsicht geben die Musterabkommen daher eine rechtliche Unabhängigkeit der Unternehmen vor und grenzen sich folglich von einem Konzernsteuerrecht ab.[300]

Seine inhaltliche Fortwirkung findet Art. 9 Abs. 1 in den Vorschriften Art. 11 Abs. 6 sowie Art. 12 Abs. 4 OECD-MA. Art. 11 Abs. 6 OECD-MA schließt gezahlte Zinsen, die einem Fremdvergleich nicht genügen, von Art. 11 im Falle einer Sonderbeziehung der beteiligten Unternehmen aus.[301] Art. 12 Abs. 4 OECD-MA legt schließlich den Fremdvergleichsgrundsatz auch bzgl. Lizenzgebühren fest.[302]

---

293 Siehe *Wassermeyer*, in Wassermeyer/Baumhoff, Verrechnungspreise international verbundener Unternehmen, Rn. 1.17.

294 Siehe *Wassermeyer*, in Wassermeyer/Baumhoff, Verrechnungspreise international verbundener Unternehmen, Rn. 1.17.

295 *Schwenke/Greil*, in Wassermeyer, Doppelbesteuerung, Art. 9 MA Rn. 39.

296 Vgl. *Eigelshoven*, in Vogel/Lehner: DBA, Art. 9 Rn. 144, Art. 11 Rn. 132, Art. 12 Rn. 132.

297 Vgl. *Eigelshoven*, in Vogel/Lehner: DBA, Art. 9 Rn. 3.

298 Vgl. *Eigelshoven*, in Vogel/Lehner: DBA, Art. 9 Rn. 3.

299 Vgl. *Weiss*, The Impact of Article 9 of the OECD Model on German Taxation, European Taxation 2016, 51, 51.

300 Siehe *Hummel*, Fremdvergleich und hypothetischer Fremdvergleich, in FS Wassermeyer S. 283.

301 *Wenz/Linn*, in Haase, AStG, DBA, Art. 11 Rn. 143.

302 *Bozza*, in Schönfeld/Ditz, DBA, Art. 12 Rn. 146.

(5) Fazit

Die Prinzipien der Musterabkommen versprechen somit eine gewisse Gleichförmigkeit des steuerrechtlichen Abkommensrechts trotz Abweichungen in den Formulierungen der einzelnen Doppelbesteuerungsabkommen. Das Prinzip der Einmalbesteuerung, das Quellen- und Ansässigkeitsprinzip, das Nichtdiskriminierungsprinzip sowie der Fremdvergleichsgrundsatz stehen ferner nicht in einem Konkurrenz- sondern in einem Komplementärverhältnis. Es bestehen keine grundsätzlichen inhaltlichen Widersprüche, welche systemische Fragmentierungen verursachen könnten. Ein Großteil abgeschlossener Doppelbesteuerungsabkommen orientiert sich an diesen Prinzipien.[303] Insofern kommt den Prinzipien der Musterabkommen, eine bedeutende Funktion bei der Begründung von Konvergenz im internationalen Steuerrecht zu.

dd) Auslegung der nach Musterabkommen entworfenen Doppelbesteuerungsabkommen

Kommen unterschiedliche staatliche Akteure auf Grundlage eines Doppelbesteuerungsabkommens zu verschiedenen rechtlichen Ergebnissen, so stellt sich die Frage nach einer einheitlichen Auslegungsmethodik.[304] Unklarheiten bei der Auslegung von Doppelbesteuerungsabkommen treten in der Regel vor Gerichten oder Verwaltungsbehörden auf, da diese Institutionen in den meisten Staaten ermächtigt sind, Doppelbesteuerungsabkommen auszulegen und anzuwenden.[305] Angesichts unterschiedlicher Auslegungskulturen ist das Anliegen standardisierter Auslegungsregeln keine Selbstverständlichkeit.[306] So besteht in Großbritannien traditionell bei der steuerrechtlichen Auslegung eine starke Bindung an den Gesetzeswortlaut, in den USA hingegen wird den zur Auslegung

---

303 Vgl. hierzu die empirische Untersuchung von *Ash/Marian*, The Making of International Tax Law: Empirical Evidence from Natural Language Processing, Legal Studies Research Paper Series No. 2019-02, S. 33, wonach die Formulierungen der bestehenden Abkommen im Bereich der einzelnen Verteilungsnormen sowie in Bezug auf den Artikel zur Nichtdiskriminierung weitgehend übereinstimmen.

304 *Vogel*, 4 International Tax & Business Lawyer 1986, 4, 30.

305 *Vogel*, 4 International Tax & Business Lawyer 1986, 4, 30; vgl. ferner *Hattingh*, Bulletin for International Taxation 2020, 179, 180 ff. welcher einen Überblick über die unterschiedlichen „interpretive communities" im internationalen Steuerrecht liefert und dabei insbesondere die Bedeutung der gerichtlichen Auslegung betont.

306 Vgl. *Vogel*, 4 International Tax & Business Lawyer 1986, 4, 30 sowie *Hattingh*, Bulletin for International Taxation 2020, 179, 188.

berufenen Institutionen ein größerer Spielraum zuerkannt.[307] Schließlich ist zu erkennen, dass das Zugeständnis eines großen Verwaltungsspielraums wechselseitig zu einer Begrenzung der Legislative führt; somit ist die nationale Ausprägung des Auslegungsspielraums Ergebnis einer Machtverteilungsentscheidung und folglich eines jeweils unterschiedlichen Verständnisses der staatlichen Gewaltenteilungskonzeption.[308] Da Auslegung im internationalen Recht, anders als im nationalen Recht, von einer Vielzahl unterschiedlicher Akteure, insbesondere nationaler Gerichte vorgenommen wird, steht die Frage der Auslegung von Musterabkommen im Zusammenhang mit der Bewahrung des den Musterabkommen innewohnenden Konvergenzgedankens.[309] Vor dem Hintergrund nationaler Unterschiede ist die Schaffung einheitlicher Auslegungsstandards daher zuerst eine Aufgabe internationalen Rechts.[310] Die Frage von rechtlicher Konvergenz oder aber Divergenz im internationalen Steuerrecht ist folglich auch eine Frage nach der Auslegungsmethodik.[311] Somit sind die generellen Auslegungsprinzipien internationalen Rechts sowie deren Anwendung auf die Doppelbesteuerungsabkommen zu thematisieren, anschließend wird auch der Aspekt der Entscheidungsharmonie beleuchtet.

(1) Generelle Auslegungsprinzipien internationalen Rechts

Die Auslegungsprinzipien des internationalen Rechts sind in Art. 31 ff. WVK zu finden. Als völkerrechtliche Verträge unterfallen die Doppelbesteuerungsabkommen der Wiener Vertragsrechtskonvention nach Art. 2 Abs. 1 lit. a) WVK. Sofern es sich um Staaten handelt, welche die Wiener Vertragsrechtskonvention nicht ratifiziert haben, wird das Doppelbesteuerungsabkommen jedenfalls von der gewohnheitsrechtlichen Geltung der Art. 31–33 WVK erfasst.[312] Gemäß Art. 31 Abs. 1 WVK ist ein völkerrechtlicher Vertrag nach Treu und Glauben in Übereinstimmung mit der gewöhnlichen, seinen Bestimmungen in

307 *Vogel*, 4 International Tax & Business Lawyer 1986, 4, 30 f.

308 *Vogel*, 4 International Tax & Business Lawyer 1986, 4, 31.

309 Vgl. hierzu sowie bzgl. der Hemmnisse, welchen nationale Gerichte bei der Auslegung von internationalem Recht unterliegen *Benvenisti*, 4 European Journal of International Law 1993, 159, 160 f.

310 Vgl. auch *van Aaken*, 16 Indiana Journal of Global Legal Studies 2009, 483, 512, welche Defragmentierung durch Auslegung im Völkerrecht beschreibt.

311 So *Garbarino*, Judicial Interpretation of Tax Treaties, Rn. I.09 mit Bezugnahme auf die Interpretation des OECD-Kommentars.

312 Siehe *Villiger*, The Vienna Convention on the Law of Treaties, Art. 31 Rn. 37, Art. 32 Rn. 13, Art. 33 Rn. 16.

ihrem Zusammenhang zukommenden Bedeutung und im Lichte seines Zieles und Zweckes auszulegen.[313] In Art. 31 Abs. 2 WVK wird die Bedeutung des Zusammenhangs ausgeführt. Hier sind neben dem Wortlaut des Vertrags, der Präambel und der Anlagen auch Übereinkünfte anlässlich des Vertragsabschlusses sowie Urkunden, die von einer oder mehreren Vertragsparteien als eine sich auf den Vertrag beziehende Urkunde angenommen wurde, genannt. Der Bedeutung des Zusammenhangs gleichgestellt sind gemäß Art. 31 Abs. 3 WVK spätere Übereinkünfte zwischen den Vertragsparteien über die Vertragsauslegung sowie -anwendung, spätere Anwendungsübungen, aus denen ein übereinstimmender Auslegungswille erkennbar wird sowie zwischen den Vertragsparteien anwendbare Völkerrechtssätze.

Art. 31 Abs. 1 WVK misst zunächst dem Grundsatz von Treu und Glauben hervorgehobene Bedeutung bei. In der Wiener Vertragsrechtskonvention bildet dieser die Fortsetzung im Bereich der Auslegung für das in Art. 26 festgelegte Prinzip von „pacta sunt servanda", wonach Verträge von den Parteien nach Treu und Glauben zu erfüllen sind.[314] Auch wenn der Wortlaut hinreichende Klarheit besitzt, ist dieser im Wege der Interpretation anzupassen, wenn dieser zu nicht vertretbaren Ergebnissen führen würde.[315]

Die Art. 31 ff. WVK weisen bei näherer Betrachtung die gleichen Auslegungsmethoden wie die des nationalen Rechts auf.[316] Die Bedeutung des reinen Wortlauts bei der Auslegung wird an verschiedener Stelle deutlich. Art. 31 Abs. 1 WVK spricht von der gewöhnlichen Bedeutung und bildet damit den Ausgangspunkt für die Wortlautauslegung im internationalen Recht.[317]

Art. 31 Abs. 1 WVK spricht zudem von „object and purpose", womit auch teleologische Methodik miteinbezogen wird.[318] Dieser Wortlaut ist Ergebnis eines bereits vor Abschluss der Wiener Vertragsrechtskonvention bestehenden Streits über das Ziel von Vertragsauslegung im internationalen Recht.[319] Neben einer Auffassung, welche den Willen der Parteien bei Abschluss des Vertrages

313 Die Übersetzung (auch im Folgenden) orientiert sich an der unauthentischen Fassung des deutschen Transformationsgesetzes, siehe BGBl. II 1985, 926 ff.

314 *Aust*, Modern Treaty Law and Practice, S. 208.

315 *Aust*, Modern Treaty Law and Practice, S. 208 f.

316 Vgl. *Lang*, Introduction to the Law of Double Taxation Conventions, S. 41, vgl. für die Auslegungsmethoden nationalen Rechts *Larenz/Canaris*, Methodenlehre der Rechtswissenschaft, S. 141 ff.

317 *Engelen*, Interpretation of Tax Treaties under International Law, S. 137.

318 *Aust*, Modern Treaty Law and Practice, S. 209.

319 *Sinclair*, The Vienna Convention on the Law of Treaties, S. 70 f.

akzentuiert, existiert ferner ein Ansatz welcher dem objektiven Wortlaut zur Bestimmung des Parteiwillens besondere Bedeutung beimisst sowie eine Strömung, welche die Zielsetzung des Vertrages in den Mittelpunkt stellt.[320] Mit Rücksicht auf die später übernommenen Vorschläge der ILC muss jedoch davon ausgegangen werden, dass Art. 31 Abs. 1 WVK mit der Schwerpunktsetzung auf die Ziele und den Zweck des Vertrags die Bedeutung des Textes und nicht die Ergründung der Intentionen der Parteien in den Vordergrund stellt.[321] Hiermit geht nicht zwingend einher, dass nicht auf die *travaux préparatoires* abgestellt werden kann. Denn der Rückgriff auf die *travaux préparatoires* geschieht, um die Bedeutung des Textes hinsichtlich der Intention der Parteien zu erleuchten, nicht um autonom aus den *travaux préparatoires* einen Parteiwillen zu isolieren.[322]

Im Zusammenhang mit der teleologischen Auslegung ist außerdem das *principle of effectiveness* zu nennen, welches der Internationale Gerichtshof als ein fundamentales Prinzip bei der Auslegung internationaler Verträge ansieht.[323] Obgleich ein Effektivitätsgedanke nicht erkennbar aus dem Wortlaut „object and purpose" in Art. 31 Abs. 1 WVK hergeleitet wird, sondern als implizit in Art. 31 Abs. 1 enthalten gilt,[324] ist dieses ist im Wesentlichen als kongruent mit der teleologischen Auslegung im internationalen Recht zu betrachten.[325]

Die systematische Auslegung wird durch die Nennung des Zusammenhangs in Art. 31 Abs. 1 WVK und dessen Konturierung in Abs. 2 aufgegriffen.[326] So weisen im Übrigen der Vertragstext, die Präambel sowie die Anhänge für die systematische Auslegung eine Bedeutung auf.[327] Eine systematische Betrachtung lässt sich ferner auch aus den in Art. 31 Abs. 2 WVK genannten Übereinkünften anlässlich des Vertragsabschlusses gewinnen. Eine solche Übereinkunft muss weder Bestandteil des Vertrages geworden sein, noch muss es selber einen völkerrechtlichen Vertrag darstellen.[328] Der Wortlaut „jede sich auf den Vertrag

320 Im Überblick m.w.N. *Sinclair*, The Vienna Convention on the Law of Treaties, S. 70 f.
321 *Sinclair*, The Vienna Convention on the Law of Treaties, S. 71.
322 *Sinclair*, The Vienna Convention on the Law of Treaties, S. 72.
323 IGH, Entscheidung v. 3.2.1994, ICJ Reports 1994, (Lybian Arab Jamahiriya/Chad), S. 25; *Engelen*, Interpretation of Tax Treaties under International Law, Amsterdam 2004, S. 179.
324 Siehe bzgl. eines „effet util" *Sorel/Boré Eveno*, in Corten/Klein, The Vienna Conventions on the Law of Treaties, Art. 31 Rn. 51.
325 Vgl. *Sinclair*, The Vienna Convention on the Law of Treaties, S. 74 f.
326 *Engelen*, Interpretation of Tax Treaties under International Law, S. 186.
327 *Engelen*, Interpretation of Tax Treaties under International Law, S. 187.
328 *Aust*, Modern Treaty Law and Practice, S. 211.

beziehende Übereinkunft“ (“relating to the treaty”) weist darauf hin, dass der auszulegende Vertrag und das Abkommen nicht nur zeitlich miteinander in Beziehung stehen müssen, sondern auch inhaltlich. Regelmäßig wird diese Verbindung durch den Vertragstext konstruiert, indem auf ein anderes Abkommen ausdrücklich Bezug genommen wird.[329]

Die in Art. 31 Abs. 2 lit. b) WVK genannten Urkunden werden im Gegensatz zu den Übereinkünften nicht zwingend von allen Vertragsparteien gemeinsam verabschiedet, sondern werden von einer oder mehreren Parteien verabschiedet und von den übrigen Parteien als vertragsbezogene Urkunde akzeptiert. Hiervon sind im Zuge des Annahmeprozesses national vorgenommene Erklärungen aufgrund fehlender Akzeptanz der übrigen Vertragsparteien zu unterscheiden.[330]

Ein Einfallstor für nachträgliche Änderungen in der Auslegung bietet Art. 31 Abs. 3 lit. a) WVK. Dieser schreibt vor, jede spätere Übereinkunft zwischen den Vertragsparteien über die Auslegung des Vertrags oder die Anwendung seiner Bestimmungen in gleicher Weise wie den übrigen Zusammenhang zu berücksichtigen. Fraglich ist daher, inwiefern ein einmal während den Verhandlungen getroffenes Verständnis über die Auslegung im Nachhinein modifiziert werden kann.[331] Hierbei ist darauf hinzuweisen, dass nur Übereinkünfte, welche den Vertragstext auslegen, in den Anwendungsbereich des Art. 31 Abs. 3 lit. a) WVK fallen.[332] Sollte eine Übereinkunft dergestalt über einen auslegenden Charakter hinausgehen, dass keine Vereinbarkeit mit dem Vertragstext mehr möglich ist, so liegt ein abändernder Vertrag vor, der nach Art. 39 WVK zu beurteilen ist.[333]

Neben Übereinkünften sind nach Art. 31 Abs. 3 lit. b) WVK auch spätere Übungen zu berücksichtigen, sofern aus ihnen die Übereinstimmung der Parteien über die Auslegung hervorgeht.[334] Übung stellt dabei die

329 *Engelen*, Interpretation of Tax Treaties under International Law, S. 202, welcher das Beispiel IGH, Entscheidung v. 3.2.1994, (Lybian Arab Jamahiriya/Chad), ICJ Reports 1994, S. 26, wo auf im Rahmen des „Treaty of Friendship and Good Neighbourliness“ zwischen Frankreich und Lybien wörtlich auf die im gleichen Jahr abgeschlossene „Convention of Good Neighbourliness“ Bezug genommen wurden, anführt.

330 *Aust*, Modern Treaty Law and Practice, S. 212.

331 *Elias*, The Modern Law of Treaties, S. 75.

332 *Engelen*, Interpretation of Tax Treaties under International Law, S. 220.

333 *Engelen*, Interpretation of Tax Treaties under International Law, S. 220.

334 Der IGH benutzt Art. 31 Abs. 3 b) WVK insb. i.S.e. Bestätigung einer vorher bereits getroffenen Auslegungsentscheidung; vgl. hierzu *Sorel/Boré Eveno*, in Corten/Klein, The Vienna Conventions on the Law of Treaties, Art. 31 Rn. 43.

Gesamtheit der Anwendungen dar.[335] Hierbei ist mit Blick auf den Wortlaut des Art. 31 Abs. 3 lit b) WVK unerheblich, ob die Anwendung von einer Vertragspartei vorgenommen wurde oder von anderen Akteuren internationalen Rechts.[336]

Art. 31 Abs. 3 lit. c) WVK bietet mit dem Verweis auf die Geltung einschlägiger Völkerrechtssätze eine Möglichkeit der Einbringung genereller Prinzipien des Völkerrechts, welche im Vertrag nicht bereits abgebildet sind. Dieser Verweis wird seinerseits mit dem Begriff des „principle of systemic integration" umschrieben.[337] Die das thematische Feld des Vertragsinhalts umgebenden Völkerrechtsgrundsätze werden folglich zu Prämissen der Vertragsauslegung.[338]

Art. 32 WVK beinhaltet die ergänzenden Auslegungsmittel. Zu diesen gehören die *travaux préparatoires* sowie die Umstände des Vertragsabschlusses. In Hinblick auf diese Auslegungsmittel ordnet Art. 32 WVK eine Subsidiarität an. Sie sind nur anzuwenden, wenn eine Auslegung nach Art. 31 WVK zu einem mehrdeutigen, offensichtlich sinnwidrigen oder unvernünftigen Ergebnis führt. Die Bedeutung der *travaux préparatoires* ist somit im Bereich des Völkerrechts von untergeordneter Bedeutung.[339] An die Widerlegung eines nach Art. 31 Abs. 1 WVK gegebenen Auslegungsergebnisses sind hohe Anforderungen zu stellen.[340]

Bereits bei bilateralen völkerrechtlichen Verträgen existieren bisweilen mehrere sprachliche Vertragsfassungen,[341] sodass sich die Frage stellt, an welchem Wortlaut eine Auslegung anzuknüpfen ist. Diese Frage entscheidet Art. 33 WVK grundsätzlich zugunsten der authentischen Vertragssprachen.[342] Dieser legt nach Abs. 1 die authentischen Vertragssprachen als gleichrangig fest und vermutet in Abs. 3 auch eine Übereinstimmung in der Bedeutung des Vertragstextes. Andere sprachliche Fassungen sind nur dann als authentisch anzusehen, wenn dies aus dem Vertrag hervorgeht oder die Parteien eine dahingehende Einigung getroffen haben. In diesem Sinne stellt Art. 33 WVK keine Auslegungsregel im

---

335 So *Linderfalk*, On the Interpretation of Treaties, S. 165 f., welcher bereits eine einmalige Anwendung zur Begründung einer Übung im Einzelfall ausreichen lässt.

336 *Linderfalk*, On the Interpretation of Treaties, S. 166.

337 *McLachlan*, 54 The International and Comparative Law Quarterly 2005, 279, 280.

338 *McLachlan*, 54 The International and Comparative Law Quarterly 2005, 279, 280.

339 *Mortenson*, 107 The American Journal of International Law 2013, 780, 782 f.

340 *Mortenson*, 107 The American Journal of International Law 2013, 780, 782 f.

341 Vgl. für den Bereich der Doppelbesteuerungsabkommen *Lang*, The Interpretation of Tax Treaties and Authentic Languages, S. 15 f.

342 Vgl. *Germer*, 11 Harvard International Law Journal 1970, 400, 401 ff.

eigentlichen Sinne dar, jedoch steht die Regelung aufgrund der Befassung mit den Vertragssprachen in großer Sachnähe zum Komplex der Vertragsauslegung im Völkerrecht.[343]

(2) Anwendung der Auslegungsgrundsätze auf Doppelbesteuerungsabkommen

(a) Die Bedeutung der Musterkommentare

Die Bezugnahme auf Musterentwürfe hat für Auslegungszwecke traditionell eine große Bedeutung.[344] Bereits 1934 nahm das Reichsfinanzministerium Bezug auf Musterentwürfe des Steuerausschusses des Völkerbunds.[345] Die OECD selbst geht von einem großen Einfluss des Musterkommentars auf die Auslegung aus.[346] Die Kommentierungen seien von großem Nutzen für die Mitgliedstaaten hinsichtlich einer Anwendung und Auslegung und besäßen großen Einfluss auf die Entwicklung des internationalen Steuerrechts.[347] Es bestehen allerdings große Unterschiede zwischen Staaten, was den Umfang des Rückgriffs auf den Kommentar zu Auslegungszwecken angeht.[348]

Aus dogmatischer Sicht stellt sich indes die Frage, wie der Musterkommentar auf Grundlage der Wiener Vertragsrechtskonvention in die Auslegung von Doppelbesteuerungsabkommen einbezogen werden kann. Eine Einbeziehung gemäß Art. 31 Abs. 2 lit. a) WVK scheitert im Grundsatz daran, dass der Kommentar als von der OECD erstelltes Dokument keinen Charakter einer zwischen allen Vertragsparteien anläßlich des Vertragsschlusses getroffenen Übereinkunft hat.[349] Gleiches gilt für Art. 31 Abs. 2 lit. b) WVK.[350] Auch Art. 31 Abs. 3 WVK scheitert bereits am Wortlaut. Darüber hinaus erscheint es denkbar, den Kommentar

---

343 *Germer*, 11 Harvard International Law Journal 1970, 400, 401.

344 *Vogel*, 4 International Tax & Business Lawyer 1986, 4, 40.

345 RFH, Urt. v. 25.4.1933 – VI A 988/31 und 1252/31, RStBl. 1934, 417, 419; *Vogel*, 4 International Tax & Business Lawyer 1986, 4, 40.

346 Siehe *Garbarino*, Judicial Interpretation of Tax Treaties, Rn. I.10.

347 OECD, Model Tax Convention on Income and on Capital, Condensed Version, 2017, Introduction Rn. 29.

348 Siehe *Pistone*, General Report, in Lang et al., The Impact of the OECD and UN Model Conventions on Bilateral Tax Treaties, S. 4 ff., welcher die Wirkung des OECD-Kommentars in Kanada, den Niederlanden sowie dem Vereinigten Königreich als besonders stark einordnet.

349 Vgl. *Ault*, Intertax 1994, 144, 144 f.

350 *Garbarino*, Judicial Interpretation of Tax Treaties, Rn. I.79; *Vogel/Rust*, in Reimer/Rust, Klaus Vogel on Double Taxation Conventions, Bd. I, Introduction Rn. 100.

als ergänzendes Auslegungsmittel unter Art. 32 WVK zu subsumieren. Jedoch sind unter den vorbereitenden Arbeiten solche des jeweiligen Doppelbesteuerungsabkommens zu verstehen.[351] Hierzu gehört jedoch nicht unmittelbar der Kommentar.[352] Dieser unterscheidet sich von den vorbereitenden Arbeiten darin, dass er allgemein bekannt ist.[353]

Übernehmen Vertragsstaaten unverändert Text des Musterabkommens, so bietet dies in zweierlei Hinsicht einen Anknüpfungspunkt für eine Einbeziehung.[354] Erstens ließe sich behaupten, dass die Erläuterung des Wortlauts durch den Musterkommentar Teil der „gewöhnlichen Bedeutung" i.S.v. Art. 31 WVK geworden ist.[355] Zweitens könnte man anbringen, dass die Parteien Begriffen eine „besondere Bedeutung" beilegen wollten, wenn sie den Text des OECD-MA ohne Änderungen übernehmen, sodass Art. 31 Abs. 4 WVK einschlägig ist.[356] Hinsichtlich des zweiten Ansatzes ist jedoch anzumerken, wie eine dahingehende Intention der Parteien gezeigt werden kann.[357] Eine solche könnte sich aus der rechtlichen Beziehung der Vertragsparteien zur OECD ergeben.[358] Die OECD ist ermächtigt, den Mitgliedstaaten Empfehlungen auszusprechen.[359] Sowohl Musterabkommen als auch Musterkommentar waren Bestandteil solcher Empfehlungen.[360] Hieraus resultiert zwar keine Rechtspflicht, sondern lediglich

---

351 *Vogel*, 4 International Tax & Business Lawyer 1986, 4, 40.

352 *Vogel*, 4 International Tax & Business Lawyer 1986, 4, 40; *Garbarino*, Judicial Interpretation of Tax Treaties, Rn. I.80; vgl. auch *Ault*, Intertax 1994, 144, 145, welcher die Ablehnung jedoch darauf stützt, dass die genaue Vorgehensweise beim Vertragsentwurf keine Ambiguitäten offenlasse, die eine Anwendung des Art. 32 WVK rechtfertigen würde.

353 *Vogel*, 4 International Tax & Business Lawyer 1986, 4, 40.

354 Vgl. dazu und folgend *Vogel/Rust*, in Reimer/Rust, Klaus Vogel on Double Taxation Conventions, Bd. I, Introduction Rn. 101.

355 *Vogel/Rust*, in Reimer/Rust, Klaus Vogel on Double Taxation Conventions, Introduction Rn. 101; *Prokisch*, SWI 1994, 52, 58; vgl. *Ault*, Intertax 1994, 144, 146.

356 *Vogel/Rust*, in Reimer/Rust, Klaus Vogel on Double Taxation Conventions, Bd. I, Introduction Rn. 101; zudem *Lang*, Introduction to the Law of Double Taxation Conventions, S. 48.

357 *Vogel/Rust*, in Reimer/Rust, Klaus Vogel on Double Taxation Conventions, Bd. I, Introduction Rn. 101.

358 Vgl. *Vogel/Rust*, in Reimer/Rust, Klaus Vogel on Double Taxation Conventions, Bd. I, Introduction Rn. 101.

359 *Vogel/Rust*, in Reimer/Rust, Klaus Vogel on Double Taxation Conventions, Bd. I, Introduction Rn. 101.

360 *Vogel/Rust*, in Reimer/Rust, Klaus Vogel on Double Taxation Conventions, Bd. I, Introduction Rn. 101.

eine formalisierte Handlungsaufforderung.[361] Diese wird jedoch verstärkt durch die Tatsache, dass die Mitgliedstaaten den Abschnitten des Musterkommentars Vorbehalte hinzufügen können, sodass man aus deren Abwesenheit ein zusätzliches Indiz für eine Intention der Parteien gewinnen kann.[362]

Ungeachtet der Rechtsgrundlage der Einbeziehung stellt sich jedoch die Frage, ob es sich um eine statische oder dynamische Bezugnahme handelt.[363] Vorzugswürdig erscheint ein Abstellen auf die Version des Musterkommentars zur Zeit des Abschlusses des Abkommens.[364] Dies ergibt sich bereits aus dem Wortlaut der Art. 31 WVK: Eine nachträgliche Version kann keinen Einfluss auf die „gewöhnliche Bedeutung" eines nicht zu dieser Zeit abgeschlossenen Vertrages haben.[365] Auch die „besondere Bedeutung" kann nicht durch eine nachträgliche Abänderung des Parteiwillens geändert werden.[366] Der Musterkommentar kommt ebenfalls im Ergebnis zu dieser Auffassung, da er Änderungen, welche substanziell unterschiedlich zu vorherigen Fassungen sind und vom Konsens der Interpretation abweichen, als irrelevant für zuvor abgeschlossene Abkommen einstuft.[367] Jenseits einer Einbeziehung nach Art. 31 Abs. 1 bzw. Abs. 4 WVK sind zudem Einzelfälle denkbar, in denen der OECD-Kommentar auch auf anderer Grundlage aufgrund besonderer Umstände nach der WVK berücksichtigt werden kann.[368] Hierzu zählt beispielsweise der Verweis auf den Musterkommentar

---

361 *Vogel/Rust*, in: Reimer/Rust, Klaus Vogel on Double Taxation Conventions, Bd. I, Introduction Rn. 101.

362 *Vogel/Rust*, in Reimer/Rust, Klaus Vogel on Double Taxation Conventions, Bd. I, Introduction Rn. 101.

363 *Ault*, Intertax 1994, 144, 148; *Vogel*, Bulletin - Tax Treaty Monitor 2000, 612, 615; vgl. De Broe et al., Bulletin – Tax Treaty Monitor 2000, 503510 f.; vgl. zur historischen Entwicklung der Diskussion *Hattingh*, Bulletin for International Taxation 2020, 179, 183 f.

364 *Vogel*, Bulletin – Tax Treaty Monitor 2000, 612, 615; *Ault*, Intertax 1994, 144, 148; *Lang*, Introduction to the Law of Double Taxation Conventions, S. 50 f., welcher differenziert zwischen nicht substanziellen Veränderungen, die eine dynamische Bezugnahmen zulassen sowie substanziellen Veränderungen, welche eine statische Betrachtung erforderlich machen; zuletzt auch BFH v. 11.7.2018 – I R 44/16, BFHE 262, 354, 362.

365 *Vogel/Rust*, in Reimer/Rust, Klaus Vogel on Double Taxation Conventions, Bd. I, Introduction Rn. 105.

366 *Vogel/Rust*, in Reimer/Rust, Klaus Vogel on Double Taxation Conventions, Bd. I, Introduction Rn. 105.

367 OECD, Model Tax Convention on Income and on Capital, Condensed Version, 2017, Introduction Rn. 35.

368 Hierzu *Garbarino*, Judicial Interpretation of Tax Treaties, Rn. I.81 ff.

im Rahmen eines Abkommensprotokolls.[369] Ein solches gehört jedenfalls zu den Anlagen i.S.v. Art. 31 Abs. 2 WVK, sodass eine Einbeziehung im Einzelfall zu bejahen ist.[370]

Die bisherigen Überlegungen fußten auf der Annahme, dass es sich um zwei OECD-Mitgliedstaaten handelt, welche ein Abkommen abschließen. Aufgrund fehlender rechtlicher Beziehung von Nichtmitgliedstaaten zur OECD ist eine Einbeziehungsintention der Parteien ohne weitere Anhaltspunkte selbst bei mit dem Musterabkommen übereinstimmenden Wortlaut nicht anzunehmen.[371] Damit ist jedenfalls eine Einbeziehung nach Art. 31 Abs. 4 WVK ausgeschlossen.[372] Dies gilt auch für den Fall, dass es sich um ein Abkommen zwischen einem OECD-Mitgliedstaat und einem Nichtmitgliedstaat handelt; denn für den Schluss auf einen übereinstimmenden Parteiwillen ist auch die rechtliche Stellung des Nichtmitgliedstaats entscheidend, welcher nicht die Möglichkeit hat, dem Musterkommentar Vorbehalte hinzuzufügen.[373] Eine Rückausnahme dürfte jedoch für den Fall anzunehmen sein, dass der Nichtmitgliedstaat bereits offiziell zu bestimmten Vorschriften Stellung bezogen hat, welche die Annahme einer bestimmten Intention rechtfertigt.[374] Auch eine Einbeziehung nach Art. 31 Abs. 1 WVK ist in beiden Fällen problematisch: Die „gewöhnliche Bedeutung" von Begriffen des internationalen Steuerrechts kann gerade aufgrund der Existenz unterschiedlicher Musterabkommen nicht als derart durch die OECD geprägt angesehen werden, dass diese stets mit der vom Musterkommentar getroffenen Auslegung besetzt werden kann.[375]

Der Kommentar des UN-Musterabkommens kommt grundsätzlich ebenfalls als Auslegungshilfe für Verträge in Betracht, die auf Grundlage des

---

369 *Garbarino*, Judicial Interpretation of Tax Treaties, Rn. I.82, welcher insoweit das Protokoll zum Doppelbesteuerungsabkommen Italien–Mexiko nennt.

370 *Garbarino*, Judicial Interpretation of Tax Treaties, Rn. I.82.

371 *Vogel/Rust*, in Reimer/Rust, Klaus Vogel on Double Taxation Conventions, Bd. I, Introduction Rn. 104; *Lang*, Introduction to the Law of Double Taxation Conventions, S. 48; *Engelen*, Interpretation of Tax Treaties under International Law, S. 442 f.

372 *Vogel/Rust*, in Reimer/Rust, Klaus Vogel on Double Taxation Conventions, Bd. I, Introduction Rn. 104.

373 Vgl. die Ausführungen von *Engelen*, Interpretation of Tax Treaties under International Law, S. 469.

374 Vgl. *Engelen*, Interpretation of Tax Treaties under International Law, S. 469 f.

375 *Vogel/Rust*, in Reimer/Rust, Klaus Vogel on Double Taxation Conventions, Bd. I, Introduction Rn. 104.

UN-Musterabkommens abgeschlossen wurden.[376] Der rechtliche Anknüpfungspunkt einer Einbeziehung gestaltet sich indes komplizierter als im Fall des OECD-Kommentars. In Bezug auf Art. 31 Abs. 1 kann eine Prägung der „gewöhnlichen Bedeutung" bei vom OECD-Musterabkommen abweichendem Wortlaut aufgrund des Übergewichts einer Anwendung des OECD-Musterabkommens nicht angenommen werden. Eine Einbeziehung über Art. 31 Abs. 4 WVK erscheint im Ausgangspunkt zwar möglich, jedoch wird der Schluss auf eine Parteiintention durch die unzureichende rechtliche Verbindung der Anwenderstaaten zum Musterkommentar erschwert. Den Parteien ist es nicht möglich, Passagen des Kommentars mit Vorbehalten oder Kommentaren zu belegen, sodass dergestalt keine Rückschlüsse auf eine Parteiintention möglich sind. Vor diesem Hintergrund gewinnen ausdrückliche Bezugnahmen auf den Musterkommentar in den Abkommensmaterialien an Wert, um eine Einbeziehung nach Art. 31 Abs. 4 WVK zu substantiieren.

(b) Die Bedeutung nationalen Rechts

Als Verträge internationalen Rechts betreffen Doppelbesteuerungsabkommen das Recht zweier Staaten. Folglich ist eine Auslegung grundsätzlich unabhängig vom nationalen Recht der betroffenen Staaten vorzunehmen.[377] Obwohl nationales und internationales Recht grundsätzlich selbstständig ausgelegt werden, existieren in Musterabkommen einige Schnittstellen. Hierzu zählen zunächst ausdrückliche Verweise auf das nationale Recht.[378] Neben ausdrücklichen Verweisen bestehen weitere Bezugnahmen auf das nationale Recht, welche sich direkt aus dem Abkommenstext ergeben.[379] Hierzu zählen insbesondere die Begriffe „tax", „income" und „profit", welche für das Funktionieren des Abkommens durch nationales Recht ausgefüllt werden müssen.[380]

---

376 Vgl. etwa *Pistone*, General Report, in Lang et al., The Impact of the OECD and UN Model Conventions on Bilateral Tax Treaties, S. 4 ff., welcher jedenfalls von dieser Prämisse ausgeht.

377 *Lang*, Introduction to the Law of Double Taxation Conventions, S. 44.

378 *Lang*, Introduction to the Law of Double Taxation Conventions, S. 46.

379 *Lang*, Introduction to the Law of Double Taxation Conventions, S. 46.

380 *Lang*, Introduction to the Law of Double Taxation Conventions, S. 46; vgl. *Engelen*, Interpretation of Tax Treaties under International Law, S. 479, der insoweit auf die fehlende Existenz einer „international tax language" verweist; ausdrücklich zum Steuerbegriff des Musterabkommens *Wassermeyer/Drüen*, in Wassermeyer, Doppelbesteuerung, Art. 3 MA Rn. 54.

Zudem existiert mit Art. 3 Abs. 2 OECD-MA/UN-MA eine generelle Auslegungsregel, welche bzgl. nicht definierter Begriffe auf das nationale Recht des rechtanwendenden Staates verweist, sofern der Zusammenhang nichts Anderes erfordert.[381] Art. 3 Abs. 2 OECD-MA/UN-MA markiert damit eine Abkehr von dem Grundsatz, völkerrechtliche Abkommen autonom auszulegen.[382] Folglich stellt sich zunächst die Frage in welchem Verhältnis Art. 3 Abs. 2 OECD-MA/UN-MA zu den generellen Auslegungsregeln nach Art. 31 ff. WVK steht. Art. 3 Abs. 2 OECD-MA/UN-MA ist zwar nachrangig zu den speziellen Auslegungsregeln des jeweiligen Abkommens zu betrachten, im Verhältnis zu Art. 31 WVK stellt es jedoch lex specialis dar.[383]

Des Weiteren ist zu bedenken, dass Art. 3 Abs. 2 OECD-MA/UN-MA im Gegensatz zu den generellen Vorschriften nach Art. 31 ff. WVK einen eingeschränkten Anwendungsbereich aufweist.[384] So gilt Art. 3 Abs. 2 OECD-MA/UN-MA nur in dem Fall, dass erstens das Abkommen den entsprechenden Begriff nicht definiert und zweitens, dass das nationale Recht für den betroffenen steuerrechtlichen Bereich eine Definition des Begriffs bereithält.[385] Auch für den Fall, dass ein Auslegungsproblem aus Unstimmigkeiten zwischen den authentischen Vertragssprachen entspringt, ist der Anwendungsbereich des Art. 3 Abs. 2 OECD-MA/UN-MA dem Wortlaut nach nicht eröffnet, sodass Art. 33 WVK anzuwenden ist.[386] Daher ist nach Prüfung spezieller Auslegungsregeln des Abkommens zunächst zu ergründen, ob das nationale Recht den Begriff im entsprechenden steuerrechtlichen Gebiet definiert.[387] Wenn

381 Das OECD-Musterabkommen sowie das UN-Musterabkommen stimmen im Wesentlichen überein, allerdings ergänzt das OECD-Musterabkommen den Wortlaut „unless the context otherwise requires" um den Zusatz „or the competent authorities agree to a different meaning pursuant to the provisions of Article 25".

382 *Dürrschmidt*, in Vogel/Lehner, DBA, Art. 3 Rn. 98; vgl. sinngemäß *Wassermeyer/Drüen*, in Wassermeyer, Doppelbesteuerung, Art. 3 MA Rn. 75 f.

383 *Dürrschmidt*, in Vogel/Lehner, DBA, Art. 3 Rn. 101; bzgl. des Verhältnisses zu Art. 31 f. WVK *Engelen*, Interpretation of Tax Treaties under International Law, S. 477.

384 *Dürrschmidt*, in Vogel/Lehner, DBA, Art. 3 Rn. 102.

385 *Dürrschmidt*, in Vogel/Lehner, DBA, Art. 3 Rn. 102, 111a f.; bzgl. des Definitionserfordernisses durch das Abkommen *Engelen*, Interpretation of Tax Treaties under International Law, S. 481; *Vogel*, 4 International Tax & Business Lawyer 1986, 4, 74.

386 *Engelen*, Interpretation of Tax Treaties under International Law, S. 478, vgl. ferner *Wassermeyer/Drüen*, in Wassermeyer, Doppelbesteuerung, Art. 3 MA Rn. 83.

387 *Dürrschmidt*, in Vogel/Lehner, DBA, Art. 3 Rn. 108.

dies verneint wird oder aber der Zusammenhang nach Art. 3 Abs. 2 OECD-MA/UN-MA etwas anderes erfordert, sind die allgemeinen Auslegungsregeln einschlägig.[388]

Die Bedeutung des Zusammenhangs in Art. 3 Abs. 2 OECD-MA/UN-MA ist jedoch äußerst umstritten und steht im Kontext der Auslegungshierarchie zwischen Völkerrecht und nationalem Recht. Zunächst ließe sich davon ausgehen, dass der Zusammenhang von untergeordneter Bedeutung ist und folglich regelmäßig ohne Ansehung weiterer auslegungsrelevanter Umstände im Kontext des Abkommens auf das nationale Recht des Anwenderstaats zurückgegriffen wird.[389] Hierfür wird u.a. der Wortlaut „requires" ins Feld geführt, welcher eine hohe Schwelle zur Betrachtung anderer Umstände als das nationale Recht einziehe.[390]

Nach anderer Ansicht ist ein Rückgriff auf das nationale Recht nach Art. 3 Abs. 2 OECD-MA/UN-MA von vornherein erst nach einer Auslegung auf völkerrechtlicher Ebene möglich.[391] Hierzu zählen in erster Linie die Art. 31 ff. WVK.[392] Dies erfordere eine weite Auslegung des Zusammenhangsbegriffs, da die Art. 31 ff. WVK als Bestandteil des Zusammenhangs gemäß Art. 3 Abs. 2 OECD-MA/UN-MA miteinbezogen seien.[393] In der Folge kann dann auch der Musterkommentar als Auslegungshilfe herangezogen werden.[394]

Jenseits dieser peripheren Positionen gibt es eine Reihe von Ansichten, welche bestrebt sind, das Verhältnis von internationalem und nationalem Recht auszutarieren. Wassermeyer etwa lehnt zwar eine strenge Einhaltung enger Auslegungsgrenzen in Bezug auf den Zusammenhang ab, hält jedoch eine Rückkehr ins nationale Recht bei fehlender Definition für angebracht.[395] Vor dem Hintergrund, dass der Abschluss des Abkommens zwischen den Vertragsparteien im Kontext des Verständnisses der Begrifflichkeiten im Sinne des nationalen Rechts stattfindet, vertritt Engelen eine faktische Gleichrangigkeit von

---

388 *Dürrschmidt*, in Vogel/Lehner, DBA, Art. 3 Rn. 108.

389 *Avery Jones*, The Interpretation of Tax Treaties with Particular Reference to Article 3(2) of the OECD Model - II, British Tax Review 1984, 90, 107 f.; *Dürrschmidt*, in Vogel/Lehner, Art. 3 Rn. 119 ff.

390 *Avery Jones* et al., British Tax Review 1984, 90, 108; *Dürrschmidt*, in Vogel/Lehner, DBA, Art. 3 Rn. 120.

391 *Lang*, Introduction to the Law of Double Taxation Conventions, S. 57.

392 *Lang*, Introduction to the Law of Double Taxation Conventions, S. 57.

393 *Lang*, Introduction to the Law of Double Taxation Conventions, S. 57.

394 Vgl. für diesen Aspekt *Avery Jones* et al., British Tax Review 1984, 90, 92.

395 *Wassermeyer/Drüen*, in Wassermeyer, Doppelbesteuerung, Art. 3 MA Rn 82.

Art. 3 Abs. 2 OECD-MA/UN-MA sowie Art. 31 ff. WVK.[396] Dies wird damit begründet, dass bei der Auslegung von Begriffen nach Art. 3 Abs. 2 OECD-MA/UN-MA eine Rückkehr ins nationale Recht in gleichem Maße erfolgt wie bei der Anwendung des Art. 31 WVK, welcher nach Art. 31 Abs. 4 WVK die Etablierung einer besonderen Bedeutung zulässt.[397] Sofern diese Beilegung nicht begründet werden könne, bleibt es bei der Bedeutung nach den Auslegungsmethoden des Art. 31 Abs. 1 WVK.[398] Folglich führe die Anwendung des Art. 3 Abs. 2 OECD-MA/UN-MA zu keinen anderen Ergebnissen als durch die Wiener Vertragsrechtskonvention.[399]

Im Ergebnis ist festzuhalten, dass sich weder für ein Übergewicht der Einbeziehung nationalen Rechts noch für eine Marginalisierung der Bedeutung nach nationalem Recht durch eine übermäßige Ausdehnung des Zusammenhangsbegriffs überzeugungskräftige Anhaltspunkte finden lassen. Zunächst ist der Hintergrund des Art. 3 Abs. 2 OECD-MA/UN-MA, dass Staaten im Falle der Rechtsunsicherheit im Sinne ihrer Souveränität die nationalen Gesetze anwenden wollen, anzuerkennen. Andererseits sind jedoch relevante Umstände, welche sich aufgrund einer im Bereich des internationalen Steuerrechts teilweise typisierten Sprache aus Art. 31 WVK oder aus der starken Verbindung steuerrechtlicher Abkommen zu Musterabkommen und -kommentaren ergeben können, ebenfalls zu würdigen. Zunächst ist daher eine abkommensautonome Auslegung durchzuführen, welche auch auf Art. 31 ff. WVK Rücksicht zu nehmen hat. Hierdurch besteht auch keine Verletzung des spezialgesetzlichen Charakters des Art. 3 Abs. 2 OECD-MA/UN-MA,[400] da durch die Berücksichtigung des Zusammenhangs die Regelung des Art. 3 Abs. 2 selbst ihre Grenzen konturiert.

(c) Die Bedeutung von Parallelabkommen

Die durch die Musterabkommen ausgelöste Gleichförmigkeit völkerrechtlicher Verträge im internationalen Steuerrecht wirft die Frage auf, inwiefern andere Verträge zu Auslegungszwecken herangezogen werden können.[401] Ein Potenzial zur Unterstützung der Auslegung könnte, aufbauend auf der Themengleichheit von Doppelbesteuerungsabkommen, in der kontinuierlichen Prägung

396 *Engelen*, Interpretation of Tax Treaties under International Law, S. 480.

397 *Engelen*, Interpretation of Tax Treaties under International Law, S. 480 f.

398 *Engelen*, Interpretation of Tax Treaties under International Law, S. 480 f.

399 *Engelen*, Interpretation of Tax Treaties under International Law, S. 481.

400 Vgl. hierzu *Dürrschmidt*, in Vogel/Lehner, DBA, Art. 3 Rn. 120a.

401 Vgl. *Vogel*, 4 International Tax & Business Lawyer 1986, 4, 42 f.

bestimmter Begriffe sowie in Formulierungsunterschieden zwischen den Verträgen, welche bestimmte Intentionen der Parteien vermuten lassen, liegen.[402]

Unklar ist jedoch, wie diese Erwägungen in das System der Art. 31 ff. WVK integriert werden können.[403] Nach Art. 31 Abs. 1 WVK ist die „gewöhnliche Bedeutung" für die Auslegung maßgebend. Eine gewöhnliche Bedeutung ist nicht nur aus der Wortbedeutung selbst herzuleiten, sondern kann auch dadurch substantiiert werden, dass einem Begriff in einer Vielzahl von Abkommen die gleiche Bedeutung beigelegt wird. Eine Einbeziehung darüber hinaus sind jedoch Grenzen gesetzt. Die Einbeziehung anderer Vereinbarungen nach Art. 31 Abs. 2 sowie 3 WVK sind von der Mitwirkung aller Vertragsparteien abhängig – aufgrund der bilateralen Struktur des Abkommensnetzwerks sind jedoch weitere Doppelbesteuerungsabkommen oder andere themengleiche Verträge mit den identischen Parteien in aller Regel nicht vorhanden. Eine systematische Einbeziehung dergestalt, dass aus konkreten anderen Verträgen Rückschlüsse auf die Bedeutung von Begriffen eines Doppelbesteuerungsabkommens gezogen werden, weist zudem den Mangel auf, dass Doppelbesteuerungsabkommen aus nicht reproduzierbaren Verhandlungssituationen und Kompromissen resultieren, sodass eine Bedeutungsübertragung nur mit großer Zurückhaltung vorgenommen werden sollte.[404]

(3) Entscheidungsharmonie

Neben den völkerrechtlichen Auslegungsregeln ist für die Konvergenzwirkung von Auslegung zudem die Beziehung der auslegenden Autoritäten untereinander von Bedeutung. Dies sind zum Großteil die nationalen Gerichte der Staaten.[405] Aufgrund der Vertragsbindung zwischen den Partnern eines Doppelbesteuerungsabkommens könnte man jedoch annehmen, dass eine Verpflichtung besteht, im Rahmen der Auslegung auf eine „Entscheidungsharmonie" mit den Institutionen des anderen Vertragsstaats hinzuwirken.[406] Hierfür ist ins Feld zu führen, dass die Berücksichtigung des Zwecks des Vertrages

---

402 *Matscher*, Vertragsauslegung durch Vertragsvergleichung, S. 560 f.; vgl. *Vogel*, 4 International Tax & Business Lawyer 1986, 4, 43.

403 Hierzu und im Folgenden *Matscher*, Vertragsauslegung durch Vertragsvergleichung, S. 560 f.

404 *Vogel*, 4 International Tax & Business Lawyer 1986, 4, 43.

405 Vgl. *Roberts*, 60 International and Comparative Law Quarterly 2011, 57, 57 f.

406 *Wassermeyer/Drüen*, in Wassermeyer, Doppelbesteuerung, Art. 3 MA Rn. 78; *Lehner*, in Vogel/Lehner, DBA, Grundlagen Rn. 115 ff.

in Art. 31 Abs. 1 WVK darauf hindeuten könnte, dass im Sinne einer weitestgehenden Umsetzung auch die Ansichten des anderen Vertragsstaats miteinzubeziehen sind.[407] Allerdings ist bereits hervorgehoben worden, dass der Zweck in Art. 31 Abs. 1 WVK insbesondere nach dem Abkommenstext zu bestimmen ist.[408]

Gleichwohl kann zumindest den *travaux préparatoires* ein unterstützendes Moment bei der Erörterung der Intention der Parteien beigemessen werden.[409] Auf dieser Grundlage ließe sich bezüglich des Auslegungsstandpunkts des anderen Staats behaupten, dass dieser jedenfalls insofern herangezogen werden könnte, als dass hierdurch ein „übereinstimmender Wille" der Parteien demonstriert wird.[410]

Die Berücksichtigung von Rechtsansichten des anderen Vertragsstaats könnte man selbst in diesem eingeschränkten Rahmen jedoch als Beeinträchtigung der Souveränität des auslegenden Staats ansehen.[411] Allerdings ist zu betonen, dass eine derart schonende Einbettung in Art. 31 Abs. 1 WVK nicht in einer Bindung an Auslegungsentscheidungen des anderen Staats mündet.[412] Misst man dem Gedanken der Entscheidungsharmonie einen unterstützenden Charakter bei, handelt es sich vielmehr um eine „Zielvorgabe"[413] der Auslegung.[414] In diesem Rahmen kommt dem Grundsatz der Entscheidungsharmonie eine sehr eingeschränkte Bedeutung zu; zudem ist schließlich hinzuzufügen, dass unabhängig von der Existenz eines etwaigen Rechtsgrundsatzes der Entscheidungsharmonie ohnehin eine Inspiration durch ausländische Gerichtsentscheidungen, auch

407 *Lehner*, in Vogel/Lehner, DBA, Grundlagen Rn. 115.

408 Siehe Abschnitt B.I.5.a)dd)(1), so auch *Gloria*, Das steuerliche Verständigungsverfahren und das Recht auf diplomatischen Schutz, S. 74, den Abkommenstext im Rahmen des Grundsatzes der Entscheidungsharmonie betonend BFH v. 13.6.2012 – I R 41/11, BStBl. II 2012, 880, 883.

409 Siehe Abschnitt B.I.5.a)dd)(1).

410 *Wassermeyer/Drüen*, in Wassermeyer, Doppelbesteuerung, Art. 3 MA Rn. 78.

411 Vgl. *Gloria*, Das steuerliche Verständigungsverfahren und das Recht auf diplomatischen Schutz, S. 74.

412 Vgl. *Wassermeyer/Drüen*, in Wassermeyer, Doppelbesteuerung, Art. 3 MA Rn. 78; ferner eine Bindung ablehnend *Lang*, Introduction to the Law of Double Taxation Conventions, S. 56.

413 *Gosch*, ISR 2013, 87, 91.

414 Wohl BFH v. 13.6.2012 – I R 41/11, BStBl. II 2012, 880, 883; BFH v. 11.12.2013 – I R 4/13, BStBl. II 2014, 791, 793; *Gosch*, ISR 2013, 87, 91.

mitunter solcher des anderen Vertragsstaats, im Wege rechtlicher Transplants stattfinden kann.[415]

(4) Fazit

Die Aspekte der Auslegung stehen somit in vielerlei Hinsicht in Zusammenhang mit der Gewährleistung von Konvergenz im internationalen Steuerrecht. Im Grundsatz verheißt bereits die Anwendung der Wiener Vertragsrechtskonvention aufgrund ihrer Multilateralität und völkerrechtlichen Bindungswirkung eine positive Wirkung auf die Konvergenz der Auslegung und damit der Rechtsanwendung. In Bezug auf die Doppelbesteuerungsabkommen lässt sich festhalten, dass auch in diesem Gebiet eine Einheitlichkeit der Auslegungsstandards durch Anwendung der Wiener Vertragsrechtskonvention grundsätzlich gewährleistet ist.

Durch Art. 3 Abs. 2 OECD-MA besteht indes die Möglichkeit, dass die Parteien nicht definierte Abkommensbegriffe einer Definition nach nationalem Recht zuführen, was in einer Fragmentierung der Auslegung ebendieser Begriffe münden kann. Der Rückgriff auf das nationale Recht steht indes unter dem Vorbehalt, dass sich im Rahmen des Zusammenhangs ("context") keinerlei auslegungsrelevante Umstände ergeben. Hierdurch wird der Gefahr einer starken Auswirkung nationaler Auslegungskulturen vorgebeugt. Sofern auf nationaler Ebene eine Auslegung durch zuständige Stellen stattfindet, könnte zudem eine Konvergenzwirkung durch den Grundsatz der Entscheidungsharmonie gefördert werden. Dieser ist allerdings auf das Wesen einer Orientierungshilfe begrenzt, sodass ein ungefährer Gleichlauf der Auslegungsergebnisse zwischen den Abkommenspartnern nicht garantiert werden kann.

Die Möglichkeiten der Integration des OECD-Musterkommentars über Art. 31 Abs. 1 sowie Abs. 4 WVK sprechen durch die Option der Bezugnahme auf eine einheitliche Auslegungshilfe für eine Förderung der Konvergenz im internationalen Steuerrecht. Eine Übertragbarkeit der Einbeziehungsdogmatik auf Nichtmitgliedstaaten der OECD ist jedoch überwiegend ausgeschlossen, sodass in dieser Hinsicht der Konvergenzwirkung durch Auslegung Grenzen gesetzt sind.

---

415 Vgl. Abschnitt B.I.5.c).

b) Völkergewohnheitsrecht

Musterabkommen besitzen als Schablonen der Rechtssetzung internationalen Steuerrechts lediglich mittelbaren Einfluss auf die Konvergenz internationalen Steuerrechts.[416] Ein weitaus stärkeres Indiz für Konvergenz im internationalen Steuerrecht ließe sich aus der Existenz rechtsverbindlicher Regelungen ableiten. Ausgangspunkt solcher Regelungen können nur die drei Quellen internationalen Rechts sein: Völkerrechtliche Verträge, Völkergewohnheitsrecht sowie die allgemeine Prinzipien des Völkerrechts.[417] Da die auf Grundlage der Musterabkommen abgeschlossen Verträge die individuelle Verhandlungssituation bilateraler Staatenbeziehungen widerspiegeln, kann aus der Existenz gleichlautender Doppelbesteuerungsabkommen kein Argument über die Konvergenzwirkung von Musterabkommen hinaus geschlossen werden. Demgemäß kommt zur Ableitung rechtsverbindlicher und konvergenzbegründender Regelungen Völkergewohnheitsrecht in Betracht.[418]

Aus der bloßen Feststellung von Völkergewohnheitsrecht allein kann zwar noch nicht auf die Existenz, geschweige denn Begründung einer rechtlichen Konvergenz geschlossen werden.[419] Allerdings tragen die Voraussetzungen einer einheitlichen Übung sowie einer opinio juris die Vermutung eines Zusammenhangs zwischen Rechtskonvergenz und Völkergewohnheitsrechts in sich.[420] Rechtskonvergenz kann sich daher über Völkergewohnheitsrecht nach außen manifestieren. Das Ergebnis von Rechtsverbindlichkeit kann jedoch auch wiederum weitere Konvergenz begründen, etwa durch den Anschluss weiterer Staaten an völkergewohnheitsrechtliche Grundsätze. Durch Rechtsverbindlichkeit erhält Völkergewohnheitsrecht Eingang in viele Rechtsordnungen, welche Öffnungsmechanismen für Völkerrecht bereithalten.[421] Zudem ist auch ein stärkeres

---

416 Siehe Abschnitt B.I.5.a).

417 *Lepard*, Customary International Law, S. 3.

418 Die Rechtsverbindlichkeit von Völkergewohnheitsrecht an sich wird teilweise verneint, vgl. *Lepard*, Customary International Law, S. 9; vgl. ablehnend exemplarisch *Trimble*, 33 UCLA Law Review 1986, 665 ff.

419 *Crotoof*, Harvard International Law Journal Online 2013, 195, 200.

420 *Crotoof*, Harvard International Law Journal Online 2013, 195, 200.

421 So bildet Völkergewohnheitsrecht einen Großteil der allgemeinen Regeln des Völkerrechts i.S.d. Art. 25 GG, hierzu *Tomuschat*, in Bonner Kommentar zum Grundgesetz, Art. 25 Rn. 14 ff. sowie *Streinz*, in Sachs, Grundgesetz, Art. 25 Rn. 32 f.; zur diesbezüglichen Debatte in den Vereinigten Staaten siehe *Bradley/Goldsmith*, Harvard Law Review, 1997, 816 ff.; *Prakash*, 29 Harvard Journal of Law & Public Policy 2006, 65, 71.

Befolgungsbewusstsein politischer Entscheidungsträger zu erwarten.[422] All dies kann sich begünstigend auf Konvergenz auswirken.

Den völkerrechtlichen Ausgangspunkt des Gewohnheitsrechts bildet Art. 38 Abs. 1 lit. b) des IGH-Statuts, welcher Völkergewohnheitsrecht ausdrücklich als Bestandteil internationalen Rechts anerkennt.[423] Die Entstehungsvoraussetzungen von Völkergewohnheitsrecht beinhalten, wie eingangs erwähnt, einerseits die kontinuierliche und sich über einen ausreichenden Zeitraum erstreckende Übung durch Staaten und andererseits die Anerkennung rechtlichen Verbindlichkeitscharakters durch Staaten (opinio juris sive necessitatis).[424] In Hinblick auf die erste Voraussetzung ist jedoch zu beachten, dass das Erfordernis einer gewissen Dauer zurückstehen kann, sofern eine generelle und einheitliche Übung gezeigt werden kann.[425] Sowohl die Beurteilung der Konsistenz als auch der Allgemeinheit der Übung stehen in einem gewissen Einschätzungsspielraum.[426] Eine spezifische Schwierigkeit im Rahmen der Allgemeinheit der Übung stellt die fehlende Kundgabe von der Übung abweichender Ansichten dar.[427] In diesem Fall wird sich nämlich regelmäßig nur schwer bestimmen lassen, ob es sich bei derlei Form von Enthaltung um schweigende Zustimmung oder Ausdruck von Nichtteilnahme handelt.

Übernimmt die Übung die Stellung einer objektiven Voraussetzung, so kommt der opinio juris der Gehalt einer subjektiven Voraussetzung zu.[428] Zur Erfüllung dieser muss aus den Maßnahmen staatlicher Stellen die Auffassung gerinnen, dass die staatliche Vorgehensweise auf einer konkreten Rechtspflicht basiert.[429] Funktion der opinio juris ist hierbei die Differenzierung zwischen Gewohnheit und einer Praxis im Bewusstsein rechtlicher Verbindlichkeit.[430]

---

422 Vgl. *Prakash*, 29 Harvard Journal of Law & Public Policy 2006, 65, 65 f.

423 *Lepard*, Customary International Law, S. 6; *Crawford*, Brownlie's Principles of Public International Law, S. 23.

424 *Lepard*, Customary International Law, S. 6; *Crawford*, Brownlie's Principles of Public International Law, S. 24 f., welcher die Übung zudem in die Kategorien der „Duration and consistency of practice“ sowie „Generality of practice“ unterteilt; *Byers*, Custom, Power and the Power of Rules, S. 130.

425 *Crawford*, Brownlie's Principles of Public International Law, S. 24.

426 *Crawford*, Brownlie, Principles of Public International Law, S. 24.

427 Zu diesem Aspekt und folgend *Crawford*, Brownlie‘s Principles of Public International Law, S. 25.

428 *Damm*, Die Europäische Union im universellen Völkergewohnheitsrecht, S. 33 f.

429 *Damm*, Die Europäische Union im universellen Völkergewohnheitsrecht, S. 34 f.

430 *Kirchner*, Völkergewohnheitsrecht aus der Sicht der Rechtsanwendung, S. 30.

aa) *Sachlicher Anknüpfungspunkt zur Begründung eines Besteuerungsrechts*

Unter der Prämisse der Allgemeinheit der Übung von Gewohnheitsrecht ist es naheliegend, zunächst das Ausgangsprinzip der Aufteilung von Besteuerungsrechten im internationalen Kontext auf eine Qualifizierung als Gewohnheitsrecht zu prüfen. Der beschriebene Grundsatz, dass zur Besteuerung von Individuen sowie Unternehmen eine sachliche Anknüpfung (*genuine link*) gegeben sein muss, bildet ein allgemeines Prinzip der Besteuerung.[431] Für den Bereich des internationalen Steuerrechts könnte eine breite Staatspraxis an den regelmäßig gewählten Kriterien der Ansässigkeit eines Unternehmens, Quelle der Einkünfte oder Nationalität des möglichen Steuersubjekts anknüpfen.[432] Die Wahl dieser Anknüpfungspunkte müsste jedoch eine Gleichmäßigkeit aufweisen, welche die Annahme einer staatlichen Übung erlaubt.[433] Allerdings bestehen zudem Regelungen, welche an der Einheitlichkeit dieser Übung zweifeln lassen.[434] Hierzu gehören Regelungen der Hinzurechnungsbesteuerung, welche wirtschaftlich ausländische Gesellschaften durch die Korrektur von Dividendenzahlungen belasten.[435] Auch in diesen Fällen ist jedoch ein sachlicher Zusammenhang durch die Ansässigkeit des Mutterunternehmens gegeben.[436] Die staatliche Übung lässt sich folglich auf das fundamentale Erfordernis eines sachlichen Zusammenhangs reduzieren, die Ausgestaltung des Zusammenhangs über seine bloße Existenz hinaus unterliegt hingegen keinerlei Grenzen.[437] Die Rechtsüberzeugung in Bezug auf dieses Minimalerfordernis lässt sich nicht bereits aus den in den Doppelbesteuerungsabkommen gewählten Anknüpfungspunkten ablesen, da diese Ergebnis von Verhandlungen sind, in denen Staaten gegenseitig Zugeständnisse bzgl. ihrer fiskalen Souveränität eingehen.[438]

---

431 Siehe Abschnitt B.I.1.b).

432 Vgl. *Avi-Yonah*, International Tax as International Law, S. 22, welcher von „nationality“ und „territoriality“ spricht; vgl. *Lehner*, in Vogel/Lehner, DBA, Grundlagen Rn. 11.

433 *Sternberg*, Die extraterritoriale Besteuerungsgewalt des Staates, S. 248.

434 Vgl. *Hongler*, Justice in International Tax Law, S. 167 f.

435 Siehe *Avi-Yonah*, International Tax as International Law, S. 24 f.; vgl. *Hongler*, Justice in International Tax Law, S. 167 f.

436 Siehe auch *Hongler*, Justice in International Tax Law, S. 86.

437 *Gadzo*, Intertax 2018, 194, 209.

438 *Gadzo*, Intertax 2018, 194, 201; *Treves*, in Max Planck Encyclopedias of Public International Law, Rn. 48, https://opil.ouplaw.com/view/10.1093/law:epil/978 0199231690/

Aus der Übernahme der Anknüpfungspunkte in nationales Recht kann jedoch ein solcher Schluss gezogen werden; global betrachtet ist kein Staat zu finden, welcher Vorschriften zur Besteuerung völlig zusammenhangslos aufstellt.[439]

Die Bedeutung des so geschöpften Völkergewohnheitsrechts ist daher sehr gering, da sich ein sachlicher Zusammenhang bei der Besteuerung von Einkommen aller Voraussicht nach stets konstruieren lässt.[440]

bb) Prinzipien der Aufteilung der Besteuerungsrechte

Sofern man dem Erfordernis einer sachlichen Anknüpfung im Grundsatz die Qualität von Völkergewohnheitsrecht zuspricht, stellt sich im Anschluss die Frage, ob auch die hieraus geformten Anknüpfungspunkte in dieser Rechtsqualität erwachsen. Hiermit sind dementsprechend das Ansässigkeits- sowie Quellenprinzip in den Blick zu nehmen. Der Antagonismus zwischen Ansässigkeits- und Quellenbesteuerung lässt einen jedoch angesichts der konsensorientierten Voraussetzungen der Entstehung von Völkergewohnheitsrecht bereits prima facie an einer solchen Überlegung zweifeln. Vor diesem Hintergrund ließe sich lediglich behaupten, dass die Zuordnung des Ansässigkeits- oder Quellenprinzips bezogen auf einzelne Steuerobjekte Völkergewohnheitsrecht darstellt. Dies erscheint indes sowohl angesichts der Übung von Regelungsinhalten der Musterabkommen als auch einer diesbezüglichen Rechtsüberzeugung abwegig.[441] Doppelbesteuerungsabkommen sind das Ergebnis individueller Verhandlungsprozesse, sodass es regelmäßig zu Abweichungen zu der vom Musterabkommen vorgesehenen Zuteilung der Besteuerungsrechte kommt.[442] Folglich ist es nicht sachgerecht, von der Existenz des Musterabkommens auf die Einheitlichkeit von Doppelbesteuerungsabkommen zu schließen.

Auch lässt sich aus der Übernahme bestimmter Regelungsinhalte zur Aufteilung der Besteuerungsrechte nicht zwingend darauf schließen, dass dies aufgrund der Annahme passiere, es handle sich hierbei um eine zu befolgende Rechtspflicht.[443] Vielmehr ist naheliegend, dass eine solche Übernahme auch

---

law-9780199231690-e1393?rskey=vlKjuK&result=1&prd=EPIL; abgerufen am 18.8. 2021.

439 *Gadzo*, Intertax 2018, 194, 203 f.

440 Vgl. *Gadzo*, Intertax 2018, 194, 209.

441 Pauschal zur opinio juris bzgl. OECD-MA sowie OECD-MK *Engelen*, Bulletin – Tax Treaty Monitor 2006, 105, 106.

442 Vgl. *Charney*, 61 Washington Law Review 1986, 971, 981, 983.

443 *Engelen*, Bulletin – Tax Treaty Monitor 2006, 105, 106; siehe auch *Christians*, 25 Wiscounsin International Law Journal 2007, 325, 330 bzgl. der Übernahme von Inhalten aus dem Harmful Tax Report der OECD.

ausschließlich aus anderen, insbesondere opportunistischen und interessengeleiteten Gründen erfolgt.[444] Insofern lässt sich allenfalls eine Ähnlichkeit der erläuterten Prinzipien der Aufteilung der Besteuerungsrechte zum Völkergewohnheitsrecht behaupten.[445]

cc) Methoden zur Vermeidung der Doppelbesteuerung

Eine damit zusammenhängende Frage ist, ob einzelnen Methoden der Vermeidung von Doppelbesteuerung der Charakter von Völkergewohnheitsrecht zugesprochen werden kann.

Selbst wenn man die Annahme einer ausreichenden Übung der Anrechnungs- oder Freistellungsmethode gelten lässt,[446] ist die Annahme einer Anerkennung der Rechtsverbindlichkeit durch Staaten fernliegend.[447] Avi-Yonah wendet hier ein, dass Staaten einer Änderung der festgelegten Methode in hohem Maße abgeneigt wären und sich in diesem Sinne an die entsprechende Methode gebunden fühlen.[448] Dieser Schluss ist indes nicht zwingend. Vielmehr könnte eine faktische Bindungswirkung auch aus der Überlegung resultieren, Investitionssicherheit durch eine konsistente Rechtslage zu gewährleisten. Darüber hinaus unterliegt weder der Anrechnungs- noch der Freistellungsmethode ein generelles Prinzip, welches Staaten zur Befolgung anhalten will. Die Auswahl einer Methode erfolgt regelmäßig aus rechtspraktischen sowie fiskalischen Gesichtspunkten.[449] Es handelt sich daher eher um eine Gewohnheit ohne Rechtsverbindlichkeit, welche bei opportuner fiskalpolitischer Lage auch Änderungen erfahren kann.

dd) Nichtdiskriminierung

Das Prinzip der Nichtdiskriminierung durchdringt als ein Fundamentalprinzip zwischenstaatlicher Koordination diverse internationale Kodifikationen.

---

444 Vgl. zu dieser Überlegung im Allgemeinen *Charney*, 61 Washington Law Review 1986, 971, 981, 983.

445 So bzgl. des gesamten „OECD process“ Cockfield, 8 Yale Journal of Law and Technology 2006, 136, 167 f.

446 Was jedoch bereits bezweifelt werden kann, vgl. *Hongler*, Justice in International Tax Law, S. 170.

447 Vgl. *Hongler*, Justice in International Tax Law, S. 169 f.

448 *Avi-Yonah*, International Tax as International Law, S. 7.

449 Vgl. Charneys Beschreibung von u.a. steuerrechtlichen Abkommen, welche diesen eine technische Natur der völkerrechtlichen Pflichten beimisst, *Charney*, 61 Washington Law Review 1986, 971, 982.

Im Rahmen des Unionsrechts fungieren die Grundfreiheiten als Diskriminierungs- sowie Beschränkungsverbote zur Gewährleistung eines einheitlichen europäischen Binnenmarkts.[450] Explizit abgabenrechtlichen Bezug weist zudem das Diskriminierungsverbot des Art. 110 AEUV auf, welches die Erhebung höherer Abgaben auf Waren anderer Mitgliedstaaten sowie protektionistische inländische Abgaben für unzulässig erklärt.[451] Auch das Welthandelsrecht ist grundlegend von dem Anliegen, diskriminierende Behandlungen ausländischer Staatsangehöriger zu verhindern, geprägt: Ein Diskriminierungsverbot ist in Art. III GATT sowie in vielen bilateralen Investitionsschutzabkommen[452] kodifiziert. Auch Freihandelsabkommen, wie etwa das EU-MERCOSUR-Abkommen in Art. 6 Abs. 1, führen Diskriminierungsverbote. Ob das Prinzip der Nichtdiskriminierung im internationalen Steuerrecht die Qualität von Völkergewohnheitsrecht aufweist, ist jedoch autonom zu bestimmen.

Das Nichtdiskriminierungsprinzip aus Art. 24 OECD-MA/UN-MA wird regelmäßig in Doppelbesteuerungsabkommen adaptiert.[453] Eine ausreichende Übung könnte man daher annehmen.[454] Im Rahmen der opinio juris ist zu beachten, dass viele Staaten in Abkommen und Organisationen, welche Nichtdiskriminierung sicherstellen, eingebunden sind. Die Überzeugung, aufgrund einer rechtlichen Verpflichtung zu handeln, kann daher in vielen Fällen nicht eindeutig auf ein genuin steuerrechtliches Nichtdiskriminierungsgebot des Völkergewohnheitsrechts zurückgeführt werden.

Auch ein Vergleich mit den Diskriminierungsvorschriften des Welthandelsrechts spricht gegen die Annahme von Völkergewohnheitsrecht. Denn die Diskriminierungsverbote des WTO-Rechts stellen nach überwiegender Auffassung kein Völkergewohnheitsrecht dar.[455] Im weltweiten Netzwerk bestehender bilateraler Investitionsschutzabkommen bestehen in nicht geringem Maße Ausnahmen zu diesen Prinzipien, sodass von einer allgemeinen Übung nicht gesprochen werden kann.[456] Dass der lediglich in bilateralen Doppelbesteuerungsabkommen

---

450 Vgl. *Wernsmann*, in Schulze/Janssen/Kadelbach, Europarecht, § 31 Rn. 82.

451 Hierzu *Englisch*, in Schaumburg/Englisch, Europäisches Steuerrecht, Rn. 6.7 ff.

452 Vgl. bspw. Art. 3 Abs. 1 des Investitionsschutzmusterabkommens der USA.

453 Vgl. *Ash/Marian*, The Making of International Tax Law: Empirical Evidence from Natural Language Processing, Legal Studies Research Paper Series No. 2019-02, S. 33.

454 Vgl. *Avi-Yonah*, International Tax as International Law, S. 6.

455 Mit weiteren Nachweisen *Dumberry*, 28 Penn State International Review 2010, 675, 687.

456 Im Ergebnis *Dumberry*, 28 Penn State International Review 2010, 675, 687.

umgesetzte Art. 24 OECD-MA vor diesem Hintergrund kodifiziertes Völkergewohnheitsrecht darstellt, ist daher abwegig.

ee) Fremdvergleichsgrundsatz

Der Fremdvergleichsgrundsatz als Methode der Gewinnzurechnung bei verbundenen Unternehmen stellt ein fundamentales Prinzip grenzüberschreitender Besteuerung dar.[457] In Bezug auf die Voraussetzung staatlicher Übung ist zu konstatieren, dass Art. 9 OECD-MA bei Betrachtung der gesamten weltweiten Doppelbesteuerungsabkommen eine signifikant größere wörtliche Übereinstimmung aufweist, als alle anderen Artikel.[458] Zudem ist der Fremdvergleichsgrundsatz auch in vielen nationalen Rechtsordnungen verankert.[459]

Die Anwendung der *formulary apportionment method* könnte jedoch darauf hinweisen, dass abseits der Kodifikation in Doppelbesteuerungsabkommen keine Verbindlichkeit des Fremdvergleichsgrundsatzes anzunehmen ist.[460] Zwar befolgen die USA auf der bundesrechtlichen Ebene den Fremdvergleichsgrundsatz.[461] Im Recht der einzelnen Staaten findet jedoch die *formulary apportionment method* Anwendung.[462] Folge der Anerkennung rechtlicher Verbindlichkeit und damit einhergehend der Status von Völkergewohnheitsrecht wäre jedoch, dass die Regelungen aufgrund des Widerspruchs zum Bundesrecht unwirksam wären.[463] Im Umkehrschluss ist daher nicht anzunehmen, dass in den genannten Staaten die Anwendung des Fremdvergleichsgrundsatzes in Anerkennung einer

457 Vgl. Abschnitt B.I.5.a)cc)(4).

458 Siehe *Avi-Yonah*, 38 Michigan Journal of International Law Opinio Juris, 2, 4; *Ash/Marian*, The Making of International Tax Law: Empirical Evidence from Natural Language Processing, Legal Studies Research Paper Series No. 2019-02, S. 33; ferner eine generelle Übung bejahend *Lepard*, 10 Duke Journal of Comparative & International Law 1999, 43, 168; zweifelnd *Hongler*, Justice in International Tax Law, S. 176 ff. Das UN-Musterabkommen stimmt mit dem OECD-Musterabkommen im Grundsatz überein.

459 *Kofler*, in Reimer/Rust, Klaus Vogel on Double Taxation Conventions, Bd. I, Art. 9 Rn. 3.

460 Die Gegensätzlichkeit dieser Anwendung wird hervorgehoben durch *Avi-Yonah*, International Tax as International Law, S. 6 f.; vgl. ferner *Lepard*, 10 Duke Journal of Comparative & International Law 1999, 43, 168.

461 *Thomas*, 14 Berkeley Journal of International Law 1996, 133.

462 *Avi-Yonah*, International Tax as International Law, S. 6 f.; vgl. *Thomas*, 14 Berkeley Journal of International Law 1996, 99, 133.

463 *Avi-Yonah*, International Tax as International Law, S. 6 f.

Rechtsverbindlichkeit geschieht.[464] Hierfür spricht auch der Richtlinienvorschlag der Kommission[465] für eine Gemeinsame Konsolidierte Körperschaftsteuer-Bemessungsgrundlage. Diese orientiert sich an den Gewinnaufteilungsgrundsätzen des *formulary apportionment*.[466] Ein solcher Vorstoß wäre nicht unter den Vorzeichen einer Völkerrechtswidrigkeit vorgenommen worden.

Auch hier gilt dementsprechend: Der Fremdvergleichsgrundsatz stellt keine verbindliche Wertentscheidung des internationalen Steuerrechts dar, sondern wird lediglich mehrheitlich als effektivste Methode gesehen, um eine angemessene Besteuerung des betroffenen Unternehmens sicherzustellen. Die Befolgung des Fremdvergleichsgrundsatzes ist daher von Opportunität geprägt und wird nicht durch die Überzeugung rechtlicher Verbindlichkeit gestützt.[467]

ff) Fazit

Trotz des Potenzials des Völkergewohnheitsrechts im Zusammenhang mit Konvergenzwirkungen bestehen bereichsspezifisch für das internationale Steuerrecht keine positiven Konvergenzeffekte, da sowohl in Bezug auf die Methoden zur Vermeidung der Doppelbesteuerung als auch in Hinblick auf das Prinzip der Nichtdiskriminierung und den Fremdvergleichsgrundsatz ein gewohnheitsrechtlicher Charakter abgelehnt werden muss. Obwohl in Bezug auf die Entstehungsvoraussetzungen oftmals eine entsprechende Übung bejaht werden kann, steht jedenfalls regelmäßig die Rechtsüberzeugung der Parteien infrage. Außer dem Fundamentalerfordernis eines sachlichen Zusammenhangs zur Begründung der Besteuerung lässt sich somit kein Gewohnheitsrecht im internationalen Steuerrecht ausmachen.

---

464 *Avi Yonah* stellt hingegen die Vermutung an, dass die Bestätigung der Anwendung der formulary apportionment method unterhalb der Bundesebene durch den Supreme Court nicht korrekt ist, siehe *Avi-Yonah*, International Tax ass International Law, S. 6.

465 Kommission v. 16.3.2011, Vorschlag für eine Richtlinie des Rates über eine Gemeinsame konsolidierte Körperschaftsteuer-Bemessungsgrundlage (GKKB), KOM(2011) 121 endgültig, auf welche 2016 ein weiterer Richtlinienvorschlag folgte, Kommission v. 25.10.2016, Vorschlag für eine Richtlinie des Rates über eine Gemeinsame Körperschaftsteuer-Bemessungsgrundlage, COM(2016) 685 final.

466 *Gerten*, IStR 2008, 377, 377.

467 Im Ergebnis auch *Lepard*, 10 Duke Journal of Comparative & International Law 1999, 43, 174 sowie *Hongler*, Justice in International Tax Law, S. 178 ff.

c) Rechtliche Transplants

Jenseits der völkerrechtlichen Ebene ist ferner auch nationales Recht als konvergenzbegründender Bestandteil des internationalen Steuerrechts in den Blick zu nehmen. Eine reine Betrachtung internationalen Rechts ohne Berücksichtigung der Grundlagen einer Konvergenz im nationalen Recht ist fehleranfällig - denn in vielen Staaten besteht durch einen *treaty override* die Möglichkeit der Überwindung internationaler Verpflichtungen durch nationales Recht.[468]

Auch über den Gedanken des *treaty override* hinaus wird man nicht umhinkommen, eine konvergenzbegründende Wirkung auch nationalen Rechtsnormen zuzubilligen.[469] Die Bedeutung unilateraler Maßnahmen im Bereich des internationalen Steuerrechts wurde für den Bereich der Vermeidung von internationaler Doppelbesteuerung bereits dargelegt.[470] Bereits *Bühler* spricht daher von internationalem Steuerrecht im weiteren Sinne, wenn dieses in seiner Gesamtheit aus völkerrechtlich und national begründeten Normen betrachtet werden soll.[471]

Aufgrund der fiskalischen Souveränität einzelner Staaten besteht zwar rein formell kein Grund für die Konvergenz nationaler, das internationale Steuerrecht betreffende Normen, außer, dass auf der Suche nach zweckmäßigen Lösungen für steuerrechtliche Fragestellungen parallele Antworten gefunden werden.[472] Der Schöpfungs- und Auslegungsprozess nationalen Rechts ist jedoch seit jeher auch von der Inspiration durch ausländisches Recht geprägt.[473] Die Übernahme rechtlicher Versatzstücke aus anderen Rechtsordnungen wird in der rechtsvergleichenden Methodik als „Transplant" bezeichnet.[474] Im Folgenden ist daher zu untersuchen, zu welchem Grad Transplants im Bereich des internationalen Steuerrechts konvergenzbegründend wirken.

---

468 Vgl. ausführlich *De Pietro*, World Tax Journal 2015, 73, 74 ff.

469 Vgl. *Li*, 3 Journal of Chinese Tax and Policy 2013, 85, 88 f., vgl. ferner *Garbarino*, Judicial Interpretation of Tax Treaties, Rn. I.29.

470 Siehe Abschnitt B.I.4.

471 *Bühler*, Prinzipien des internationalen Steuerrechts, S. 3.

472 Vgl. *Li*, Journal of Chinese Tax and Policy, 2013, 85, 88 f.

473 Einführend *Schermaier*, Transplantationen und Irritationen, Evolutionen und Diffusionen, S. 9 ff.

474 *Legrand*, What "Legal Transplants"?, S. 55.

aa) Entstehungsgründe rechtlicher Transplants

Die Motivation, welche Staaten zur Vornahme rechtlicher Transplants veranlasst, ist mannigfaltig. Im Wesentlichen lassen sich drei größere Gruppen von Gründen ausmachen, die hinter einem Transplant stehen können. Zunächst sind die mit einem Transplant verbundenen Anreize zu berücksichtigen.[475] Bei unveränderten Übernahmen von Gesetzen stehen oft Erwartungen an die rechtliche Effizienz aufgrund der rechtlichen Realität aus dem Entstehungsstaat im Fokus.[476] Hiermit verbunden sind auch erhoffte ökonomische Verbesserungen oder politische Folgen des Transplants.[477] So wurde etwa in Japan vor dem Hintergrund einer Abkehr vom japanischen Absolutismus und der Entstehung einer liberaleren Gesellschaft für die Transplantation eines schenkungsrechtlichen Widerrufsrechts plädiert.[478] Politische Anreize sind beispielweise im EU-Beitrittsprozess zu finden, in dessen Zuge rechtliche Reformen in Form von Transplants vorgenommen werden, um Beitrittsvoraussetzungen zu erfüllen.[479]

Als weiterer Grund für Transplants ist die Autorität der Regelungsherkunft zu nennen, welche die Einführung untermauert.[480] Etwa beruhen die umwelt- und gesundheitsrechtlichen Transplants von Entwicklungs- und Schwellenländern überwiegend auf Gesetzen von Industriestaaten.[481]

Schließlich sind auch Übernahmen von Recht aufgrund eines unmittelbaren oder bloß faktischen Zwanges zu nennen.[482] Hierzu zählen militärisch unterstützte Transplants, wie etwa das in ehemaligen Kolonien geltende Recht, welches durch eine Kolonialmacht oktroyiert wurde.[483] Als faktischer Zwang zählt

---

475 Siehe *Valderrama*, International Law Journal 2004, 261, 267 f.

476 *Valderrama*, International Law Journal 2004, 261, 267 f.; vgl. *Miller*, 51 The American Journal of Comparative Law 2003, 839, 840, welcher die Anziehung internationaler Investitionen nennt.

477 *Valderrama*, International Law Journal 2004, 261, 268 f.

478 *Endo*, Zur Rezeption des Schenkungswiderrufsrechts wegen groben Undanks in Japan, S. 94 f.

479 *Valderrama*, International Law Journal 2004, 261, 267 f.

480 *Schacherreiter*, Das Landeigentum als Legal Transplant in Mexiko, S. 34; *Valderrama*, International Law Journal 2004, 261, 265; dies wird auch als „Legitimacy-Generating Transplant" beschrieben, siehe *Miller*, 51 The American Journal of Comparative Law 2003, 839, 854.

481 *Miller*, 51 The American Journal of Comparative Law 2003, 839, 846.

482 *Schacherreiter*, Das Landeigentum als Legal Transplant in Mexiko, S. 31 f.; *Sacco*, 39 The American Journal of Comparative Law 1991, 343, 398; *Valderrama*, International Law Journal 2004, 261, 266.

483 *Schacherreiter*, Das Landeigentum als Legal Transplant in Mexiko, S. 31.

insbesondere die Inaussichtstellung von Vorteilen, etwa ökonomischer Art, um Transplants durchzusetzen.[484] Hierzu zählt die Praxis der Kreditvergabe durch den IWF.[485]

Im Bereich des Steuerrechts bestehen in erster Linie fiskalische Anreize zur Übernahme fremden Rechts.[486] Auch politische Gründe lassen sich jedoch teilweise isolieren.[487]

Regelungen des internationalen Steuerrechts weisen eine direkte Verknüpfung mit der Attraktivität von Investitionen an diesem Standort auf. Bestimmten Strukturen des internationalen Steuerrechts müssen Staaten umsetzen, um nicht eine Enttäuschung der Erwartungen von Investoren im internationalen Umfeld zu riskieren.[488] Insofern werden bestimmte Inhalte, sei es von der OECD oder anderen Staaten, aufgrund erhoffter Anreize transplantiert, um einen Investitionsabfluss zu verhindern.[489] Hierzu zählt etwa die Praxis, mittels sog. IP-Boxen Einkünfte im Zusammenhang mit Forschungstätigkeiten privilegiert zu besteuern.[490] Nachdem diese erstmals in den 1970er Jahren aufkam, wurde diese insbesondere im Laufe der 2000er Jahre von diversen Staaten eingeführt und zu einem steuerrechtlichen Instrument im Standortwettbewerb.[491]

Auch eine Umsetzung aus Autoritätsgründen scheint im Bereich des internationalen Steuerrechts denkbar, denn die Normsetzungs- und Interpretationsempfehlungen der OECD spielen eine hervorgehobene Rolle.[492] Die dort getroffenen Empfehlungen genießen große Autorität und werden dementsprechend häufig, auch von Nichtmitgliedstaaten, umgesetzt.[493]

---

484 *Schacherreiter*, Das Landeigentum als Legal Transplant in Mexiko, S. 32.

485 *Miller*, 51 The American Journal of Comparative Law 2003, 839, 847; *Schacherreiter*, Das Landeigentum als Legal Transplant in Mexiko, S. 32.

486 *Valderrama*, International Law Journal 2004, 261, 270.

487 *Valderrama*, Legal Transplants and Comparative Law, International Law Journal 2004, 261, 270.

488 Vgl. *Avi-Yonah*, International Tax as International Law, S. 3 f.

489 Vgl. *Avi-Yonah*, International Tax as International Law, S. 4.

490 Vgl. *Black*, The Copyright Box Model, 41 Seattle University Law Review 2017, 179, 179.

491 Vgl. *Black*, The Copyright Box Model, 41 Seattle University Law Review 2017, 179, 183 ff.

492 Vgl. *Garbarino*, Judicial Interpretation of Tax Treaties, Rn. I.04 ff.

493 Vgl. *Garbarino*, Judicial Interpretation of Tax Treaties, Rn. I.05.

bb) Ebenen rechtlicher Transplants

Transplants sind auf Ebene der Legislative, Exekutive und Judikative durchführbar.[494] Im Fall der Legislative werden ausländische Regelungen im Rahmen der Erarbeitung des Gesetzesentwurfs transplantiert. Durch die regelmäßig bestehenden umfassenden Gesetzgebungskompetenzen bildet die Legislative die traditionelle Gewalt zur Umsetzung von Transplants.[495] Auch die Verwaltung kann sich im Rahmen ihrer Normsetzungskompetenzen von ausländischem Recht inspirieren lassen.[496] Zudem besteht die Möglichkeit, dass sich eine entsprechende Verwaltungspraxis bspw. innerhalb eines Ermessensspielraums von einem auf das andere Rechtssystem überträgt.[497] Im Rahmen der Judikative ist ein Transplant im Rahmen der Übertragung einer Auslegungswertung oder im Wege der Rechtsfortbildung möglich.[498] Dies setzt allerdings voraus, dass Bezugspunkt der Auslegung sowie Rechtsfortbildung im fremden Recht einen gewissen Grad der Vergleichbarkeit aufweist und idealiter dem gleichen Rechtskreis entstammt.[499]

Auch ein Übergang zwischen verschiedenen Ebenen ist möglich. Dies ist zum Beispiel der Fall bei der Einführung von Regelungen, welche im Ausland in Form eines Parlamentsgesetzes ergangen sind, im Inland jedoch in die Form einer administrativen Rechtsverordnung übertragen werden. Auch können Auslegungsgesichtspunkte, welche im Rahmen einer Gerichtsentscheidung getroffen wurden, auch innerhalb der Verwaltung aufgegriffen werden.

Als besonderes Eingriffsrecht weist das nationale internationale Steuerrecht in diesem Zusammenhang keine Besonderheiten und eine Relevanz für sämtliche genannte Ebenen auf. Der Aufbau der Finanzverwaltung sowie -gerichtsbarkeit kann sich jedoch zwischen den einzelnen Staaten stark unterscheiden. Dies könnte mitunter zu einem Wechsel des Transplants zwischen den Ebenen führen.

---

494 Vgl. *Barak-Erez*, 15 Columbia Journal of European Law 2009, 477, 477; *Garbarino*, Judicial Interpretation of Tax Treaties, Rn. I.05, welcher von „legislative measures or administrative guidelines" spricht.

495 *Barak-Erez*, 15 Columbia Journal of European Law 2009, 477, 481.

496 *Barak-Erez*, 15 Columbia Journal of European Law 2009, 477, 488.

497 *Barak-Erez*, 15 Columbia Journal of European Law 2009, 477, 488.

498 *Barak-Erez*, 15 Columbia Journal of European Law 2009, 477, 486 f.; siehe bzgl. der Auslegung internationalen Rechts *Roberts*, 60 The International and Comparative Law Quarterly 2011, 57, 58.

499 *Barak-Erez*, 15 Columbia Journal of European Law 2009, 477, 487.

cc) Grenzen der internationalen Übertragbarkeit von Recht

Die schablonenhafte, wortgleiche Übertragung von Recht in verschiedene Rechtssysteme ist oftmals eine Illusion. Recht ist kulturellen Einflüssen ausgesetzt und steht ferner in Beziehung zum umgebenden Rechtssystem.[500] Anpassungen, welche im Zuge eines Transplants notwendig werden, um den Erfordernissen des Zielsystems zu genügen, gefährden die Identität des übertragenden Rechtssubstrats.[501] Auch autonom vorgenommene Weiterentwicklungen desselben können im Ergebnis nicht zu einer Konvergenz, sondern zu einer Divergenz im internationalen Steuerrecht führen.[502] Vor diesem Hintergrund trifft *Garbarino* die Unterscheidung zwischen „effective judicial transplants" und „hybrid judicial transplants".[503] Während erstere die ursprüngliche angedachte Bedeutung einer Regelung konservieren, wird diese bei zweiterer Kategorie modifiziert.[504] Modifikationen ergeben sich regelmäßig durch die immanenten Zwänge des importierenden Rechtssystems sowie aus der Rechtskultur des jeweiligen Landes.[505]

Als Beispiel hierfür dient die Transplantation einer GAAR nach westlichem Vorbild durch China, welche im Jahr 2007 in Art. 47 des chinesischen Körperschaftsteuergesetzes verabschiedet wurde.[506] *Li* beschreibt zutreffend, dass die GAAR in westlichen Staaten mit der Formulierung eines notwendigerweise unbestimmten Rechtsbegriffs des Missbrauchs einen Auftrag an die Judikative zur Interpretation dieses Begriffs stellt.[507] Im Rechtssystem der Volksrepublik China sind Gerichte jedoch nicht vergleichbar zur Auslegung berufen.[508] Die Verfassung weist grundsätzlich dem nationalen Volkskongress die Kompetenz zur Auslegung von Gesetzen zu, in der Praxis wird diese durch die Steuerverwaltungen ausgeübt.[509] Auslegungsschwierigkeiten werden somit überwiegend durch die Finanzbehörden beigelegt.[510] Auch die Reichweite der GAAR

---

500 Vgl. *Schermaier*, Transplantationen und Irritationen, Evolutionen und Diffusionen, S. 11 f.; vgl. die Darstellungen in Cotterrell, Is there A Logic of Legal Transplants?, S. 77 sowie *Legrand*, What "Legal Transplants"?, S. 59.

501 Vgl. *Garbarino*, Judicial Interpretation of Tax Treaties, Rn. I.35.

502 *Garbarino*, Judicial Interpretation of Tax Treaties, Rn. I.35.

503 *Garbarino*, Judicial Interpretation of Tax Treaties, Rn. I.31 ff.

504 *Garbarino*, Judicial Interpretation of Tax Treaties, Rn. I.31 sowie I.35.

505 Siehe *Legrand*, What "Legal Transplants"?, S. 61.

506 *Li*, 11 Theoretical Inquiries in Law 2010, 655, 661.

507 *Li*, 3 Journal of Chinese Tax and Policy 2013, 85. 130.

508 *Li*, 3 Journal of Chinese Tax and Policy 2013, 85, 124, 130.

509 *Li*, 3 Journal of Chinese Tax and Policy 2013, 85, 124.

510 *Li*, 3 Journal of Chinese Tax and Policy 2013, 85, 124.

wird daher nicht durch Gerichte, sondern faktisch durch Finanzbehörden bestimmt.[511] Somit basiert die GAAR in China auf einer systematisch anderen Funktionsweise.[512] Im Zusammenhang mit der fehlenden gerichtlichen Kontrolle besitzt die GAAR in China einen relativ weiten Anwendungsbereich, sodass der Regelungsinhalt keinesfalls als identisch zu bezeichnen ist.[513] Insofern setzen Rechtskultur und Rechtssystem rechtlichen Transplants Grenzen und können unterhalb der groben Zweckrichtung der Regelung zu divergenten rechtlichen Normen führen.

dd) Fazit

Im internationalen Steuerrecht werden rechtliche Transplants in besonderem Maße aus ökonomischen sowie politischen Erwägungen genutzt, wobei der Transplantationsprozess auch durch die starke Legitimation der OECD im internationalen Steuerrecht geprägt ist. Insofern besteht durch einen regen Transplantationsprozess auch eine positive Auswirkung auf die Regelungskonvergenz. Durch unterschiedliche Rechtskulturen sowie auch einen Übergang zwischen verschiedenen Gewalten im Transplantationsprozess ist jedoch auch ein Grundpotenzial für die Entstehung von „hybrid legal transplants“[514] zu erkennen, welches einer Konvergenz wiederum abträglich sein kann.

d) Fazit

Die Konvergenzwirkung im System des internationalen Steuerrechts wird somit durch eine Vielzahl von Faktoren bestimmt, welche in aller Regel im Zusammenhang mit den Musterabkommen sowie rechtlichen Transplants stehen. Erstere schaffen insbesondere durch eine Ausfüllung des internationalen Steuerrechts mit Prinzipien sowie im Zusammenhang mit den internationalen Auslegungsmechanismen eine Gleichförmigkeit der Schöpfung und Anwendung von internationalem Steuerrecht auf Abkommensebene. Das Koordinationsbedürfnis im internationalen Steuerrecht, welches zunächst eine rein bilaterale Abstimmung erfordert, schafft somit rechtliche Gesichtspunkte, welche diesen bilateralen Rahmen verlassen und isoliert betrachtet werden können. In dieser

---

511 *Li*, 11 Theoretical Inquiries in Law 2010, 655, 667 f.; auch *Garbarino*, 11 Theoretical Inquiries in Law 2010, 765, 785.

512 *Li*, 3 Journal of Chinese Tax and Policy, 85, 130; *Garbarino*, 11 Theoretical Inquiries in Law 2010, 765, 785.

513 *Li*, 11 Theoretical Inquiries in Law 2010, 655, 667 f.

514 *Garbarino*, Judicial Interpretation of Tax Treaties, Rn. I.35.

Wirkung trägt das Abkommensrecht im internationalen Steuerrecht Züge einer multilateralen Regelungsart, auch wenn eine Koordination ganz überwiegend bilateral durchgeführt wird.[515] Dieser Multilateralismus äußert sich somit nicht in kodifiziertem Recht, sondern ist vielmehr latent im System des internationalen Steuerrechts angelegt.

6. Zusammenfassung

Die Systemkonzeption des internationalen Steuerrechts beruht auf den Grundlagenarbeiten des Völkerbunds sowie der Fortführung dessen durch die OECD im Zusammenhang mit der Vermeidung der Doppelbesteuerung. Veranlasst ist diese durch die Aufteilung der Besteuerungsbefugnisse im internationalen Kontext, welche im rechtlichen Sinne nicht willkürlich, sondern prinzipiengeleitet geschieht. Das erwachsene Koordinationsbedürfnis schlägt sich in den aus Zweckmäßigkeitserwägungen geschaffenen Methoden zur Vermeidung der Doppelbesteuerung sowie unterschiedlichen Ebenen der Koordination nieder.

Innerhalb des so entstandenen Systems können unterschiedliche Faktoren für ein regelungstechnisches Zusammenwirken im Sinne einer Konvergenz benannt werden. Die Wirkungsmacht der Musterabkommen in diesem Zusammenhang wird durch die Wirkung der durch diese etablierten Prinzipien sowie durch Faktoren der Auslegung der auf Grundlage der Musterabkommen erarbeiteten Doppelbesteuerungsabkommen bestimmt. Zu letzteren zählen insbesondere die Auslegungsmechanismen internationalen Rechts sowie die Bedeutung des Musterkommentars. Für den Bereich des Völkergewohnheitsrechts lassen sich mangels der Entstehung dessen keine Anhaltspunkte für eine Konvergenzwirkung im internationalen Steuerrecht finden. Hingegen führt die Transplantation fremden Rechts immer wieder zu einer erhöhten Konvergenz im internationalen Steuerrecht, wobei indes die Herausforderung einer Fragmentierung durch „hybrid legal transplants“ besteht. Im Rahmen dieser Konzeption stellt sich das primär durch bilaterale Abkommen determinierte internationale Steuerrecht als gleichförmiges System mit divergenten Detailregelungen dar, welches in dieser Hinsicht die Veranlagung eines latenten Multilateralismus aufweist.

515 Zu diesem Gedanken, auch im Folgenden *Antón*, British Tax Review 2019, 462, 467 f., welcher das Musterabkommen als „multilateral layer“ einstuft; zudem *Hongler*, Justice in International Tax Law, S. 132, 274 ff., der hierfür den Begriff „fuzzy mulitlateralism“ wählt; vgl. ferner auch *Rixen*, European Journal of International Relations 2010, 589, 607, der ein Interesse von Staaten an multilateralen Prozessen im steuerrechtlichen Kontext hervorhebt.

II. Die Funktionsweise des internationalen Steuerrechtssystems

1. Das internationale Steuerrecht im Kontext der internationalen Beziehungen

Die Untersuchung der internationalen steuerrechtlichen Systemkonzeption auf rechtlicher Basis hat bereits offenbart, dass das System des internationalen Steuerrechts von einer Vielzahl rechtlicher Parameter durchdrungen wird. Neben der rechtlichen Komponente ist jedoch zu beachten, dass internationales Steuerrecht durch eine Vielzahl unterschiedlicher Akteure und Institutionen diskutiert, geschöpft und angewendet wird. Die Vermutung liegt nahe, dass der Bestand sowie Veränderungen des Systems internationalen Steuerrechts an den internationalen Prozess zwischen diesen einzelnen Akteuren anknüpfen und somit von deren Kooperation oder Konflikten abhängig sind. Hierzu ist zu ergründen, nach welchen Maßstäben die Prozesse zwischen den einzelnen Akteuren des internationalen Steuerrechts funktionieren und inwiefern durch deren Parameter eine Stärkung des Systems gefördert oder beeinträchtigt wird. Für diesen Zweck ist es lohnenswert, den Forschungsbereich der internationalen Beziehungen in den Blick zu nehmen.[516]

Die Ideengeschichte der internationalen Beziehungen wurde lange durch die klassischen Strömungen des Realismus sowie des Liberalismus geprägt.[517] Der Realismus der internationalen Politikforschung des 20. Jahrhunderts entstand vor dem Hintergrund der Machtverhältnisse der 1920er Jahre sowie des Zweiten Weltkriegs aufbauend auf einer prominenten Ideengeschichte, in deren Zentrum der Gedanke einer Konfliktneigung der menschlichen Natur steht.[518]

Die Neuaufnahme des Realismus nach dem Zweiten Weltkrieg knüpfte an dieses Menschenbild an und übertrug die Annahme von biologischer Gewaltorientierung und Machtstreben des Menschen auf das Verhalten von Staaten.[519]

---

516 Vgl. auch *Broekhuijsen*, A Multilateral Tax Treaty, S. 63 ff. sowie *Ring*, 60 Tax Law Review 2007, 83, 87 ff.

517 Vgl. *Baldwin*, Neoliberalism, Neorealism, and World Politics, in Baldwin, (Hrsg.), Neorealism and Neoliberalism, S. 3 f.

518 *Jacobs*, Realismus, S. 40 f., welcher als wichtigste Vertreter Thukydides, Machiavelli, Hobbes, Nietzsche und Weber anführt; *Schörnig*, Neorealismus, S. 65; ferner *Holsti*, Ole, Theories of International Relations and Foreign Policy, S. 35.

519 *Jacobs*, Realismus, S. 47; *Waltz*, Realist Thought and Neorealist Theory, S. 78.

Auf dieser Grundlage ergibt sich ein internationales System anarchischer Prägung, welches von einer hohen Fragilität der Machstrukturen geprägt ist.[520]

In diesem Sinne ist die Evolution permanenter Hegemonie unwahrscheinlich, es ergibt sich vielmehr ein zyklisches System, welches zwischen den Versuchen der Errichtung von Ordnung sowie hegemonialen destabilisierenden Verstößen schwankt.[521] Begrenzung von Machtausübung kann in dieser Umgebung nicht aufgrund eines Machtgleichgewichts ("balance of power") erreicht werden.[522] Die machtbegrenzende Wirkung wird vielmehr der Moral zugeschrieben.[523] So wird politischen Entscheidungsträgern der Auftrag eines verantwortungsvollen Umgangs mit den zustehenden Befugnissen anvertraut.[524]

Allerdings kamen, durch die Unfähigkeit des klassischen Realismus, moderne Entwicklungen wie etwa die Entspannung des Kalten Krieges in den 1970er Jahren zu erklären, vermehrt kritische Stimmen auf, welche sich in der Strömung des Neorealismus endgültig manifestierten.[525] Dieser stellt die Herleitung des staatlichen Machtstrebens aus dem Menschenbild infrage und versucht vielmehr, dieses aus strukturellen Gründen abzuleiten.[526] Das fehlende internationale Gewaltmonopol im internationalen System löst die Notwendigkeit aus, selbst Macht im Interesse des eigenen Überlebens auszuüben.[527] Hiermit rückt die Erstellung eines Machtgleichgewichts wiederum ins Zentrum der Betrachtung.[528] Durch die Betrachtung der Struktur an sich wurde der realistischen Betrachtungsweise eine Ebene hinzugefügt, welche sich zuvor auf die Untersuchung der staatlichen Akteure beschränkte.[529] Staaten werden zu diesem Zweck auf das Merkmal der Macht reduziert ("black box") und im Übrigen gleich behandelt.[530]

---

520 *Lebow*, Classical Realism, S. 53; *Halliday*, The Middle East in International Relations, S. 25.
521 *Lebow*, Classical Realism, S. 53.
522 In Rezeption von Morgenthau *Jacobs*, Realismus, S. 52 f.; *Lebow*, Classical Realism, S. 53.
523 *Jacobs*, Realismus, S. 53.
524 *Jacobs*, Realismus, S. 53 f.
525 *Schörnig*, Neorealismus, S. 65 f.
526 *Mearsheimer*, Structural Realism, S. 72; *Schörnig*, Neorealismus, S. 66; *Waltz*, Realist Thought and Neorealist Theory, S. 78.
527 Vgl. *Mearsheimer*, Structural Realism, 72; *Schörnig*, Neorealismus, S. 72.
528 *Schörnig*, Neorealismus, S. 74 f.
529 Siehe *Waltz*, Realist Thought and Neorealist Theory, S. 78.
530 *Mearsheimer*, Structural Realism, S. 72; *Schörnig*, Neorealismus, S. 72.

Die Auswirkungen des klassischen Liberalismus in der internationalen Politikforschung gehen zurück auf die Analyse *Kants*, dass demokratische Staaten eher dazu neigen, Frieden einzuhalten.[531] Dies erfordert eine Miteinbeziehung innerstaatlicher Akteure und Gruppen, welche durch den klassischen Realismus so nicht vollzogen werden konnte.[532] Im 20. Jahrhundert wurden umfangreiche Überlegungen, welche dem Neoliberalismus zuzuordnen sind, mittels des Interdependenzansatzes angestellt.[533] Diese gingen zurück auf die Feststellung, dass die tatsächliche Kooperation unter Staaten in den 1970er Jahren deutlich größer war, als die Ansätze des Neorealismus dies zu erklären vermochten.[534] Vor dem Hintergrund zunehmender internationaler Verflechtung wurden die wirtschaftlichen und politischen Relationen zwischen den Staaten selbst beleuchtet.[535] Durch diese holistische Herangehensweise wurden auch nichtstaatliche Akteure, wie etwa Nichtregierungsorganisationen, vermehrt in den Blick genommen.[536]

Mit dem interdependenztheoretischen Ansatz wurden erstmals staatliche Verhaltensmuster innerhalb eines zusammenhängenden, verflochtenen Systems erörtert.[537] Ebenfalls im Rahmen der politischen Entwicklung des Kalten Krieges, indes in Abgrenzung von den Ergebnissen der neorealistischen Theorie, wurde Ende der 1970er Jahre die Regimetheorie begründet, welche ein verstärktes Augenmerk auf die zwischenstaatliche Kooperation von Staaten in einer interdependenten Umgebung legt.[538] Deren anfänglicher Erfolg ist vor allem mit der Erklärungskapazität für den Machterhalt internationaler Organisationen trotz des Rückgangs US-amerikanischer Hegemonie zu begründen.[539]

Durch die Akzentuierung zwischenstaatlicher Kooperation in einem Umfeld staatlicher und nichtstaatlicher Akteure[540] bietet die Regimetheorie eine vielversprechende Ausgangslage für die Anwendung auf das System des internationalen

---

531 Siehe *Panke/Risse*, Liberalism, S. 90.

532 Vgl. *Panke/Risse*, Liberalism, S. 90; vgl. hierzu auch moderne Entwicklungen, siehe *Hasenclever*, Liberale Ansätze zum „demokratischen Frieden", S. 223.

533 Vgl. dazu *Martin*, Neoliberalism, S. 111 und *Spindler*, Interdependenz, S. 103 ff.

534 *Martin*, Neoliberalism, S. 111.

535 *Spindler*, Interdependenz, S. 97, 105 ff.

536 Vgl. *Martin*, Neoliberalism, S. 111.

537 *Spindler*, Interdependenz, S. 114.

538 *Zangl*, Regimetheorie, S. 132; vgl. auch *Keohane*, After Hegemony, S. 56.

539 *Zangl*, Regimetheorie, S. 132 f.

540 Siehe *Sprinz*, Internationale Regime und Institutionen, S. 252.

Steuerrechts,[541] dessen bereits beobachtete Konvergenz ebenfalls auf eine Struktur vielschichtiger Kooperation zurückgeht.

2. Grundlagen der Regimetheorie

a) *Definition eines Regimes*

Ausgangspunkt der Regimetheorie ist die Regimedefinition. Diese wurde maßgeblich durch *Krasner* geprägt und ist in dieser Form weitgehend anerkannt.[542] Hiernach ist unter einem Regime Folgendes zu verstehen: „sets of implicit or explicit principles, norms, rules, and decision-making procedures around which actors' expectations converge in a given area of international relations. Principles are beliefs of fact, causation, and rectitude. Norms are standards of behavior defined in terms of rights and obligations. Rules are specific prescriptions or proscriptions for action. Decision-making procedures are prevailing practices for making and implementing collective choice."[543]

Kritik wurde insbesondere an der Unbestimmtheit der Merkmale geäußert.[544] Diese Unbestimmtheit erstreckt sich auch auf die Geltungsdauer, mithin den Anfang der Regimeentstehung sowie das Ende eines Regimes.[545] Eine trennscharfe Definition ist aufgrund der Menge zu erfassender Sachverhalte und der Unmöglichkeit einer genauen abstrakten Erfassung von internationaler Kooperation nicht erstrebenswert.[546] Das Bedürfnis weiterer Eingrenzung des Regimebegriffs wird dennoch offenbar.[547] Dies wird teilweise versucht durch die Einziehung eines Effektivitätserfordernisses.[548] Damit einher geht eine Befolgung der Regeln des Regimes, auch in zeitlicher Hinsicht ist eine Untergrenze zu fordern.[549] Die Erfassung lediglich von Regimen, welche eine gewisse Leistungsfähigkeit aufweisen, grenzt diese damit von einer rein rechtlich determinierten Betrachtung internationaler Kooperation ab.[550]

---

541 *Ring*, 60 Tax Law Review 2007, 83, 114; *Broekhuijsen*, A Multilateral Tax Treaty, S. 64 ff.

542 *Sprinz*, Internationale Regime und Institutionen, S. 252.

543 *Krasner*, 36 International Organization 1982, 185, 186.

544 *Sprinz*, Internationale Regime und Institutionen, S. 252; siehe *Efinger* et al., Internationale Regime und internationale Politik, S. 265, vgl. auch *Zürn*, Gerechte internationale Regime, S. 8 f.

545 siehe *Efinger* et al., Internationale Regime und internationale Politik, S. 265.

546 Vgl. *Zürn*, Gerechte internationale Regime, S. 9.

547 Vgl. *Zürn*, Gerechte internationale Regime, S. 9.

548 *Efinger* et al., Internationale Regime und internationale Politik, S. 265.

549 *Efinger* et al., Internationale Regime und internationale Politik, S. 265.

550 Vgl. *Efinger* et al., Internationale Regime und internationale Politik, S. 265.

b) *Entstehung eines Regimes*

Eine umfangreiche Kategorisierung der unterschiedlichen Erklärungsmodelle für die Regimeentstehung wurde durch *Haggard* und *Simmons* vorgenommen.[551] Diese wurde später von *Efinger*, *Rittberger*, *Wolf* und *Zürn* aufgegriffen und soll daher auch hier als Grundlage der Untersuchung dienen.[552]

aa) *Strukturalistische Herangehensweise*

Die Regimetheorie wird dem Neoinstitutionalismus zugeordnet und trägt sowohl Bestandteile der neorealistischen sowie auch liberalistischer Denkschulen in sich.[553] So hat etwa die Theorie der hegemonialen Stabilität, welche ursprünglich als Ausprägung des Neorealismus entwickelt wurde, eine gewisse Fortsetzung im Rahmen der Regimetheorie erfahren.[554] Die Theorie der hegemonialen Stabilität verknüpft die Entstehung von zwischenstaatlicher Kooperation mit der Dominanz eines Hegemons.[555] Im Umkehrschluss folgt die Annahme, dass der beginnende Machtabstieg eines Hegemons zu Instabilität der entstandenen Kooperationsordnung führt.[556] Zentraler Gesichtspunkt der Entstehung von Regimes ist daher die Frage der Machtverteilung.[557]

Von *Lipson* wurde die Theorie der hegemonialen Stabilität auch als „most prominent causal model of regime change" betitelt.[558] Selbiger führt auch den Erfolg der Theorie der hegemonialen Stabilität bei der Ergründung der Entstehung des multilateralen Handelsregimes nach dem Zweiten Weltkrieg an.[559] Dieser führt die Entstehung des GATT-Abkommens auf die Hegemonie der USA zurück. Im Zuge des Rückgangs der amerikanischen Hegemonie in den 1970er Jahren entwickelten sich die Handelszugeständnisse zwischen den

---

551 *Haggard/Simmons*, 41 International Organization 1987, 491, 498 ff.

552 Siehe *Efinger* et al., Internationale Regime und internationale Politik, S. 267, welche den Ansätzen noch zwei weitere hinzufügen, die sich allerdings auf die deutsche Regimeforschung beschränken, vgl. S. 267.

553 *Zangl*, Regimetheorie, S. 131.

554 Vgl. *Efinger* et al., Internationale Regime und internationale Politik, S. 267; ferner *Lipson*, 36 International Organization 1982, 417, 419.

555 *Haggard/Simmons*, 41 International Organization 1987, 491, 500.

556 *Zürn*, Gerechte internationale Regime, S. 61; *Haggard/Simmons*, 41 International Organization 1987, 491, 500.

557 Vgl. *Efinger* et al., Internationale Regime und internationale Politik, S. 267 f.

558 *Lipson*, 36 International Organization 1982, 417, 419.

559 *Lipson*, 36 International Organization 1982, 417, 419 f.; siehe auch hierzu und zum Folgenden *Efinger* et al., Internationale Regime und internationale Politik, S. 268.

Wirtschaftsmächten in einem ebenbürtigen Verhältnis. Aus dieser Veränderung schließt *Lipson*, dass die Kosten zur Regimeerstellung für den hegemonialen Akteur zur Regimeerstellung von substanzieller Bedeutung sind, der Fortlauf des Regimes nach Errichtung jedoch im Sinne geteilter Kosten fortgesetzt wird.[560]

bb) Spieltheoretische Herangehensweise

Basierend auf der Grundannahme eines anarchischen internationalen Systems kann mitunter die Abbildung von „Situationsstrukturen"[561] dabei unterstützen, eine sich zu einem Regime verfestigende Kooperation zu erklären.[562] Diese Erwägung bildet sich in den spieltheoretischen Ansätzen zur Erklärung der Regimeentstehung ab.[563] Die Vorteile einer spieltheoretischen Darstellung liegen in der übersichtlichen Darstellung komplexer strategischer Zusammenhänge.[564] Dies birgt jedoch auch das Risiko einer zu starken Komplexitätsreduktion der abgebildeten Szenarien.[565] Die Stärke spieltheoretischer Ansätze liegt in der Erklärung der Kooperationsstruktur, Schwächen ergeben sich jedoch im Zusammenhang mit der Begründung einer bestimmten Regimeorganisation sowie dessen Veränderung.[566]

Die Struktur des wiederholten Verhaltens von Staaten kann in der Errichtung von Verhaltensgleichgewichten münden, in welchem sich die präferierten Handlungen der jeweiligen Staaten widerspiegeln.[567] Allgemein lassen sich zwei Grundkategorien von Spielsituationen differenzieren, auf welchen das Gros der Spielmodelle aufbaut.[568] Hierzu gehört einerseits das sog. *dilemma of common interests* sowie das *dilemma of common aversions*.[569] Das *dilemma of common*

---

560 *Lipson*, 36 International Organization, 417, 420.

561 Siehe *Zürn*, Gerechte inernationale Regime, S. 91.

562 *Haggard/Simmons*, 41 International Organization 1987, 491, 504; vgl. *Stein*, 36 International Organization 1982, 299, 300; siehe auch *Kydd/Snidal*, Progress in Game-Theoretical Analysis of International Regimes, S. 127.

563 Vgl. *Efinger* et al., Internationale Regime und internationale Politik, S. 269 f.

564 *Haggard/Simmons*, 41 International Organization 1987, 491, 504; welcher zudem im Sinne klassischer Kritik am Neorealismus moniert, dass die Spieltheorien den Staat als „black box" ansehen, S. 506.

565 *Haggard/Simmons*, 41 International Organization 1987, 491, 504, vgl. auch *Zürn*, Gerechte international Regime, S. 100.

566 So *Haggard/Simmons*, 41 International Organization 1987, 491, 504.

567 *Stein*, 36 International Organization 1982, 299, 300 f.

568 Siehe grundlegend *Stein*, 36 International Organization 1982, 299, 304 sowie 309.

569 *Stein*, 36 International Organization 1982, 299, 304, 309; vgl. auch *Efinger* et al., Internationale Regime und internationale Politik, S. 270.

interests zeichnet sich dadurch aus, dass der Gleichgewichtszustand pareto-ineffizient ist.[570] Vor dem Hintergrund der Vermeidung dieses ineffizienten Gleichgewichtszustands können die Parteien eine Kooperation ausüben, die als Versicherung gegen diesen Zustand fungiert, diese ist allerdings nicht die präferierte Handlung der Spielparteien.[571] Im Fall des *dilemma of common aversions* besteht hingegen ein genuines Interesse aller Spielparteien daran, ein bestimmtes Gleichgewicht zu vermeiden.[572]

Das wohl prominenteste Spielmodell im Zusammenhang mit dem *dilemma of common interests* ist das sog. Gefangenendilemma.[573] Grundsätzlich besitzen hierbei beide Spieler dieselbe Reihenfolge der präferierten Ergebnisse: Die bestimmende Strategie beider Spieler ist der Alleingang, erst nachgeordnet kommt eine Kooperation für die Spieler in Betracht.[574] Nachteilhaft wirkt sich für die Spieler eine Kooperationsstrategie aus, wenn der andere Spieler einen Alleingang verfolgt.[575] Im Falle der Zugrundelegung der bestimmenden Strategien der Spieler ergibt sich damit ein Gleichgewicht für den Zustand des Alleingangs durch beide Spieler.[576] Um den Zustand einer Kooperation zu erreichen, müssten beide Spieler ihre bestimmende Strategie aufgeben.[577] Zur Überwindung des Gefangenendilemmas ist Vertrauen zwischen den Spielern dahingehend notwendig, dass auch der andere Spieler seine bestimmende Strategie aufgibt.[578]

Ein prominentes Beispiel für die Anwendung des Gefangenendilemmas ist das nukleare Wettrüsten der USA sowie der Sowjetunion während des kalten Krieges.[579] In diesem Fall bestand die bestimmende Strategie beider Staaten in einem Aufrüsten nuklearer Waffensysteme.[580] Denn so konnte verhindert

570 *Stein*, 36 International Organization 1982, 299, 304.

571 *Stein*, 36 International Organization 1982, 299, 309.

572 *Stein*, 36 International Organization 1982, 299, 309.

573 Siehe *Stein*, 36 International Organization 1982, 299, 304; *Zürn*, Gerechte international Regime, S. 96.

574 Vgl. *Zürn*, Gerechte international Regime, S. 92 f.

575 Vgl. *Zürn*, Gerechte international Regime, S. 92 f.

576 Vgl. *Zürn*, Gerechte international Regime, S. 93; sowie *Stein*, 36 International Organization 1982, 299, 306.

577 Vgl. *Stein*, 36 International Organization 1982, 299, 306, welcher das Beispiel der Staatenbildung durch Individuen anführt.

578 Vgl. *Zürn*, Gerechte international Regime, S. 96 f.

579 *Plous*, 30 Journal of Peace Research 1993, 163, 163 f.

580 *Plous*, 30 Journal of Peace Research 1993, 163, 163 f.

werden, dass der jeweils andere Staat ein zu großes Übergewicht an Nuklearwaffen erlangt.[581] Folglich ergab sich das Gleichgewicht eines Wettrüstens und nicht das einer Kooperation zur Reduzierung der Nuklearwaffen, welches für beide Parteien die gegenseitige Bedrohung am stärksten reduziert hätte.[582]

Ein passendes Spielmodell für die Situation *des dilemma of common aversions* ist das Spiel „Leader".[583] In diesem Fall existieren drei unterschiedliche Lösungsmöglichkeiten: Entweder eine solche, die jeweils den einen oder den anderen Spieler bevorzugt oder eine solche, in welcher beide Spieler gleichmäßig kooperieren.[584] Beide Spieler ziehen in dem Fall die Kooperationslösung vor, welche ihnen die größte Bevorzugung verspricht, präferieren jedoch auch beide eine Kooperationsentscheidung gegenüber einem Alleingang.[585] Beispielhaft für Spielsituationen, welche mit einem *dilemma of common aversions* abgebildet werden können, steht die Kooperation zur Verhinderung der Erschöpfung von Rohstoffen, wenn die Erschöpfung von Rohstoffen von Staaten als allgemein zu verhindernder Zustand akzeptiert wird und vor diesem Hintergrund Kompromisse gebildet werden.[586]

In diesem Fall ist kein Vertrauen zur Überwindung des Zustands fehlender Kooperation vonnöten, sondern lediglich Kommunikation zwischen den Spielparteien.[587] Hierin und in der Pluralität der Kooperationsmöglichkeiten liegt auch der Grund, warum es in Situationen des *dilemma of common aversions* eher zu einer Regimeentstehung kommen kann als im Fall des *dilemma of common interest*.[588] Da für beide Spieler die präferierte Entscheidung jedenfalls eine solche kooperativer Natur ist, ist ein Rückfall in den Zustand fehlender Kooperation unwahrscheinlicher im Vergleich zum *dilemma of common interest*.[589]

---

581 *Plous*, 30 Journal of Peace Research 1993, 163, 163 f.

582 Vgl. *Plous*, 30 Journal of Peace Research 1993, 163, 163 f.

583 *Zürn*, Gerechte international Regime, S. 96 f.

584 *Zürn*, Gerechte international Regime, S. 96 f.

585 *Zürn*, Gerechte international Regime, S. 96 f.; nach Stein daher als „dilemma of common aversion and divergent interests" bezeichnet, siehe *Stein*, 36 International Organization 1982, 299, 310.

586 Vgl. *Ali*, Journal of Planning Education and Research 2003, 165, 167.

587 *Zürn*, Gerechte international Regime, S. 96.

588 *Zürn*, Gerechte international Regime, S. 97, vgl. dazu *Efinger* et al., Internationale Regime und internationale Politik, 263, 270.

589 Vgl. *Zürn*, Gerechte international Regime, S. 97.

cc) Funktionale Theorie

Einen weiteren „rational-choice"-Ansatz liefert die sog. funktionale Theorie.[590] Der funktionale Ansatz bezieht sich auf die von Regimen nachgefragten Funktionen, um deren Entstehung zu erklären.[591] Der grundsätzlich naheliegende Gedanke der Einbeziehung der Funktionen zur Begründung von Entstehungskausalitäten wird durch *Keohane* zunächst aufgrund der sog. „post hoc ergo propter hoc – fallacy" infragestellt.[592] Es bestehe nicht notwendigerweise ein Zusammenhang zwischen den Funktionen einer Institution und deren Entstehungsgründen.[593] Dies könne auch mit davon unabhängigen Gründen zusammenhängen.[594] Um einen Zusammenhang zwischen erwarteter Wirkung und Entstehung zu garantieren und die „post hoc ergo propter hoc-fallacy" umgehen, müsse daher für Modellzwecke stets angenommen werden, dass Akteure vollständig rational handeln.[595]

Keohane greift sodann auf ökonomische Theorien zum Marktversagen zurück, um die Funktionen eines Regimes zu beleuchten.[596] Hiermit werden Konstellationen beschrieben, in welchen eine rein marktbestimmte Interaktion von Marktteilnehmern zu ineffizienten Ergebnissen führt.[597] Die Nützlichkeit einer Konzentration auf dem Gedanken des Marktversagens liegt darin begründet, dass hierdurch die Grenzen internationaler Vereinbarungen aufgezeigt und daher die Funktionen von Regimen abgeleitet werden können.[598]

Von diesem Ausgangspunkt aus beruft sich *Keohane* auf die Arbeiten von *Coase*, nach welchen die bloße Existenz von Externalitäten noch nicht eine pareto-optimalen Zusammenarbeit der beteiligten Akteure unterbindet.[599] Jedoch müssten hierfür drei Voraussetzungen gegeben sein, welche *Keohane*

590 Grundlegend *Keohane*, After Hegemony, S. 80; vgl. dazu *Efinger* et al., Internationale Regime und internationale Politik, S. 270 f.

591 Siehe *Efinger* et al., Internationale Regime und internationale Politik, S. 270.

592 *Keohane*, After Hegemony, S. 81.

593 *Keohane*, After Hegemony, S. 81.

594 *Keohane*, After Hegemony, S. 81.

595 *Keohane*, After Hegemony, S. 81; siehe kritisch bzgl. der funktionalen Theorie aufgrund der „post hoc ergo propter hoc – fallacy" *Efinger* et al., Internationale Regime und internationale Politik, 263, 271, ähnlich auch *Haggard/Simmons*, 41 International Organization 1987, 491, 507.

596 *Keohane*, After Hegemony, S. 82.

597 *Keohane*, After Hegemony, S. 82.

598 Vgl. *Keohane*, 36 International Organization 1982, 325, 336.

599 *Keohane*, 36 International Organization 1982, 325, 337.

dann in umgekehrter Form auf die Nachfrage nach internationalen Regimen überträgt.[600] Damit ein solches angestrebt wird, bedarf es entweder eines „lack of a clear legal framework establishing liability for actions“, „information imperfections (information is costly)“ oder „positive transactions costs“.[601]

Die Stärke funktionaler Theorie liegt daher vor allem in der Darlegung von Entstehungsgründen.[602] Zu kurz kommen dabei jedoch Ressourcen zur Analyse von Regimen an sich, etwa zur Wirkungsdauer und Veränderung.[603]

dd) Kognitive Theorien

Die bisherigen Theorien der hegemonialen Stabilität sowie die spieltheoretischen und funktionalen Ansätze gehen von einheitlichem und rationalem Verhalten der staatlichen Akteure aus.[604] Unbegründet bleibt jedoch der Bereich der Herausbildung der jeweiligen staatlichen Interessen.[605] Diese können sich etwa durch Ideologie, Werte und wissensbasierte Faktoren herausbilden und verändern.[606] Die Regimebildung kann daher durch Wahrnehmungen und Informationen sowie deren Ausbleiben geprägt werden.[607] Die Einbeziehung kognitiver Faktoren in die Beantwortung der Frage der Regimeentstehung wurde von *Nye* auf die Fragestellung zugespitzt, ob Kooperation erlernt werden könne.[608] Mit Rückgriff auf die anderen Theorien macht *Nye* deutlich, dass Kooperation durchaus „lernbar“ ist.[609] Im Bereich der Spieltheorie mögen sich etwa durch Informationzuwächse Änderungen der Präferenzen ergeben, auch für den Bereich der Theorie der hegemonialen Stabilität können Machtverschiebungen Lernprozesse anstoßen.[610]

---

600 *Keohane*, 36 International Organization 1982, 325, 337.

601 *Keohane*, 36 International Organization 1982, 325, 338; ferner *Zürn*, Gerechte international Regime, S. 29.

602 *Haggard/Simmons*, 41 International Organization 1987, 491, 506.

603 Vgl. *Haggard/Simmons*, 41 International Organization 1987, 491, 506 f.

604 *Sprinz*, Internationale Regime und Institutionen, S. 256.

605 *Nye*, 41 International Organization 1987, 371, 372.

606 *Haggard/Simmons*, 41 International Organization 1987, 491, 509 f.; vgl. auch *Efinger* et al., Internationale Regime und internationale Politik, S. 272; ferner *Sprinz*, Internationale Regime und Institutionen, 256.

607 *Haggard/Simmons*, 41 International Organization 1987, 491, 510.

608 “Can cooperation be learned?”, *Nye*, 41 International Organization 1987, 371, 372; siehe ferner *Efinger* et al., Internationale Regime und internationale Politik, 263, 272.

609 *Nye*, 41 International Organization 1987, 371, 372 f.

610 *Nye*, 41 International Organization 1987, 371, 372; siehe auch *Efinger* et al., Internationale Regime und internationale Politik, S. 272.

Ein historisches Beispiel, welches *Nye* anführt, ist etwa die Entwicklung der Zusammenarbeit im Zentraleuropa der Nachkriegszeit.[611] Die Annäherung von Deutschland und Frankreich, welche eine epochemachende Abkehr von der traditionellen Konfliktlage begründete, basierte auf der Veränderung der allgemeinen Anschauung gegenüber einer politischen und ökonomischen Völkerverständigung.[612] In diesem Sinne wird ein kognitiver Einfluss offenbar.[613] Allerdings bestehen Zweifel daran, dass durch kognitive Theorie bestimmt werden kann, dass die Existenz bestimmten Wissens in die Herausbildung von Regimen umschlägt.[614] Die Stärke liegt vielmehr in der Offenbarung der Beweggründe für staatliche Interessen, und damit möglicherweise auch für eine internationale Kooperation.[615]

c) Regimeveränderung

Durch die Begriffsbildung eines Regimes darf jedoch nicht verdrängt werden, dass dieses zwar mit der Errichtung gewisser Ordnungsstrukturen einhergeht, es sich jedoch weiterhin um einen hochdynamischen Prozess handeln kann, welcher Veränderungen generiert.[616]

Die Entwicklung von Maßstäben für die Veränderung bestehender Regime korrespondiert mit den Maßstäben, welche im Rahmen der Regimeentstehung erarbeitet wurden.[617] Etwa gilt für die Theorie der hegemonialen Stabilität, dass eine Machtverschiebung im internationalen System auch in Regimeveränderung mündet.[618] Im Rahmen der *rational-choice*-Ansätze wird eine Regimeveränderung durch Veränderungen des Akteurverhaltens ausgelöst.[619] Aus kognitiver Sicht können hingegen neu erlangtes Wissen oder Änderungen der politischen Zielsetzungen zu Änderungen führen.[620]

---

611 *Nye*, 41 International Organization 1987, 371, 373.

612 *Nye*, 41 International Organization 1987, 371, 373.

613 *Nye*, 41 International Organization 1987, 371, 373, welcher ferner verdeutlicht, dass dieser Einfluss durch den Einsatz von Institutionen noch verstärkt wird.

614 *Haggard/Simmons*, 41 International Organization 1987, 491, 510.

615 *Haggard/Simmons*, 41 International Organization 1987, 491, 512 f.

616 Siehe *Strange*, 36 International Organization 1982, 479, 488.

617 Siehe *Stein*, 36 International Organization 1982, 299, 321.

618 Siehe *Stein*, 36 International Organization 1982, 299, 322 sowie *Ruggie*, 36 International Organization 1982, 379, 384, *Krasner*, 36 International Organization 1982, 497, 499.

619 Vgl. *Keohane*, 36 International Organization 1982, 325, 329.

620 Siehe *Puchala/Hopkins*, 36 International Organization 1982, 245, 249.

Mit *Young* lassen sich drei unterschiedliche Gründe für eine Regimeveränderung finden. Hierzu gehören zunächst sog. *internal contradictions*, womit systemische Widersprüche bezeichnet sind, die nur schwer miteinander vereint werden können.[621] Um ein Überleben des Regimes zu gewährleisten, muss sich dieses zur Auflösung der Widersprüche verändern.[622] Hierzu werden etwa Regime angeführt, welche Zugriff auf Ressourcen gestatten, die jedoch nur der Souveränität eines Akteurs unterliegen.[623] Zudem werden auch die bereits angeführten Verschiebungen der Machtverteilung aufgeführt.[624] Infolge solcher Verschiebungen geschehen Anpassungen an die neuen Machtverhältnisse.[625] Zuletzt werden sogenannte exogene Kräfte ("exogenous forces") genannt.[626] Hiermit sind Entwicklungen gemeint, die außerhalb der Regimezusammenhänge entstehen, indes auf diese einwirken und durch die Änderung menschlichen Verhaltens zu Veränderungen innerhalb des Regimes führen.[627] Als Größte dieser exogenen Kräfte wird Technologie bezeichnet.[628]

Anhand der von *Young* entwickelten Gründe lässt sich jedoch in erster Linie lediglich beobachten, was eine Veränderung des Regimes auslösen kann, nicht jedoch, ab welchem Punkt im qualitativen Sinne von einer Regimeveränderung zu sprechen ist.[629]

Hierzu ist an die eingangs genannte Regimedefinition anzuknüpfen.[630] Allgemein ist zu konstatieren, dass Regime nach Errichtung eine gewisse Beständigkeit

---

621 *Young*, 36 International Organization 1982, 277, 291.

622 Vgl. *Young*, 36 International Organization 1982, 277, 291, welcher davon spricht, „how far its central elements can be pushed before they begin to blow up rather than moving back toward a point of equilibrium".

623 *Young*, 36 International Organization 1982, 277, 291.

624 *Young*, 36 International Organization 1982, 277, 292 f.

625 Siehe *Ruggie*, 36 International Organization 1982, 379, 384.

626 *Young*, 36 International Organization 1982, 277, 294.

627 *Young*, 36 International Organization 1982, 277, 294, dieser führt das Beispiel von Schleppnetzfischdampfern an, welche das über lange Zeit bestehende Kooperationsregime der Hochseefischerei belastet.

628 *Young*, 36 International Organization 1982, 277, 294, hierzu ferner *Strange*, 36 International Organization 1982, 479, 490 sowie *Stein*, 36 International Organization 1982, 299, 322.

629 Vgl. *Puchala/Hopkins*, 36 International Organization 1982, 245, 249, die von qualitativem Wandel sprechen.

630 Vgl. *Puchala/Hopkins*, 36 International Organization 1982, 245, 249; vgl. auch *Krasner*, 36 International Organization 1982, 497, 499, der von Veränderung der von „underlying principles and norms" spricht.

aufweisen, Änderungen betreffen daher in der Regel lediglich Regeln oder die Entscheidungsverfahren.[631] Die wesentlichen Veränderungen, welche jedoch innerhalb eines Regimes ausgemacht werden können, reduzieren *Puchalla* und *Hopkins* auf solche, welche verändernd direkt an den Prinzipien ansetzen, sowie solche, welche Normen verändern, um die entsprechenden Prinzipien mitzuverändern.[632] Letztere werden als evolutionärer Wandel klassifiziert, da die Veränderung innerhalb der gegebenen Regimestrukturen stattfindet und sich erst graduell in einer Prinzipienveränderung niederschlägt.[633] Die direkte Veränderung der Prinzipien wird hingegen als revolutionärer Wandel eingestuft, da so der inhaltliche Bestand des Regimes an sich bedroht wird.[634] Ein solcher Wandel besteht insbesondere in solchen Regimen, in denen die daraus begründeten Vor- und Nachteile sehr ungleich verteilt sind und daher Akteure im Fall von begünstigenden Machtverschiebungen Änderungen erzwingen.[635]

Trotz den vorliegenden Gründen, welche für eine Regimeveränderung sprechen, kann eine Veränderung im Ergebnis dennoch ausbleiben.[636] Hierzu zählen etwa Opportunitätsgründe der Regimeteilnehmer: Staaten vollziehen keine ständige Neubewertung etablierte Kooperationsmuster, oftmals überwiegen die Kosten einer Entscheidung sowie die der Errichtung eines neuen Regimes diejenigen der Fortführung des Regimes.[637] Darüber hinaus ist auch das Legitimitätspotenzial nicht zu verkennen, welches in der Tradition etablierter Regime liegt.[638] So können mitunter internationale Ansehensverluste eintreten durch angestrebte Veränderungen, welche so eine Regimebefolgung erzwingen.[639]

631 *Krasner*, 36 International Organization 1982, 497, 499.

632 *Puchala/Hopkins*, 36 International Organization 1982, 245, 249.

633 Vgl. *Puchala/Hopkins*, 36 International Organization 1982, 245, 249 f.

634 Vgl. *Puchala/Hopkins*, 36 International Organization 1982, 245, 250.

635 Siehe *Puchala/Hopkins*, 36 International Organization 1982, 245, 250, die ungleiche Verteilung von Vor- und Nachteilen wird hiernach auch mit dem Begriff des „distributive bias“ umschrieben.

636 *Stein*, 36 International Organization 1982, 299, 322; ferner *Krasner*, 36 International Organization 1982, 497, 501, der in Bezug auf ausbleibende Veränderungen von „lags“ des Regimes spricht.

637 *Stein*, 36 International Organization 1982, 299, 322.

638 *Stein*, 36 International Organization 1982, 299, 323, vgl. ferner *Krasner*, 36 International Organization 1982, 497, 502.

639 *Stein*, 36 International Organization 1982, 299, 323, welcher dies auf Annahmen von Max Weber zurückführt.

d) *Regimeauswirkungen*

Die Auswirkungen von Regimen können zunächst in Verbesserungen für die Kooperationsbeziehungen der Teilnehmer bestehen.[640] So nennt *Keohane* die Senkung von Transaktionskosten durch internationale Regime in internationalen Verhandlungen.[641] Diese finden aufgrund der durch Regime etablierten Prinzipien, Normen und Regeln in einem festen Rahmen statt und haben daher geringere Kosten.[642]

An dieser Stelle ist auch auf die Beschreibung von institutionalisierten Verhandlungen durch *Young* einzugehen.[643] Diese sind zu gliedern in „distributive bargaining" sowie „integrative bargaining".[644] Während „integrative bargaining" das Verhandeln in einem noch nicht durch bestimmte Lösungen und Positionen vorbestimmten Raum bezeichnet, zeichnet sich „distributive bargaining" durch eine bereits durchgeführte Vorpositionierung der Parteien in einem durch Lösungen geprägten Raum aus.[645] Der Erfolg institutionalisierter Verhandlungen hängt auch vom Bestehen sogenannter „focal points" ab.[646] Hiermit sind naheliegende, durch das Themenfeld vorgegebene Lösungsmöglichkeiten bezeichnet.[647] Regime befördern durch ihre Komplexität die Bildung möglicher „focal points".[648]

Darüber hinaus geht mit einer erhöhten Kooperation auch ein höherer Befolgungswille einher.[649] Denn durch die mit der Befolgung verknüpften Vorteile,

---

640 *Zangl*, Regimetheorie, S. 138 f.

641 *Keohane*, After Hegemony, S. 89 f.; vgl. *Keohane*, 36 International Organization 1982, 325, 350; ferner *Zangl*, Regimetheorie, S. 139.

642 Vgl. *Zangl*, Regimetheorie, S. 139 sowie *Keohane*, After Hegemony, S. 89, der die Reduktion von Transaktionskosten am Beispiel des GATT ausführt.

643 Siehe hierzu *Sprinz*, Internationale Regime und Institutionen, S. 257 f.

644 *Young*, 43 International Organization 1989, 349, 361.

645 Siehe *Young*, 43 International Organization 1989, 349, 361 sowie *Sprinz*, Internationale Regime und Institutionen, S. 257.

646 *Young*, 43 International Organization 1989, 349, 369; vgl. ferner *Rixen*, European Journal of International Relations 2010, 589, 601 ff.

647 *Young*, 43 International Organization 1989, 349, 369 bezeichnet diese auch als „salient solutions", siehe auch *Sprinz*, Internationale Regime und Institutionen, S. 257 sowie *Rixen*, European Journal of International Relations 2010, 589, 601 ff., welcher *focal points* als „point of convergent expectations of actors with an overriding interest to agree on a coordinated outcome" umschreibt.

648 *Drezner*, 7 Perspectives on Politics 2009, 65, 66.

649 *Zangl*, Regimetheorie, S. 139.

entsteht unter den Regimeteilnehmern die Annahme, dass auch die jeweils anderen Teilnehmer sich konform verhalten werden.[650]

Darüber hinaus können Regime unter Umständen auch Eigendynamiken entwickeln, welche unabhängig von den Entstehungsvoraussetzungen des Regimes sind und somit auf staatliche Interessen einwirken (sog. „feedback").[651] Mit *Krasner* lassen sich vier Feedbackwirkungen ausmachen. Zunächst verändern Regime die Einschätzung der Akteure bzgl. der „Maximierung ihrer Interessen".[652] Denn durch Regime werden Möglichkeiten eröffnet, welche vorher nicht bestanden, sodass dieser Umstand in die Strategie der Interessensdurchsetzung von Staaten impliziert werden muss.[653]

Regime können allerdings auch die staatlichen Interessen an sich verändern.[654] Dies kann durch erhöhte Transaktionen sowie Informationen, die durch das Regime generiert werden, veranlasst sein.[655] Darüber hinaus können Regime auch aus sich heraus als Autoritätspunkt für Machtinteressen genutzt werden.[656] Dies betrifft etwa Staaten mit geringen staatlichen Machtkapazitäten, welche die anerkannten Regimestrukturen zur Wahrung ihrer Interessen nutzen.[657] Schließlich stehen Regime auch in einem Rückwirkungsverhältnis zu den sie begründenden Machtverhältnissen.[658] Durch die von Regimen gestärkten Strukturen können neue Kausalitäten ausgehen, die in der Bestärkung oder Schwächung der Macht einzelner Akteure resultiert.[659]

---

650 *Zangl*, Regimetheorie, S. 139 f.

651 *Krasner*, 36 International Organization 1982, 497, 503.

652 *Krasner*, 36 International Organization 1982, 497, 503.

653 *Krasner*, 36 International Organization 1982, 497, 503 f.; zur Schaffung von Möglichkeiten durch Regime Stein, 36 International Organization 1982, 299, 323.

654 *Krasner*, 36 International Organization 1982, 497, 504.

655 *Krasner*, 36 International Organization 1982, 497, 505; siehe auch *Haas*, 36 International Organization 1982, 207, 241.

656 *Krasner*, 36 International Organization 1982, 497, 506.

657 *Krasner*, 36 International Organization 1982, 497, 506.

658 *Krasner*, 36 International Organization 1982, 497, 507, welcher insbesondere den sonderbar anmutenden Bedeutungsgewinn nationaler Souveränität im multilateralen System anführt.

659 *Krasner*, 36 International Organization 1982, 497, 507 f.

3. Anwendung der Regimetheorie auf das internationale Steuerrecht

Die Regimetheorie kann auf ein breites Anwendungsfeld zurückblicken. Diverse prominente völkerrechtliche Regelungsbereiche waren bereits Gegenstand regimetheoretischer Untersuchung, wie etwa das Welthandelsrecht,[660] internationale Menschenrechte[661] oder auch das internationale Umweltrecht.[662] Das internationale Steuerrecht unterscheidet sich hiervon in erster Linie dadurch, dass es keinen multilateralen Überbau aufweist, sondern ganz überwiegend von bilateralen Beziehungen geprägt ist.[663] Hinzu kommt der Einfluss mehrerer internationaler Organisationen, durch welche über Musterabkommen Prämissen im internationalen Steuerrecht errichtet werden. Die Vielzahl der Kooperationsebenen im internationalen Steuerrecht trägt daher die Fragestellung in sich, ob es möglich ist, internationale Steuerbeziehungen auf einen Regimebegriff zu reduzieren oder ob vielmehr eine Pluralität von Steuerregimen vorherrscht.[664] Hierbei ist so vorzugehen, dass zunächst ein einheitlicher Regimebegriff geprüft wird und sich nur im Fall einer Nichtannahme dieses Begriffs die Differenzierung in unterschiedliche Regimetypen vorzunehmen ist.

a) Definition eines internationalen Steuerregimes

Das internationale Steuerrecht, wie es bisher skizziert wurde, ist fokussiert auf die Vermeidung internationaler Doppelbesteuerung sowie auch doppelter Nichtbesteuerung. Anhand der Definition von *Krasner* sind daher zunächst als oberste regimetheoretische Normkategorie „implicit or explicit principles" aufzuführen.[665] Gemäß der Definition handelt es sich hierbei um „beliefs of fact, causation, and rectitude".[666] Im Rahmen der rechtlichen Analyse wurden bereits Prinzipien erarbeitet, welche die Musterabkommen und damit indirekt auch

---

660 *Keohane*, After Hegemony, S. 89 ff.

661 *Donnelly*, 40 International Organization 1986, 599 ff.

662 *Gehring*, Dynamic International Regimes, S. 195 ff.

663 Vgl. dazu *Antón*, British Tax Review 2019, 437, 469, mit Ausführungen, warum ein multilateraler Steuervertrag im internationalen Steuerrecht nicht erstrebenswert ist.

664 Vgl. *Ring*, 60 Tax Law Review 2007, 83, 116, welche mit Blick auf das internationale Umweltrecht die übliche Praxis darlegt, den Regimebegriff in einem engen Sinne anzuwenden.

665 Diese Vorgehensweise entspricht *Ring*, 60 Tax Law Review 2007, 83, 116.

666 Siehe Abschnitt B.II.2.a).

das Doppelbesteuerungsnetzwerk bestimmen.[667] Zu diesen zählen das Prinzip der Einmalbesteuerung, das Quellen- sowie Ansässigkeitsprinzip, das Prinzip der Nichtdiskriminierung und der Fremdvergleichsgrundsatz. Allerdings sind diese angesichts möglicher hierarchischer Unterschiede untereinander nicht ohne Weiteres auf die regimetheoretische Bestimmung der Prinzipien zu übertragen. Betrachtet man diese Prinzipien hierarchisch, so ist festzustellen, dass das Prinzip der Einmalbesteuerung bzgl. des Quellen- und Ansässigkeitsprinzip in einem Subordinationsverhältnis steht. Die Prinzipien zur Aufteilung der Besteuerungsbefugnisse fungieren somit als Durchsetzungsregeln, welche das Prinzip der Einmalbesteuerung ausgestalten. Ein „belief of fact, causation, and rectitude" stellt nur die Überzeugung dar, Doppelbesteuerung bzw. doppelte Nichtbesteuerung zu vermeiden.[668]

Das Quellen- und Ansässigkeitsprinzip kommt daher für die nachgeordnete Kategorie der Normen in Betracht.[669] Bei solchen handelt es sich um „standards of behaviour defined in terms of rights and obligations".[670] Die Maßgabe der Quellen- oder Ansässigkeitsbesteuerung stellt einen solchen Verhaltensstandard dar, welcher in Rechten und Pflichten, nämlich Besteuerungsbefugnissen sowie der Nichtinanspruchnahme von Steuersubstrat, resultiert.[671]

Die Gewährleistungen der Nichtdiskriminierung sowie des Fremdvergleichsgrundsatzes sind hingegen nicht ohne Weiteres zu subsumieren. Die Vorschriften der Nichtdiskriminierung stehen zwar durch die Verknüpfung

---

667 Vgl. dazu und zum Folgenden Abschnitt B.I.5.a)cc).

668 Vgl. in Bezug auf die Vermeidung von Doppelbesteuerung *Ring*, 60 Tax Law Review 2007, 83, 116; *Broekhuijsen*, A Multilateral Tax Treaty, S. 65, führt das Souveränitätsprinzip sowie grundsätzliche Fairness- und Wettbewerbsannahmen als Regimeprinzipien an. Letztlich handelt es sich hierbei um Annahmen, auf welchen das Prinzip der Einmalbesteuerung jedenfalls teilweise aufbaut, wie auch der völkerrechtliche Anknüpfungspunkt des *genuine link* oder aber die hinter dem Ansässigkeits- und Quellenprinzip stehenden Gerechtigkeitserwägungen zeigen, vgl. Abschnitt B.I.1., sodass diese hier nicht als Prinzipien ausqualifiziert werden.

669 Siehe *Ring*, 60 Tax Law Review 2007, 83, 116. *Broekhuijsen*, A Multilateral Tax Treaty, S. 65 gibt an, dass die Normen im Musterabkommen sowie Musterkommentar zu finden sind.

670 Siehe Abschnitt B.II.2.a).

671 Dazu *Ring*, 60 Tax Law Review 2007, 83, 116, welche jedoch ausschließlich eine Quellenbesteuerung als solche Norm anerkennt und eine Ansässigkeitsbesteuerung lediglich im Rahmen der Regeln über eine Vermeidung der Doppelbesteuerung erwähnt, dies wird hier aufgrund der dargelegten Gleichordnung des Quellenprinzips und Ansässigkeitsprinzips anders vertreten.

zu den Neutralitätsprinzipien in einem Zusammenhang mit der Vermeidung der Doppelbesteuerung,[672] gestalten diesen Grundsatz jedoch nicht aus. Eine Vermeidung der Doppelbesteuerung wird durch die Regelungen zur Nichtdiskriminierung nicht angestrebt. Diese sind vielmehr auf die Gleichbehandlung der Staatsangehörigen gerichtet.[673] Die Betrachtung der Nichtdiskriminierung in einem regimetheoretischen Sinne erfordert jedoch auch, dass es sich hierbei um „belief of fact, causation, and rectitude" handelt. Allerdings liegt gerade das Wesen einer Glaubensüberzeugung, wie er dem Gedanken der Vermeidung der Doppelbesteuerung noch innewohnt, für den Fall der Nichtdiskriminierung eher fern. Bei dieser handelt es sich vielmehr um die Gewährleistung eines Verhaltensstandards, welcher Rechte und Pflichten festlegt. Ein mittelbarer Zusammenhang mit dem Prinzip der Vermeidung der Doppelbesteuerung besteht darin, dass Neutralitätsziele umgesetzt werden.[674] Mithin handelt es sich bei der Nichtdiskriminierung nicht um ein Prinzip, sondern um eine Norm im Sinne der Regimetheorie.

Der Fremdvergleichsgrundsatz weist als Maßgabe der Gewinnverteilung wiederum einen direkten Bezug zum Prinzip der Einmalbesteuerung auf. Denn einerseits ist ein einheitlicher Gewinnverteilungsmaßstab notwendig, um Doppelbesteuerung vorzubeugen.[675] Etwa könnte die parallele Anwendung des Fremdvergleichs sowie der *formulary apportionment method* zu einer solchen führen. Andererseits wird zudem durch den Fremdvergleich Gewinnverlagerungen vorgebeugt, sodass Möglichkeiten zur Vermeidung doppelter Nichtbesteuerung geschaffen werden.[676] Dieser ist daher ebenfalls im Sinne eines Verhaltensstandards als Norm einzustufen.

Die Regeln sind als „specific prescriptions or proscriptions for action" die konkrete Ausgestaltung der Aufteilung sowie die Methoden der Vermeidung in den Doppelbesteuerungsabkommen.[677]

---

672 Vgl. *Ault/Sasseville*, World Tax Journal 2010, 101, 102.

673 Siehe OECD, Model Tax Convention 2017, Condensed Version, Commentary on Article 24, Rn. 1 ff.

674 Vgl. *Ault/Sasseville*, World Tax Journal 2010, 101, 102.

675 Vgl. *Baumhoff*, in Wassermeyer/Baumhoff, Verrechnungspreise international verbundener Unternehmen, Rn. 1.5.

676 Vgl. zur Neutralitätswirkung des Fremdvergleichs *Baumhoff*, in Wassermeyer/Baumhoff, Verrechnungspreise international verbundener Unternehmen, Rn. 3.6.

677 Vgl. *Ring*, 60 Tax Law Review 2007, 83, 117; ferner *Broekhuijsen*, A Multilateral Tax Treaty, S. 65.

Komplizierter stellt sich wiederum die Etablierung der Entscheidungsprozesse dar. Ausweislich der Definition handelt es sich dabei um „prevailing practices for making and implementing collective choice".[678] Entscheidungsprozesse finden, für das die Prinzipien, Normen und Regeln beinhaltende Recht der Doppelbesteuerungsabkommen, zunächst einmal in den Verhandlungen zwischen den Abkommenspartnern statt.[679] Der Umfang der Übernahme von Recht aus den Musterabkommen lässt jedoch darauf schließen, dass ein weiterer, wesentlicher Entscheidungsprozess des internationalen Steuerregimes in den Verhandlungen über den Entwurf der Musterabkommen liegt. Auf OECD-Ebene finden diese im *Committee of Fiscal Affairs* statt.[680] Das UN-Musterabkommen wird hingegen vom *UN Tax Committee* entworfen, ist jedoch maßgeblich von den Vorgaben des OECD-Musterabkommens geprägt.[681] Damit für die Entscheidungsprozesse unterzugewichten sind die steuerrechtlichen Beiträge der Weltbank und des IWF, welche sich nicht unmittelbar auf den Prozess der Abkommenserstellung beziehen und als Institutionen keine Plattform für zwischenstaatliche Kooperation im Bereich des internationalen Steuerrechts bieten.[682]

b) *Entstehungsfaktoren des internationalen Steuerregimes*

Der historische Kontext der Entstehung internationalen Steuerrechts offenbart eine von zahlreichen zwischenstaatlichen Verhandlungen geprägte Geschichte.[683] Die Steuererhebung ist in seiner Staatsfinanzierungsfunktion eng verknüpft mit der Gewährleistung staatlicher Souveränität.[684] Folglich besteht ein enger Zusammenhang zwischen der Durchsetzung von Steueransprüchen und einem staatlichen Machtstreben.[685] Dies könnte Anhaltspunkt für eine Untersuchung

---

678 Siehe Abschnitt B.II.2.a).

679 Dazu und folgend *Ring*, 60 Tax Law Review 2007, 83, 117. *Broekhuijsen*, A Multilateral Tax Treaty, S. 65 sieht als Entscheidungsprozesse auch nationale Gerichtsverfahren und Entscheidungen der Steuerverwaltungen an. Diese sind jedoch für die beschriebenen Prinzipien, Normen und Regeln im Vergleich zum hier dargestellten „OECD-Prozess" unterzugewichten.

680 Vgl. auch *Ault*, 34 Brooklyn Journal of International Law 2009, 757, 760.

681 *Ring*, 60 Tax Law Review 2007, 83, 117, 128, 145.

682 *Rosenbloom/Noked/Helal*, 15 Florida Tax Review 2014, 57, 74.

683 Siehe Abschnitt B.I.1.a) sowie Abschnitt B.I.5.a)aa).

684 Vgl. zum Zusammenhang zwischen Besteuerung und staatlichen Aufgaben *Tipke*, Die Steuerrechtsordnung, Bd. I, S. 2.

685 Auch fiskale Souveränität „[äußert sich] innerhalb des territorialen Machtkreises des Staates", *Bühler*, Prinzpien des internationalen Steuerrechts, S. 130.

unter einer neorealistischen, strukturalistischen Perspektive sein.[686] Die internationale Verteilung der Besteuerungsbefugnisse begünstigt durch die Favorisierung einer Ansässigkeitsbesteuerung in seiner jetzigen Form insbesondere die Industriestaaten.[687] Daher ließe sich davon ausgehen, dass Anhaltspunkte dafür bestehen, dass die Aufteilung im Zusammenhang mit einer hegemonialen Machtausübung steht.[688]

Fraglich ist jedoch, ob diese Aufteilungsergebnisse zwingend aus einer kongruenten hegemonialen Umgebung resultieren.[689] Hierzu erscheint ein Blick auf die Geschichte der Kooperation im internationalen Steuerrecht lohnenswert.[690] Die Einberufung der Expertenkommission 1923 sowie der nachfolgenden internationalen Verhandlungen erfolgte auf Veranlassung des *Fiscal Committee* der *League of Nations*, sodass eine Prägung durch eine hegemoniale Kraft nicht maßgebend war.[691] Zwar spielt eine Machtverteilung in den einzelnen Verhandlungen der Doppelbesteuerungsabkommen aufgrund der unterschiedlichen Verteilung von Steuersubstrat durchaus eine Rolle, allerdings besteht der dahingehende Spielraum nahezu ausschließlich auf Ebene der Regeln im regimetheoretischen Sinne.[692] Das heißt wiederum, dass die Schöpfung der Prinzipien und Normen nicht im Wege hegemonialer Prägung, sondern vielmehr im Wege einer intergouvernementalen Kooperation ohne bestimmtes Auftreten eines Hegemons stattfand. Die Theorie der hegemonialen Stabilität ist daher schlecht geeignet, die Entstehung des internationalen Steuerregimes zu begründen.[693]

Durch den manifestierten Experteneinfluss auf Ebene des Völkerbunds sowie nachfolgend auf Ebene der OECD, welcher sich insbesondere in der Erstellung des Musterabkommens sowie -kommentars jahrzehntelang niedergeschlagen hat, ist vielmehr ein kognitives Erklärungselement naheliegend.[694]

---

686 Vgl. zur Anwendung der neorealistischen Theorie *Ring*, 60 Tax Law Review 2007, 83, 123; ferner *Broekhuijsen*, A Multilateral Tax Treaty, S. 65 f.

687 *Lehner*, in Vogel/Lehner, DBA, Grundlagen Rn. 36.

688 Hierzu und im Folgenden *Ring*, 60 Tax Law Review 2007, 83, 123.

689 Zweifelnd *Broekhuijsen*, A Multilateral Tax Treaty, S. 69.

690 Auch *Ring*, 60 Tax Law Review 2007, 83, 124 f. sucht die Lösung in der Historie.

691 Vgl. Abschnitt B.I.1.a).

692 Siehe hierzu und zum Folgenden *Ring*, 60 Tax Law Review 2007, 83, 123 ff., welche aufgrund der Tatsache, dass mächtige Staaten bereits vor einer Kooperation ausländische Steuer anrechneten, in der neorealistischen Theorie ein nur untergeordnetes Erklärungsmuster für das internationale Steuerrecht findet.

693 Im Ergebnis auch *Broekhuijsen*, A Multilateral Tax Treaty, S. 69.

694 *Ring*, 60 Tax Law Review 2007, 83, 144 f.; *Broekhuijsen*, A Multilateral Tax Treaty, S. 70 f.; siehe ferner *Jogarajan*, Double Taxation and the League of Nations, 243 ff., welcher

Die Überzeugung der Nachteilhaftigkeit von Doppelbesteuerung und doppelter Nichtbesteuerung hat somit vielmehr auf der Basis von Experteneinfluss zum staatlichen Interesse der Vermeidung geführt.[695]

Auch die spieltheoretischen Modelle lassen eventuell Rückschlüsse auf die Entstehung des internationalen Steuerregimes zu.[696] Ausgehend vom Prinzip der Einmalbesteuerung ist zunächst eine etwaige Dilemmasituation zu beurteilen. Aufgrund der nachteiligen Wirkungen der Doppelbesteuerung haben alle Parteien ein Interesse an der Vermeidung eines Zustands, in welchem grenzüberschreitend tätige Steuerpflichtige doppelt oder gar nicht besteuert werden.[697] Es handelt sich mithin um ein *dilemma of common aversions*.[698] Mit den durch das Ansässigkeitsprinzip, dem Quellenprinzip sowie den Methoden zur Vermeidung der Doppelbesteuerung vorgegebenen Maßstäben existiert eine Vielzahl von Kooperationsmöglichkeiten, welche Kompromisse ermöglichen. Diese werden aufgrund der wirtschaftlichen Folgen einem Verzicht auf Kooperation vorgezogen.[699] Die Nichtherstellung einer Einmalbesteuerung wird daher auch nicht durch ein Vertrauensproblem, sondern vielmehr durch ein zwischenstaatliches Kommunikationsproblem ausgelöst.[700] Die Aufteilung von Besteuerungsrechten zur Vermeidung von Doppelbesteuerung im Wege zwischenstaatlicher Koordination kann daher anhand folgender Präferenzordnung abgebildet werden: Für die Partei vorteilhaftes Aufteilungsergebnis, für beide Parteien (weniger) vorteilhaftes Ergebnis, für die andere Partei vorteilhaftes Aufteilungsergebnis, ausbleibende Kooperation (Doppelbesteuerung bzw. doppelte Nichtbesteuerung).[701]

---

die Auswirkungen der Arbeiten des Völkerbunds auf das OECD-Musterabkommen beschreibt.

695 Vgl. *Ring*, 60 Tax Law Review 2007, 83, 145.

696 *Ring*, 60 Tax Law Review 2007, 83, 129 ff.; vgl. auch *Broekhuijsen*, A Multilateral Tax Treaty, S. 66 f.

697 Vgl. in Bezug auf Doppelbesteuerung *Ring*, 60 Tax Law Review 2007, 83, 129 f.

698 Vgl. ansatzweise *Broekhuijsen*, A Multilateral Tax Treaty, S. 75, welcher die unterschiedlichen Konzepte vor dem Hintergrund multipler Präferenzen als „rules of the road" bezeichnet.

699 Vgl. *Ring*, 60 Tax Law Review 2007, 83, 130.

700 Vgl. wiederum die Argumentation von *Zürn*, Gerechte internationale Regime, S. 96.

701 Vgl. *Ring*, 60 Tax Law Review 2007, 83, 130 f., welche als präferiertes Ergebnis die Kooperation beider Staaten ansieht, als eine solche jedoch nur die Anwendung der Anrechnungs- oder Freistellungsmethode definiert und zudem die Annahme trifft, dass Staaten den Nutzen für die globale Wirtschaft anerkennen, eine Vermeidung der Doppelbesteuerung generell vorsehen und jeweils davon überzeugt sind, dass Ansässigkeitsstaaten eine Quellenbesteuerung ermöglichen sollten.

Aus diesem Grund bestehen auch für die funktionalen Theorien gute Voraussetzungen für eine Erklärung der Regimeentstehung. Die von *Keohane* für die Regimeentstehung aufgestellten Bedingungen könnten jedenfalls in Hinblick auf positive Transaktionskosten sowie Informationsdefizite erfüllt sein. Wie bereits im Rahmen der Anwendung der Spieltheorie erwähnt, lassen sich Probleme der Doppelbesteuerung durch Kommunikation zwischen den Parteien lösen. Allerdings ist es auch bereits unilateral möglich, Doppelbesteuerung zu vermeiden.[702] Eine Regimebildung zur Überwindung von Informationsdefiziten drängt sich daher nicht auf. Jedoch muss der vermeidende Staat in diesem Fall stets auf ein Besteuerungsrecht verzichten, während er auf internationaler Ebene eine Verteilung des Verzichts auf Besteuerungsrechte anstreben kann. Somit ist ein Grund in den positiven Transaktionskosten zu suchen, welche ohne eine Regimebildung existieren.[703]

Damit ist festzuhalten, dass sich die Entstehung des internationalen Steuerregimes nicht primär durch die Theorie der hegemonialen Stabilität erklären lässt. Es handelt sich vielmehr um ein Regime kognitiver Prägung, welches sich ebenso spieltheoretisch sowie funktional begründen lässt.

c) Veränderungsfaktoren des internationalen Steuerregimes

Angelehnt an die kognitive sowie funktionale Entstehungsgeschichte des Steuerregimes sind zunächst auch die Veränderungsfaktoren des Regimes in engem Zusammenhang mit den Wissenseinflüssen sowie der Senkung der Transaktionskosten zu betrachten. Durch die Erstellung des OECD-Musterabkommens sowie -kommentars sind die internationalen Verhandlungen von Doppelbesteuerungsabkommen größtenteils distributiven Charakters. Integrative Verhandlungen über Lösungsansätze sind hingegen weitgehend in den Entscheidungsprozess der OECD inkorporiert. Durch die einzelnen Normvorschläge und -ausführungen werden „focal points" der Kooperation ermöglicht,[704] welche aufgrund ihrer bereits langen Tradition eine hohe Legitimität ausstrahlen.[705] Hiermit einhergeht, wie ausgeführt, eine

702 Vgl. hierzu und folgend Abschnitt B.I.4.

703 Andeutungsweise *Ring*, 60 Tax Law Review 2007, 83, 113.

704 Siehe *Rixen*, European Journal of International Relations 2010, 589, 601 ff., ferner *Broekhuijsen*, A Multilateral Tax Treaty, S. 73, 75.

705 Vgl. *Christians*, 9 Washington Global Studies Law Review 2010, 1, 14. Ausführlich zum Gesichtspunkt der Legitimität der OECD *Brosens/Bossuyt*, World Tax Journal 2020, 313, 340 ff.

hohe Sicherheit der Befolgung der Regimeprinzipien und -normen, da das Bewusstsein einer globalen Anerkennung selbiger herrscht.[706] Diese Sicherheit erklärt sich ferner auch mit einem Befolgungsdruck, welcher sich aus der hohen Legitimität des Regimes und den Kosten einer Regimeaufgabe- bzw. -veränderung, auch unter dem Gesichtspunkt der Rechtssicherheit für internationale Investitionen, speist.[707] Aufgrund der globalen Anerkennung sowie der Vermeidung von Transaktionskosten ist eine Veränderung des Regimes zunächst in Fortsetzung der Entstehungsfaktoren ebenfalls durch funktionale und kognitive Faktoren bedingt.

Unterhalb der Regimeprinzipien und Normen, welche aus kognitiven bzw. funktionalen Gesichtspunkten begründet wurden, beruht die Veränderung von Regimeregeln hingegen in verstärkter Weise auf einer hegemonialen Prägung. Die Entwicklung des bestehenden Systems des internationalen Steuerrechts im Laufe des 20. Jahrhunderts stand stets im Kontext der politischen und wirtschaftlichen Hegemonie der USA.[708] Mithilfe des US-Musters treten die USA einheitlich in Verhandlungen von Doppelbesteuerungsabkommen.[709] Ein Beispiel für die Durchsetzung gewünschter Regeln bilden etwa *Limitation on Benefits*-Klauseln (LOB), die durch das US-Muster Verbreitung erfahren haben.[710] Diese gefestigte Position wird jedoch durch eine immer autonomere Position der BRIC-Staaten im internationalen Steuerrecht jedoch zunehmend herausgefordert.[711] So bildet insbesondere China eigene steuerpolitische Akzente heraus. Bis 2006 integrierte China jenseits vereinzelter LOB-Klauseln keine Antimissbrauchsregelungen in seine Doppelbesteuerungsabkommen.[712] Danach wurde jedoch ganz überwiegend auf allgemeine Missbrauchsklauseln in der Abkommenspolitik gesetzt.[713] Obwohl China

---

706 Siehe auch *Ring*, 60 Tax Law Review 2007, 83, 128: „The implication is that participation inside the regime with the potential for some influence is preferential to sitting outside the regime entirely".

707 Vgl. hierzu auch *Baistrocchi*, 33 Oxford Journal of Legal Studies 2013, 733, 744, welcher dies im Sinne der Netzwerktheorie als „lock-in-effects" bezeichnet.

708 Vgl. *McLure, Jr.*, Bulletin for International Taxation 2001, 328, 333 f.

709 Vgl. *Reese*, UCLA Law Review 1987, 369, 382 f.

710 Vgl. *Avi-Yonah*, 59 New York Law School Review 2014/15, 305, 307; *Reinhard*, 53 Tax Lawyer 2000, 663, 686.

711 Vgl. *Broekhuijsen*, A Multilateral Tax Treaty, S. 65 f. sowie etwa auch die Ausführungen von *Wilson*, BRICS and International Tax Law, S. 69 ff., welcher Abweichungen der BRIC-Staaten in den Punkten der Missbrauchsvermeidung aufzeigt.

712 *Li*, Bulletin for International Taxation 2012, 452, 473.

713 *Li*, Bulletin for International Taxation 2012, 452, 473.

sich mittlerweile zu einer kapitalexportierenden Nation gewandelt hat, wird die größere Reichweite der Quellenbesteuerungsrechte beibehalten, was wiederum im Kontrast sowohl zum US-Mustervertrag als auch zum OECD-Musterabkommen steht.[714] Festzuhalten bleibt damit, dass die Veränderung von Regeln im Vergleich zu Prinzipien und Normen, die einer kognitiven bzw. funktionalen Dynamik unterliegen, in stärkerem Maße auch im Zusammenhang von hegemonialen Veränderungen stehen kann.[715]

Für Veränderungen des internationalen Steuerregimes von wesentlicher Bedeutung ist schließlich die institutionelle Schlüsselstellung der OECD.[716] Die verstetigten Strukturen des OECD-Prozesses können u.a. dazu führen, dass sich innerhalb der Institution OECD eine Eigendynamik und Entscheidungsgebung im Sinne eines „feedbacks" aus sich selbst heraus entwickelt, durch welche die OECD Entwicklungen selbst anstoßen oder verhindern kann.[717] Hierzu zählt etwa der Einsatz der OECD gegen die Etablierung einer *International Tax Organization* gegenüber der G7.[718] Die Errichtung einer solchen Institution wäre den Interessen der Industriestaaten, welche in der OECD vollständig vertreten sind, nicht per se entgegengelaufen. Vielmehr hätte sich die Chance einer noch größeren Konvergenzwirkung der bisherigen Regelungen durch eine einheitliche Institution geboten.[719] Jedenfalls jedoch stand die Errichtung einer *International Tax Organization* diametral zur Marktführerschaft[720] der OECD im internationalen Steuerregime. Die Verhinderung einer solchen steht exemplarisch für eine Feedbackwirkung der OECD.

---

714 *Li*, Bulletin for International Taxation 2012, 452, 473.

715 Auch Baistrocchi plädiert für die Anerkennung der bestehenden abkommensrechtlichen Grundsätze durch die BRIC-Staaten, siehe *Baistrocchi*, 33 Oxford Journal of Legal Studies 2013, 733, 765.

716 Vgl. *Christians*, 9 Washington Global Studies Law Review, 1, 14 f.; vgl. krit. *Brosens/Bossuyt*, World Tax Journal 2020, 313, 338.

717 Nach Brauner veranlasst die OECD Reformen des internationalen Steuerrechts grds. nur, sofern diese nicht ihre besondere Stellung beeinträchtigen, siehe *Brauner*, Bulletin for International Taxation 2020, 28, 38.

718 *Magalhães*, World Tax Journal 2018, 499, 514.

719 Vgl. *Magalhães*, World Tax Journal 2018, 499, 513.

720 Vgl. die Begriffsprägung der OECD als „market leader" durch *Baistrocchi*, 33 Oxford Journal of Legal Studies 2013, 733, 743.

4. Fazit

Die Funktionsweise des Systems des internationalen Steuerrechts kann anhand der Erklärungsmuster der Regimetheorie veranschaulicht werden. Innerhalb dieser konkurrieren verschiedene Strömungen, welche zur Erklärung herangezogen werden können. Das internationale Steuerregime ist ein Regime kognitiver sowie funktionaler Prägung, welches sich ferner mithilfe der Spieltheorie erklären lässt. Hegemoniale Faktoren spielen hingegen auf Ebene der Regeln im Rahmen der fortlaufenden Regimeentwicklung eine Rolle. Zentrales Element ist damit der fortwährende Experteneinfluss durch die Institution der OECD. Die wesentlichen Entscheidungsprozesse werden durch den OECD-Prozess vereinnahmt. Durch das zugrundeliegende *dilemma of common aversions* wurde die Regimebildung im internationalen Steuerrecht begünstigt. Die Verstetigung der Kooperation im internationalen Steuerrecht hat aufgrund ihrer langen Tradition eine hohe Legitimität und damit eine große Beständigkeit gegen angestrebte Veränderungen der Prinzipien und Normen; auch die Kosten einer Regimeaufgabe sind als hoch anzusehen.

III. Herausforderung des internationalen Steuerrechtssystems durch die Digitalisierung der Wirtschaft

Das so begründete System des internationalen Steuerrechts steht indes in stetiger Wechselwirkung mit der ökonomischen Realität. In diesem Zusammenhang bestand insbesondere eine fortwährende Einwirkung durch die sich beschleunigende Globalisierung der Wirtschaft.[721] In besonderem Maße gilt der Prozess der Digitalisierung als Verschiebung ökonomischer Maßstäbe, nach welchen der Regelungskomplex des internationalen Steuerrechts seine Ausrichtung fand.[722] Im Hinblick auf die Herausforderungen des internationalen Steuerrechts ist daher die Entwicklung und Bedeutung der Digitalwirtschaft herauszuarbeiten sowie deren andauernde Auswirkungen auf das internationale Steuerrecht. Im Anschluss wird die Entwicklung sowie der Status quo des BEPS-Projekts der OECD/G20 dargelegt.

---

721 Vgl. *Hong/Smart*, 54 European Economic Review 2010, 82, 83.

722 OECD, Base Erosion and Profit Shifting Project, Action 1, 2015 Final Report, Rn. 1 f.

1. Entwicklung und Bedeutung der Digitalwirtschaft

a) Innovation bestehender Geschäftsmodelle

Moderne digitale Technologien ermöglichen eine immer effizientere Verarbeitung von Daten.[723] Damit sind grundlegende ökonomische Umwälzungen verbunden.[724] Die Digitalisierung der Wirtschaft bezieht sich dabei sowohl auf Weiterentwicklung bestehender als auch auf die Entstehung neuer Geschäftsmodelle mittels moderner Kommunikations- und Informationstechnologie.[725]

Die Verbreitung digitaler Technologien führt in diversen Sektoren zur Senkung von Transaktionskosten, wie etwa Einzelhandel, Logistik, Finanzdienstleistungen, Landwirtschaft, Bildung, Medien und im Gesundheitswesen.[726] Die Digitalisierung dieser Bereiche muss nicht zwingend das ganze Geschäftsmodell umfassen, teilweise sind auch lediglich einzelne Komponenten des Geschäftsmodells sowie Teile der Wertschöpfungskette betroffen.[727] Digitalisierung äußert sich im Einfluss auf bestehende Geschäftsmodelle grundsätzlich durch die Eigenschaften der Automatisierung sowie der Vernetzung.[728] Erstere bezeichnet die Verdrängung repetitiver Aktionen durch Informationstechnologie.[729] Hierdurch kann die Effizienz unternehmerischer Prozesse erhöht sowie die Kosten gesenkt werden.[730] Vernetzung bezeichnet die Verbindung von einzelnen Bestandteilen der Wertschöpfung zwischen Unternehmen.[731] Digitale Vernetzung besitzt damit einen integrativen Charakter.[732] Dieser setzt sich im Zuge der Digitalisierung der Wirtschaft auch über den Unternehmensbereich

---

723 OECD, Steuerliche Herausforderungen der Digitalisierung – Zwischenbericht 2018, Inclusive Framework on BEPS, Rn. 30.

724 OECD, Steuerliche Herausforderungen der Digitalisierung – Zwischenbericht 2018, Inclusive Framework on BEPS Rn. 30.

725 Siehe *van Lück*, Steuerrecht und Digital Economy, S. 25 f.

726 OECD, Base Erosion and Profit Shifting Project, Action 1, 2015 Final Report, Rn. 112 ff.; vgl. ferner *Becker*, IStR 2018, 634, 635.

727 *Schallmo/Rusnjak*, Roadmap zur Digitalen Transformation von Geschäftsmodellen, S. 7, welche in diesem Kontext zwischen „inkrementellen" und „fundamentalen" Veränderungen unterscheiden.

728 Siehe *Postler*, IStR 2019, 100, 102; *Zinser/Gilson/Thiem*, DB 2018, 2317, 2318.

729 *Postler*, IStR 2019, 100, 102; *Zinser/Gilson/Thiem*, DB 2018, 2317, 2318.

730 *Zinser/Gilson/Thiem*, DB 2018, 2317, 2318.

731 *Kreutzer*, Treiber und Hintergründe der digitalen Transformation, S. 36; vgl. auch *Zinser/Gilson/Thiem*, DB 2018, 2317, 2318.

732 *Postler*, IStR 2019, 100, 102; vgl. ferner *Zinser/Gilson/Thiem*, DB 2018, 2317, 2318.

hinweg.[733] So können auch Kunden insbesondere durch das Bereitstellen von Daten Bestandteil des Wertschöpfungsprozesses an sich werden.[734] Mithilfe von Nutzerdaten lassen sich aufgrund des erhöhten Informationsstands zum Marktumfeld unternehmerische Entscheidungen auf einer substanzielleren Grundlage treffen.[735]

b) Entwicklung neuer Geschäftsmodelle

Darüber hinaus führt die Digitalisierung auch zur Entstehung völlig neuer Geschäftsmodelle.[736] Hierzu zählt etwa das Aufkommen sog. Plattform-Unternehmen.[737] Durch diese können Transaktionskosten zwischen unterschiedlichen Nutzergruppen gesenkt werden.[738] *Baistrocchi* führt etwa Google als Beispiel einer zweiseitigen Plattform an.[739] Dort werden Kunden, welche Suchanfragen stellen, sowie Werbetreibende zusammengebracht. Somit vereint diese Plattform zwei im Ursprung unabhängige Märkte, da zwischen dem Betreiben von Werbung sowie Suchmaschinen kein unmittelbarer Zusammenhang besteht. Durch das Internet besteht mittlerweile eine Vielzahl von Plattformunternehmen in unterschiedlichen Bereichen, wie etwa Amazon für den Bereich des Einzelhandels oder Airbnb für den Bereich der Wohnungsvermietung.[740]

Trotz dieser Kategorisierung ist eine Abgrenzung einer digitalisierten Wirtschaft vom Begriff der *old economy* heute kaum noch möglich.[741] Durch die mithilfe moderner Datenverarbeitung entstandenen Wettbewerbsvorteile existieren kaum noch Unternehmen, welche ohne Verwendung von Informationstechnologie im Zuge des Wertschöpfungsprozesses operieren.[742] Die Digitalisierung

---

733 *Kreutzer*, Treiber und Hintergründe der digitalen Transformation, S. 36.

734 *Kreutzer*, Treiber und Hintergründe der digitalen Transformation, S. 36; *Postler*, IStR 2019, 100, 102; *Zinser/Gilson/Thiem*, DB 2018, 2317, 2318.

735 OECD, Steuerliche Herausforderungen der Digitalisierung – Zwischenbericht 2018, Inclusive Framework on BEPS, Rn. 143.

736 *Van Lück*, Steuerrecht und Digital Economy, S. 25.

737 *Becker*, IStR 2018, 634, 635.

738 *Baistrocchi*, 33 Oxford Journal of Legal Studies 2013, 1, 12.

739 Hierzu und folgend *Baistrocchi*, 33 Oxford Journal of Legal Studies 2013, 1, 10 f.

740 *Becker*, IStR 2018, 634, 635.

741 OECD, Base Erosion and Profit Shifting Project, Action 1, 2015 Final Report, Rn. 115; *Kreutzer*, Treiber und Hintergründe der digitalen Transformation, S. 36.

742 Vgl. *Kreutzer*, Treiber und Hintergründe der digitalen Transformation, S. 36.

der Wirtschaft ist daher ein nahezu allumfassender Prozess, welcher damit per definitionem keine Differenzierung von einer *old economy* zulässt.[743]

2. Auswirkung der Digitalisierung auf das internationale Steuerrecht

Der dogmatische Aufbau des internationalen Steuerrechts basiert, wie eingangs beschrieben, auf den Arbeiten des *League of Nations* und geht damit konzeptionell von einer Wirtschaftswelt ohne Computerisierung oder gar Digitalisierung aus. Zunächst ist daher zu bestimmen, welche gemeinsamen Eigenschaften digitalisierter Geschäftstätigkeit sich mit einer Relevanz für das internationale Steuerrecht ergeben und inwiefern diese in Konflikt mit den tradierten Regelungen stehen.

a) Grenzüberschreitende Mobilität

Evident erscheint in diesem Kontext die Erhöhung grenzüberschreitender Mobilität durch die mangelnde Notwendigkeit physischer Präsenz.[744] Grenzüberschreitende Mobilität als solche stellt kein ausschließliches Novum der Unternehmenswelt dar, sondern ist zunächst ein dauerhaft zunehmender Ausfluss der Globalisierung.[745]

Das Erschließen internationaler Märkte sowie die globale Zugänglichkeit von Kunden sind als Kennzeichen der Globalisierung zu erachten, welche durch die Digitalisierung zusätzlichen Auftrieb erhalten.[746] Im Gegensatz zu traditionellen Geschäftsmodellen, für welche eine dauerhafte Geschäftstätigkeit ohne Betriebsstätte im Ausland in der Regel unmöglich war, können digitalisierte Geschäftsmodelle ohne jegliche physische Präsenz über das Internet in globalem Ausmaß Märkte bedienen.[747]

---

743 OECD, Base Erosion and Profit Shifting Project, Action 1, 2015 Final Report, Rn. 115.

744 OECD, Steuerliche Herausforderungen der Digitalisierung – Zwischenbericht 2018, Inclusive Framework on BEPS, Rn. 131; *Becker*, Seminar C-Besteuerung einer digitalen Präsenz, IStR 2018, 634, 635.

745 Vgl. dazu *Hong/Smart*, 54 European Economic Review 2010, 82, 83.

746 Siehe OECD, Steuerliche Herausforderungen der Digitalisierung – Zwischenbericht 2018, Inclusive Framework on BEPS, Rn. 131 f.; so spricht auch der Abschlussbericht zu Aktionspunkt 1 sowie der Zwischenbericht der OECD von einer Verschlechterung ("exacerbate") der BEPS-Problematik durch die Digitalisierung, nicht aber von einer Begründung.

747 OECD, Steuerliche Herausforderungen der Digitalisierung – Zwischenbericht 2018, Inclusive Framework on BEPS, Rn. 131 f.; *Becker*, IStR 2018, 634, 635.

Dies stellt sich hinsichtlich des Art. 5 Abs. 1 OECD-MA als problematisch dar.[748] Denn demgemäß hat sich eine Betriebsstätte als „fixed place of business“ darzustellen.[749] Digitalunternehmen, welche in einem Staat als Marktteilnehmer auftreten, dort jedoch keine physische Präsenz haben, lassen einen solchen Ort vermissen.[750]

b) *Einsatz immaterieller Wirtschaftsgüter*

Ein weiteres zentrales Merkmal digitalisierter Geschäftsmodelle ist der Einsatz immaterieller Wirtschaftsgüter.[751] Die Verwendung immaterieller Wirtschaftsgüter bildet einerseits eine Grundlage für die Virtualität und damit verknüpfte internationale Vermarktung digitalisierter Geschäftsmodelle.[752] Da die Ansässigkeit des Rechteinhabers einen Anknüpfungspunkt für die Besteuerung darstellen kann, eröffnet andererseits die Übertragbarkeit von immateriellen Wirtschaftsgütern die Möglichkeit einer vorteilhaften Verschiebung des zu besteuernden Substrats.[753] Ein weiteres Problem immaterieller Wirtschaftsgüter ist, dass sich die Bestimmung des Werts der Wirtschaftsgüter oftmals als schwierig erweist.[754] Somit ist das Instrument des Fremdvergleichs in seiner Wirksamkeit darin, angemessene Verrechnungspreise zwischen Unternehmen herbeizuführen, beschränkt.[755]

---

748 Hierzu und im Folgenden *Hongler/Pistone*, Blueprints for a New PE Nexus to Tax Business Income in the Era of the Digital Economy, IBFD Working paper v. 20.1.2015, S. 12.

749 Vgl. OECD, Model Tax Convention 2017, Condensed Version, Commentary on Art. 5, Rn. 6, hierzu und im Folgenden ferner *Hongler/Pistone*, Blueprints for a New PE Nexus to Tax Business Income in the Era of the Digital Economy, IBFD Working paper v. 20.1.2015, S. 12.

750 Vgl. OECD, Model Tax Convention 2017, Condensed Version, Commentary on Art. 5, Rn. 21, 27.

751 *Becker*, IStR 2018, 634, 635; OECD, Steuerliche Herausforderungen der Digitalisierung – Zwischenbericht 2018, Inclusive Framework on BEPS, Rn. 34.

752 *Becker*, IStR 2018, 634, 635.

753 *Becker*, IStR 2018, 634, 635; *Dischinger/Riedel*, 95 Journal of Public Economics 2001, 691, 691.

754 *Becker*, IStR 2018, 634, 635.

755 *Becker/Englisch*, Intertax 2019, 161, 162; Becker, IStR 2018, 634, 635.

c) Nutzerbeteiligung

Besondere Bedeutung kommt ferner der Verwendung von Daten sowie dem Thema der Beteiligung von Nutzern zu.[756] Prozesse, welche Daten verarbeiten, sind an unterschiedlicher Position in der Wertschöpfungskette digitalisierter Unternehmen von Bedeutung.[757] Nach der reinen Datengewinnung, welche beispielsweise im Rahmen der Interaktion mit Nutzern durchgeführt werden kann, werden diese regelmäßig mithilfe von *big data analysis* auf übergeordnete Muster untersucht.[758] Auf dieser Grundlage ist es möglich, Aussagen über Kundenverhalten zu treffen und hierdurch die Gewinnmargen zu steigern.[759] In steuerrechtlicher Hinsicht stellt sich die Frage der Zuordnung des mittels Daten generierten Werts.[760] So ist unklar, ob die Gewinnung der Daten oder auch andere Verarbeitungsschritte einen Anknüpfungspunkt für eine Besteuerung im Falle fehlender physischer Präsenz bilden können.[761] Hierfür ist eine umfassende Bewertung der Funktionen und übernommenen Risiken der einzelnen mit Daten befassten Verarbeitungsstellen erforderlich.[762]

Bei zahlreichen digitalen Geschäftsmodellen hängt der Wert von Produkten oder Dienstleistungen sowie des Unternehmens selbst von der Anzahl der beteiligten Nutzer ab.[763] Ein mit der Frage der Datengewinnung verknüpfte Frage ist daher, inwiefern ursprünglich außerhalb des Unternehmens liegende Umstände, wie die Beteiligung von Nutzern an den digitalen Produkten oder

---

756 OECD, Steuerliche Herausforderungen der Digitalisierung – Zwischenbericht 2018, Inclusive Framework on BEPS, Rn. 139.

757 OECD, Steuerliche Herausforderungen der Digitalisierung – Zwischenbericht 2018, Inclusive Framework on BEPS, Rn. 140 f.

758 OECD, Steuerliche Herausforderungen der Digitalisierung – Zwischenbericht 2018, Inclusive Framework on BEPS, Rn. 140; *Becker/Englisch*, Intertax 2019, 161, 162.

759 OECD, Steuerliche Herausforderungen der Digitalisierung – Zwischenbericht 2018, Inclusive Framework on BEPS, Rn. 140.

760 *Olbert/Spengel*, World Tax Journal 2017, 3, 9.

761 *Olbert/Spengel*, World Tax Journal 2017, 3, 9; siehe etwa *Becker/Englisch*, Intertax 2019, 161, 167: „In this case, it could be plausible to assume that the network should, directly or indirectly, establish taxable nexus and legitimize the allocation of profits generated through the exploitation of the respective resource."

762 OECD, Base Erosion and Profit Shifting Project, Action 1, 2015 Final Report, Rn. 104; *Olbert/Spengel*, World Tax Journal 2017, 3, 9.

763 OECD, Steuerliche Herausforderungen der Digitalisierung – Zwischenbericht 2018, Inclusive Framework on BEPS, Rn. 381.

Dienstleistungen des Unternehmens, eine Grundlage für einen Anknüpfungspunkt einer Besteuerung bilden können.[764]

d) *Folgen für das internationale Steuerrecht*

Die hohe Relevanz der Partikularitäten digitalisierter Geschäftsmodelle für das internationale Steuerrecht zeigt sich vor dem Hintergrund dieser Ausführungen in Beeinträchtigungen der Ansässigkeits- und Quellenbesteuerung. Einer Quellenbesteuerung von Unternehmensgewinnen sind angesichts der Vermeidung einer Betriebsstätte infolge digitaler Wirtschaftstätigkeit Grenzen gesetzt.[765] Durch das Bewertungsproblem, welches hinsichtlich immaterieller Wirtschaftsgüter in Bezug auf Verrechnungspreise besteht, werden Besteuerungsmöglichkeiten an der Quelle zusätzlich unter Druck gesetzt.[766] Neben dieser Aufweichung des Fremdvergleichsgrundsatzes sind immaterielle Wirtschaftsgüter leicht auf andere Unternehmen übertragbar, sodass hiermit bessere Möglichkeiten internationaler Gewinnverlagerung einhergehen.[767] Selbst wenn also eine steuerrechtliche Anknüpfung im Quellenstaat gelingt, wird eine Besteuerung durch Gewinnverlagerung mitunter verhindert.

Hinzu kommt in Bezug auf die Ansässigkeitsbesteuerung die ähnlich gelagerte Problematik, dass insbesondere im Fall von digitalisierten Geschäftsmodellen aufgrund der geringen physischen Ressourcen die Möglichkeit eines schnellen Ansässigkeitswechsels konstatiert werden kann, um Abkommensvergünstigungen in Anspruch zu nehmen.[768]

3. Die Entwicklung des BEPS-Projekts der OECD/G20

a) *Entstehungsgeschichte des Projekts*

Vor dem Hintergrund der durch das Aufkommen der Digitalwirtschaft verstärkten Substanzbeeinträchtigungen und Gewinnverlagerungen im internationalen

---

764 *Becker/Englisch*, Intertax 2019, 161, 165 f.

765 *Hongler/Pistone*, Blueprints for a New PE Nexus to Tax Business Income in the Era of the Digital Economy, IBFD Working paper v. 20.1.2015, S. 12.

766 Vgl. *Becker*, IStR 2018, 634, 635.

767 Siehe beispielhaft die Gesetzesbegründung zur Lizenzschranke gem. § 4j EStG, BT-Drs. v. 20.2.2017, 18/11233, S. 1.

768 Vgl. die Ausführungen zur Erleichterung von *treaty shopping* durch die Digitalisierung von *Cockfield*, Tax Notes International 2014, 933, 937.

Steuerrecht forderten die G20-Staaten die OECD im Jahr 2012 zur Ausarbeitung eines Aktionsplans gegen BEPS auf.[769]

Am 19.7.2013 veröffentlichte die OECD den „Action Plan on Base Erosion and Profit Shifting".[770] Dieser enthält folgend auf einleitende Passagen zur Notwendigkeit eines grundlegenden Wandels im internationalen Steuerrecht 15 knapp erläuterte Aktionspunkte zur Bekämpfung von BEPS.[771] Der Bericht enthält ferner einen Zeitplan zur Fertigstellung eines ausführlichen Aktionsplans. Dieser sah die Erstellung innerhalb der folgenden zwei Jahre vor, ausgenommen sind hierbei indes die Verrechnungspreisaspekte finanzieller Transaktionen sowie die Planung des Multilateralen Instruments.[772]

Die BEPS-Abschlussberichte zu den insgesamt 15 Aktionspunkten wurden daraufhin im Jahr 2015 von der OECD veröffentlicht. Die Punkte sind laut OECD von drei Erwägungen geprägt: Die Steigerung der Kohärenz nationaler Vorschriften mit grenzüberschreitendem Bezug, die Bekräftigung von Substanzerfordernissen in bestehenden internationalen Normen sowie die Förderung von Transparenz und Rechtssicherheit.[773] Die Abschlussberichte haben aufgrund des von der OECD beigelegten Empfehlungscharakters die rechtliche Qualität von Soft Law.[774] In diesem Kontext wurde den Aktionspunkten 5 (Harmful Tax Practices), 6 (Treaty Abuse), 13 (Transfer Pricing Documentation) sowie 14 (Dispute Resolution) die Qualität eines Mindeststandards beigelegt.[775] Neben den OECD Staaten haben sich ferner unter dem Schirm des OECD/G20 BEPS Inclusive Frameworks 139 Staaten zur Implementierung des BEPS-Projekts bekannt.[776]

---

769 OECD, Action Plan Base Erosion and Profit Shifting, 2013, S. 11.

770 OECD, Action Plan Base Erosion and Profit Shifting 2013.

771 OECD, Action Plan Base Erosion and Profit Shifting 2013, S. 14 ff.

772 OECD, Action Plan Base Erosion and Profit Shifting 2013, S. 24 f.

773 OECD, Base Erosion and Profit Shifting Project, Addressing the Tax Challenges of the Digital Economy, Action 1, 2015 Final Report, S. 3.

774 Vgl. *Brosens/Bossuyt*, World Tax Journal 2020, 313, 327.

775 OECD, Base Erosion and Profit Shifting Project, Explanatory Statement, 2015 Final Reports, Rn. 11.

776 Vgl. OECD, Base Erosion and Profit Shifting Project, Explanatory Statement, 2015 Final Reports, Rn. 30; eine aktuelle Liste der Mitglieder ist abrufbar unter https://www.oecd.org/tax/beps/inclusive-framework-on-beps-composition.pdf, abgerufen am 18.8.2021.

b) Status quo der Umsetzung des Projekts

Im Nachgang der Veröffentlichung fanden Vorgaben aus den Berichten zahlreichen Eingang auf allen Niveaus des Mehrebenensystems im internationalen Steuerrecht inklusive des Musterabkommens und des Musterkommentars.[777]

Großflächige Veränderungen nationaler Regelungen wurden etwa durch BEPS-Aktionspunkt 5 ausgelöst.[778] Dieser empfiehlt hinsichtlich steuerlicher Präferenzregime eine Umstellung auf den sog. Nexus-Ansatz, wonach Einnahmen, für welche ein Präferenzregime in Anspruch genommen wird, auf eine substanzielle Geschäftsfähigkeit des Unternehmens zurückzuführen sein müssen.[779] Bis zum Jahr 2018 wurden global bereits 130 Präferenzregime abgeschafft oder entsprechend angepasst bzw. befanden sich zurzeit im Prozess einer solchen Abschaffung oder Anpassung.[780]

Die unionsrechtliche BEPS-Umsetzung ist in erster Linie durch den diesbezüglichen Erlass der *Anti-Tax-Avoidance-Directive* geprägt.[781] Diese führt diverse Inhalte der Abschlussberichte in einer mindestharmonisierenden Richtlinie zusammen.[782] Hervorzuheben ist hierbei die Einführung einer allgemeinen Vorschrift zur Verhinderung von Missbrauch gem. Art. 6 RL 2016/1164 nach Vorbild des Abschlussberichts zu Aktionspunkt 6[783] sowie die Einführung von Abzugsverboten zur Eindämmung der Steuervermeidung durch hybride Gestaltungen nach Art. 9 RL 2016/1164, welche nach den Maßgaben des Abschlussberichts zu Aktionspunkt 2 ausgeformt ist.[784] Auffällig ist, dass die Richtlinie keinerlei Vorgaben des Abschlussberichts zu Aktionspunkt 7 beinhaltet. Die Stärkung der Substanzerfordernisse hinsichtlich Betriebsstättenregelungen

777 Keinen Bestandteil der Ausführungen bilden die Vorhaben der OECD unter den teilweise als „BEPS 2.0" bezeichneten Projekten Pillar One und Pillar Two, vgl. *Liu/Reyneveld/Straatman*, International Transfer Pricing Journal 2019, 295, 301 f.

778 *Panayi*, Bulletin for International Taxation 2016, 628, 638.

779 OECD, Base Erosion and Profit Shifting Project, Countering Harmful Tax Practices More Effectively, Taking into Account Transparency and Substance, Action 5 Final Report 2015, Rn. 27 ff.

780 OECD, Secretary-General Report to G20 Finance Ministers and Central Bank Governors, Buenos Aires, Argentina, Juli 2018, S. 6.

781 Richtlinie 2016/1164 des Rates vom 12.7.2016 mit Vorschriften zur Bekämpfung von Steuervermeidungspraktiken mit unmittelbaren Auswirkungen auf das Funktionieren des Binnenmarkts, ABl. L 193/1.

782 Der mindestharmonisierende Charakter ist Art. 3 der Richtlinie zu entnehmen.

783 *Rigaut*, European Taxation 2016, 497, 502.

784 *Rigaut*, European Taxation 2016, 497, 505.

waren hingegen Bestandteil der Kommissionsempfehlung vom 28.1.2016.[785] Durch diese wurden die Mitgliedstaaten angehalten, Art. 5 OECD-MA 2017, welcher wiederum durch Inhalte des Abschlussberichts zu Aktionspunkt 7 geprägt wurde, umzusetzen.[786]

Im Zuge der Aktualisierung des OECD-Musterabkommens 2017 wurden diverse Inhalte der BEPS-Aktionspunkte zudem in das OECD-Musterabkommen inkorporiert. Der größte Einfluss auf das OECD-Musterabkommen kann Aktionspunkt 6 zugeschrieben werden.[787] Der Titel sowie die Präambel wurde im Sinne des Aktionspunktes 6 hinsichtlich einer am Ziel der Vermeidung einer Nichtbesteuerung orientierten Formulierung ausgerichtet. Im persönlichen Anwendungsbereich wurde in Art. 1 Abs. 3 OECD-MA ein *saving clause* integriert. In Art. 3 Abs. 1 OECD-MA wurde entsprechend des Aktionspunktes 6 die Definition eines „recognised pension funds" hinzugefügt, um eine Anwendung der Erweiterung des Anwendungsbereichs der Ansässigkeit in Art. 4 OECD-MA um ebenjene „recognised pension funds" zu gewährleisten. Der *tie-breaker*-Regelung in Art. 4 Abs. 3 OECD-MA wurde zudem eine Bestimmung zur Klärung der Ansässigkeit von doppelt ansässigen Personen hinzugefügt. Des Weiteren wurde ein neuer Art. 29 OECD-MA eingeführt, welcher eine LoB-Klausel in einfacher und detaillierter Ausführung, einen *principle purpose test* sowie eine Antimissbrauchsregelung für in Drittstaaten gelegene Betriebsstätten beinhaltet. Änderungen aufgrund des Aktionspunktes 6 betreffen ferner Art. 10 Abs. 2 lit. a), Abs. 17, Art. 13 Abs. 4 OECD-MA sowie die Methoden zur Vermeidung der Doppelbesteuerung in Art. 23 A und 23 B OECD-MA.

Der persönliche Anwendungsbereich ist zudem durch eine Vorschrift, welche das Einkommen einer in einem Vertragsstaat transparent behandelten Gesellschaft jedenfalls einer in einem Vertragsstaat ansässigen Person zwecks Vermeidung eines *hybrid mismatch* zuordnet, ergänzt worden.

In Bezug auf den Abschlussbericht zu Aktionspunkt 7 wurden Änderungen in Art. 5 Abs. 4, 5 und 6 OECD-MA hinsichtlich der Reichweite der Vertreterbetriebsstätte sowie der Verhinderung von Fragmentierungsstrategien durch Nutzung der Ausnahmen in Art. 5 Abs. 4 OECD-MA eingeführt.

---

785 Commission Recommendation of 28.1.2016 on the implementation of measures against tax treaty abuse, C(2016) 271 final.

786 Commission Recommendation of 28.1.2016 on the implementation of measures against tax treaty abuse, C(2016) 271 final, S. 4.

787 Hierzu und folgend OECD, 2017 Update to the OECD Model Tax Convention, S. 2 f.

Im Zuge der Umsetzung von Aktionspunkt 14 wurde neben Art. 25 auch Art. 3 Abs. 2 OECD-MA mit der Folge modifiziert, dass wenn in der Konstellation eines nicht definierten Begriffs die Behörden sich über eine Bedeutung verständigt haben, kein Rückgriff auf das nationale Recht mehr möglich ist.

Auch auf Ebene der bestehenden Doppelbesteuerungsabkommen wurden zahlreiche Inhalte des BEPS-Projekts im Zuge wiederaufgenommener bilateraler Verhandlungen umgesetzt. Dies betrifft etwa die Aufnahme von allgemeinen Antimissbrauchsklauseln[788] oder Regelungen zum Schutz vor Umgehung der Betriebsstättendefinition.[789]

---

788 Vgl. etwa bspw. Art. 28 der Doppelbesteuerungsabkommen Georgien–Saudi Arabien, Katar–Ukraine sowie Hong Kong–Indien.

789 Vgl. etwa Art. 5 des Doppelbesteuerungsabkommens Deutschland–Australien.

C. Das Multilaterale Instrument

I. Die Entwicklung des Multilateralen Instruments

Aktionspunkt 15 des BEPS-Projekts beinhaltet die Einführung eines multilateralen Übereinkommens zwecks Veränderung des bilateralen Abkommensnetzwerks.[790] Nimmt man die Zahl der am BEPS Inclusive Framework teilnehmenden Staaten in den Blick, so besteht ein signifikanter politischer Wille, Anti-BEPS-Maßnahmen umzusetzen. Die Maßnahmen zielen neben Vorgaben, welche ein gesetzgeberisches Tätigwerden auf nationaler Ebene erforderlich machen, insbesondere auf eine Veränderung des Abkommensnetzwerks ab.[791] Zeugnis dessen ist auch die großflächige Veränderung des OECD-Musterabkommens im Sinne des BEPS-Projekts.[792] Obgleich auch auf bilateraler Ebene bereits Inhalte des BEPS-Projekts in einzelne Doppelbesteuerungsabkommen übernommen wurden, würde eine gleichmäßige und flächendeckende Implementierung von BEPS-Standards einen enormen zeitlichen und organisatorischen Mehraufwand bedeuten.[793] Aufgrund der Eigentümlichkeit eines Doppelbesteuerungsabkommens als Ergebnis bilateraler Verhandlungen würde es Jahrzehnte dauern, bis ein Staat sämtliche seiner Abkommen neu verhandelt hat.[794] Dies steht in starkem Gegensatz zur Dringlichkeit des Projekts.[795] Als Lösungsansatz schlägt Aktionspunkt 15 den Beschluss eines multilateralen Übereinkommens vor, welches in der Lage ist, die bestehenden Abkommen übereinstimmend zu ändern.[796] Der

---

790 OECD, Base Erosion and Profit Shifting Project, Developing a Multilateral Instrument to Modify Bilateral Tax Treaties, Action 15, 2015 Final Report, Rn. 7.

791 OECD, Base Erosion and Profit Shifting Project, Explanatory Statement, 2015 Final Reports, Rn. 23.

792 Siehe Abschnitt B.III.3.b).

793 OECD, Base Erosion and Profit Shifting Project, Developing a Multilateral Instrument to Modify Bilateral Tax Treaties, Action 15, 2015 Final Report, Rn. 5; *Drüen*, in Wassermeyer, Doppelbesteuerung, Vor Art. 1 MA Rn. 179.

794 OECD, Base Erosion and Profit Shifting Project, Developing a Multilateral Instrument to Modify Bilateral Tax Treaties, Action 15, 2015 Final Report, Rn. 5.

795 OECD, Base Erosion and Profit Shifting Project, Developing a Multilateral Instrument to Modify Bilateral Tax Treaties, Action 15, 2015 Final Report, Rn. 6.

796 OECD, Base Erosion and Profit Shifting Project, Developing a Multilateral Instrument to Modify Bilateral Tax Treaties, Action 15, 2015 Final Report, Rn. 11 ff.

Abschlussbericht macht bereits Vorgaben zur Funktionsweise des Abkommens, nicht jedoch zur materiell-rechtlichen Ausgestaltung.

Im Anhang des Abschlussberichts (sog. „toolbox“) finden sich Ausführungen zum Verhältnis des Multilateralen Instruments zu den einzelnen Doppelbesteuerungsabkommen sowie zur Gewährung von abkommenstechnischer Flexibilität.[797] Im Rahmen der möglichen Flexibilitätsmechanismen wird bereits auf *opt-out-*, *opt-in-* sowie die Rolle von Alternativklauseln eingegangen.[798]

Aktionspunkt 15 sah die Formierung einer ad hoc-Gruppe vor, welche institutionell separat von der OECD errichtet wurde.[799] Diese erhielt ein Mandat zur Erstellung des Multilateralen Instruments.[800] Das Mandat der ad hoc-Gruppe, der sich grundsätzlich alle Staaten anschließen konnten, wurde im Februar 2015 vom *Committee of Fiscal Affairs* sowie den Finanzministern und Zentralbankpräsidenten der G20 angenommen.[801] Das zentrale Organ der Gruppe war das *plenary*, welches das beschlusstreffende Gremium der Gruppe darstellte.[802] Dieses wurde assistiert von einem *bureau*, das vorbereitende Arbeiten vornahm. Ferner konnte das *plenary* auch auf OECD-Institutionen zur Assistenz zurückgreifen. Am 24.11.2016 wurde das Multilaterale Instrument durch die ad hoc-Gruppe beschlossen. Im Nachgang wurde es von insgesamt 95 Staaten unterschrieben.[803]

Das so geschaffene Multilaterale Instrument beinhaltet sieben unterschiedliche Regelungsabschnitte. Der erste Abschnitt widmet sich dem Anwendungsbereich sowie Regelungen zur Auslegung des Multilateralen Instruments. Sodann folgen die Regelungskomplexe zu „Hybrid mismatches“, „Treaty abuse“ sowie „Avoidance of permanent establishment status“, welche auf die

797 OECD, Base Erosion and Profit Shifting Project, Developing a Multilateral Instrument to Modify Bilateral Tax Treaties, Action 15, 2015 Final Report, Annex A, Rn. 6 ff.

798 OECD, Base Erosion and Profit Shifting Project, Developing a Multilateral Instrument to Modify Bilateral Tax Treaties, Action 15, 2015 Final Report, Rn. 43 ff.

799 OECD, Base Erosion and Profit Shifting Project, Developing a Multilateral Instrument to Modify Bilateral Tax Treaties, Action 15, 2015 Final Report, S. 11.

800 OECD, Base Erosion and Profit Shifting Project, Developing a Multilateral Instrument to Modify Bilateral Tax Treaties, Action 15, 2015 Final Report, S. 11.

801 OECD, Explanatory Statement to the Multilateral Convention to Implement Tax Treaty Related Measures to Prevent Base Erosion and Profit Shifting, Rn. 6.

802 Hierzu und folgend OECD, Base Erosion and Profit Shifting Project, Developing a Multilateral Instrument to Modify Bilateral Tax Treaties, Action 15, 2015 Final Report, S. 12.

803 https://www.oecd.org/tax/treaties/beps-mli-signatories-and-parties.pdf; abgerufen am 18.8.2021.

BEPS-Abschlussberichte 2, 6, und 14 zurückgehen. Hierauf folgen die Abschnitte zu zur Verbesserung des Verständigungsverfahrens sowie zum Schiedsverfahren. Auf diesen materiellen Regelungsgehalt folgen im letzten Abschnitt Regelungen, welche die Funktionsweise des Abkommens gewährleisten.

II. Anwendungsbereich des Abkommens

Gemäß Art. 1 MLI modifiziert das Abkommen alle „covered tax agreements". Es ist daher zunächst festzuhalten, dass das Multilaterale Instrument nicht automatisch für alle Doppelbesteuerungsabkommen einer Partei Geltung beansprucht, sondern nur für ausgewählte Abkommen.[804] Für den Anwendungsbereich des Abkommens ist daher die Definition eines CTA maßgeblich. Art. 2 MLI widmet sich der Interpretation von Abkommensbegriffen und enthält in Art. 2 Abs. 1 lit. a) MLI die Definition eines CTA. Darüber hinaus ist fraglich, wie sich der Anwendungsbereich in das bestehende System der Reziprozität im internationalen Steuerrecht einfügt.

1. Definition eines Covered Tax Agreement

Art. 2 Abs. 1 lit. a) MLI stellt für die Qualifizierung eines CTA im Wesentlichen drei Voraussetzungen auf, welche wiederum in eigene Voraussetzungen unterteilt werden können. Hierzu gehören Voraussetzungen in Bezug auf die Erfassung der Abkommen, der Vertragsparteien sowie die Notifikationspflicht.

a) Die Erfassung der Abkommen

Art. 2 Abs. 1 lit. a) MLI verlangt zunächst das Vorliegen eines „agreement for the avoidance of double taxation with respect to taxes of income (whether or not other taxes are also covered)".

aa) „agreement"

Zunächst muss daher ein „agreement" gegeben sein. Dies bezieht sich jedenfalls auf völkerrechtliche Verträge im Sinne von Art. 2 Abs. 1 lit. a) WVK. Dem reinen Wortlaut nach sind zudem auch *soft-law*-Vereinbarungen nicht ausgeschlossen, auch diese könnten den zunächst offenen Wortlaut des Begriffs „agreement", welcher der Wortbedeutung nach nicht zwingend eine Rechtserheblichkeit

---

804 Vgl. OECD, Explanatory Statement to the Multilateral Convention to Implement Tax Treaty Related Measures to Prevent Base Erosion and Profit Shifting, Rn. 14.

aufweist, enthalten sein. Praktisch spielen formelle Übereinkünfte unterhalb der Schwelle völkerrechtlicher Verträge im Bereich der Doppelbesteuerungsvermeidung jedoch keine Rolle. Auch mit Blick auf den Telos des MLI, eine Modifikation des Abkommensnetzwerks herbeizuführen,[805] ist eine Begrenzung auf völkerrechtliche Verträge anzunehmen.

bb) „for the avoidance of double taxation“

Ferner muss es sich um Abkommen handeln, die eine Vermeidung von Doppelbesteuerung zum Ziel haben. Hiervon sind jedenfalls Doppelbesteuerungsabkommen erfasst. Sofern man das Ziel der Vermeidung von Doppelbesteuerung nicht nur als einziges oder zumindest im Vordergrund stehendes Ziel, sondern auch als ein Nebenziel eines Abkommens verstehen kann, kommen darüber hinaus noch weitere Abkommen in Betracht.[806] Dies könnte etwa Abkommen aus dem Bereich des Welthandelsrechts betreffen.[807] Auch wenn das Multilaterale Instrument nicht zur Einbeziehung multilateraler welthandelsrechtlicher Abkommen geeignet oder vorgesehen ist,[808] mag etwa das GATT-Abkommen und, wie sich zeigen wird, das SCM-Übereinkommen, zur Veranschaulichung dieses Definitionspunktes dienen. Zwar ist in Bezug auf das GATT bereits umstritten, ob direkte Steuern auch von Art. I bzw. Art. III des GATT erfasst sind.[809] Selbst wenn man dies bejahen würde, müsste man ferner zu dem Schluss kommen, dass diese Regelungen nicht nur einen Bezug zu direkten Steuern, sondern darüber hinaus auch einen Bezug zur Vermeidung der Doppelbesteuerung aufweisen. Ein Verbot internationaler Doppelbesteuerung kann jedoch weder der Meistbegünstigungsklausel noch dem Prinzip der Inländergleichbehandlung entnommen werden.[810]

---

805 OECD, Explanatory Statement to the Multilateral Convention to Implement Tax Treaty Related Measures to Prevent Base Erosion and Profit Shifting, Rn. 13; vgl. ferner *Avi-Yonah/Xu*, 39 Michigan Journal of International Law 2018, 155, 155 f.

806 *Damberger*, Scope of the Multilateral Instrument, S. 10 ff.

807 Weitere mögliche Wechselwirkungen zwischen MLI und Welthandelsrecht, auch in Bezug auf das GATT sowie das SCM-Abkommen, skizzieren *Govind/Pistone*, The Relationship between Tax Treaties and the Multilateral Instrument, S. 132 f.

808 Denn weder die Kompatibilitätsklauseln sind auf diese Abkommen ausgerichtet, noch ist eine Notifikation aufgrund der hohen Zahl der Signatarstaaten betroffener Abkommen zu erwarten.

809 Siehe hierzu überblicksartig *Ecker/Koppensteiner*, SWI 2009, 142, 142 f.

810 Siehe hierzu im Detail *Englisch*, Wettbewerbsgleichheit im grenzüberschreitenden Handel, S. 800 f.

Über das GATT-Abkommen hinaus bestehen jedoch Abkommen, welche einen ausdrücklichen Bezug zur Vermeidung von Doppelbesteuerung aufweisen.[811] Das SCM-Abkommen nennt Steuerausnahmen von direkten Steuern, welche Industrie- oder Handelsunternehmen betreffen, als möglichen Fall einer Exportsubvention, stellt jedoch zugleich klar, dass Mitgliedstaaten dessen unbeschadet Maßnahmen zur Vermeidung der Doppelbesteuerung ergreifen können.[812] Der Wortlaut des Art. 2 Abs. 1 lit. a) MLI gibt insofern keinen trennscharfen Grad an Bezugnahme des entsprechenden Abkommens zur Doppelbesteuerung vor. Das Wort „for" kann insofern sowohl bedeuten, dass ein Abkommen gänzlich dem Thema der Doppelbesteuerungsvermeidung gewidmet ist, als auch, dass dieses nur ein nebengeordnetes Ziel darstellt. Im Fall des SCM stellt die Vermeidung der Doppelbesteuerung weder ein Haupt- noch ein nebengeordnetes Ziel dar. Vielmehr geht es um einen Spezialfall, in welchem der Begriff der Exportsubvention mit dem Bedürfnis der Vermeidung von Doppelbesteuerung anerkannt wird. Aufgrund dieser Abstimmung von Zielen internationaler Koordination im SCM ein auch nur beschränkt auf die Vermeidung der Doppelbesteuerung ausgerichtetes Abkommen zu sehen, würde eine künstliche Herauslösung des Begehrens, die Doppelbesteuerungsmaßnahmen von Staaten unangetastet zu lassen, darstellen. Folglich ist jedenfalls eine Zielrichtung in Bezug auf die Vermeidung der Doppelbesteuerung zu fordern.

cc) „with respect to taxes of income"

Schließlich muss die Vermeidung der Doppelbesteuerung in Hinblick auf direkte Steuern gegeben sein, wobei ausweislich des Klammerzusatzes in Art. 2 Abs. 1 lit. a) MLI unschädlich ist, dass auch andere Steuerarten vom entsprechenden Abkommen erfasst werden. Der verwendete Begriff „income tax" könnte grundsätzlich sowohl in einem einkommensteuerlichen, körperschaftsteuerlichen, erbschafts- und schenkungsteuerlichen als auch in einem ertragsteuerlichen Sinne verstanden werden. Der Begriff „income tax" ist im Multilateralen Instrument nicht eigens definiert.[813] Die Verwendung in den einzelnen Artikeln geschieht jedoch ausschließlich in Konstellationen von Körperschafts-, Gewerbesteuern sowie auch persönlicher Einkommensteuer, sodass

---

811 Vgl. *Englisch*, Wettbewerbsgleichheit im grenzüberschreitenden Handel, S. 800 f.

812 So in Fußnote 59 des Annex I lit. e) des Abkommens, siehe hierzu *Englisch*, Wettbewerbsgleichheit im grenzüberschreitenden Handel S. 800.

813 Vgl. zur Vorgehensweise nach Art. 2 Abs. 2 MLI in diesem Fall *Damberger*, Scope of the Multilateral Instrument, S. 5.

nach einer systematischen Betrachtung Erbschafts- und Schenkungsteuern ausscheiden. Mithin sind von Art. 2 Abs. 1 MLI auch keine Abkommen zur Vermeidung von Doppelbesteuerung im Bereich der Erbschafts- und Schenkungsteuern erfasst.[814]

b) Die Erfassung der Vertragsparteien

Gemäß Art. 2 Abs. 1 lit. a) i) MLI bestehen ferner Voraussetzungen an die Eigenschaften der notifizierenden Staaten des betroffenen Abkommens. Bei diesen müsste es sich zunächst um Doppelbesteuerungsabkommen zwischen Parteien handeln. In Art. 2 Abs. 1 lit. b) MLI ist der Begriff der Partei näher definiert. Hierunter zu verstehen sind Staaten, für welche das Multilaterale Instrument gemäß Art. 34 MLI in Kraft getreten ist. Darüber hinaus werden auch nichtstaatliche Jurisdiktionen miteinbezogen. Dies korrespondiert mit der Etablierung des Kreises der zur Unterzeichnung Berechtigten in Art. 27 MLI. Dort sind auch die Jurisdiktionen Guernsey, Isle of Man und Jersey sowie darüber hinaus alle anderen Jurisdiktionen, sofern die bisherigen Vertragsparteien sowie Unterzeichner des Multilateralen Instruments einstimmig einer Aufnahme zustimmen, enthalten.

Diese Regelung bietet sich zudem auch für Behandlung von Jurisdiktionen an, deren staatlicher Charakter von Staaten unterschiedlich beurteilt wird.[815] Sofern diese nicht als Staaten unter Art. 27 Abs. 1 lit. a) MLI gefasst werden können, können sie mit dem Zugeständnis, dass sie als nichtstaatliche Jurisdiktion Partei des Multilateralen Instruments werden, noch gemäß Art. 27 Abs. 1 lit. c) MLI in das Abkommen integriert werden.[816] Das Einstimmigkeitserfordernis sichert in diesem Fall das Interesse ab, dass sich die Parteien als gleichrangige Partner im Rahmen des Abkommens betrachten und bei der Frage der Aufnahme einer Jurisdiktion, deren staatlicher Status umstritten ist, auf die Interessen der ablehnenden Staaten zugunsten dieser angesprochenen Gleichrangigkeit Rücksicht genommen wird.[817]

Das Abkommen kann sich zudem ausweislich des *explanatory statement* auch auf Abkommen, die ein Vertragsstaat im Namen einer anderen Jurisdiktion

---

814 Siehe *Damberger*, Scope of the Multilateral Instrument, S. 10 f., welcher das Multilaterale Instrument jedoch für Abkommen mit Anteilen aus beiden Steuerbereichen für anwendbar hält.

815 *Damberger*, Scope of the Multilateral Instrument, S. 18.

816 *Damberger*, Scope of the Multilateral Instrument, S. 18.

817 *Damberger*, Scope of the Multilateral Instrument, S. 18.

abschließt, erstrecken.[818] Voraussetzung ist, dass dieser Staat für die internationalen Beziehungen der Jurisdiktion zuständig ist.[819] Der Vertragsstaat nimmt in einer solchen Konstellation die Steuerabkommen der Jurisdiktion in seine eigene Liste der Doppelbesteuerungsabkommen auf, hat indes die Möglichkeit, von der eigenen Liste für Vorbehalte und Notifikationen unabhängige Vorbehalte und Notifikationen zu erklären.[820]

c) *Notifikationspflicht*

Für die Erfassung eines Abkommens ist überdies gemäß Art. 2 Abs. 1 lit. a) ii) MLI erforderlich, dass dieses von jeder Partei des jeweiligen Abkommens notifiziert wird. Zusätzlich zum Abkommen als solchem müssen nach selbiger Norm auch begleitende oder das Abkommen modifizierende Urkunden im Rahmen der Notifikation eingereicht werden. Durch das Notifikationserfordernis wird Unsicherheit hinsichtlich der Reichweite des Multilateralen Instruments vorgebeugt.[821] Indem die Reichweite in das Belieben der einzelnen Mitglieder des Multilateralen Instruments gestellt wird, räumt das Abkommen bereits im Ausgangspunkt eine große Flexibilität ein. Auch das *explanatory statement* erkennt an, dass selbst aus einer auf das Ziel der größtmöglichen Umsetzung gerichteten Perspektive eine Interessenlage bestehen kann, in welchen von einer Notifikation abgesehen werden kann.[822] Dies ist etwa der Fall, wenn eine Partei ein Abkommen bereits neu ausgehandelt hat oder sich dieses im Prozess der Neuaushandlung befindet, um BEPS-Vorgaben zu entsprechen.[823]

---

818 OECD, Explanatory Statement to the Multilateral Convention to Implement Tax Treaty Related Measures to Prevent Base Erosion and Profit Shifting, Rn. 30.

819 OECD, Explanatory Statement to the Multilateral Convention to Implement Tax Treaty Related Measures to Prevent Base Erosion and Profit Shifting, Rn. 30.

820 OECD, Explanatory Statement to the Multilateral Convention to Implement Tax Treaty Related Measures to Prevent Base Erosion and Profit Shifting, Rn. 30.

821 OECD, Explanatory Statement to the Multilateral Convention to Implement Tax Treaty Related Measures to Prevent Base Erosion and Profit Shifting, Rn. 26.

822 OECD, Explanatory Statement to the Multilateral Convention to Implement Tax Treaty Related Measures to Prevent Base Erosion and Profit Shifting, Rn. 26.

823 OECD, Explanatory Statement to the Multilateral Convention to Implement Tax Treaty Related Measures to Prevent Base Erosion and Profit Shifting, Rn. 26.

2. Prinzip der Reziprozität

Die internationale Staatengemeinschaft befindet sich, wie eingangs beschrieben, in einem System ohne übergeordnete Kontrolle mit anarchischen Elementen.[824] Dies bedeutet jedoch nicht, wie auch die regimetheoretische Untersuchung des Systems des internationalen Steuerrechts gezeigt hat, dass es sich um eine Koexistenz von Staaten handelt, welche keinerlei Regeln folgt.[825] In der Theorie internationaler Beziehungen hat das Prinzip der Reziprozität eine zentrale Bedeutung zur Beschreibung staatlichen Verhaltens im Rahmen bilateraler sowie multilateraler Völkerrechtssetzung.[826] Hierunter wird im Allgemeinen die Gegenseitigkeit eines Verhaltens verstanden.[827] Aufgrund der fehlenden übergeordneten Kontrollinstanz im Völkerrecht kommt der Verhandlungssituation der einzelnen Staaten zueinander eine besondere Wichtigkeit zu.[828] Die Gewährung von Vorteilen sowie deren Kodifikation in Völkerrecht geschieht zwischen Staaten vor dem Hintergrund eines Verhandlungsgleichgewichts auf der Basis von Gegenseitigkeit.[829] Gleichzeitig erhöht die Abhängigkeit der Inanspruchnahme gewährter Vorteile von der Gewährung von Vorteilen für den anderen Staat die Chancen einer Einhaltung der Vereinbarung.[830]

Doppelbesteuerungsabkommen bilden die reziproke Gewährung von Vorteilen durch die Schaffung von Zuweisungsnormen für Besteuerungsrechte sowie die Gewährleistung von Nichtdiskriminierung ab.[831] Eine unilateral veranlasste Anwendung des Multilateralen Instruments auf einzelne Abkommen könnte dazu führen, dass das getroffene Gleichgewicht der Vorteilsgewährung beeinträchtigt wird, etwa aufgrund der Tatsache, dass Regelungen des Multilateralen Instruments eine Vertragspartei begünstigen.[832] Dies stünde daher auch

---

824 Vgl. ferner noch *Keohane*, 40 International Organization 1986, 1, 1; *Parisi/Ghei*, 36 Cornell International Law Journal 2003, 93, 93 f.

825 Siehe Abschnitt B.II.

826 Vgl. *Parisi/Ghei*, 36 Cornell International Law Journal 2003, 93, 119.

827 *Parisi/Ghei*, 36 Cornell International Law Journal 2003, 93, 94.

828 Vgl. etwa die Veranschaulichung anhand des Rats der Europäischen Union *Bailer*, Journal of European Public Policy 2010, 743, 745 ff.

829 Vgl. *Parisi/Ghei*, Cornell International Law Journal 2003, 93, 109 ff.

830 *Larson*, International Negotiation 1998, 121, 121.

831 Siehe etwa *Brauner*, British Tax Review 2019, 437, 450; *Malherbe*, Philippe, Eléments de droit fiscal international, S. 22; Vgl. bzgl. des Reziprozitätsbegriffs hinsichtlich „investment income“ *Ault*, Corporate Integration, Tax Treaties and the Division of the International Tax Base: Principles and Practices, Tax Law Review 1992, 565, 576.

832 Vgl. hierzu und folgend *Damberger*, Scope of the Multilateral Instrument, S. 3.

im Widerspruch zum Prinzip der Reziprozität. Das Multilaterale Instrument konserviert jedoch das getroffene Gleichgewicht, indem nur Abkommen miteinbezogen werden, welche erstens zwischen zwei Parteien des Multilateralen Instruments geschlossen wurden und zweitens von beiden Parteien notifiziert wurden.[833] Die Oktroyierung von Regelungen wird hierdurch ausgeschlossen. Der Anwendungsbereich des Multilateralen Instruments führt daher nicht, wie sich bei einem mehrseitigen Abkommen erwarten lassen könnte, zu einem Aufbruch der bilateral reziproken Steuerrechtsbeziehungen.[834] Das Multilaterale Instrument betrachtet seine Vertragsparteien vielmehr in einem bilateralen Geflecht zueinander und findet seinen Anwendungsgegenstand daher in den aus diesen bilateralen Beziehungen hervorgegangenen Abkommen.

III. Funktionsweise des Multilateralen Instruments

Der Befund, dass das Multilaterale Instrument die bilaterale Struktur des internationalen Steuerrechts rechtlich unangetastet lässt und diese vielmehr als Prämisse für die vorgesehene Umgestaltung wahrnimmt, führt zu der Fragestellung, anhand welcher Mechanismen die Umsetzung von BEPS-Inhalten durch das Multilaterale Instrument in das bestehende System der Doppelbesteuerungsabkommen vorgenommen wird. Zunächst ist daher zu untersuchen, welche rechtlichen Schnittstellen das Multilaterale Instrument zur Einwirkung auf die von den Vertragsstaaten notifizierten Doppelbesteuerungsabkommen vorsieht.

1. Das Verhältnis der Doppelbesteuerungsabkommen zum Multilateralen Instrument

Der auf die Veränderung des Abkommensnetzwerks gerichtete Zweck des Multilateralen Instruments lässt zunächst offen, wie die dogmatische Umsetzung dieser Veränderung ausgestaltet ist. In Betracht kommt einerseits, das Multilaterale Instrument lediglich als Intermedium zu betrachten, welches den Text eines CTA verändert.[835] Das Multilaterale Instrument würde somit in den bestehenden CTA als deren Bestandteil aufgehen und käme im Fall einer Anwendung der modifizierten Passage eines CTA nicht als eigenes Abkommen zur

833 *Becerra*, Bulletin for International Taxation 2017, 598, 599.

834 Siehe zu dieser Überlegung und folgend bereits *Brauner*, Intertax 2018, 6, 16; *Bravo*, A Multilateral Instrument to Update the Tax Treaty Network, S. 65, 74.

835 Hierzu und folgend *Jung*, IStR 2019, 91, 93; ferner *Blum*, Bulletin for International Taxation 2018, 131, 133.

Anwendung.[836] Andererseits ließe sich das Multilaterale Instrument auch als eigens anzuwendendes Abkommen verstehen, welches neben einem CTA zur Anwendung kommt und eventuell vorrangig anzuwenden ist.[837] Um herauszufinden, ob das Multilaterale Instrument ein reines Änderungsprotokoll[838] ist oder ein eigenständig anzuwendendes Abkommen, ist zu erörtern, nach welchen rechtlichen Maßgaben das Multilaterale Instrument und ein CTA zueinander in Beziehung treten.[839]

a) Normkonkurrenz zwischen Doppelbesteuerungsabkommen und Multilateralem Instrument

Die Bestimmung des Verhältnisses der Doppelbesteuerungsabkommen zum Multilateralen Instrument ist nicht nur anhand der im Abkommen selbst angelegten Regelungen zu betrachten. Als völkerrechtlicher Vertrag steht das Multilaterale Instrument bereits aufgrund dieser Rechtsnatur in einer nach allgemeinem Völkerrecht determinierten Beziehung.

aa) Die Behandlung von Vertragskollisionen im Völkerrecht

Greift man auf die Rechtstheorie von *Hart* zurück, so existieren zweierlei Normkategorien: Zum einen die der primären Normen, welche Personen ein bestimmtes Verhalten auferlegen, zum anderen besteht die Kategorie der sekundären Normen, welche Personen zur Schaffung, Änderung oder Abschaffung von primären Normen ermächtigt oder in anderer Art und Weise deren Funktionsweise determiniert.[840] Die Zahl der Normen des sekundären Typs ist im Völkerrecht aufgrund einer fehlenden Kompetenz-Kompetenz von völkerrechtlichen

---

836 In diesem Sinne *Gradl/Kiesewetter*, IStR 2018, 1, 3 ff.

837 *Avi-Yonah/Xu*, 39 Michigan Journal of International Law 2018, 155, 161; *Brauner*, Intertax 2018, 6, 14; *Bravo*, Interpreting Tax Treaties in the light of reservations, Bulletin for International Taxation 2020, 231, 235; *Drüen*, in Wassermeyer, Doppelbesteuerung, Vor Art. 1 MA Rn. 181; *Govind/Pistone*, The Relationship between Tax Treaties and the Multilateral Instrument, S. 136; *Haase*, in Haase, MLI, Einführung Rn. 38.

838 Verwendet durch OECD, Explanatory Statement to the Multilateral Convention to Implement Tax Treaty Related Measures to Prevent Base Erosion and Profit Shifting, Rn. 13.

839 *Jung*, IStR 2019, 91, 93.

840 *Hart*, The Concept of Law, S. 80 f.; *Mus*, Netherlands International Law Review 1998, 208, 210 f.

Institutionen gering.[841] Für die Auflösung von Normkollisionen des primären Typs haben sich dennoch Normen des sekundären Typs herausgebildet.[842]

An dieser Stelle ist Art. 30 WVK anzuführen, welcher die Kollision von völkerrechtlichen Normen thematisiert.[843] Dieser ist an den auch vor der Verabschiedung der Wiener Vertragsrechtskonvention angewendeten Techniken zur Lösung von Kollisionsproblemen orientiert[844] und stellt kodifiziertes Völkergewohnheitsrecht dar.[845] Art. 30 Abs. 1 WVK stellt heraus, dass sich vorbehaltlich Art. 103 UN-Charta die Rechte und Pflichten der Vertragsstaaten in Bezug auf Verträge des gleichen Themas sich nach den in Art. 30 WVK enthaltenen folgenden Vorschriften richten.

Wie auch der Wortlaut des Art. 30 WVK andeutet, steht ein völkerrechtlicher Vertragskonflikt im Zusammenhang mit einer Themengleichheit ("relate to the same subject matter") und einer daraus resultierenden Inkompatibilität der jeweiligen Vertragsvorschriften.[846] Inkompatibilität bedeutet hierbei, dass keine gleichzeitige Anwendbarkeit möglich ist.[847] Dem ist hinzuzufügen, dass dies erst nach Durchführung einer umfassenden Auslegung der Vorschriften festgestellt werden kann.[848] Ob zwei Verträge themengleich i.S.d. Art. 30 Abs. 1 WVK sind, ist jedenfalls dann zu bejahen, wenn auch eine Inkompatibilität der beiden Verträge gegeben ist.[849] Das Merkmal der Themengleichheit zielt

841 Vgl. *Zuleeg*, German Yearbook of International Law 1977, 246, 246.

842 *Mus*, Netherlands International Law Review 1998, 208, 211 f.

843 *Mus*, Netherlands International Law Review 1998, 208, 212 f.; UN, Reports of the Commission to the General Assembly, Yearbook of the International Law Commission, 1966 Vol. II, A/6309/Rev.l, S. 214 ff.

844 Siehe *Orakhelashvili*, in Corten/Klein, The Vienna Conventions on the Law of Treaties, Art. 30 Rn. 1 ff.

845 *Orakhelashvili*, in Corten/Klein, The Vienna Conventions on the Law of Treaties, Art. 30 Rn. 22; vgl. auch *Sinclair*, The Vienna Convention on the Law of Treaties, 1973, S. 26.

846 Vgl. *Ghouri*, 16 European Law Journal 2010, 806, 812 ff.; *Orakhelashvili*, in Corten/Klein, The Vienna Conventions on the Law of Treaties, S. 776.

847 *Jenks*, 30 British Yearbook of International Law 1953, 401, 426; *Vierdag*, 59 British Yearbook of International Law 1988, 75, 100.

848 *Odendahl*, in Dörr/Schmalenbach, Vienna Convention on the Law of Treaties, Art. 30 Rn. 13.

849 *Vierdag*, 59 British Yearbook of International Law 1988, 75, 100; ferner *Orakhelashvili*, in Corten/Klein, The Vienna Conventions on the Law of Treaties, Art. 30 Rn. 30.

dementsprechend bereits auf die Feststellung eines Anwendungskonflikts ab.[850]

Sowohl beim Multilateralen Instrument als auch bei Doppelbesteuerungsabkommen handelt es sich um Verträge im Sinne des Art. 30 Abs. 1 WVK. Im Falle des Multilateralen Instruments kommt es durch die Vorgabe neuer Regelungen, welche typische DBA-Regelungen zur Modifikation avisieren, regelmäßig und naturgemäß zur Inkompatibilität mit entsprechenden DBA-Regelungen. Beispielhaft sei hier Art. 5 Abs. 2 MLI (Option A) genannt. Art. 5 Abs. 2 MLI schreibt vor, dass Regelungen eines Doppelbesteuerungsabkommens, die ein durch in einem Vertragsstaat ansässiges Unternehmen erzieltes Einkommen freistellen, nicht zur Anwendung kommen, wenn der andere Vertragsstaat diese Regelung zur Freistellung dieses Einkommens oder Verringerung des Steuersatzes, dem das Einkommen unterliegt, anwendet. Sofern ein Doppelbesteuerungsabkommen nach dem Vorbild des Art. 23A OECD-MA vorsieht, dass Einkommen freigestellt wird und diese Regelung nach dem Ansässigkeitsstaat auch angewendet wird, der Quellenstaat jedoch nach einer Abkommensregelung ebenso zu einer Freistellung kommt, ist das Einkommen insgesamt vollständig freigestellt. Bei Anwendung des Art. 5 Abs. 2 MLI wird die Regelung nach Vorbild des Art. 23A OECD-MA durch den Ansässigkeitsstaat jedoch nicht mehr angewendet, sodass es zu keiner Freistellung mehr kommt. Eine simultane Anwendung der Regelungen ist daher nicht möglich. Eine solche Inkompatibilität und damit Themengleichheit ist zwischen Multilateralem Instrument und den CTA in Bezug auf die abzuändernden Vorschriften im obigen Sinne regelmäßig gegeben.

bb) Kollisionregeln in völkerrechtlichen Verträgen

Art. 30 Abs. 2 WVK besagt, dass, wenn ein Vertrag gegenüber einem früher oder später geschlossenem Vertrag Subsidiarität anordnet oder bestimmt, dass er mit einem anderen Vertrag nicht als unvereinbar angesehen wird, der andere Vertrag Vorrang hat. Der Absatz berücksichtigt daher den Fall einer hierarchisierenden Bezugnahme auf einen anderen Vertrag durch die Vertragsparteien. Art. 30 Abs. 2 WVK stellt den Vorrang einer solchen speziellen Kollisionsregel gegenüber den allgemeinen Regeln des Art. 30 WVK heraus.[851] Bemerkenswert

850 *Orakhelashvili*, in Corten/Klein, The Vienna Conventions on the Law of Treaties, S. 776; *Odendahl*, in Dörr/Schmalenbach, Vienna Convention on the Law of Treaties, Art. 30 Rn. 13.

851 Hierzu *Odendahl*, in Dörr/Schmalenbach, Vienna Convention on the Law of Treaties, Art. 30 Rn. 16.

ist, dass Art. 30 Abs. 2 WVK lediglich den Fall impliziert, dass ein Vertrag einem anderen Vertrag Vorrang zugesteht.[852] Der umgekehrte Fall, in welchem ein Vorrang beansprucht wird, bleibt ungeregelt.[853] Trotz der Nichtaufnahme der umgekehrten Konstellation bleibt es Staaten daher unbenommen, eine Klausel einzuführen, welche Vorrang des Vertrages gegenüber einem anderen Vertrag beansprucht.[854] Auch eine solche Klausel ist jedoch in ihrer Reichweite von zukünftigen Verträgen mit neuen Kollisionsnormen abhängig.[855] Staaten sind frei darin bezüglich der gleichen Sachmaterie weitere Kollisionsnormen zu schaffen, welche die Erstgeschaffene aufheben.[856]

cc) Generelle Kollisionregeln

In Abwesenheit einer vertraglichen Kollisionsregel ist auf Art. 30 Abs. 3 sowie 4 WVK abzustellen.[857] Gemäß Art. 30 Abs. 3 WVK hängt die Anwendbarkeit eines Vertrages, dessen Parteien auch Parteien eines späteren Vertrages sind, davon ab, zu welchem Grad dieser mit dem späteren Vertrag vereinbar ist. Durch die Erklärung des Geltungsvorrangs des späteren Vertrags bildet Art. 30 Abs. 3 WVK die Regel „lex posterior derogat legi priori“ ab.[858]

Für die Anwendung des Art. 30 Abs. 3 WVK ist die Feststellung der zeitlichen Abfolge von Verträgen von entscheidender Bedeutung. Im Rahmen von völkerrechtlichen Verträgen kommen zwei Zeitpunkte zur Bestimmung der

---

852 *Odendahl*, in Dörr/Schmalenbach, Vienna Convention on the Law of Treaties, Art. 30 Rn. 16.

853 *Odendahl*, in Dörr/Schmalenbach, Vienna Convention on the Law of Treaties, Art. 30 Rn. 16 f.
Odendahl, in Dörr/Schmalenbach, Vienna Convention on the Law of Treaties, Art. 30 Rn. 17; auch völkervertragliche Kollisionsregeln, welche lediglich Art. 30 Abs. 3 und 4 WVK ausformen, sind möglich, siehe UN, Draft Articles on the Law of Treaties with commentaries, Yearbook of the International Law Commission, 1966, S. 214.

854 *Odendahl*, in Dörr/Schmalenbach, Vienna Convention on the Law of Treaties, Art. 30 Rn. 17.

855 Vgl. *Odendahl*, in Dörr/Schmalenbach, Vienna Convention on the Law of Treaties, Art. 30 Rn. 20.

856 *Odendahl*, in Dörr/Schmalenbach, Vienna Convention on the Law of Treaties, Art. 30 Rn. 20.

857 *Odendahl*, in Dörr/Schmalenbach, Vienna Convention on the Law of Treaties, Art. 30 Rn. 21.

858 *Zuleeg*, 20 German Yearbook of International Law, 246, 256.

Chronologie in Betracht: Einerseits der Zeitpunkt der Annahme des Vertragstexts, andererseits der Zeitpunkt des Inkrafttretens.[859]

Hieraus können sich Komplikationen insbesondere dann ergeben, wenn ein Vertrag zwar später als der andere unterzeichnet wird, der als erstes unterzeichnete Vertrag jedoch später ratifiziert wird.[860] Der Wortlaut ist insofern nicht aufschlussreich, da Art. 30 Abs. 3 WVK nicht auf die Entstehung eines völkerrechtlichen Vertrages Bezug nimmt.[861] Zunächst könnte man hinsichtlich Art. 2 Abs. 1 lit. g) WVK annehmen, dass der Begriff des Inkrafttretens als zeitlicher Referenzpunkt maßgeblich sei.[862] Dort ist der Begriff der Partei definiert, welchen auch Art. 30 Abs. 3 WVK voraussetzt. „Partei" umfasst hiernach einen Staat, welcher der Bindung an einen Vertrag zugestimmt hat und für welchen der Vertrag in Kraft getreten ist. Dementsprechend sei auch für Art. 30 Abs. 2 WVK der Zeitpunkt des Inkrafttretens maßgeblich.[863] Ein Blick auf die vorbereitenden Arbeiten der Vereinten Nationen zeichnet hingegen ein anderes Bild.[864] Prominent sind an dieser Stelle die Ausführungen von *Sinclair* sowie die zustimmende Replik von *Waldock*.[865] Nachdem *Sinclair* die bereits angezeigte Problematik der sich überlagernden Referenzpunkte anhand von Beispielen umriss,[866] führte *Waldock* hierzu Folgendes aus:

„The notion behind it was that, when the second treaty was adopted, there was a new legislative intention; that intention, as expressed in the later instrument, should therefore be taken as intended to prevail over the intention expressed in the earlier instrument. That being so, it was inevitable that the date of adoption should be the relevant one. Another question, however, arose: that of the date

859 Vgl. *Zuleeg*, 20 German Yearbook of International Law, 246, 256; *Matz*, Wege zur Koordinierung völkerrechtlicher Verträge, S. 333.

860 Vgl. *Matz*, Wege zur Koordinierung völkerrechtlicher Verträge, S. 333.

861 *Matz*, Wege zur Koordinierung völkerrechtlicher Verträge, S. 333; vgl. Vertragskonkurrenz im Völkerrecht, S. 82.

862 *Orakhelashvili*, in Corten/Klein, The Vienna Conventions on the Law of Treaties, Art. 30 Rn. 58.

863 *Orakhelashvili*, in Corten/Klein, The Vienna Conventions on the Law of Treaties, Art. 30 Rn. 58.

864 Vgl. *Mus*, Netherlands International Law Review 1998, 208, 220 f.; *Wilting*, Vertragskonkurrenz im Völkerrecht, S. 82.

865 Wie folgend bereits zitiert von *Mus*, Netherlands International Law Journal 1998, 208, 220 f.; *Wilting*, Vertragskonkurrenz im Völkerrecht, S. 82 f.

866 UN, United Nations Conference on the Law of Treaties, Vienna, First session, 26 March–24 May 1968, A/CONF.39/11, New York 1969, S. 165.

at which the rules contained in article 26 would have effect for each individual party. In that connexion, the date of entry into force of a treaty for a particular party was relevant for purposes of determining the moment at which that party would be bound by the obligations arising under article 26."[867]

In Einklang hiermit ist zwischen der Anwendbarkeit des Art. 30 Abs. 3 WVK sowie der Bestimmung der Chronologie der in Rede stehenden Verträge zu differenzieren.[868] Denn die mit dem Inkrafttreten begründete Bindung eines Staats an Art. 30 Abs. 3 WVK trifft keine Aussage über die Vertragschronologie.[869] Der hierfür maßgebliche Referenzpunkt ist in der Vertragsannahme zu sehen, denn bereits in dieser kommt, wie *Waldock* ausführte, die Absicht eines völkerrechtlich geformten Parteiwillens zum Ausdruck.[870] Die Festlegung auf ein Kriterium des Inkrafttretens würde hingegen zu willkürlichen Ergebnissen führen.[871] Das Inkrafttreten eines Vertrages ist bedingt durch die Ratifikationen der Signatarstaaten, sodass der Zeitpunkt der Fassung einer gemeinsamen Intention dieser Staaten hinsichtlich der Geltung des anderen Vertrags unberücksichtigt bleiben könnte.[872] Vor diesem Hintergrund ist auf die Vertragsannahme abzustellen.[873]

Sofern das zeitliche Verhältnis der Verträge bestimmt wurde, sind die entsprechenden Normen der Verträge auf Vereinbarkeit zu prüfen.[874] Denn die Geltung des früheren Vertrages ist von der Vereinbarkeit mit dem späteren Vertrag abhängig. Inwiefern eine Vereinbarkeit besteht, ist im Wege der Auslegung zu bestimmen.

Art. 30 Abs. 3 WVK trifft keine Aussage darüber, dass neben den betroffenen Vertragsstaaten auch weitere Vertragsstaaten Partei des späteren Vertrages werden.[875] Ein Beitritt von Drittstaaten zum späteren Abkommen bleibt damit hinsichtlich der Anwendung der lex-posterior-Regel ohne Auswirkung.[876]

---

867 UN, United Nations Conference on the Law of Treaties, Vienna, Second session, 9 April–22 May 1969, Document: A/CONF.39/11/Add.1, New York 1970, S. 253.

868 *Zuleeg*, 20 German Yearbook of International Law, 246, 256; krit. *Wilting*, Vertragskonkurrenz im Völkerrecht, S. 83.

869 Vgl. *Zuleeg*, 20 German Yearbook of International Law, 246, 256.

870 United Nations Conference on the Law of Treaties, Vienna, Second session, 9 April–22 May 1969, Document: A/CONF.39/11/Add.1, New York 1970, S. 253; vgl. auch *Wilting*, Vertragskonkurrenz im Völkerrecht, S. 83.

871 *Matz*, Wege zur Koordinierung völkerrechtlicher Verträge, S. 333.

872 Vgl. *Matz*, Wege zur Koordinierung völkerrechtlicher Verträge, S. 333.

873 Auch noch *Zuleeg*, 20 German Yearbook of International Law, 246, 256.

874 Hierzu und folgend *Zuleeg*, 20 German Yearbook of International Law, 246, 257.

875 *Mus*, Netherlands International Law Review 1998, 208, 219.

876 *Mus*, Netherlands International Law Review 1998, 208, 219.

In umgekehrter Konstellation wird die lex-posterior-Regel des Art. 30 Abs. 3 WVK jedoch durch Art. 30 Abs. 4 WVK ergänzt.[877] Demnach ist für den Fall, dass nicht alle Vertragsparteien des früheren Vertrags auch Parteien des späteren Vertrags geworden sind, zu differenzieren. So kommt gemäß Art. 30 Abs. 4 lit. a) WVK für Vertragsstaaten, die jeweils Partei beider Abkommen geworden sind, weiterhin die lex-posterior-Regel des Abs. 3 zur Anwendung. Hingegen gilt zwischen einem Staat, welcher Partei beider Abkommen geworden ist und einem Staat, der nur Partei eines Abkommens geworden ist, nur das Abkommen, dessen Partei beide Staaten geworden sind. So wird sichergestellt, dass der später geschlossene Vertrag nicht die Rechte der Parteien, welche sich ausschließlich dem früheren Vertrag angeschlossen haben, beeinträchtigt ("pacta tertiis non nocent").[878] Hierfür ist erforderlich, dass sich der Vertrag in einzelne bilaterale Verpflichtungen zerteilen lässt.[879]

Der lex-specialis-Grundsatz als solcher wird in Art. 30 WVK nicht normiert.[880] Dennoch ist die Überlegung des Vorrangs spezieller gegenüber generellen Regelungen ein traditioneller Bestandteil der Diskussion um die Koordination von Kollisionen internationaler Verträge und bereits bei *Grotius* zu finden.[881] Eine darüber hinausgehende, genaue Konturierung eines völkergewohnheitsrechtlichen lex-specialis-Grundsatzes ist jedoch ein nahezu unmögliches Unterfangen; bereits grundsätzliche Prämissen, etwa ob es sich um eine Kollisions- oder aber um eine Auslegungsregel handelt, sind unklar.[882] Allein die Anerkennung der Bedeutung spezieller vertraglicher Kollisionsregeln in Art. 30 Abs. 2 WVK kann jedenfalls als Ausprägung eines lex-specialis-Grundsatzes gesehen werden.[883]

---

877 Vgl. hierzu und folgend *Orakhelashvili*, in Corten/Klein, The Vienna Conventions on the Law of Treaties, Art. 30 Rn. 71.

878 *Wilting*, Vertragskonkurrenz im Völkerrecht, S. 90; *Zuleeg*, 20 German Yearbook of International Law, S. 261.

879 *Zuleeg*, 20 German Yearbook of International Law, S. 261; *Wilting*, Vertragskonkurrenz im Völkerrecht, S. 99; ferner *Orakhelashvili*, in Corten/Klein, The Vienna Conventions on the Law of Treaties, Art. 30 Rn. 74.

880 *Odendahl*, in Dörr/Schmalenbach, Vienna Convention on the Law of Treaties, Art. 30 Rn. 2.

881 *Jenks*, 30 British Yearbook of International Law 1953, 401, 446; *Lindroos*, 74 Nordic Journal of International Law 2005, 27, 35.

882 m.w.N. *Wilting*, Vertragskonkurrenz im Völkerrecht, S. 87 f.

883 Vgl. *Orakhelashvili*, in Corten/Klein, The Vienna Conventions on the Law of Treaties, A Commentary, Art. 30 Rn. 22; darüber hinaus wird teilweise diskutiert, ob für die Anwendung des Art. 30 Abs. 3 WVK „der gleiche Grad an Konkretheit der Regelung" vorliegen muss, siehe *Wilting*, Vertragskonkurrenz im Völkerrecht, S. 88.

dd) *Die Kompatibilitätsklauseln des Multilateralen Instruments*

Vor diesem Hintergrund ist zunächst zu untersuchen, inwiefern das Multilaterale Instrument selbst Klauseln vorsieht, welche im Fall einer Normkonkurrenz mit Doppelbesteuerungsabkommen zur Anwendung kommen. Als rechtliche Schnittstelle, durch welche hierarchisierend auf Doppelbesteuerungsabkommen Bezug genommen wird, können die im Multilateralen Instrument festgelegten Kompatibilitätsklauseln gelten.[884] Bereits der Abschlussbericht des Aktionspunkts 15 griff die Idee einer Kompatibilitätsklausel auf.[885] Diese wird im Abschlussbericht auch als „primacy clause" oder „conflict clause" bezeichnet.[886] Das *explanatory statement* des Multilateralen Instruments stellt abstrakt die Struktur von Regelungen im Multilateralen Instrument vor und äußert sich in diesem Zuge zur Bedeutung von Kompatibilitätsklauseln.[887] Auch wenn es Konstellationen gäbe, in welchen eine Anwendung ohne Kollision möglich ist, würden zur Lösung einer etwaigen Kollision zwischen einer MLI-Regelung und der eines CTA Kompatibilitätsklauseln implementiert.[888]

Das Multilaterale Instrument ist darauf ausgelegt, eine Vielzahl von Doppelbesteuerungsabkommen miteinzubeziehen. Folglich müssen die Kompatibilitätsklauseln des Multilateralen Instruments dem Anspruch genügen, im Kollisionsfall auf diverse unterschiedliche Formulierungen reagieren zu können.[889] Durch den fehlenden konkreten Bezug auf einzelne Abkommen ist a zudem priori unklar, ob im avisierten Abkommen überhaupt eine kollidierende Regelung vorhanden ist. Ferner sollte auch im Sinne der Umsetzungseffizienz berücksichtigt werden, dass im CTA bereits eine vergleichbare Regelung existiert, sodass eine das bilaterale Verhältnis möglichst schonende Umsetzung erreicht wird. Unter diesen Umständen wird deutlich, dass die Kompatibilitätsklausel

884 Einführend *Govind/Pistone*, The Relationship between Tax Treaties and the Multilateral Instrument, S. 118 ff.; vgl. *Hattingh*, 71 Bulletin for International Taxation 2017 No 3/4 (online edition), 1, 6 f.

885 OECD, Base Erosion and Profit Shifting Project, Developing a Multilateral Instrument to Modify Bilateral Tax Treaties, Action 15, 2015 Final Report, Annex A, Rn. 20.

886 OECD, Base Erosion and Profit Shifting Project, Developing a Multilateral Instrument to Modify Bilateral Tax Treaties, Action 15, 2015 Final Report, Rn. 23 bzw. Annex A, Rn. 20.

887 OECD, Explanatory Statement to the Multilateral Convention to Implement Tax Treaty Related Measures to Prevent Base Erosion and Profit Shifting, Rn. 15.

888 Vgl. OECD, Explanatory Statement to the Multilateral Convention to Implement Tax Treaty Related Measures to Prevent Base Erosion and Profit Shifting, Rn. 15.

889 Vgl. *Bravo*, A Multilateral Instrument for Updating the Tax Treaty Network, S. 122.

in ihrem Inhalt abhängig ist von der materiellen Regelung des Multilateralen Instruments, an welche sie geknüpft ist. Erforderlich ist somit eine abstrahierte inhaltliche Bezugnahme auf die avisierte Regelung der CTA als auch eine Auseinandersetzung mit dem Umstand, ob bereits eine andere oder aber vergleichbare Regelung bereits im CTA existiert.

(1) Kategorisierung der unterschiedlichen Kompatibilitätsklauseln

Die Kategorisierung von Kompatibilitätsklauseln erscheint in Bezug auf die inhaltliche Ausrichtung auf CTA-Klauseln nicht sinnvoll, da die Kompatibilitätsklausel im Einzelfall auf die umzusetzende Thematik zugeschnitten ist und sich keine übergeordneten Kategorien erkennen lassen. Etwas Anderes gilt indes für die Art und Weise der Bezugnahme auf die avisierte Zielregelung im CTA. Hier lassen sich insgesamt vier Kategorien von im MLI eingeführten Kompatibilitätsklauseln differenzieren.[890]

(a) „in place of"

In Art. 12 Abs. 3 lit. a) MLI sind Kompatibilitätsklauseln enthalten, welche die Anwendung der neuen Regelung zur Vertreterbetriebsstätte in Art. 12 Abs. 1 MLI anstelle ("in place of") einer bereits existierenden Regelung eines CTA anordnen. Diese Regelung muss die Voraussetzungen einer Betriebstätte hinsichtlich der Tätigkeit einer von einer unabhängigen Person sowie einer Situation, in welcher die Person zum Abschluss von Verträgen im Namen des Unternehmens ermächtigt wurde und diese Ermächtigung auch ausübt, beinhalten. Der identische Regelungstyp ist auch noch in Art. 5 Abs. 7 sowie 13 Abs. 5 lit. a) MLI enthalten.

In diesem Fall wird durch die Kompatibilitätsklausel mit der Formulierung „in place of" vorausgesetzt, dass eine solche Regelung im CTA vorhanden ist.[891] Ist keinerlei Regelung vorhanden, kommt das Multilaterale Instrument demnach

890 OECD, Explanatory Statement to the Multilateral Convention to Implement Tax Treaty Related Measures to Prevent Base Erosion and Profit Shifting, Rn. 15; *Govind/ Pistone*, The Relationship between Tax Treaties and the Multilateral Instrument, S. 119; *Hattingh*, 71 Bulletin for International Taxation 2017 No. 3/4 (online edition), 1, 7; *Jung*, IStR 2019, 91, 92; *Avi-Yonah /Xu*, 39 Michigan Journal of International Law 2018, 155, 167.

891 Vgl. hierzu und folgend OECD, Explanatory Statement to the Multilateral Convention to Implement Tax Treaty Related Measures to Prevent Base Erosion and Profit Shifting, Rn. 15.

nicht zur Anwendung. Sofern eine entsprechende Klausel gegeben ist, wird diese ausgesetzt.

(b) „in absence of“

Diametral entgegengesetzt werden Kompatibilitätsklauseln verwendet, welche die Anwendung des Multilateralen Instruments nur bei Nichtexistenz einer vergleichbaren Regelung anordnen.[892] Derlei Vorschriften sind in Art. 16 Abs. 4 lit. b) i) sowie lit. c) MLI enthalten. Diese Kompatibilitätsklauseln beziehen sich auf Art. 16 Abs. 2 S. 1 sowie Art. 16 Abs. 3 S. 1 MLI und geben die Ausgestaltung des Verständigungsverfahrens vor. Sofern eine solche Regelung noch nicht im CTA existiert, wird das Multilaterale Instrument angewendet.[893] Besteht eine entsprechende Regel, so wird von der Anwendung abgesehen.[894] In diesem Fall wird also auf bestehende, inhaltlich vergleichbare Formulierungen in CTA Rücksicht genommen.

(c) „in place or in absence of“

In einer weiteren Variante werden die beiden bereits genannten Kompatibilitätsklauseln miteinander kombiniert.[895] Während die Varianten „in place of“ sowie „in absence of“ nur vereinzelt in den genannten Fällen verwendet werden, so handelt es sich bei der Kombination um die häufigste Gestaltungsvariante von Kompatibilitätsklauseln im Multilateralen Instrument.[896] Hierbei wird die avisierte CTA-Regelung sowohl im Falle der Existenz als auch im Fall der Nichtexistenz durch die MLI-Regelung ersetzt.[897]

---

892 OECD, Explanatory Statement to the Multilateral Convention to Implement Tax Treaty Related Measures to Prevent Base Erosion and Profit Shifting, Rn. 15.

893 OECD, Explanatory Statement to the Multilateral Convention to Implement Tax Treaty Related Measures to Prevent Base Erosion and Profit Shifting, Rn. 15.

894 OECD, Explanatory Statement to the Multilateral Convention to Implement Tax Treaty Related Measures to Prevent Base Erosion and Profit Shifting, Rn. 15.

895 Vgl. *Bravo*, A Multilateral Instrument for Updating the Tax Treaty Network, S. 133.

896 *Govind/Pistone*, The Relationship between Tax Treaties and the Multilateral Instrument, S. 119 f.

897 OECD, Explanatory Statement to the Multilateral Convention to Implement Tax Treaty Related Measures to Prevent Base Erosion and Profit Shifting, Rn. 15.

(d) *„applies to"/„modifies"*

Aus dem bisherigen Schema treten die Formulierungen „applies to" sowie „modifies" heraus. In Art. 5 Abs. 3 sowie Abs. 4 MLI wird die Formulierung „apply to" verwendet. Diese beziehen sich auf die Vermeidung einer Nichtbesteuerung durch kumulative Freistellung des Einkommens in Form von Option A und B.[898] Diese Gegenmaßnahmen sollen entsprechend der Formulierung der Kompatibilitätsklauseln nur zur Anwendung kommen, wenn andernfalls Vorschriften des CTA einen Vertragsstaat verpflichten würden, Gewinne steuerlich freizustellen. Das Multilaterale Instrument wird daher ohne Berührung der Regeln zur Vermeidung der Doppelbesteuerung nur im genannten Fall angewendet.

Auch die Kompatibilitätsklausel des Art. 7 Abs. 5 MLI wendet die Variante „apply to" an. Diese bezieht sich auf Art. 7 Abs. 4 MLI, durch welchen der *principle purpose test* eingeschränkt wird.[899] Die Kompatibilitätsklausel macht in diesem Fall die Anwendung der Einschränkung vom Bestehen eines – eventuell durch das Multilaterale Instrument implementierten – *principle purpose test* abhängig.

Ähnlich hierzu verhält es sich mit der Kompatibilitätsklausel des Art. 13 Abs. 5 lit. b) MLI. Diese bezieht sich auf Art. 13 Abs. 4 MLI, welcher versucht Fragmentierungsstrategien bzgl. der Erfüllung eines Merkmals des Negativkatalogs des Betriebsstättenartikels durch die Einbindung sich nahestehender Unternehmen zu verhindern. Dies setzt die Existenz eines Negativkatalogs voraus, sodass die Kompatibilitätsklausel die Anwendung des Art. 13 Abs. 4 MLI vom Bestand eines Negativkatalogs abhängig macht.[900]

Anstatt einer Implementierung im Fall der Nichtexistenz wird im Fall „apply to"/modifies" eine Regelung zu einer bestehenden Vorschrift im CTA hinzugefügt.[901] Diese Gestaltung der Kompatibilitätsklausel ist daher vergleichbar mit derjenigen, welche „in place of" enthält. Die Konstellationen unterscheiden sich jedoch insofern, als dass es im Fall von „applies to/modifies" nicht zu einer vollständigen Ersetzung, sondern zu einer Neuregelung auf Grundlage der Zielvorschrift kommt.[902]

---

898 *Haase*, in Haase, MLI, Art. 5 Rn. 13 ff.

899 *Hackethal*, in Haase, MLI, Art. 7 Rn. 40.

900 *Kölbl*, in Haase, MLI, Art. 13 Rn. 57.

901 OECD, Explanatory Statement to the Multilateral Convention to Implement Tax Treaty Related Measures to Prevent Base Erosion and Profit Shifting, Rn. 15.

902 *Jung*, IStR 2019, 91, 95.

(2) Völkerrechtliche Bedeutung der Kompatibilitätsklauseln

Art. 30 WVK erkennt in Abs. 2 den Vorrang spezieller völkerrechtlicher Kollisionsnormen an. Hervorzuheben ist jedoch, dass es sich bei den Kompatibilitätsklauseln des Multilateralen Instruments nicht um Klauseln i.S.d. Art. 30 Abs. 2 WVK handelt, da diese nicht den Vorrang anderer Verträge zugestehen, sondern unter bestimmten Voraussetzungen einen Vorrang beanspruchen.[903]

Der Regelungsgehalt der Kompatibilitätsklauseln ist zudem losgelöst von der Prämisse einer Kollision.[904] So wird die Zielregelung unabhängig davon ersetzt, ob diese in Kollision zur Vorschrift des Multilateralen Instruments tritt.[905] Zwar kommt es oftmals aufgrund der Inkompatibilität der Regelungen des MLI sowie des CTA zu Kollisionen. Ist etwa im Fall des Art. 12 Abs. 3 lit. a) MLI keinerlei Regelung zu Vertreterbetriebstätten in der Betriebsstättendefinition des CTA vorhanden, so kann dies zu einer Inkompatibilität führen, wenn die Normanwendung zu jeweils anderen Ergebnissen führt. Weist die Anwendung der Vertreterbetriebsstätte also kein anderes Ergebnis der Besteuerung im Vergleich zur Konstellation ohne die Anwendung der MLI-Regelung aus, etwa aufgrund des Umstands, dass die wirtschaftliche Aktivität auch anderweitig als Betriebsstätte erfasst wird, so besteht auch kein Fall der Kollision. Sowohl Kollisionsfälle, als auch Fälle kompatibler Anwendung der beiden Regelungen lassen sich daher unter die Kompatibilitätsklauseln fassen.[906]

Die Bedeutung von Kompatibilitätsklauseln im Multilateralen Instrument geht daher über diejenige herkömmlich normierter Kollisionsregeln hinaus.[907] Ziel ist nicht lediglich die Koordination von Verträgen, sondern vielmehr die Einwirkung auf die bestehenden Doppelbesteuerungsabkommen. Kompatibilitätsklauseln dienen nicht bloß dem Ziel der Subordination von Verträgen, sondern darüber hinaus der Vereinheitlichung der CTA. Denn im Gegensatz

---

903 Vgl. auch *Govind/Pistone*, The Relationship between Tax Treaties and the Multilateral Instrument, S. 117.

904 Vgl. OECD, Explanatory Statement to the Multilateral Convention to Implement Tax Treaty Related Measures to Prevent Base Erosion and Profit Shifting, Rn. 15.

905 Vgl. OECD, Explanatory Statement to the Multilateral Convention to Implement Tax Treaty Related Measures to Prevent Base Erosion and Profit Shifting, Rn. 15.

906 Vgl. OECD, Explanatory Statement to the Multilateral Convention to Implement Tax Treaty Related Measures to Prevent Base Erosion and Profit Shifting, Rn. 15.

907 Vgl. *Bravo*, A Multilateral Instrument for Updating the Tax Treaty Network, S. 123, welche die Funktionen von Kompatibilitätsklauseln im Ausschluss von CTA-Klauseln und in der Schaffung von Vorhersehbarkeit begründet sieht.

zur lex-posterior-Regel, welche lediglich bei Kollisionen einschlägig ist, wird bei den Formulierungen „in place of, in place or in absence of" unabhängig davon, ob eine Kollision oder sogar eine divergierende Regelung vorliegt, eine „Überschreibung" des rechtlichen Status quo vorgenommen. Zudem generieren die Kompatibilitätsklauseln im Fall „in absence of" Flexibilität bei der genauen Formulierung, da in diesem Fall kein Ersatz der CTA-Regelung vorgenommen wird, sondern die von den CTA-Vertragsstaaten sinngemäß formulierte Regelung bestehen bleibt. In diesem Fall kommt den Kompatibilitätsklauseln für den Bereich der Kollisionsfälle sogar eine im Vergleich zur lex-posterior-Regel einschränkende Wirkung zu.

ee) *Schlussfolgerungen für das Verhältnis des Multilateralen Instruments zu den Doppelbesteuerungsabkommen*

Der Wortlaut der Kompatibilitätsklauseln kann möglicherweise einen Hinweis auf das Verhältnis des Multilateralen Instruments zu den Doppelbesteuerungsabkommen liefern.[908] Aus der Formulierung „in place of" lässt sich nicht ableiten, dass der Abkommenstext des CTA selbst verändert werden soll.[909] Vielmehr findet die Regelung des Multilateralen Instruments nur in dem Fall Anwendung, dass eine entsprechende Regelung im Zielabkommen vorhanden ist. Es handelt sich somit um eine Prämisse der Anwendung, der keinerlei Gehalt einer Textersetzung zukommt.[910] Gleiches gilt für die Formulierungen „shall apply in absence of" sowie „shall apply in place or in absence of"; auch hier besteht keinerlei Bedeutungsgehalt bezüglich einer direkten Einwirkung auf den Abkommenstext des CTA.[911] Denn hierdurch werden wiederum nur Anwendungsvoraussetzungen aufgestellt, nicht jedoch eine Anwendung des CTA diktiert. Auch die Kompatibilitätsklauseln der Kategorie „applies/modifies", wenden den Regelungszusatz neben dem CTA mit dem Ergebnis einer geänderten Rechtsfolge an und ändern nicht den Abkommenstext selbst.[912] Lediglich Art. 6 Abs. 2 MLI, welcher von „shall be included in a Covered Tax Agreement in place or in absence of" spricht, liefert Hinweise auf eine tatsächliche Änderung des Abkommenstextes der betroffenen CTA.[913] Denn in diesem Fall ist durch den Wortlaut

908 Vgl. *Jung*, IStR 2019, 91, 93.

909 *Jung*, IStR 2019, 91, 93.

910 Siehe *Jung*, IStR 2019, 91, 93, welcher von einer Anwendungsersetzung spricht.

911 Im Ergebnis *Jung*, IStR 2019, 91, 94.

912 *Hattingh*, 71 Bulletin for International Taxation 2017 No. 3/4 (online edition), 1, 7.

913 Siehe hierzu und im Folgenden *Jung*, IStR 2019, 91, 94; auch *Creed*, in Haase, MLI, Art. 6 Rn. 6 spricht von einer Wortlautänderung.

„shall be included in a Covered Tax Agreement" eindeutig Bezug genommen auf die zu ändernde Kodifikation. Dies erscheint im Fall des Art. 6 MLI auch deshalb naheliegend, weil es um die Abänderung der Präambel geht, die in erster Linie für Auslegungszwecke von Bedeutung ist. Wird die erneuerte Präambel Teil des Abkommenstextes, so ist eine Berücksichtigung im Wege der Auslegung unproblematisch über Art. 31 Abs. 2 WVK, in welchem die Präambel ausdrücklich als Bestandteil des Zusammenhangs genannt wird, möglich.

Das Multilaterale Instrument bildet damit grundsätzlich ein rechtlich selbstständiges Abkommen, welches vorrangig vor den Doppelbesteuerungsabkommen nach Maßgabe der Kompatibilitätsklauseln anzuwenden ist.[914] Lediglich Art. 6 Abs. 2 MLI bildet dahingehend eine Ausnahme, welche sich jedoch mit den besonderen Erfordernissen einer Präambel in den Doppelbesteuerungsabkommen begründen lässt.[915] Neben den genannten Argumenten spricht auch die Bezeichnung der Klauseln als „primacy clauses" oder „conflict clauses" dafür,[916] dass diese nicht zur Textersetzung führen, sondern die Vertragsanwendung koordinieren. Dies weist auch Konformität zur völkerrechtlichen Bedeutung der Kompatibilitätsklauseln auf, welche sowohl der Koordination als auch der Vereinheitlichung dienen.

b) Die rechtliche Wirkung des Multilateralen Instruments in die Zukunft

Vor dem Hintergrund des Telos des Multilateralen Instruments, auf das Abkommensnetzwerk einzuwirken, stellt sich über das Verhältnis zu bereits bestehenden Doppelbesteuerungsabkommen hinaus die Frage, ob es sich hierbei um ein rein statisches oder um ein dynamisches Verhältnis handelt. Dies betrifft erstens aufseiten der CTA die Frage, ob sich das Multilaterale Instrument überhaupt auf zukünftige Doppelbesteuerungsabkommen erstreckt.[917] Zweitens ist für ein

---

914 *Avi-Yonah/Xu*, 39 Michigan Journal of International Law 2018, 155, 161; *Drüen*, in Wassermeyer, Doppelbesteuerung, Vor Art. 1 MA Rn. 181; *Jung*, IStR 2019, 91, 96; *Haase*, in Haase, ML, Einführung Rn. 38; *Govind/Pistone*, The Relationship between Tax Treaties and the Multilaeral Instrument, S. 136; *Bravo*, Bulletin for International Taxation 2020, 231, 235.

915 *Jung*, IStR 2019, 91, 94.

916 Siehe OECD, Base Erosion and Profit Shifting Project, Developing a Multilateral Instrument to Modify Bilateral Tax Treaties, Action 15, 2015 Final Report, Rn. 23 bzw. Annex A, Rn. 20.

917 *Govind/Pistone*, The Relationship between Tax Treaties and the Multilateral Instrument, S. 133.

dynamisches Verhältnis entscheidend, ob für Vertragsparteien die Möglichkeit besteht, nachträglich gegenüber dem Multilateralen Instrument abweichende Regelungen zu treffen.[918]

aa) Zukünftige Doppelbesteuerungsabkommen

Die Untersuchung des Anwendungsbereichs des Multilateralen Instruments hat ergeben, dass das Multilaterale Instrument sich nicht auf einen bereits festgelegten Kreis an Abkommen bezieht, sondern die Einbeziehung von der Notifikation der Parteien abhängig ist.[919] Bei dem Begriff des CTA handelt es sich daher gewissermaßen um ein Blankett, welches durch Mitwirkung der Vertragsparteien konkretisiert wird. Jedenfalls auf den ersten Blick bleibt jedoch unklar, ob es sich dabei um ein dynamisches Blankett, welches sich auch auf zum Zeitpunkt des Inkrafttretens des Multilateralen Instruments noch nicht existierende Abkommen bezieht, oder um ein solches statischer Natur handelt.

Der Wortlaut des Art. 2 MLI spricht von „an agreement (...) that is in force". Die Verwendung des Präsens deutet darauf hin, dass nur Abkommen gemeint sind, welche zum Zeitpunkt des Inkrafttretens des Multilateralen Instruments schon existieren.[920] Alternativ könnte man jedoch davon ausgehen, dass dies nur den rechtlichen Zustand bezeichnet, den ein Abkommen erfüllen muss.[921] Der reine Wortlaut ist mithin nicht aufschlussreich.[922] Zieht man die Vorschrift des Art. 29 Abs. 1 MLI zur Notifikation heran, so ergibt sich danach, dass die Notifikation grundsätzlich zum Zeitpunkt der Unterschrift oder Ratifikation erfolgen solle. Nach Art. 29 Abs. 5 MLI können die Vertragsparteien die Liste der notifizierten Abkommen jedoch jederzeit erweitern.[923] Die Sollvorschrift des Abs. 1 signalisiert, dass das Multilaterale Instrument um eine möglichst einheitliche Notifikation der Abkommen bemüht ist. Dass auch später noch Abkommen notifiziert werden können, ist jedoch kein eindeutiger Hinweis auf eine

---

918 *Bravo*, Future Changes to Covered Tax Agreements and the MLI, S. 240.

919 Siehe Abschnitt C.II.1.c).

920 Vgl. *Govind/Pistone*, The Relationship between Tax Treaties and the Multilateral Instrument, S. 134.

921 Vgl. *Haase*, in Haase, MLI, Art. 2 Rn. 8, „zum Zeitpunkt der Benennung".

922 Auch das Explanatory Statement macht den relevanten Zeitpunkt des Vertragsabschlusses nicht deutlich, sondern wiederholt den wesentlichen Wortlaut in Rn. 25 lediglich.

923 Dies nimmt *Bravo*, A Multilateral Instrument for Updating the Tax Treaty Network, S. 73 zum Anlass, auch die Einbeziehung zukünftige Abkommen für zulässig zu erachten.

Bezugnahme auf zukünftige Abkommen. Schließlich ist zu erwarten, dass Vertragsparteien bereits bestehende Abkommen auch nachträglich noch bestimmten weiteren MLI-Regelungen unterwerfen möchten. Zudem ist zu beachten, dass in Art. 30 MLI das Verhältnis des Multilateralen Instruments zu nachträglich modifizierten Doppelbesteuerungsabkommen ausdrücklich geregelt ist. Dies lässt den Umkehrschluss zu, dass eine Einbeziehung zukünftiger Abkommen gerade nicht vorgesehen ist.

Diesem Ergebnis könnte prima facie entgegengehalten werden, dass eine alleinige Einbeziehung bestehender Abkommen eine auch zukünftig umfangreiche Implementierung von Inhalten des BEPS-Projekts über das Multilaterale Instrument unterminiert.[924] Allerdings ist der Kreis bestehender Abkommen aufgrund der langen Historie von Doppelbesteuerungsabkommen bereits äußerst umfangreich.[925] Geplante Neuerungen werden daher vor allem lediglich bestehende Abkommen modifizieren. Zudem können die Inhalte auch unabhängig bei einem Konsens der Parteien in ein neues Abkommen integriert werden.[926] Die Zweckerreichung des Multilateralen Instruments wird demnach durch die vertretene Interpretation ebenso nicht signifikant beeinträchtigt. Es ist damit festzuhalten, dass sich das Multilaterale Instrument lediglich auf bereits bei Inkrafttreten bestehende Doppelbesteuerungsabkommen bezieht.[927]

bb) Die Möglichkeit eines bilateralen override des Multilateralen Instruments

Die Problematik der unilateralen Konterkarierung völkerrechtlich getroffener Vereinbarungen ist im internationalen Steuerrecht in der Konstellation des *treaty override*, in welcher Vorschriften in Doppelbesteuerungsabkommen durch nationale Maßnahmen beeinträchtigt werden, eine prominente Thematik.[928] Diese

---

924 *Govind/Pistone*, The Relationship between Tax Treaties and the Multilateral Instrument, S. 134.

925 Siehe etwa nur für Doppelbesteuerungsabkommen der EU-Staaten https://ec.europa.eu/taxation_customs/individuals/personal-taxation/treaties-avoidance-double-taxation-concluded-member-states_en; abgerufen am 18.8.2021.

926 Eine solche Integration findet auch bereits in hohem Maße statt, siehe IFA, A: Reconstructing the treaty network, Cahiers de droit fiscal international 2020, S. 36.

927 So im Ergebnis auch Govind/Pistone, The Relationship between Tax Treaties and the Multilateral Instrument, in Lang et al (Hrsg.), The OECD Multilateral Instrument for Tax Treaties, S. 134.

928 Vgl. De Pietro, World Tax Journal 2015, 73, 74.

Gefahr setzt sich bei der Verabschiedung multilateraler Maßgaben auf abkommensrechtlicher Ebene fort.[929]

Es besteht einerseits die Möglichkeit, dass durch zukünftig abgeschlossene Doppelbesteuerungsabkommen, welche nicht vom Multilateralen Instrument erfasst werden, gegenüber dem Multilateralen Instrument abweichende Regelungen getroffen werden.[930] Die Zulässigkeit einer solchen abweichenden Vereinbarung steht prima facie nicht infrage: Die Souveränität der Staaten garantiert einen unabhängigen Abschluss neuer Verträge.[931] Nach der Wiener Vertragsrechtskonvention können sich jedoch im Fall von multilateralen Verträgen Vorgaben für das Vertragsverhalten nach Abschluss ergeben.[932] Gemäß Art. 41 WVK ist eine Vereinbarung zwischen zwei Parteien eines multilateralen Vertrags, welche von diesem abweicht, in zwei Fällen zulässig. Im ersten Fall ist erforderlich, dass die Möglichkeit der abweichenden Vereinbarung im Vertrag vorgesehen ist. Im zweiten Fall ist Voraussetzung, dass eine abweichende Veränderung durch den Vertrag nicht verboten ist und weder die Inanspruchnahme von Rechten durch dritte Parteien beeinträchtigt noch auf eine Vorschrift Bezug nimmt, deren Außerkraftsetzung nicht mit Sinn und Zweck des Vertrags zu vereinbaren ist.

Für die Anwendbarkeit der Vorschrift müssten also die an der abweichenden Vereinbarung beteiligten Parteien gleichzeitig Parteien des multilateralen Vertrages sein. Sofern also ein neuer Vertrag mit lediglich einer beteiligten MLI-Partei geschlossen wird, scheidet die Anwendung des Art. 41 WVK von vornherein aus. Einer Abweichung sind dann keine Grenzen gesetzt. Im Fall von zwei Parteien des Multilateralen Instruments, welche ein neues Doppelbesteuerungsabkommen schließen, könnte Art. 41 WVK indes dem Grunde nach infrage kommen.[933]

---

929 Der Begriff des „Override" wird in diesem Zusammenhang genutzt durch *Blum*, Bulletin for International Taxation 2018, 131, 133; vgl. ferner *Kaiser*, in Haase, MLI, Art. 1 Rn. 10.

930 Vgl. hierzu *Govind/Pistone*, The Relationship between Tax Treaties and the Multilateral Instrument, S. 133 f.; ferner Berens, Multilaterales Instrument im Kontext der Einkünfteerzielung hybrider Gesellschaften, S. 150 ff.

931 Vgl. *Bravo*, Future Changes to Covered Tax Agreements and the MLI, S. 239.

932 Vgl. *Govind/Pistone*, The Relationship between Tax Treaties and the Multilateral Instrument, S. 133 f.

933 *Govind/Pistone*, The Relationship between Tax Treaties and the Multilateral Instrument, S. 133.

Fraglich ist jedoch insoweit, ob bei einem neuen Doppelbesteuerungsabkommen, unabhängig von den dort geregelten Inhalten, von einer abweichenden Vereinbarung gesprochen werden kann. Denn Art. 41 Abs. 1 WVK setzt eine Modifikation ("modify") durch die Vereinbarung voraus. Damit von einer Modifikation des Abkommens, also des Multilateralen Instruments, für die Parteien gesprochen werden kann, müssen diese zuvor auch in einer durch das Multilaterale Instrument geprägten rechtlichen Beziehung gestanden haben, andernfalls handelt es sich nicht um eine Veränderung der Rechtsbeziehung, sondern um eine Neuschöpfung. Theoretisch ist damit nur der Fall erfasst, in welchem zwei Parteien ein CTA notifizieren und im Nachhinein ein hiervon unabhängiges, abweichendes Doppelbesteuerungsabkommen aushandeln würden. Diese Konstellation ist jedoch praktisch von geringer Bedeutung, vielmehr werden die Parteien im Fall einer angestrebten Erneuerung der Rechtsbeziehung regelmäßig ein bestehendes Abkommen nachverhandeln. Neu ratifizierte DBA zwischen Parteien des Multilateralen Instruments, welche zuvor kein CTA notifiziert haben, können damit ohne Weiteres beschlossen werden.

Gerade im praktisch relevanteren Fall der Abänderung bereits bestehender Doppelbesteuerungsabkommen ist es jedoch denkbar, dass bereits durch das Multilaterale Instrument berührte Passagen im Nachhinein modifiziert werden.[934] Art. 30 MLI berücksichtigt dies insofern, als dass vorgeschrieben wird, dass die Änderungen von CTA von Vorschriften des Multilateralen Instruments unberührt bleiben. Das *explanatory statement* hebt diesen Umstand vor dem Hintergrund, dass das Multilaterale Instrument nicht dazu bestimmt sei, den Status quo der Doppelbesteuerungsabkommen einzufrieren, als selbstverständlich hervor.[935] Dies wird durch die Grundregel der Wiener Vertragsrechtskonvention zunächst unterstrichen.[936] In Art. 39 WVK ist diese „Selbstverständlichkeit" kodifiziert, dort heißt es, dass eine Änderung des Vertrages, in dem Fall des Doppelbesteuerungsabkommens, von einer dahingehenden Vereinbarung der Parteien abhängt.

Auch in diesem Fall könnte jedoch die Sondervorschrift des Art. 41 Abs. 1 WVK gelten.[937] Hierfür müsste die Vereinbarung in Form der Modifikation des Doppelbesteuerungsabkommens eine Veränderung gegenüber dem Inhalt des Multilateralen

934 *Blum*, Bulletin for International Taxation 2018, 131, 135.

935 OECD, Explanatory Statement to the Multilateral Convention to Implement Tax Treaty Related Measures to Prevent Base Erosion and Profit Shifting, Rn. 310.

936 *Bravo*, Future Changes to Covered Tax Agreements and the MLI, S. 239.

937 *Govind/Pistone*, The Relationship between Tax Treaties and the Multilateral Instrument, S. 133; vgl. *Bravo*, A Multilateral Instrument for Updating the Tax Treaty Network, S. 274.

Instruments offenbaren. Betrachtet man Art. 41 Abs. 1 WVK unter diesen Voraussetzungen als anwendbar, so ist fraglich, unter welchen Bedingungen eine Modifikation zulässig ist. Die Möglichkeit der ausdrücklichen Gestattung einer abweichenden Vereinbarung im Vertrag nach Art. 41 Abs. 1 lit. a) WVK könnte durch Art. 30 MLI erfüllt sein.[938] Art. 30 MLI stellt heraus, dass nachträgliche Änderungen des Doppelbesteuerungsabkommens von den Vorschriften des Multilateralen Instruments unberührt bleiben. Dies beinhaltet, dass derlei Änderungen vom Multilateralen Instrument als zulässig anerkannt werden. Eine inhaltliche Einschränkung der Änderungsmöglichkeiten lässt sich Art. 30 MLI nicht entnehmen.[939] Diese sind daher nach der Wiener Vertragsrechtskonvention zulässig.[940] Der Vorrang der nachträglichen Änderung des Doppelbesteuerungsabkommens gegenüber dem Multilateralen Instrument ergibt sich wiederum aus dem lex posterior-Grundsatz.[941]

2. Notifikationen

Wie bereits erläutert, fallen nur solche Abkommen in den Anwendungsbereich, welche von den Parteien notifiziert wurden.[942] Gegenstand des Abkommens sind damit nicht sämtliche Abkommen einer Vertragspartei, welche mit einer anderen Vertragspartei des Multilateralen Instruments abgeschlossen wurden. Auch auf Ebene der einzelnen Artikel des Multilateralen Instruments sind Notifikationen für verschiedene Aktionsmöglichkeiten der Vertragsparteien vorgesehen.

---

938 *Govind/Pistone*, The Relationship between Tax Treaties and the Multilateral Instrument, S. 133 f.

939 Siehe auch *Bosman*, Intertax 2017, 642, 657 f.; vgl. auch *Blum*, Bulletin for International Taxation 2018, 131, 135.

940 Vgl. *Govind/Pistone*, The Relationship between Tax Treaties and the Multilateral Instrument, S. 133 f.; die argumentativen Grundlagen für eine teleologische Beschränkung auf Modifikationen im Sinne des BEPS-Projekts wird von *Bravo*, A Multilateral Instrument for Updating the Tax Treaty Network, S. 269 ff. vorgetragen, jedoch mit der Kritik versehen, dass dies unter dem Gesichtspunkt der Dynamik des Abkommens ein schwer zu rechtfertigendes Resultat darstellt. Auch *Berens*, Multilaterales Instrument im Kontext der Einkünfteerzielung hybrider Gesellschaften, S. 150 f. greift diese teleologische Argumentation auf.

941 *Govind/Pistone*, The Relationship between Tax Treaties and the Multilateral Instrument, S. 134; vgl. *Blum*, Bulletin for International Taxation 2018, 131, 135; ferner *Bravo*, A Multilateral Instrument for Updating the Tax Treaty Network, S. 273.

942 Siehe dazu Abschnitt C.II.1.c).

a) *Völkerrechtlicher Hintergrund*

Völkerrechtliche Verträge sind im Gegensatz zu anderen Vertragstypen regelmäßig mit einer reduzierten Verbindlichkeit ausgestattet.[943] Die Möglichkeit, Regelungen mit Optionen zu versehen oder durch Vorbehalte die Allgemeingültigkeit von Vorschriften generell einzuschränken, zeugen von der Gewährung flexibler Verbindlichkeit.[944] Hieraus erfolgen im Nachgang der Veröffentlichung eines Abkommens regelmäßig weitere Erklärungen der Parteien, welche die genauen Rechtsfolgen für die jeweiligen Parteien erst festlegen.[945] Um diese Flexibilität für jede Vertragspartei adäquat zu gewährleisten, ist es vorteilhaft, für diese nachvertraglichen Erklärungen ein formalisiertes Verfahren durch Notifikationserfordernisse zu etablieren.[946] Notifikationen im klassischen Sinne bilden somit keine Instrumente der Abkommensflexibilität, sondern dienen der Rechtssicherheit der durch die Partei getroffenen Entscheidungen und damit auch der Übersichtlichkeit des Abkommensprozesses.[947]

Neben der Rechtsförmigkeit dieser Notifikationen ist auch deren Adressat für die Frage des Verfahrens von großer Bedeutung. Aufgrund der zahlreichen Interessen der unterschiedlichen Mitgliedstaaten eines Abkommens kommt hierfür ein unabhängiger Akteur, welcher die Durchsetzung der Abkommensziele unterstützt, in Betracht. Dies führt zur Implementierung einer zentralen Verwahrstelle, welche die Notifikationen entgegennimmt und verwaltet (sog. *depositary*).[948] Die Anforderungen an die formelle und inhaltliche Ausgestaltung der Notifikationen sind oftmals im Abkommen selbst geregelt.[949] In Abwesenheit einer spezialgesetzlichen Regelung kann auf die Vorgaben der Wiener Vertragsrechtskonvention zurückgegriffen werden.[950] Gemäß Art. 78 lit. a) WVK muss

943 *Helfer*, Flexibility in International Agreements, S. 175 verwendet die Formulierung, dass „form and substance" in völkerrechtlichen Verträgen untrennbar verbunden sind.

944 Vgl. *Helfer*, Flexibility in International Agreements, S. 177.

945 Vgl. etwa UN, Treaty Handbook, 2012, S. 9.

946 Vgl. *Zöhrer*, Notifications According to the Multilateral Instrument and Consolidated Versions of Tax Treaties, S. 191.

947 Vgl. *Avi-Yonah/Xu*, 39 Michigan Journal of International Tax Law 2018, 155, 168; *Zöhrer*, Notifications According to the Multilateral Instrument and Consolidated Versions of Tax Treaties, S. 191.

948 *Aust*, Handbook of International Law, S. 100 f.

949 Siehe hierzu die in OECD, Base Erosion and Profit Shifting Project, Developing a Multilateral Instrument to Modify Bilateral Tax Treaties, Action 15, 2015 Final Report, Annex A, Rn. 66 aufgeführten Abkommen.

950 Vgl. *Zöhrer*, Notifications According to the Multilateral Instrument and Consolidated Versions of Tax Treaties, S. 192.

eine Notifikation oder sonstige Kommunikation im Fall eines *depositary* an diese übermittelt werden. Sofern eine solche nicht eingerichtet wurde, muss die Notifikation direkt an die Staaten übermittelt werden, für welche sie abgegeben wurde. Art. 78 lit. b) WVK legt ferner den Zeitpunkt des Zugangs fest: Dieser tritt erst ab Empfang durch das *depositary* bzw. durch den anderen Staat ein. Sofern die Notifikation an das *depositary* aufgrund der Notwendigkeit der Kommunikation an einen anderen Staat ergeht, gilt die Notifikation erst in dem Moment als zugegangen, in welchem der Staat, für welchen die Notifikation abgegeben wurde, vom *depositary* informiert wurde.

Die Funktionen der Verwahrstelle werden in Art. 77 WVK näher bestimmt.[951] Hierzu gehören erstens notarielle Funktionen wie die Verwahrung des Originaltextes, der Bereitstellung beglaubigter Kopien, die Empfangnahme der Vertragsunterschriften sowie der Notifikationen und sonstigen Communiqués. Zweitens besteht eine Übermittlungsfunktion in der Form, dass die Vertragsparteien über relevante Ereignisse im Zusammenhang mit dem Vertrag zu unterrichten sind. Drittens ist eine Vertragsdurchführungsfunktion genannt, welche der Verwahrstelle die Durchführung der im Vertrag aufgeführten Funktionen zuordnet.

b) Notifikationen im multilateralen Instrument

Art. 29 Abs. 1 MLI enthält eine normbezogene Auflistung der Fälle, in denen eine Notifikation zu erfolgen hat. Grundsätzlich ist zwischen zwei Ebenen von Notifikationserfordernissen zu unterscheiden.[952] Die erste Ebene betrifft die Doppelbesteuerungsabkommen, welche die Vertragspartei im Grundsatz von den Regelungen des Multilateralen Instruments erfasst wissen möchte.[953] Die zweite Ebene betrifft die Auswahl der einzelnen Artikel, welche die Vertragspartei zur Geltung bringen möchte. Auf der zweiten Ebene existieren drei Gruppen von Notifikationserfordernissen, welche sich inhaltlich unterscheiden.

Die erste Gruppe sieht ein Erfordernis im Grundsatz für den Fall vor, dass kein Vorbehalt hinsichtlich des Inhalts eines Artikels erklärt wurde. Dies betrifft Art. 3 Abs. 6, 4 Abs. 4, 6 Abs. 5, 7 Abs. 17, 9 Abs. 7, 10 Abs. 6, 11 Abs. 4, 12 Abs. 5 und 6, 14 Abs. 4, 16 Abs. 6, 17 Abs. 4, 23 Abs. 4, 24 Abs. 1 und Art. 26 Abs. 1 MLI.

---

951 Vgl. hierzu und im Folgenden ausführlich *Villiger*, The Vienna Convention on the Law of Treaties, Art. 77 Rn. 5 ff.

952 Vgl. *Avi-Yonah/Xu*, A Global Treaty Override, 39 Michigan Journal of International Law 2018, 155, 168, welcher indes zwischen der Notifikation von Optionsbestimmungen sowie solchen im Zusammenhang mit Kompatibilitätsklauseln unterscheidet.

953 Vgl. Abschnitt C.II.1.c).

Die inhaltliche Ausgestaltung der Notifikation erfolgt durch einen Rückgriff auf die Kompatibilitätsklausel des Artikels.[954] Denn die Kompatibilitätsklausel enthält eine Beschreibung der Regelung, welche ersetzt werden soll. Die Notifikation hat daher die Information zu enthalten, ob eine Regelung, wie in der Kompatibilitätsklausel beschrieben, existiert. Diese ist dann mit Artikel und Absatz im jeweiligen Doppelbesteuerungsabkommen zu benennen.

Die erste Gruppe enthält sowohl Vorschriften des Mindeststandards als auch mit Vorbehaltsmöglichkeit ausgestattete Vorschriften. Dies hat auf die dogmatische Ausgestaltung insofern keine Auswirkung, als dass auch im Falle von Vorschriften, welche dem Mindeststandard zuzuordnen sind, die Erklärung von Vorbehalten – bspw. für den Fall einer bereits existierenden sinngemäßen Regelung, wie etwa in Art. 6 Abs. 4 MLI vorgesehen – möglich ist.[955] Die einzelnen Notifikationsklauseln enthalten zudem grundsätzlich den Zusatz, dass im Falle beiderseitiger Notifikation der Vertragsparteien des CTA eine Ersetzung ("replace") stattfindet.[956] Die Anordnung der Geltung der Norm findet sich also nicht bereits in der Kompatibilitätsklausel, sondern wird erst in Verbindung mit der Notifikation ausgelöst.[957]

Die zweite Gruppe umfasst Notifikationserfordernisse, welche auf eine zu wählende Option abzielen. Dies betrifft die Regelungen der Art. 5 Abs. 10, 9 Abs. 8, 13 Abs. 7, 23 Abs. 4 sowie 24 Abs. 1 MLI. In diesem Fall ist die gewählte Option zu notifizieren. Darüber hinaus hat die Notifikation je nach Art der Option wiederum die Information zu enthalten, inwiefern im CTA die in der Kompatibilitätsklausel angegebene Vorschrift vorhanden ist.[958]

Die dritte Gruppe umfasst die in Art. 35 Abs. 1, 2, 3, 5 und 7 MLI geregelten Notifikationserfordernisse. Hier können Vertragsparteien die dort beschriebenen Abweichungen bzgl. des Geltungszeitpunktes der MLI-Vorschriften treffen und haben diese entsprechend zu notifizieren.

Nach alledem ist festzuhalten, dass Notifikationen auch im multilateralen Instrument dazu bestimmt sind, ein formalisiertes Verfahren zur Transparenz der Abkommensflexibilität zu etablieren. Auf der beschriebenen ersten Ebene wird

---

954 Vgl. hierzu und folgend *Zöhrer*, Notifications According to the Multilateral Instrument and Consolidated Versions of Tax Treaties, S. 199.

955 Hierzu Abschnitt C.III.3.b)bb).

956 Vgl. OECD, Explanatory Statement to the Multilateral Convention to Implement Tax Treaty Related Measures to Prevent Base Erosion and Profit Shifting, Rn. 15.

957 Siehe *Jung*, IStR 2019, 91, 92.

958 Vgl. etwa Art. 5 Abs. 10 MLI.

jedoch keine Abkommensinformation der intendierten Anwendung eines Flexibilitätsmittels durch die Notifikation übermittelt, sondern vielmehr mit den CTA der Abkommensgegenstand als solcher. Der Notifikation kommt damit zum Teil auch eine flexibilisierende Wirkung zu, obwohl es sich dem Grunde nach nicht um ein Instrument zur Herstellung von Abkommensflexibilität, sondern um ein solches zur Wahrung der Verfahrenstransparenz handelt.

c) Das *depositary* im Multilateralen Instrument

Art. 39 Abs. 1 MLI verleiht dem Generalsekretär der OECD die Rolle des *depositary*. Die vertragsimmanenten Funktionen des *depositary* bestehen neben allgemeinen Veröffentlichungspflichten insbesondere in Notifikationserfordernissen gegenüber den Parteien und Signatarstaaten.[959] In Einklang mit den Vorgaben durch Art. 77 WVK erfüllen diese Notifikationserfordernisse Übermittlungsfunktionen. Innerhalb eines Kalendermonats hat das *depositary* gemäß Art. 39 Abs. 2 MLI den Parteien und Signatarstaaten die Unterschriften sowie Ratifikationen oder Vertragsannahmen anderer Staaten, die Erklärung oder den Widerruf von Vorbehalten, Notifikationen, Kündigungen des Abkommens, Änderungsvorschläge, sowie sonstigen Informationsaustausch im Zusammenhang mit dem Multilateralen Instrument zu notifizieren. Die allgemeinen Veröffentlichungspflichten umfassen gemäß Art. 39 Abs. 3 MLI Listen zu den CTA sowie zu den von den Parteien erklärten Vorbehalten und Notifikationen.

d) Form der Notifikation

Die Wiener Vertragsrechtskonvention macht keinerlei Vorgaben für die Form von Notifikationen.[960] Zwar weist auch das Multilaterale Instrument keine ausdrücklichen Formvorschriften bezüglich der Gestaltung von Notifikationen auf, allerdings spricht Art. 29 Abs. 3 MLI von einem Dokument, welches die Notifikationen enthält.[961] Zudem ergibt sich das Erfordernis einer Schriftform auch unter Gesichtspunkten der Rechtssicherheit.[962] Der Inhalt einer Notifikation

959 Vgl. hierzu und folgend *Zöhrer*, Notifications According to the Multilateral Instrument and Consolidated Versions of Tax Treaties, S. 201.

960 *Zöhrer*, Notifications According to the Multilateral Instrument and Consolidated Versions of Tax Treaties, S. 197.

961 Hierzu *Zöhrer*, Notifications According to the Multilateral Instrument and Consolidated Versions of Tax Treaties, S. 198.

962 Dazu und vgl. im Folgenden *Zöhrer*, Notifications According to the Multilateral Instrument and Consolidated Versions of Tax Treaties, S. 198.

ist durchaus umfangreich und enthält bspw. im Fall der ersten Gruppe die von der Kompatibilitätsklauseln betroffenen Regelungen inkl. Artikel und Absatz. Zur Vermeidung von Übertragungsfehlern ist hierbei die Schriftform als zwingend erforderlich zu erachten. Da die Notifikationen an die anderen Parteien durch das *depositary* übermittelt werden, besteht andernfalls die Gefahr, dass sich Übertragungsfehler perpetuieren. Die Schriftform ist daher notwendig, um die Glaubwürdigkeit des transparenten Notifikationsprozesses für alle Parteien sicherzustellen.[963]

e) Bindungswirkung der Notifikationsentscheidung für die Parteien

aa) Spätere Erklärung von Notifikationen

Da Notifikationen in Verbindung mit den Wahlmöglichkeiten innerhalb des Multilateralen Instruments dessen Reichweite mitbestimmen, ist es von Relevanz für die Effektivität des Multilateralen Instruments, welchen Veränderungen die Entscheidung einer Vertragspartei für oder gegen eine Notifikation unterliegen kann. Sofern eine Vertragspartei sich zunächst dafür entschieden hat, ein Abkommen oder eine Vorschrift nicht zu notifizieren, stellt sich die Frage, inwiefern diese Entscheidung durch eine nachträgliche Notifikation revidiert werden kann.[964] Grundsätzlich hat die Notifikation gemäß Art. 29 Abs. 1 MLI bei der Unterschrift des Multilateralen Instruments oder aber im Zeitpunkt der Hinterlegung der Ratifikationsurkunde bei der OECD zu erfolgen.

Art. 29 Abs. 5 MLI beantwortet diese Frage hinsichtlich der nachträglichen Notifikation neuer Abkommen und dazugehöriger Vorschriften.[965] Hiernach kann eine Vertragspartei die Liste der notifizierten Abkommen jederzeit erweitern. Dabei muss jedoch angegeben werden, ob das Abkommen von den von der Vertragspartei erklärten Vorbehalten erfasst wurde. In diesem Zuge sind dann auch die Notifikation der im Abkommen enthaltenen Vorschriften nach Art. 29 Abs. 1 lit. b) bis lit. s) MLI vorzunehmen.[966] Auch bezüglich bereits in das Multilaterale Instrument einbezogener Abkommen ist eine nachträgliche Notifikation nach Art. 29 Abs. 6 MLI möglich.[967] Hinsichtlich des Inkrafttretens

963 *Zöhrer*, Notifications According to the Multilateral Instrument and Consolidated Versions of Tax Treaties, S. 198.

964 Vgl. *Miladinovic/Rust*, Options under the Multilateral Instrument, S. 159.

965 Vgl. *Frenzel*, in Haase, MLI, Art. 29 Rn. 12 f.

966 Vgl. OECD, Explanatory Statement to the Multilateral Convention to Implement Tax Treaty Related Measures to Prevent Base Erosion and Profit Shifting, Rn. 304.

967 Vgl. hierzu und im Folgenden *Frenzel*, in Haase, MLI, Art. 29 Rn. 14 ff.

der nachträglichen Notifikationen wird zwischen CTA zwischen Staaten, die bei Eingang der Notifikation bereits Parteien des Multilateralen Instruments sind und CTA zwischen Staaten, in denen mindestens ein Staat keine Partei des Multilateralen Instruments ist, unterschieden. Für erstere gilt gemäß Art. 29 Abs. 6 lit. a) i) MLI in Bezug auf Vorschriften zu Quellensteuern ein Inkrafttreten für steuerauslösende Ereignisse am oder nach dem 1. Januar des Jahres, welches auf eine sechsmonatige Frist ab dem Empfangsdatum der Notifikation beim *depositary* folgt. Gemäß Art. 29 Abs. 6 lit. a) ii) MLI gilt hinsichtlich sonstiger Vorschriften für Steuern, die in Bezug auf einen Zeitraum erhoben werden, ein Inkrafttreten am oder nach dem 1. Januar des Jahres, welches auf eine sechsmonatige Frist ab dem Empfangsdatum der Notifikation folgt.

bb) Widerruf von Notifikationen

Entscheidend für die Stabilität und Nachhaltigkeit der Reichweite des Multilateralen Instruments ist zudem der Umstand, ob die Parteien nachträglich die getroffene Notifikationsentscheidung auch widerrufen können.[968] Das Multilaterale Instrument selbst trifft hierüber keine Aussage. Auch bestehen keine generellen völkerrechtlichen Normen, welche sich ausdrücklich zur Bindungswirkung von Notifikationen äußern. Art. 28 Abs. 9 MLI trifft lediglich eine Aussage zum Widerruf von erklärten Vorbehalten.[969] Hiernach ist ein nachträglicher Widerruf sowie ein Ersatz durch einen Vorbehalt geringeren Ausmaßes jederzeit möglich.[970] Der systematische Vergleich zu den Vorbehalten ist daher ein Hinweis darauf, dass ein Widerruf der Notifikationen gerade nicht zulässig sein sollte.[971] Die Unrechtmäßigkeit eines Widerrufs der Notifikationen lässt sich zudem grundsätzlich auch aus dem Rechtsgedanken des Art. 28 Abs. 9 MLI herleiten.[972] Teleologischer Hintergrund der Vorschrift ist, dass im Falle eines Vorbehaltswiderrufs sowie bei Ausübung eines Vorbehalts geringeren Ausmaßes die Implementierung des Multilateralen Instruments nicht gefährdet wird.[973] Im

---

968 Vgl. *Bravo*, A Multilateral Instrument for Updating the Tax Treaty Network, S. 262.

969 Hierzu Abschnitt C.III.3.c)aa).

970 Siehe Abschnitt C.III.3.c)aa).

971 *Miladinovic/Rust*, Options under the Multilateral Instrument, S. 163 f.; vgl. *Bravo*, A Multilateral Instrument for Updating the Tax Treaty Network, S. 262 hinsichtlich des Widerrufs von Optionen.

972 *Miladinovic/Rust*, Options under the Multilateral Instrument, S. 163 f.

973 Vgl. OECD, Explanatory Statement to the Multilateral Convention to Implement Tax Treaty Related Measures to Prevent Base Erosion and Profit Shifting, Rn. 282;

Grundsatz muss im Falle des Widerrufs einer Erklärung einer Vertragspartei gewährleistet sein, dass durch den Widerruf der Status quo der Geltung des Multilateralen Instruments nicht beeinträchtigt wird.[974] Dem folgt auch die Anordnung des Art. 29 Abs. 5 MLI, welcher spätere Notifikationserklärungen, die den Anwendungsbereich des Abkommens naturgemäß erweitern, zulässt. Im Fall des Widerrufs einer Notifikation der Abkommen nach Art. 2 Abs. 1 lit. a), ii) MLI wird der Anwendungsbereich des Multilateralen Instruments jedoch verkleinert. Wendet man den Rechtsgedanken des Art. 29 Abs. 9 MLI auf die Konstellation der Notifikation an, so ist ein Widerruf der Notifikation unzulässig.[975] Auch durch Widerruf einer Notifikation der Vorschriften des CTA i.S.v. Art. 29 Abs. 1 lit. b) bis lit. s) MLI kann die Geltung des MLI beeinträchtigt werden. Denn eine Geltung des Multilateralen Instruments für eine Passage des Doppelbesteuerungsabkommens liegt nur dann vor, wenn eine diesbezügliche Notifikation beider Parteien zu verzeichnen ist, wie sich aus den Klauseln zur Notifizierung in den einzelnen Vorschriften jeweils ergibt.[976] Daher ist auch in diesem Fall der Widerruf einer Notifikation als unzulässig zu erachten.

Lediglich bei den in Art. 35 MLI vorgesehenen Notifikationen ergibt sich eine solche Beeinträchtigung nicht zwingend im gleichen Maße. Hier ist eine Beeinträchtigung davon abhängig, ob sich eine Verzögerung der Geltung des Multilateralen Instruments durch Widerruf einer Notifikation ergibt. Eine solche könnte etwa eintreten, wenn eine Partei gemäß Art. 35 Abs. 2 MLI die Verwendung des Wortes „taxable period" statt „calendar year" in Art. 35 Abs. 1 lit. a) MLI notifiziert hat, und der Beginn dieser Steuerperiode nach dem Kalenderjahr eintritt. Auch ein früherer Beginn scheint jedoch in umgekehrter Konstellation möglich. In Bezug auf die Notifikationen nach Art. 35 MLI führt die Übertragung des Rechtsgedankens des Art. 28 Abs. 9 MLI allein demnach nicht zwingend zu einer Unzulässigkeit des Widerrufs. Das Argument einer nicht ausdrücklichen Regelung in Anbetracht der umfangreichen Ausgestaltung des Art. 28 Abs. 9 MLI[977] bleibt indes auch diesbezüglich bestehen.

Miladinovic/Rust, Options under the Multilateral Instrument, S. 163 f.; vgl. auch *Walker*, Reservations to the Multilateral Instrument, S. 186.

974 Hierzu und folgend *Miladinovic/Rust*, Options under the Multilateral Instrument, S. 163 f.; Walker, Reservations to the Multilateral Instrument, S. 186.

975 *Miladinovic/Rust*, Options under the Multilateral Instrument, S. 163 f.

976 Siehe *Jung*, IStR 2019, 91, 92; siehe etwa Art. 3 Abs. 6, 4 Abs. 4 MLI ("shall be replaced") oder auch 12 Abs. 5 MLI ("shall apply").

977 *Bravo*, A Multilateral Instrument for Updating the Tax Treaty Network, S. 262.

3. Vorbehalte

a) *Völkerrechtlicher Hintergrund*

Multilaterale völkerrechtliche Ansätze streben in aller Regel eine möglichst hohe Einbeziehung von Staaten an – je mehr Staaten sich an einem multilateralen Vertrag beteiligen, desto größer ist die Überzeugung von der Nachhaltigkeit und Verbindlichkeit des Vertrags.[978] Unterschiedliche politische, ökonomische und kulturelle Voraussetzungen von Staaten führen zu einer Vielzahl unterschiedlicher staatlicher Interessen.[979] Da eine Vertragsteilnahme jedoch von der jeweils eigentümlichen Interessenlage eines Staates abhängig ist, erscheint es nahezu unmöglich, einen multilateralen Vertrag zu erstellen, welcher in unveränderter Form auf die Interessen zahlreicher Staaten Rücksicht nimmt.[980] Um der Verbreitung eines multilateralen Vertrags willen wird dieser daher ggf. mit der Möglichkeit der Erklärung von Vorbehalten ausgestattet.[981] Diese garantieren eine Vereinbarkeit des Vertrags mit staatlichen Interessen auch in dem Fall, in dem diese mit Teilen des Vertrags kollidieren.[982] Eine solche Möglichkeit unilateraler Abbedingung birgt indes stets das Risiko einer inhaltlichen Ausdünnung des Vertrages.[983] Sind grundlegende Vertragsregelungen von Vorbehalten betroffen, so droht eine Gefährdung der Durchsetzung des Vertragsziels.[984] Um einer Entkernung des Vertrags vorzubeugen, ist die inhaltliche Reichweite von Vorbehalten im Sinne des Vertragsziels genau auf die Interessen der möglichen

---

978 Vgl. *Shaw*, International Law, S. 693; *Walter*, in Dörr/Schmalenbach, Vienna Convention on the Law of Treaties, Art. 19 Rn. 2; einen historischen Überblick über die Entwicklung von Vorbehalten liefert *Parisi/Sevcenko*, 21 Berkeley Journal of International Law 2003, 1, 3.

979 *Shaw*, International Law, S. 693.

980 Vgl. *Shaw*, International Law, S. 693; *Walter*, in Dörr/Schmalenbach, Vienna Convention on the Law of Treaties, Art. 19 Rn. 2.

981 Vgl. *Shaw*, Malcolm N., International Law, S. 693; vgl. auch *Parisi/Sevcenko*, 21 Berkeley Journal of International Law 2003, 1, 4 ff.; *Gamble*, 74 The American Journal of International Law 1980, 372, 372.

982 *Shaw*, International Law, S. 693; *Walter*, in Dörr/Schmalenbach, Vienna Convention on the Law of Treaties, Art. 19 Rn. 2.

983 *Shaw*, International Law, S. 693; *Walter*, in Dörr/Schmalenbach, Vienna Convention on the Law of Treaties, Art. 19 Rn. 2; *Parisi/Sevcenko*, 21 Berkeley Journal of International Law 2003, 1, 25.

984 *Shaw*, International Law, S. 693; *Walter*, in Dörr/Schmalenbach, Vienna Convention on the Law of Treaties, Art. 19 Rn. 2; *Parisi/Sevcenko*, 21 Berkeley Journal of International Law 2003, 1, 25.

Signatarstaaten abzustimmen.[985] Vorbehalte stehen daher im Spannungsfeld der Berücksichtigung der Souveränität möglichst vieler Staaten einerseits und der Durchsetzung des Vertragsziels andererseits.[986]

Art. 2 Abs. 1 lit. d) WVK enthält eine Definition des Vorbehalts: „reservation means a unilateral statement, however phrased or named, made by a State, when signing, ratifying, accepting, approving or acceding to a treaty, whereby it purports to exclude or to modify the legal effect of certain provisions of the treaty in their application to that State". Die Wiener Vertragsrechtskonvention enthält zudem in den Art. 19–23 konkrete Vorschriften für Vorbehalte.

Art. 19 WVK erkennt die grundsätzliche Zulässigkeit von Vorbehalten in Verträgen an und legt, wiederum in dem Anliegen einen Ausgleich zwischen Flexibilität und Wahrung des Vertragsziels zu schaffen,[987] einige Ausnahmen fest, in welchen kein Vorbehalt erklärt werden darf. Hierzu gehören gem. Art. 19 lit. a), b) WVK Fälle in denen die Erklärung eines Vorbehalts nach dem Vertrag verboten ist oder zwar bestimmte Vorbehalte möglich sind, jedoch nicht der infrage kommende Vorbehalt. Jenseits vertraglicher Gründe ist ein Vorbehalt auch dann unzulässig, sofern er mit Sinn und Zweck des Vertrages unvereinbar ist.

Die Interessenlage zwischen den Staaten, welche einen Vorbehalt erklären möchten und denen, die eine Umsetzung der betroffenen Regelung fördern möchten, wird ferner in Art. 20 WVK berücksichtigt.[988] Dieser legt fest, nach welchen Grundsätzen sich die Annahme für bzw. ein Einspruch gegen einen Vorbehalt richtet. Im Unterschied zu Art. 19 WVK bezieht sich Art. 20 WVK also nicht auf unzulässige, sondern auf die gestatteten Vorbehalte.[989] Art. 20 Abs. 1 WVK

---

985 Vgl. die Ausführungen in *Parisi/Sevcenko*, 21 Berkeley Journal of International Law 2003, 1, 10 zum Gefangenendilemma: „Given a perfect alignment of incentives, no state would want to introduce unilateral reservations, nor would it have a reason to fear that other signatory states would introduce them".

986 Vgl. *Shaw*, International Law, S. 693; *Walter*, in Dörr/Schmalenbach, Vienna Convention on the Law of Treaties, Art. 19 Rn. 2; *Parisi/Sevcenko*, 21 Berkeley Journal of International Law 2003, 1, 25.

987 Vgl. *Pellet*, in Corten/Klein, The Vienna Convention on the Law of Treaties, Art. 19 Rn. 72.

988 Vgl. *Müller*, in Corten/Klein, The Vienna Convention on the Law of Treaties, Art. 20 Rn. 17; zur früher vertretenen Konsenstheorie, nach welcher eine Annahme durch alle Vertragsparteien stets erforderlich war, siehe *Herdegen*, Völkerrecht, § 15 Rn. 22.

989 *Villiger*, Commentary on the 1969 Vienna Convention on the Law of Treaties, Art. 20 Rn. 2.

enthält die Vorgabe, dass ein durch den Vertrag zugelassener Vorbehalt keinerlei Annahme bedarf. Dies basiert auf der vorherigen Zustimmung aller Vertragsparteien zu den im Vertrag eingeräumten Vorbehalten.[990]

Art. 20 Abs. 2 WVK bezieht sich hingegen auf die spezielle Situation eines multilateralen Vertrages mit nur wenigen Signatarstaaten, und sieht für jenen besondere Rechtsfolgen bei Ausübung eines Vorbehalts vor.[991] Der Tatbestand setzt voraus, dass aus der begrenzten Zahl der an der Verhandlung beteiligten Staaten sowie aus dem Sinn und Zweck des Vertrages hervorgeht, dass die einheitliche Anwendung des Vertrages eine essentielle Voraussetzung für die Zustimmung der Parteien zum Vertrag ist. In diesem Fall bedarf ein Vorbehalt der Annahme durch alle Vertragsparteien. Dies berücksichtigt die besondere Interessenlage bei Verträgen zwischen nur einigen wenigen Staaten, da hier ein größerer Bezug der sich für die einzelnen Staaten aus dem Vertrag ergebenden Verpflichtungen bestehen kann und daher eine Befolgung dieser Verpflichtungen die Annahme durch alle Staaten erfordert.[992]

Sofern entgegen der Absätze 1 und 2 ein Annahmeerfordernis anzunehmen ist, regelt Art. 20 Abs. 4 WVK nachfolgend die Vertragsbeziehungen zwischen dem den Vorbehalt erklärenden Staat und anderen Vertragsstaaten, welche entweder eine Annahme oder einen Einspruch gegen den Vorbehalt erklärt haben.[993] Im Falle der Erklärung einer Annahme wird der erklärende Staat gemäß Art. 20 Abs. 4 lit. a) WVK zur Vertragspartei des den Vorbehalt erklärenden Staats, sofern der Vertrag grundsätzlich für beide Staaten in Kraft getreten ist. Sofern ein Einspruch vorliegt, wird das Inkrafttreten des Vertrags zwischen den jeweiligen Parteien gemäß Art. 20 Abs. 4 lit. a) WVK ebenfalls grundsätzlich nicht beeinträchtigt. Jedoch kann der den Einspruch erhebende Staat ein solches Inkrafttreten ausdrücklich ablehnen.

Wenn ein Staat von seinem Annahmeerfordernis keinen Gebrauch macht, so wird nach Art. 20 Abs. 5 WVK zudem die Annahme nach einem Zeitraum von zwölf Monaten nach der Notifikation des Vorbehalts, in denen auch kein

---

990 *Müller*, in Corten/Klein, The Vienna Convention on the Law of Treaties, Art. 20 Rn. 66; *Villiger*, Commentary on the 1969 Vienna Convention on the Law of Treaties, Art. 20 Rn. 4.

991 *Villiger*, Commentary on the 1969 Vienna Convention on the Law of Treaties, Art. 20 Rn. 5 f.

992 *Villiger*, Commentary on the 1969 Vienna Convention on the Law of Treaties, Art. 20 Rn. 5.

993 Vgl. *Müller*, in Corten/Klein, The Vienna Convention on the Law of Treaties, Art. 20 Rn. 94 ff.

Einspruch erfolgt ist, fingiert. Sofern der betroffene Staat dem Vertrag erst hiernach bindend zustimmt, gilt dieser Zeitpunkt für die Fiktion der Annahme als maßgeblich.

Neben der Zulässigkeit von Vorbehalten stellt sich zudem die Frage der rechtlichen Wirkung.[994] Durch die Erklärung eines Vorbehalts werden vertragliche Wirkungen unilateral ausgesetzt, sodass sich die Relation zu den übrigen Vertragsparteien verändert. Art. 21 Abs. 1 WVK sieht vor, dass die vom Vorbehalt betroffene Vorschrift vom Vertrag im Verhältnis des vorbehaltenden Staates gegenüber den übrigen Vertragsparteien ausgenommen wird; zwischen diesen bestehen die Vertragsbestimmungen unverändert fort.

Nachträgliche Veränderungen der Rechtswirkungen können im Fall des Widerrufs eines Vorbehalts auftreten.[995] Hierzu führt Art. 22 WVK aus, dass ein Vorbehalt unabhängig von der Zustimmung der Staaten, welche diese unter Umständen angenommen haben, widerrufen werden kann. Die Berufung auf den Vorbehalt ist jedoch erst ab dem Zeitpunkt des Erhalts einer Notifikation möglich.

Art. 23 Abs. 1 WVK schreibt schließlich die unter Gesichtspunkten der Rechtssicherheit für Vorbehalte selbstverständlich anmutende Schriftform vor. Diese gilt ferner für Annahmen und Einsprüche sowie gem. Art. 23 Abs. 4 WVK auch im Falle des Widerrufs eines Vorbehalts oder Einspruchs.

b) Vorbehalte im Multilateralen Instrument

aa) Regelung des Art. 28 MLI

Art. 28 des MLI regelt die Dogmatik der im Multilateralen Instrument enthaltenen Vorbehalte. Art. 28 Abs. 1 und 2 MLI postulieren abschließend die möglichen Vorbehalte im Multilateralen Instrument.[996] Das Multilaterale Instrument stellt damit eine Regelung im Sinne des Art. 19 lit. b) WVK auf, sodass eine generelle Vorbehaltsmöglichkeit aufgehoben wird.[997] Die Rechtswirkung der Erklärung von Vorbehalten wird in Art. 28 Abs. 3 MLI festgehalten. Dieser wiederholt den Wortlaut des Art. 21 Abs. 1 WVK und stellt eine dem

---

994 Vgl. hierzu und folgend *Villiger*, Commentary on the 1969 Vienna Convention on the Law of Treaties, Art. 21 Rn. 2 ff.

995 Weiterführend *Edwards*, 10 Michigan Journal of International Law 1989, 362, 383 f.

996 Vgl. OECD, Explanatory Statement to the Multilateral Convention to Implement Tax Treaty Related Measures to Prevent Base Erosion and Profit Shifting, Rn. 264 f.

997 Auch *Antón*, Bulletin for International Taxation 2017, 544, 551, beschreibt die Vorschrift auf Linie mit dem „admissibility principle" der WVK.

Vorbehalt entsprechende Veränderung der betroffenen Norm im Verhältnis zu anderen Vertragsparteien fest.[998] Den Zeitpunkt der Vorbehaltserklärung legt Art. 28 Abs. 5 MLI grundsätzlich auf den Zeitpunkt der Unterschrift oder den der Vorlage der Ratifikationsurkunde sowie des Dokuments der Vertragsannahme. Aufgrund der besonderen Stellung des Art. 18 MLI, für welchen en bloc optiert werden kann und welcher auch hinsichtlich der möglichen Vorbehalte Besonderheiten aufweist,[999] haben diesbezügliche Vorbehalte zeitgleich mit der Notifikation der Anwendung des Teil VI gemäß Art. 18 MLI zu erfolgen.[1000] Sofern Vorbehalte im Zeitpunkt der Unterschrift erklärt werden, müssen diese gemäß Art. 28 Abs. 6 MLI im Zeitpunkt der Ratifikation bzw. Vertragsannahme grundsätzlich bestätigt werden, solange nicht das Dokument, welches die Vorbehalte enthält, ausdrücklich mit abschließend bindendem Charakter ausgestattet ist. Diese Regelung, welche Rechtssicherheit bezüglich der erklärten Vorbehalte gewährleistet, ist Art. 23 Abs. 2 WVK nachempfunden, der ebenfalls ein nachträgliches Bestätigungserfordernis bei Vorlage des Vorbehalts im Zeitpunkt der Unterschrift etabliert. Denn erst in diesem Moment entfaltet die Zustimmung zum Multilateralen Instrument Bindungswirkung, sodass die Bindungswirkung einer vorherigen Vorbehaltserklärung unter dieser Prämisse infrage gestellt werden könnte.[1001] Wenn die Vorbehaltserklärung nicht im Zeitpunkt der Unterschrift erfolgt, ist zu diesem Zeitpunkt gemäß Art. 28 Abs. 7 MLI jedoch eine provisorische Liste der zu erwartenden Vorbehalte anzufügen.

Teilweise setzt die Erklärung eines Vorbehalts im Multilateralen Instrument voraus, dass im CTA eine Regelung nach im Multilateralen Instrument beschriebener Fassung existiert.[1002] Bei bloßer Erklärung des Vorbehalts bliebe zunächst unklar, welche CTA von diesem Vorbehalt erfasst werden.[1003] Um diese Ungewissheit auszuräumen, erklärt Art. 28 Abs. 8 MLI, dass in diesen Fällen eine Liste der vom Vorbehalt erfassten Abkommen inklusive der Angabe des Artikels

---

998 *Antón*, Bulletin for International Taxation 2017, 544, 548 f.

999 Siehe Abschnitt C.III.3.b)dd).

1000 OECD, Explanatory Statement to the Multilateral Convention to Implement Tax Treaty Related Measures to Prevent Base Erosion and Profit Shifting, Rn. 277; vgl. zur Option des Art. 18 MLI Abschnitt C.III.4.b).

1001 OECD, Explanatory Statement to the Multilateral Convention to Implement Tax Treaty Related Measures to Prevent Base Erosion and Profit Shifting, Rn. 278.

1002 So etwa Art. 3 Abs. 5 lit. b), 8 Abs. 3 lit. b), 13 Abs. 6 lit. b) MLI.

1003 OECD, Explanatory Statement to the Multilateral Convention to Implement Tax Treaty Related Measures to Prevent Base Erosion and Profit Shifting, Rn. 281.

sowie des Absatzes beizulegen ist.[1004] Diese Liste verfügt über eine tatbestandliche Wirkung - der Vorbehalt betrifft nur die auf der Liste genannten Abkommen, auch dann, wenn in weiteren Abkommen eine entsprechende Regelung enthalten ist.[1005]

bb) Vorbehalte zum Mindeststandard

Das aufgezeigte Spannungsfeld zwischen der gewährten Flexibilität sowie der Durchsetzung eines Vertragsziels, welches durch Vorbehalte erzeugt wird,[1006] führt dazu, dass bisweilen Regelungen gänzlich von Vorbehalten ausgenommen sind, um einer inhaltlichen Entkernung des Vertrags vorzubeugen. Dieser so generierte Mindeststandard bildet den Umsetzungssockel des Abkommens.[1007] Auch das Multilaterale Instrument enthält mit dem Abschnitt zum Abkommensmissbrauch sowie zum Verständigungsverfahren Regelungen, welche einen Mindeststandard bilden.[1008] Dennoch finden sich sowohl in Art. 6 Abs. 4, Art. 7 Abs. 15 und 16 als auch in Art. 16 Abs. 5 MLI Möglichkeiten zu Vorbehalten.[1009] Das Konzept des Vorbehalts widerspricht dem eines Mindeststandards diametral.[1010] Diesbezügliche Vorbehalte müssen sich daher am Ziel

1004 OECD, Explanatory Statement to the Multilateral Convention to Implement Tax Treaty Related Measures to Prevent Base Erosion and Profit Shifting, Rn. 281.

1005 OECD, Explanatory Statement to the Multilateral Convention to Implement Tax Treaty Related Measures to Prevent Base Erosion and Profit Shifting, Rn. 281.

1006 Siehe Abschnitt C.III.3.a).

1007 Vgl. etwa *Morris*, 1 Chicago Journal of International Law 2000, 341, 343, welcher die Verbindung von Vorbehalten und Mindeststandard für das International Covenant on Civil and Political Rights zieht.

1008 Vgl. OECD, Explanatory Statement to the Multilateral Convention to Implement Tax Treaty Related Measures to Prevent Base Erosion and Profit Shifting, Rn. 14.

1009 Art. 17 Abs. 1 MLI ist, obwohl dem Abschnitt zum Verständigungsverfahren zugehörig, nicht als Mindeststandard nach BEPS-Aktionspunkt 14 einzuordnen, siehe auch *Bandtel*, in Haase, MLI, Art. 17 Rn. 2 f. Ausweislich des Abschlussberichts zu Aktionspunkt 14 handelt es sich um eine sog. „best practice", siehe OECD, Base Erosion and Profit Shifting Project, Making Dispute Resolution Mechanisms More Effective, Action 14, 2015 Final Report, Rn. 43. Gleichwohl kommt er damit dem Charakter eines Mindeststandards sehr nahe, da lediglich eine Reduzierung der Verpflichtung in Form der Eröffnung eines Verständigungsverfahrens nach Art. 17 Abs. 3 b) ii) MLI vorgenommen werden kann, nicht jedoch eine vollständige Abbedingung, vgl. Art. 17 Abs. 3 MLI.

1010 *Shelton*, State Practice on Reservations to Human Rights Treaties, Canadian Human Rights Yearbook 1983, 205, 209.

des Mindeststandards, eine Entkernung des Multilateralen Instruments vorzubeugen, orientieren.[1011] Art. 6 Abs. 4 MLI gestattet den Parteien eine Vorbehaltsmöglichkeit in Bezug auf Art. 6 Abs. 1 MLI. Diese steht jedoch unter der Prämisse, dass in den CTA bereits eine Regelung enthalten ist, die die Absicht der Vertragsparteien, Doppelbesteuerung zu vermeiden ohne dabei Möglichkeiten für eine doppelte Nichtbesteuerung oder Minderbesteuerung zu schaffen, bereits darlegt. Eine darüberhinausgehende Regelung ist unschädlich, wie aus dem Wortlaut des Art. 6 Abs. 4 MLI „(…) whether that language is limited to cases of tax evasion or avoidance (…) or applies more broadly" hervorgeht.[1012] Auch Art. 7 Abs. 15 MLI lässt für einen Vorbehalt bzgl. der Regelung des *principle purpose test* oder der LoB-Klausel nur unter der Bedingung zu, dass bereits insgesamt gleichwertige Regelungen bestehen bzw. der Mindeststandard des OECD/BEPS-Package eingehalten wird.

Auch Art. 16 Abs. 5 MLI ordnet an, dass im Falle einer Abwesenheit der vorbehaltenen Regelung der Mindeststandard des OECD/BEPS Package einzuhalten ist. Die Vorbehaltsmöglichkeiten im Rahmen der Vorschriften zum Abkommensmissbrauch und zum Verständigungsverfahren beeinträchtigen daher nicht die Geltung des Mindeststandards.[1013] An dieser Stelle offenbart sich die Tendenz, bestehenden Abkommenstext, der bereits den Mindeststandard erfüllt, zu erhalten.[1014] Die Konsistenz der Formulierungen im CTA kann den Umsetzungsprozess insofern durchaus erleichtern, als dass der Änderungsumfang, wenn konsolidierte Fassungen von Abkommen veröffentlicht werden sollen, geringer ausfällt.[1015] Zudem entfällt so die Anpassung sowohl der Finanzverwaltung als auch steuerpflichtiger Personen an eine neue Formulierung, sodass die Rechtssicherheit in Bezug auf die betroffene Regelung erhöht wird.

Übt eine Partei den Vorbehalt aus, so entsteht naturgemäß auch kein Notifikationserfordernis für die ansonsten betroffene Regelung des CTA. Der Verzicht auf ein Notifikationserfordernis ist bei Vorbehalten, welche zur Nichtberücksichtigung einer Regelung des Multilateralen Instruments führen, naheliegend.

1011 OECD, Explanatory Statement to the Multilateral Convention to Implement Tax Treaty Related Measures to Prevent Base Erosion and Profit Shifting, Rn. 14.

1012 Vgl. auch *Creed*, in Haase, MLI, Art. 6 Rn. 21.

1013 *Antón*, Bulletin for International Taxation 2017, 544, 551; vgl. *Walker*, Reservations to the Multilateral Instrument, S. 170.

1014 Vgl. OECD, Explanatory Statement to the Multilateral Convention to Implement Tax Treaty Related Measures to Prevent Base Erosion and Profit Shifting, Rn. 14.

1015 Vgl. hinsichtlich der Schwierigkeiten bei der Erstellung von konsolidierten Versionen generell *Zöhrer*, Notifications to the MLI and Consolidated Versions, S. 205 ff.

Im Fall der Vorbehalte zum Mindeststandard muss jedoch auch die im CTA enthaltene, inhaltlich gleichwertige Regelung nicht notifiziert werden. Die hierdurch drohende Unübersichtlichkeit wird jedoch dadurch entschärft, dass alle Vorbehaltsnormen, welche dem Mindeststandard zuzuordnen sind, unter Art. 28 Abs. 8 MLI fallen.[1016] Durch die hiernach zu erstellende Liste der vom Vorbehalt betroffenen CTA sowie der Angabe der Artikel und Normen[1017] wird die ansonsten durch das Notifikationserfordernis gewährleistete Klarheit wiederhergestellt.[1018]

cc) Darüber hinaus gehende Vorbehalte

Jenseits des Mindeststandards kommt die strategische Erwägung von Vorbehalten, ein Abkommen für möglichst viele Staaten attraktiv zu gestalten, vollumfänglich zur Geltung.[1019] Unter diesem Gesichtspunkt existieren dogmatisch unterschiedliche Ausführungen von Vorbehalten, welche auf unterschiedlichen Interessenlagen und normative Voraussetzungen in den CTA Rücksicht nehmen, sodass das Multilaterale Instrument den Parteien Vorbehalte unterschiedlicher Reichweite bietet.[1020] Diese können sich sowohl auf die Anzahl der CTA, die vom Vorbehalt erfasst werden sollen, beziehen, als auch auf die inhaltliche Reichweite der Regelung.[1021]

Im Grundsatz besteht jedenfalls die Möglichkeit eines vollständigen Vorbehalts der betroffenen Regelung.[1022] Darüber hinaus besteht die Möglichkeit, einen vollständigen Vorbehalt lediglich für die CTA anzuwenden, welche eine bereits vorhandene, gleichwertige Regelung aufweisen.[1023] Der Inhalt dieser Regelung wird präzisiert durch einen Verweis auf die jeweils vorstehende Kompatibilitätsklausel, welche den Inhalt der Regelung für ihre Zwecke beschreibt. Dies führt im Ergebnis zu einer sinngemäßen Umsetzung des Inhalts der MLI-Vorschrift,

---

1016 Vgl. OECD, Explanatory Statement to the Multilateral Convention to Implement Tax Treaty Related Measures to Prevent Base Erosion and Profit Shifting, Rn. 281.

1017 Die Notwendigkeit der Angabe von Artikel und Absatz gilt gem. Art. 28 Abs. 8 MLI u.a. nicht im Fall des Art. 6 Abs. 4 MLI, da dieser lediglich die Präambel betrifft.

1018 Vgl. OECD, Explanatory Statement to the Multilateral Convention to Implement Tax Treaty Related Measures to Prevent Base Erosion and Profit Shifting, Rn. 281.

1019 Vgl. Abschnitt C.III.3.a).

1020 Vgl. *Bravo*, A Multilateral Instrument for Updating the Tax Treaty Network, S. 210 f.

1021 Vgl. *Bravo*, A Multilateral Instrument for Updating the Tax Treaty Network, S. 211 ff.

1022 *Bravo*, A Multilateral Instrument for Updating the Tax Treaty Network, S. 211; *Walker*, Reservations to the Multilateral Instrument, S. 173.

1023 *Bravo*, A Multilateral Instrument for Updating the Tax Treaty Network, S. 211.

welche mit der Regelungstechnik des Mindeststandards vergleichbar ist. Als Beispiel kann hier Art. 3 Abs. 5 lit. b) MLI gelten. In diesem Fall kann ein Vorbehalt erklärt werden, wenn das CTA bereits eine Klausel enthält, die der in der Kompatibilitätsklausel des Abs. 4 genannten entspricht. Neben diesem Regelungsgrundtypus bestehen auch Vorbehaltsmöglichkeiten, welche bestimmte Details der Regelung im CTA voraussetzen.[1024] Dies ist etwa in Art. 3 Abs. 5 lit. d) MLI der Fall, wo die CTA-Vorschrift zur Verhinderung des Missbrauchs transparenter Gestaltungen in Form eines *hybrid mismatch* konkrete Sachverhaltsumstände oder Gesellschaftsformen und -strukturierungen miteinbeziehen muss.

Die inhaltliche Reichweite kann durch Vorbehalte insofern beeinflusst werden, als dass Möglichkeiten der (teilweisen) Ersetzung mit Alternativvorschriften eingeräumt werden.[1025] Dies ist in Art. 4 Abs. 3 lit. e) MLI der Fall.

Die Vorbehaltsmöglichkeiten zu den Optionsvorschriften weisen teilweise Besonderheiten auf. Art. 5 Abs. 8 MLI räumt, in Gleichlauf mit den übrigen Vorbehaltsvorschriften, zunächst die Möglichkeit eines Totalvorbehalts ein. Die Optionen des Art. 5 MLI kommen im Fall einer nicht reziproken Anwendung gemäß Art. 5 Abs. 1 MLI einseitig national zur Anwendung. Da Option C im Gegensatz zu Option A und B umfangreichere Änderungen vorsieht und von einigen Vertragsstaaten vorzugsweise als Gegenstand bilateraler Verhandlungen behandelt werden sollte, sieht Art. 5 Abs. 9 MLI jedoch vor, dass eine Vertragspartei in Bezug auf bestimmte CTA der anderen Vertragspartei untersagen kann, Option C zu wählen.[1026] So kann gewährleistet werden, dass eine Partei nicht bereits einseitig Maßnahmen veranlasst, welche eine bilaterale Aushandlung beeinträchtigen könnten.[1027]

dd) Vorbehalte in Bezug auf die Regelungen zum Schiedsverfahren

Im Gegensatz zu den restlichen Vorbehalten nehmen die Vorbehalte in Bezug auf Regelungen zum Schiedsverfahren teilweise eine Sonderrolle ein.[1028]

1024 Vgl. Bravo, A Multilateral Instrument for Updating the Tax Treaty Network, S. 211 f.

1025 *Bravo*, A Multilateral Instrument for Updating the Tax Treaty Network, S. 212; *Antón*, Bulletin for International Taxation 2017, 544, 549 f.

1026 Vgl. *Haase*, in Haase, MLI, Art. 5 Rn. 27 f.; OECD, Explanatory Statement to the Multilateral Convention to Implement Tax Treaty Related Measures to Prevent Base Erosion and Profit Shifting, Rn. 73.

1027 Vgl. *Haase*, in Haase, MLI, Art. 5 Rn. 28; OECD, Explanatory Statement to the Multilateral Convention to Implement Tax Treaty Related Measures to Prevent Base Erosion and Profit Shifting, Rn. 73.

1028 Vgl. *Walker*, Reservations to the Multilateral Instrument, S. 176.

Zunächst enthält auch der Katalog des Art. 28 Abs. 1 MLI einen Verweis auf die in Teil VI zum Schiedsverfahren ausdrücklich eingeräumten Vorbehaltsmöglichkeiten. Hierzu zählen Art. 19 Abs. 11; 12; Art. 23 Abs. 2, 3, 6, 7; Art. 24 Abs. 3 und Art. 26 Abs. 4 MLI. Über diesen im groben Erscheinungsbild ähnlich zu anderen Abschnitten anmutenden Kanon von Vorbehaltsmöglichkeiten wird in Art. 28 Abs. 2 MLI ein weiterer Vorbehaltstypus eingeräumt.[1029] Die Parteien können sich gemäß Art. 28 Abs. 2 lit. a) MLI vorbehalten, bestimmte Sachverhalte vom Anwendungsbereich des gesamten sechsten Teils des Multilateralen Instruments auszunehmen. Diese offene Formulierung der Vorbehaltsmöglichkeit ist ein Ergebnis der komplexen Verhandlungssituation hinsichtlich der Regelungen zum Schiedsverfahren.[1030] Die verhandelnden Parteien konnten keinen Konsens über die von den Vorbehaltsmöglichkeiten umfassten Gegenstände erzielen.[1031] Darüber hinaus wurde befürchtet, dass eine Vertragspartei angesichts der Tatsache, dass ein Gegenstand, für welchen sie einen Vorbehalt erklären möchte, nicht in der Liste der Vorbehaltsmöglichkeiten enthalten ist, dazu führt, dass die Partei die Anwendung des vierten Teils insgesamt ausschließt.[1032] Folglich wurde sich auf einen offenen Vorbehaltstatbestand geeinigt.[1033]

Aus der grundsätzlichen Unbeschränktheit der Vorbehaltsreichweite folgt zunächst ein nicht unerheblicher Grad der Unvorhersehbarkeit für den jeweiligen Vertragspartner eines CTA. Diesem Umstand wird indes durch die Annahmepflicht in Art. 28 Abs. 2 lit. b) MLI entgegnet. Die Regelung sieht vor, dass ebengenannte Vorbehalte nur wirksam werden, wenn sie angenommen werden. Die Annahme muss grundsätzlich bei jeder Partei des Multilateralen Instruments einzeln vorliegen.[1034] Eine Annahme ist gegeben, sofern nach Ablauf von zwölf Monaten nach Notifikation des Vorbehalts oder im Fall einer späteren

---

1029 *Walker*, Reservations to the Multilateral Instrument, S. 176 vergleicht genannten ausdrücklichen Vorbehaltsmöglichkeiten aufgrund der oftmals fehlenden vollständigen Abbedingbarkeit mit den Vorbehalten zum Mindeststandard.

1030 OECD, Explanatory Statement to the Multilateral Convention to Implement Tax Treaty Related Measures to Prevent Base Erosion and Profit Shifting, Rn. 265.

1031 OECD, Explanatory Statement to the Multilateral Convention to Implement Tax Treaty Related Measures to Prevent Base Erosion and Profit Shifting, Rn. 265.

1032 OECD, Explanatory Statement to the Multilateral Convention to Implement Tax Treaty Related Measures to Prevent Base Erosion and Profit Shifting, Rn. 265.

1033 OECD, Explanatory Statement to the Multilateral Convention to Implement Tax Treaty Related Measures to Prevent Base Erosion and Profit Shifting, Rn. 265.

1034 Vgl. OECD, Explanatory Statement to the Multilateral Convention to Implement Tax Treaty Related Measures to Prevent Base Erosion and Profit Shifting, Rn. 267.

Ratifikation bzw. Vertragsannahme nach diesem Zeitpunkt kein Einspruch gegen den Vorbehalt bei der OECD notifiziert wurde. Es handelt sich folglich um eine Ausnahmeregelung im Sinne des Art. 20 Abs. 1 WVK, welche eine Ausnahme von der generellen Unabhängigkeit der Vorbehalte, die auf einer ausdrücklich im Vertrag angelegten Vorbehaltsmöglichkeit beruhen, postuliert.

ee) Vorbehalte und Reziprozität

Wie bereits ausgeführt, nimmt der Anwendungsbereich des Multilateralen Instruments durch die Beschränkung auf CTA Bezug auf die reziprok gewährten Besteuerungsrechte der Vertragsparteien im bilateralen Verhältnis.[1035] Die Ausübung von Vorbehalten ist indes grundsätzlich nicht auf einzelne CTA bezogen möglich.[1036] Aufgrund der differenzierten Dogmatik der Vorbehalte besteht für die ausübende Partei lediglich die Möglichkeit, dass bestimmte Gruppen von CTA betroffen werden.[1037]

Somit werden die Vertragsparteien angehalten, eine von der jeweiligen Verhandlungssituation des Doppelbesteuerungsabkommens unabhängige steuerpolitische Entscheidung zu treffen.[1038] Von dieser rechtlichen Situation weichen manche Vorschriften des Multilateralen Instruments jedoch ab und ermöglichen eine Rückkehr in ein bilaterales Verhältnis sowie eine Einwirkung auf den Vertragspartner des CTA.[1039]

Dies betrifft einige Konstellationen der Vorbehaltsausübung für Vorschriften, welche dem Mindeststandard zuzuordnen sind.[1040] In Art. 7 Abs. 17 MLI wird die Möglichkeit geboten, die Anwendung des Abs. 1 vorzubehalten, sofern stattdessen eine detaillierte LoB-Klausel und entweder Regelungen zur Vermeidung der Nutzung von *conduit-financing*-Strukturen oder ein *principle purpose test* ins

---

1035 Dazu Abschnitt C.II.2.

1036 Siehe OECD, Explanatory Statement to the Multilateral Convention to Implement Tax Treaty Related Measures to Prevent Base Erosion and Profit Shifting, Rn. 270.

1037 Vgl. OECD, Explanatory Statement to the Multilateral Convention to Implement Tax Treaty Related Measures to Prevent Base Erosion and Profit Shifting, Rn. 270; *Walker*, Reservations to the Multilateral Instrument, S. 179.

1038 Vgl. *Walker*, Reservations to the Multilateral Instrument, S. 179; *Miladinovic/Rust*, Options under the Multilateral Instrument, S. 157; zu den diesbezüglichen Auswirkungen auf zwischenstaatliche Verhandlungen siehe Abschnitt D.III.1.

1039 Siehe *Antón*, Bulletin for International Taxation 2017, 544, 550, welcher einige Vorbehaltsmöglichkeiten in Bezug auf den Mindeststandard untersucht und als „platforms to reach mutual solutions" bezeichnet.

1040 Vgl. hierzu und folgend *Antón*, Bulletin for International Taxation 2017, 544, 550 f.

CTA eingeführt wird. An dieser Stelle weist das Multilaterale Instrument darauf hin, dass die Vertragsparteien des CTA eine für beide Seiten zufriedenstellende Lösung finden sollen, welche in Einklang mit dem Mindeststandard steht. Dieses Schema wird in Art. 7 Abs. 16 MLI wiederholt. Diese Norm gestattet im Grundsatz Vertragsstaaten, welche eine einfache LoB-Klausel wählen, für CTA, bei welchen die andere Vertragspartei sich gegen eine LoB-Klausel entschieden hat, die Anwendung der Klausel vorzubehalten. Für diese Abkommen sind die Vertragsparteien wiederum angehalten, eine zufriedenstellende Lösung zu finden, welche den Mindeststandard wahrt. Auch im zweiten thematischen Bereich des Mindeststandards zum Verständigungsverfahren lässt sich diese Vorbehaltsdogmatik finden. So räumt Art. 16 Abs. 5 lit. c) MLI die Möglichkeit eines Vorbehalts für den zweiten Satz des Art. 16 Abs. 2 MLI ein, sofern die Vertragspartei die Einhaltung des Mindeststandards für Verständigungsverfahren durchführt, indem sie in den bilateralen Verhandlungen des CTA darauf hinwirkt, Klauseln nach dem Vorbild der Art. 16 Abs. 5 lit. c) A) und B) MLI einzubringen. Die im Rahmen des Mindeststandards gestattete Flexibilität führt im Ergebnis also in Einzelfällen zu einer Rückkehr ins bilaterale Verhandlungsverhältnis, um den unter dem OECD/BEPS-Projekt getroffenen Mindeststandard zu gewährleisten.

Neben einer direkten Rückkehr ins bilaterale Verhandlungsverhältnis bestehen Vorbehaltsmöglichkeiten für CTA, welche nicht inhaltlich, sondern nach Merkmalen der zu den CTA gehörenden Vertragsparteien differenzieren.[1041] Dies bedeutet zwar keine Rückkehr ins bilaterale Verhandlungsverhältnis. Dennoch wird hierdurch auf die reziproke Beziehung der Vertragsparteien des Multilateralen Instruments in ihrer Rolle als Partei eines Doppelbesteuerungsabkommens Bezug genommen. Hierzu gehören etwa Art. 4 Abs. 3 lit. f) sowie Art. 23 Abs. 3 MLI, in welchen ein Vorbehalt für CTA mit Vertragspartnern eingeräumt wird, die einen näher bestimmten Vorbehalt ausgeübt haben.

In anderer Hinsicht nimmt Art. 5 Abs. 9 MLI auf das reziproke Verhältnis Bezug – in diesem Fall kann sich eine Partei bei Nichtanwendung der Option C vorbehalten, einer anderen Partei des CTA die Anwendung der Option C zu untersagen.[1042]

Grundsätzlich gilt damit, dass die Struktur der Vorbehalte des Multilateralen Instruments dazu führt, dass die Vertragsparteien steuerpolitische Entscheidungen diesbezüglich multilateral treffen müssen.[1043] Es gelten jedoch Ausnahmen,

---

1041 Vgl. zur Kategorie *Bravo*, A Multilateral Instrument for Updating the Tax Treaty Network, S. 213.

1042 Hierzu bereits Abschnitt C.III.3.b)cc).

1043 Vgl. auch *Miladinovic/Rust*, Options under the Multilateral Instrument, S. 157.

in welchen in das bilaterale Verhandlungsverhältnis zurückgekehrt wird oder aber ein Vorbehalt lediglich bestimmte Vertragsparteien der CTA einer Vertragspartei des Multilateralen Instruments betrifft, sodass sich die getroffene steuerpolitische Entscheidung nicht multilateral auswirkt.

c) Bindungswirkung für die Parteien

aa) Widerruf eines Vorbehalts

Vorbehalte sind ein Instrument zur größtmöglichen Verbreitung eines multilateralen Vertrages und bilden daher von vornherein ein Zugeständnis zulasten der Durchsetzung des eigentlichen Vertragsziels.[1044] Der Widerruf eines Vorbehalts ist daher, wie auch bereits im Rahmen der Zulässigkeit des Widerrufs von Notifikationen erläutert, unter teleologischen Gesichtspunkten unproblematisch.[1045] Im Ausgangspunkt ordnet daher Art. 28 Abs. 9 MLI die jederzeitige Widerruflichkeit von Vorbehalten an. Dies betrifft ausdrücklich auch Vorbehalte nach Art. 28 Abs. 2 MLI, welche einer Annahme bedürfen.

Auch den Ersatz eines bereits ausgeübten Vorbehalts mit einem solchen geringerer Reichweite erklärt Art. 28 Abs. 9 MLI für zulässig. Durch den Widerruf oder die Ausübung eines Vorbehalts geringerer Reichweite kommen materielle Regelungen des Multilateralen Instruments zur Anwendung, welche folglich der Notifikation bedürfen. Daher hält Art. 28 Abs. 9 MLI Parteien in diesen Fällen mit Verweis auf Art. 29 Abs. 6 MLI an, die erforderlichen Notifikationen nachträglich vorzunehmen.

Die Bestimmungen zur Wirksamkeit des Widerrufs oder des Ersatzes mit einem Vorbehalt geringerer Reichweite sind deckungsgleich mit denen der Wirksamkeit nachträglicher Notifikationen gemäß Art. 29 Abs. 6 MLI.[1046] Da in diesen Fällen eine Notifikation der von der neu anwendbaren Vorschrift betroffenen Passagen des CTA notwendig wird, kann die MLI-Vorschrift erst auf das CTA angewendet werden, wenn die Notifikationen eingegangen sind.[1047] Daher enthält auch Art. 28 Abs. 9 S. 2 MLI einen deklaratorischen Verweis auf Art. 29 Abs 6 MLI.

1044 Siehe Abschnitt C.III.3.a).

1045 Dazu Abschnitt C.III.2.bb).

1046 OECD, Explanatory Statement to the Multilateral Convention to Implement Tax Treaty Related Measures to Prevent Base Erosion and Profit Shifting, Rn. 307.

1047 Vgl. bestätigend zur Wirkungsbegründung durch die Notifikation *Jung*, IStR 2019, 91, 92.

bb) Spätere Erklärung eines Vorbehalts

Die Vertragsparteien sind nach Art. 28 Abs. 5 MLI angehalten, die Vorbehalte zum Zeitpunkt der Unterschrift oder bei Einreichung der Ratifikations- oder Annahmeurkunde zu erklären. Dies untersagt nicht die vorzeitige Erklärung von Vorbehalten, sodass vor diesem Zeitpunkt auch mehrere Vorbehalte hintereinander erklärt werden können.[1048] Die spätere Erklärung eines Vorbehalts ist im Multilateralen Instrument nicht ausdrücklich geregelt. Dies spricht zunächst dafür, später erklärte Vorbehalte als generell unzulässig anzusehen, gerade auch aufgrund des Umstands, dass im Gegensatz zur späteren Erklärung der Widerruf von Vorbehalten äußerst ausführlich geregelt ist und das Abkommen damit bewusst eine Regelung der späteren Erklärung ausgeklammert hat.[1049]

Zwar ließe sich anführen, dass eine spätere Vorbehaltserklärung dem Parteiwillen nicht entgegensteht und damit zulässig ist, wenn von keiner Partei ein Einspruch gegen den Vorbehalt eingelegt wird.[1050] Dies steht jedoch nicht in Einklang mit internationalem Recht, da auch die Wiener Vertragsrechtskonvention gemäß Art. 19 WVK den Zeitpunkt der Unterschrift, Ratifikation oder Annahme als maßgeblich ansieht.[1051] Das ist verknüpft mit dem Bedenken, dass die Rechtssicherheit bezüglich der anzuwendenden Abkommensregelungen beeinträchtigt würde.[1052] Dieser Umstand gewinnt besonderes Gewicht im Kontext des Multilateralen Instruments.[1053] Die Vorbehaltsausübung betrifft nicht nur den multilateralen Vertrag des Multilateralen Instruments als solchen, sondern auch sämtliche CTA und hat damit Auswirkungen in bilateralen Vertragsverhältnissen diverser Staaten. Diese komplexe Funktionsweise der Vorbehalte würde durch eine nachträgliche Erklärung an Transparenz verlieren und damit die Abkommensziele gefährden. Demnach ist eine spätere Erklärung von Vorbehalten als unzulässig anzusehen.

1048 *Walker*, Reservations to the Multilateral Instrument, S. 185.

1049 *Walker*, Reservations to the Multilateral Instrument, S. 186.

1050 *Walter*, in Dörr/Schmalenbach, Vienna Convention on the Law of Treaties, Art. 19 Rn. 53; *Walker*, Reservations to the Multilateral Instrument, S. 186.

1051 Vgl. *Villiger*, Commentary on the 1969 Vienna Convention on the Law of Treaties, Art. 19 Rn. 9.

1052 UN, Reports of the Commission to the General Assembly, Yearbook of the International Law Commission 1966 Vol. II, A/6309/Rev.l, S. 208; vgl. *Walker*, Reservations to the Multilateral Instrument, S. 186.

1053 Siehe hierzu und im Folgenden *Walker*, Reservations to the Multilateral Instrument, S. 186.

4. Optionen

a) Völkerrechtlicher Hintergrund

Die grundsätzliche Abwägung zwischen der breitestmöglichen Attraktivität des Abkommens und der Durchsetzung des Abkommensziels führt im Fall des Vorbehalts zu einem Ausschluss bestimmter Abkommensinhalte. Für die Gewährung von Flexibilität ist jedoch auch denkbar, statt einer Reduzierung des Anwendungsbereichs Möglichkeiten für die Optierung zusätzlicher Regelungen zu schaffen.[1054] Eine Untersuchung der 300 bedeutendsten multilateralen Verträge internationalen Rechts ergab, dass 51 % aller Verträge Optionsklauseln aufweisen.[1055] Es handelt sich daher um ein bekanntes Mittel, um Flexibilität innerhalb multilateraler Verträge sicherzustellen.[1056]

Derlei Optionsklauseln sind in verschiedenen Ausführungen denkbar. Erstens ist die Möglichkeit einer *opt-in*-Klausel zu nennen.[1057] Diese sieht vor, dass im Falle der Ausübung der Option für die Vertragsparteien zusätzliche Inhalte verbindlich werden.[1058] Als logisches Gegenstück zu *opt-in*-Klauseln werden auch *opt-out*-Klauseln oftmals als Gestaltungsmöglichkeit genannt; diese ermöglichen Staaten, bestimmte Teile des Vertrags abzubedingen.[1059] In dieser Wirkung sind *opt-out*-Klauseln von den bereits dargestellten Vorbehalten kaum unterscheidbar.[1060] Ob diesen überhaupt ein unterschiedlicher Charakter zugesprochen werden kann, wird unterschiedlich beurteilt.[1061] So lässt sich die Behauptung finden, dass ein Unterschied darin bestehe, dass *opt-out*-Klauseln im Gegensatz zu Vorbehalten jederzeit genutzt werden können und ausdrücklich durch den

---

1054 Vgl. *Galbraith*, 53 Virginia Journal of International Law 2013, 309, 312 f., welcher diese „negotiated options" nennt.

1055 *Galbraith*, 53 Virginia Journal of International Law 2013, 309, 316 f., inklusive sog. „opt-out"-Klauseln.

1056 *Galbraith*, 53 Virginia Journal of International Law 2013, 309, 316.

1057 *Galbraith*, 53 Virginia Journal of International Law 2013, 309, 322.

1058 *Galbraith*, 53 Virginia Journal of International Law 2013, 309, 322.

1059 UN, Report of the International Law Commission, Sixty-third session, New York 2011, A/66/10/Add.1, S. 55; *Galbraith*, 53 Virginia Journal of International Law 2013, 309, 322.

1060 *Galbraith*, 53 Virginia Journal of International Law 2013, 309, 323; *Miladinovic/Rust*, Options under the Multilateral Instrument, S. 142.

1061 UN, Report of the International Law Commission, Sixty-third session, New York 2011, A/66/10/Add.1, S. 56; *Miladinovic/Rust*, Options under the Multilateral Instrument, S. 142.

Vertrag gestattet wurden.[1062] Diese Perspektive hat im Wesentlichen Verträge im Blick, welche Vorbehalte generell untersagen, dann jedoch einige Abweichungen mittels einiger *opt-out*-Klauseln gestatten.[1063] Dem ist jedoch entgegenzuhalten, dass Art. 20 Abs. 1 WVK ausdrücklich die Möglichkeit von durch den Vertrag zugelassenen Vorbehalten berücksichtigt.[1064] Demzufolge kann jedenfalls das Merkmal einer vertraglichen Gestattung nicht als Differenzierungskriterium herangezogen werden. Sofern in Abkommen Vorbehalte generell ausgeschlossen werden und anschließend unter einigen *opt-out*-Klauseln eine Abweichung gestattet wird, handelt es sich um eine begriffliche Unterscheidung zur Etablierung einer weiteren Ebene zum generellen Vorbehaltsausschluss.[1065] Die spätere Erklärbarkeit eines Ausschlusses begründet für *opt-out*-Klauseln jedoch angesichts des festen Zeitpunktes von Vorbehaltserklärungen ein eigenständiges Kriterium.[1066]

Darüber hinaus bilden Alternativklauseln eine weitere Gestaltungsmöglichkeit von Optionen.[1067] Diese ermöglichen den Parteien nicht bloß die Wahl einer zusätzlichen Regelung, sondern die Auswahlmöglichkeit aus mehreren Regelungen.[1068] Die Differenzierung von *opt-in*-Klauseln ist relevant für den Fall, dass die Anwendung der Optionen nicht vorbehalten werden darf und sich die Parteien auf eine Regelung festlegen müssen.[1069]

b) *Die Optionsvorschriften des Multilateralen Instruments*

Die Bilateralität sowie die bisher fehlenden supranationalen Instanzen im internationalen Steuerrecht haben zu einer Pluralität von Lösungsansätzen im

1062 *Galbraith*, 53 Virginia Journal of International Law 2013, 309, 323.

1063 *Galbraith*, 53 Virginia Journal of International Law 2013, 309, 323.

1064 Vgl. auch UN, Report of the International Law Commission, Sixty-third session, New York 2011, A/66/10/Add.1, S. 59.

1065 Vgl. auch UN, Report of the International Law Commission, Sixty-third session, New York 2011, A/66/10/Add.1, S. 59, welche einen Vergleich zwischen „exclusionary clauses" und „reservations" zieht.

1066 Vgl. wiederum *Galbraith*, 53 Virginia Journal of International Law 2013, 309, 323.

1067 *Galbraith*, 53 Virginia Journal of International Law 2013, 309, 324.

1068 Vgl. dazu und folgend *Galbraith*, 53 Virginia Journal of International Law 2013, 309, 324.

1069 So etwa in dem auch in OECD, Base Erosion and Profit Shifting Project, Developing a Multilateral Instrument to Modify Bilateral Tax Treaties, Action 15, 2015 Final Report, Rn. 52 angeführten Art. 2 Abs. 1 der ILO Convention No. 96, nach welchem sich die Vertragsparteien zwischen Teil II und III des Abkommens wählen müssen.

BEPS-Bereich geführt.[1070] Die Verwendung von Optionsvorschriften als Mittel der Flexibilität ist daher angesichts dieser dogmatischen Vielseitigkeit in besonderem Maße geeignet.[1071]

Die bedeutendste Optionsvorschrift ist, gemessen an ihrem Umfang, Art. 18 MLI, nach welcher Parteien die Anwendung der Regelungen zum Schiedsverfahren wählen können. Da es hierbei um eine nicht zum Mindeststandard gehörenden, zusätzlichen Regelungsbereich handelt, ist die Vorschrift als *opt-in*-Klausel einzuordnen.[1072]

Darüber hinaus enthält das Multilaterale Instrument diverse Fälle von Alternativklauseln.[1073] Art. 5 MLI, welcher sich der Anwendung von Methoden zur Vermeidung von Doppelbesteuerung widmet, bietet den Parteien drei unterschiedliche Optionen an, um eine doppelte Nichtbesteuerung infolge der Anwendung von Methoden zur Vermeidung von Doppelbesteuerung zu verhindern. Gleichwohl bleibt es nach Art. 5 Abs. 1 MLI auch möglich, keine der Optionen anzuwenden. Eine ähnliche Optionsausgestaltung findet sich in Art. 13 MLI zur Verhinderung der Umgehung des Betriebsstättenbegriffs durch Ausnutzung des Katalogs der Betriebsstättenausnahmen in Art. 5 Abs. 4 OECD-MA. In diesem Fall stehen den Parteien zwei Optionen offen sowie gemäß Art. 13 Abs. 1 MLI die Möglichkeit, keine Option zu wählen.

Während sowohl Art. 5 MLI als auch Art. 13 MLI die Klauseln ausdrücklich als Optionen benennen, enthält Art. 9 MLI eine unbenannte Alternativklausel.[1074] Die Vorschrift des Art. 9 MLI soll Gestaltungen verhindern, welche die Steuerlast auf Kapitalerträge aus der Veräußerung von Anteilen an Gesellschaften, deren wesentlicher Wert in Immobiliareigentum besteht, verringern wollen.[1075] Hierzu bezieht sich Art. 9 Abs. 1 MLI auf Regelungen in CTA, welche dem Staat der Belegenheit der Sache für den Fall ein Besteuerungsrecht einräumen, dass ein wesentlicher Teil des Werts der Gesellschaft sich aus dem Immobiliareigentum an der Sache ergibt. Diese soll nach Art. 9 Abs. 1 lit. a) MLI jedenfalls Anwendung finden, wenn die relevante Wertgrenze irgendwann innerhalb der der Anteilsveräußerung vorangegangenen 365 Tage überschritten

---

1070 *Panayi*, Bulletin for International Taxation 2016, 628, 658.

1071 Vgl. *Miladinovic/Rust*, Options under the Multilateral Instrument, S. 139.

1072 Siehe Miladinovic/Rust, Options under the Multilateral Instrument, S. 144.

1073 Hierzu und folgend *Miladinovic/Rust*, Options under the Multilateral Instrument, S. 144 ff.

1074 Vgl. *Miladinovic/Rust*, Options under the Multilateral Instrument, S. 144 f.

1075 Vgl. *Bauernschmitt/Dißmann*, in Haase, MLI, Art. 9 Rn. 1.

wurde. Zudem sollen neben den bereits erfassten Anteilen und Rechten nach Art. 9 Abs. 1 lit. b) MLI auch vergleichbare Vorteile aus einer Personengesellschaft oder Stiftung erfasst werden. Anstatt dieser Regelung kann jedoch nach Art. 9 Abs. 3 und 4 MLI auch eine Regelung angewendet werden, die dem Belegenheitsstaat ein Besteuerungsrecht einräumt, wenn in dem 365-tägigen Zeitraum vor der Anteilsveräußerung zu einem Zeitpunkt die Anteile ihren Wert zu mehr als 50 % aus Immobiliareigentum bezogen. Es handelt sich somit um eine optionale Regelung, welche alternativ zu Art. 9 Abs. 1 MLI Anwendung finden kann.[1076]

Anders als in den in Art. 5 und 13 MLI enthaltenen Alternativklauseln ist daher im Fall des Art. 9 MLI grundsätzlich keine ausdrückliche Nichtoptierung vorgesehen.[1077] Erstere sind aufgrund dieses Umstands in ihrer Wirkung mit *opt-in*-Klauseln vergleichbar.[1078]

c) Optionen und Reziprozität

Für die Optionen gilt im Falle der Ausübung eine Notifikationspflicht.[1079] Von der Notifikation sind, ungeachtet möglicher Vorbehalte, alle CTA erfasst. Ähnlich wie bei der Ausübung der Vorbehalte besteht daher für die Vertragsparteien keine Gelegenheit, willkürlich einzelne Abkommen zur Anwendung der Optionen herauszugreifen.[1080] Eine reziproke Aushandlung der Optionsanwendung ist daher nicht möglich, da stets alle CTA im Wirkungskreis der Entscheidung stehen. Grundsätzlich gilt eine Option dann in dem Fall, wenn sie durch beide Vertragsparteien des CTA notifiziert wurde.[1081] Hiervon wird im Einzelfall abgewichen. Im Rahmen der Optionen des Art. 5 MLI gilt aus einem Gegenschluss zu Abs. 1, dass die Option dann zur Anwendung kommt, wenn sie von beiden Parteien des CTA gewählt wurde. Ansonsten gilt die Option lediglich hinsichtlich der Personen, die in dem Land ansässig sind, welches die Option ausgeübt hat. Der Erhalt der inländischen Wirkung der Option hängt mit dem

---

1076 *Miladinovic/Rust*, Options under the Multilateral Instrument, S. 145.

1077 *Miladinovic/Rust*, Options under the Multilateral Instrument, S. 145.

1078 *Miladinovic/Rust*, Options under the Multilateral Instrument, S. 145.

1079 Vgl. etwa Art. 5 Abs. 10, 13 Abs. 7 MLI.

1080 Siehe hierzu und im Folgenden *Miladinovic/Rus*t, Options under the Multilateral Instrument, S. 157. *Brauner*, Bulletin for International Taxation 2020, 28, 40 sieht durch die einheitliche Optionsausübung im MLI die Reziprozität im internationalen Steuerrecht als gestärkt an.

1081 Siehe exemplarisch Art. 13 Abs. 7 MLI.

Regelungsbereich des Art. 5 MLI zusammen: Die Anwendung der gewählten Methode zur Vermeidung zur Doppelbesteuerung lässt sich im Inland anwenden, ohne dass Verteilungsentscheidungen über Besteuerungsrechte beeinträchtigt würden.[1082] Art. 13 MLI, welcher Ausnahmen zum Betriebsstättenbegriff betrifft, sieht aufgrund der einheitlichen Betriebsstättendefinition im CTA eine solche Wirkung nicht vor. Eine gewählte Option kommt nach Art. 13 Abs. 7 MLI nur zur Anwendung, wenn beide Parteien sie gewählt haben. Gleiches gilt für die *opt-in*-Klausel des Art. 18 MLI, welcher Teil VI des Abkommens zur Anwendung bringt.

Einen Sonderfall bildet Art. 9 MLI.[1083] In den Alternativklauseln des Art. 5 und 13 MLI besteht bei Nichtwahl einer Option der Zustand, dass keine Regelung zur Anwendung kommt. Im Rahmen des Art. 9 MLI kommt jedoch jenseits der Anwendung eines diesbezüglichen Vorbehalts die Ausgangsregelung des Art. 9 Abs. 1 MLI mit Inkrafttreten des Multilateralen Instruments zur Anwendung. Sofern beide Vertragsparteien des CTA für die Regelung des Art. 9 Abs. 4 MLI optieren, wird dieser gemäß Art. 9 Abs. 8 MLI angewendet. Wird die Regelung nur durch eine Vertragspartei gewählt, wird die Option nicht ausgeübt. Folgerichtig wird dann, sofern kein Vorbehalt ausgeübt wurde, Art. 9 Abs. 1 MLI angewendet.

d) Bindungswirkung für die Parteien

aa) Widerruf von Optionen

Der Widerruf von Optionen ist im Multilateralen Instrument nicht geregelt. Da jedoch die Ausübung einer Option der Notifikation bedarf, folgt die Beurteilung des Widerrufs einer Option inhaltlich derjenigen des Widerrufs einer Notifikation.[1084] In diesem Rahmen wurde die Möglichkeit eines Widerrufs von Notifikationen aufgrund der Einzelregelung des Art. 28 Abs. 9 MLI und der daraus abgeleiteten Prämisse, dass durch einen Widerruf jedenfalls keine Verkleinerung des Anwendungsbereichs entstehen darf, abgelehnt.[1085] Eine Verkleinerung der angewandten Regelungen tritt auch bei Widerruf einer Notifikation ein, welche

---

1082 Siehe *Haase*, in Haase, MLI, Art. 5 Rn. 7, welcher auf die fehlende „Einigungsnotwendigkeit" hinweist.

1083 Hierzu und folgend auch *Miladinovic/Rust*, Options under the Multilateral Instrument, S. 144 f.

1084 Vgl. *Miladinovic/Rust*, Options under the Multilateral Instrument, S. 163, sowie Abschnitt C.III.2.e)bb).

1085 Siehe Abschnitt C.III.2.e)bb).

eine Optionswahl zum Inhalt hatte; dementsprechend ist der Widerruf in Einklang mit den Ausführungen zum Widerruf der Notifikation als unzulässig zu betrachten.[1086]

Auch die Ausführungen zur späteren Erklärung von Notifikationen sind auf die erstmalige Optionserklärung in den Fällen der nicht verpflichtenden Alternativklauseln sowie der *opt-in*-Klausel des Art. 18 MLI übertragbar.[1087]

bb) Wechsel von Optionen

Neben einem Widerruf könnte eine Änderung von steuerpolitischen Interessen einer Partei des Multilateralen Instruments auch zu dem Anliegen führen, von einer Option zu einer anderen zu wechseln.[1088] Dies betrifft die Konstellation der Alternativklauseln und würde eine nachträgliche Notifikation der neu gewählten Option erfordern.[1089] Eine solche nachträgliche Notifikation richtet sich nach Art. 29 Abs. 6 MLI. Hiernach sind zusätzliche ("additional") Notifikationen zulässig.[1090] „Additional" ist nach dem Wortsinn auf den Inhalt der Notifikation bezogen.[1091] Daher stellt sich die Frage, inwiefern ein Wechsel der Option als zusätzliche Notifikation in diesem Sinne bezeichnet werden kann.[1092] Dies ließe sich jedenfalls nur in Fällen vertreten, in denen sich die alternativen Optionen in ihrer inhaltlichen Reichweite im Hinblick auf den Telos des Artikels unterscheiden.[1093] Das lässt sich im Fall der Alternativklauseln des Multilateralen Instruments jedoch grundsätzlich nicht abschließend beantworten. Im Fall des Art. 5 MLI lässt sich das avisierte Problem einer doppelten Nichtbesteuerung mittels aller Optionen grundsätzlich vergleichbar effektiv lösen. Unterschiede zwischen den Optionen bestehen in der Regel in dem für die Parteien zugestandenen Gestaltungsspielraum. So referiert etwa Art. 13 Abs. 3 MLI (Option B) im Rahmen des Ausnahmenkatalogs zur Betriebsstätte auf Bestimmungen in CTA,

---

1086 Vgl. *Miladinovic/Rust*, Options under the Multilateral Instrument, S. 163 f.

1087 Siehe Abschnitt C.III.2.e)aa), dazu ausführlich *Miladinovic/Rust*, Options under the Multilateral Instrument, S. 159 ff.

1088 *Bravo*, A Multilateral Instrument to Update the Tax Treaty Network, S. 262 f.; *Miladinovic/Rust*, Options under the Multilateral Instrument, S. 159.

1089 Hierzu *Miladinovic/Rust*, Options under the Multilateral Instrument, S. 162.

1090 Vgl. Abschnitt C.III.2.e)aa).

1091 *Miladinovic/Rust*, Options under the Multilateral Instrument, S. 162.

1092 *Miladinovic/Rust*, Options under the Multilateral Instrument, S. 162.

1093 Denn nur in diesem Fall würde die in C.III.2.e)bb) dargelegte Ratio der Widerrufsregel des Art. 28 Abs. 9 MLI gewahrt werden.

welche vorsehen, dass eine bestimmte Geschäftstätigkeit keine Betriebsstätte darstellt, wenn sie vorbereitenden oder unterstützenden Charakter hat.

Ein anderes Ergebnis ergibt sich nur für den Fall, dass zunächst für eine Nichtwahl der Klauseln optiert wird und dann eine Option ausgewählt wird oder vice versa. Denn in diesen Konstellationen ergibt sich der Unterschied in der inhaltlichen Reichweite unmittelbar. Jenseits dessen ist die inhaltliche Reichweite jedoch von den konkreten CTA-Bestimmungen abhängig und kann abstrakt nicht ermittelt werden.

Dies gilt etwa auch für den Fall der Alternativklausel des Art. 9 Abs. 1, 4 MLI. Während Abs. 4 eine konkrete Schwelle für den Wert, welcher die Anteile an der Gesellschaft aus Immobiliareigentum beziehen muss, auf 50 % festlegt, lässt Abs. 1 diesen Wert ausdrücklich offen ("relevant value threshold"). Dieser kann entweder über oder unter der 50 %-Schwelle liegen, sodass auch hier die inhaltliche Reichweite im konkreten Fall divergieren kann.

Aufgrund der fehlenden abstrakten Bestimmbarkeit der Effektivität zur Zielerreichung kann ein Optionswechsel grundsätzlich nicht unter den Begriff der zusätzlichen Notifikation subsumiert werden.[1094] Eine Ausnahme gilt jedoch für den Fall, dass im Rahmen der Optionen des Art. 5 bzw. 13 MLI zunächst für eine Nichtwahl optiert wird und anschließend eine andere Option gewählt wird. Die Möglichkeit eines Optionswechsels ist daher eng begrenzt.

5. Änderung des Multilateralen Instruments

a) Völkerrechtlicher Hintergrund

Die Änderung eines völkerrechtlichen Vertrages ist in Art. 39 ff. WVK geregelt. Art. 39 WVK postuliert die grundsätzliche Abänderbarkeit eines völkerrechtlichen Vertrages. Jeder Vorschlag einer Vertragspartei zur Vertragsänderung ist nach Art. 40 Abs. 2 WVK allen anderen Vertragsparteien zu notifizieren. Die Vertragsparteien sind gemäß Art. 40 Abs. 3 WVK auch berechtigt, Parteien des geänderten Vertrages zu werden. Allerdings entfaltet das Änderungsabkommen gemäß Art. 40 Abs. 4 WVK keine Wirksamkeit für Staaten, die nicht Partei des Abkommens werden.[1095] Sofern ein Staat nach dem Inkrafttreten der

---

1094 Auch *Miladinovic/Rust*, Options under the Multilateral Instrument, S. 163 wertet den Aspekt der Rechtssicherheit beim Thema des Optionswechsels als entscheidend; *Bravo*, A Multilateral Instrument to Update the Tax Treaty Network, S. 263 f. zeigt die Gefahr zusätzlicher BEPS-Möglichkeiten durch eingeräumte Optionswechsel auf.

1095 Hierzu *Villiger*, Commentary on the 1969 Vienna Convention on the Law of Treaties, Art. 40 Rn. 10.

Änderung dem Vertrag beitritt, gilt der Vertrag gemäß Art. 40 Abs. 5 WVK mangels Ausdruck eines entgegenstehenden Willens in seiner geänderten Fassung. Im Verhältnis zu Staaten, welche zwar Partei des Vertrages, nicht jedoch des Änderungsabkommens sind, gilt hingegen im bilateralen Verhältnis gemäß Art. 40 Abs. 5 lit. b) WVK die nicht geänderte Fassung. Aus Art. 40 Abs. 2 WVK ergeben sich insgesamt drei Stufen des Änderungsprozesses.[1096] Auf den Vorschlag einer Partei folgt nach Notifikation an die übrigen Parteien die Verhandlungsstufe, auf welche wiederum die Stufe der Annahme des Änderungsabkommens folgt.[1097] Wird ein völkerrechtlicher Vertrag geändert, so hat sich diese Änderung ebenso als völkerrechtlicher (Änderungs-)vertrag darzustellen.[1098]

b) Die Regelung des Art. 33 MLI

Diese generellen Grundsätze stehen gemäß Art. 39 WVK ausdrücklich in nachrangigem Verhältnis zu spezialgesetzlichen Regelungen einzelner völkerrechtlicher Verträge. In Art. 33 MLI findet sich eine solche Regelung.[1099] Hiernach wird insofern keine Abweichung von Art. 39 WVK getroffen, als dass das Multilaterale Instrument gemäß Art. 33 MLI im Grundsatz durch alle Parteien abänderbar ist. Dies betrifft sämtliche Vorschriften, dementsprechend auch diejenigen, welche dem Mindeststandard zuzuordnen sind. Als Adressat des Änderungsvorschlags wird das *depositary* genannt. Eine Information der übrigen Vertragspartner, wie sie auch Art. 40 Abs. 2 WVK durch ein Notifikationserfordernis sicherstellen möchte, wird durch Art. 39 Abs. 2 lit. e) MLI gewährleistet. Dieser bestimmt, dass der Generalsekretär der OECD in der Rolle des *depositary* innerhalb eines Monats allen Vertragsparteien die vorgeschlagene Änderung zu notifizieren hat. Hinsichtlich des Verfahrens weicht Art. 33 Abs. 2 MLI indes von den Vorgaben der Wiener Vertragsrechtskonvention ab. Dieser hält die Vertragsparteien an, anlässlich des Änderungsvorschlags eine *Conference of the Parties* (CoP) nach Art. 31 Abs. 3 MLI einzuberufen.

1096 Vgl. auch *Villiger*, Commentary on the 1969 Vienna Convention on the Law of Treaties, Art. 40 Rn. 5 ff.

1097 Vgl. *Villiger*, Commentary on the 1969 Vienna Convention on the Law of Treaties, Art. 40 Rn. 5 ff.

1098 *Herdegen*, Völkerrecht, § 15 Rn. 42.

1099 Vgl. *Bravo*, A Multilateral Instrument to Update the Tax Treaty Network, S. 278.

c) Entscheidung über die Änderung durch die CoP

Die CoP stellt neben dem *depositary* eine weitere Institution des Multilateralen Instruments dar.[1100] Art. 31 Abs. 1 MLI weist der CoP die Rolle eines Entscheidungsgremiums zu, welches aufgrund von im Multilateralen Instrument angelegten Kompetenzen tätig wird.[1101] Jede Vertragspartei besitzt gemäß Art. 31 Abs. 3 MLI ein Initiativrecht zur Einberufung einer CoP.[1102] Zu dieser ist nach Art. 31 Abs. 3 MLI ein Zustimmungsquorum von einem Drittel aller Vertragsparteien erforderlich. Zur Durchführung der CoP gibt das *explanatory statement* darüber hinaus vor, dass sowohl ein persönliches als auch ein virtuelles Treffen per Video- oder Telefonkonferenz möglich ist.[1103]

Das Entscheidungsverfahren bleibt zudem den Parteien überlassen.[1104] Dies schließt auch das Abstimmungsverfahren sowie die entsprechend notwendigen Quoren ein, sodass sich konkret für eine Änderung des Multilateralen Instruments die Frage stellt, mit welcher Mehrheit eine solche Änderung in der CoP beschlossen werden kann.[1105] Da eine Regelung auf Ebene des multilateralen Instruments nicht getroffen wird, ist ohne Beschluss eines besonderen Abstimmungsverfahrens die Wiener Vertragsrechtskonvention heranzuziehen.[1106] Art. 39 WVK erklärt Teil II zum Abschluss sowie zum Inkrafttreten von Verträgen für entsprechend anwendbar.[1107] Nach Art. 9 Abs. 2 WVK ist im Rahmen einer internationalen Konferenz eine Mehrheit von zwei Dritteln zur Vertragsannahme erforderlich. Nach internationalem Recht ergibt sich somit für alle Abänderungen des Multilateralen Instruments ein Abstimmungsquorum von zwei Dritteln.

1100 Siehe auch Abschnitt D.II.2.

1101 Vgl. OECD, Explanatory Statement to the Multilateral Convention to Implement Tax Treaty Related Measures to Prevent Base Erosion and Profit Shifting, Rn. 311 f.

1102 Vgl. ausführlich *Köstler*, in Haase, MLI, Art. 31 Rn. 9 ff.

1103 OECD, Explanatory Statement to the Multilateral Convention to Implement Tax Treaty Related Measures to Prevent Base Erosion and Profit Shifting, Rn. 312.

1104 OECD, Explanatory Statement to the Multilateral Convention to Implement Tax Treaty Related Measures to Prevent Base Erosion and Profit Shifting, Rn. 312.

1105 *Bravo*, Future Changes to Covered Tax Agreements and the MLI, S. 257.

1106 *Bravo*, Future Changes to Covered Tax Agreements and the MLI, S. 257.

1107 Hierzu und zu folgendem Ansatz *Bravo*, Future Changes to Covered Tax Agreements and the MLI, S. 257; sowie Lang, SWI 2017, 11, 20; vgl. dazu *Villiger*, Vienna Convention, Art. 39 Rn. 9, welcher die Dispositivität der einschlägigen Regelungen des WVK umschreibt.

Angesichts der großen Bedeutung der fiskalen Souveränität, welche auch im Multilateralen Instrument Anklang findet, ist dieses Ergebnis jedoch infragezustellen. Die Wahrung der fiskalen Souveränität steht im Wechselverhältnis mit dem Problem der erschwerten Abänderbarkeit im Fall eines bedingungslosen Konsensprinzips. Im Rahmen von multilateralen Verträgen wird vor dem Hintergrund auch immer wieder vom Konsensprinzip bei Änderungen abgewichen.[1108] Teilweise wird auch erst auf ein Abstimmungsquorum von zwei Dritteln ausgewichen, nachdem eine konsensuale Entscheidung gescheitert ist.[1109] Art. 33 MLI stellt im Verhältnis zu Art. 39 WVK sowie Art. 9 Abs. 2 WVK lex specialis dar, wie sich in Bezug auf Art. 9 Abs. 2 WVK auch ausdrücklich aus dem Wortlaut des Art. 39 WVK ergibt ("except insofar as the treaty may otherwise provide"). Das bedeutet, dass auch eine nachfolgende Vereinbarung der CoP den Regelungen der Wiener Vertragsrechtskonvention vorgeht. Die vollkommene Flexibilität, welche das multilaterale Instrument der CoP für den Beschluss eines Abstimmungsquorums einräumt, lässt unterschiedliche Abstimmungsquoren für unterschiedliche Entscheidungsgegenstände zu. Jedenfalls bei Grundlagenentscheidungen, welche den Wesensgehalt der einzelnen Vorschriften antasten oder das Multilaterale Instrument substanziell erweitern, ist aufgrund der fiskalen Souveränität der Vertragsstaaten eine Entscheidung nach dem Konsensprinzip erforderlich. Lediglich in Hinblick auf Änderungen von untergeordneter Bedeutung für die fiskale Souveränität ist eine Abweichung von Konsensprinzip statthaft.[1110]

Eine reine Entscheidung nach Zweidrittelmehrheit im Sinne von Art. 9 Abs. 2 WVK würde zudem eine Abweichung zum in der OECD üblichen Abstimmungsquorum darstellen.[1111] Zwar existieren auch auf OECD-Ebene Entscheidungen, welche mit einfacher oder qualifizierter Mehrheit getroffen werden. So schreibt etwa *Rule 14* der *Rules of Procedure* der OECD für die Annahme der

---

1108 Vgl. *Villiger*, Commentary on the 1969 Vienna Convention on the Law of Treaties, Art. 9 Rn. 13.

1109 *Villiger*, Commentary on the 1969 Vienna Convention on the Law of Treaties, Art. 9 Rn. 17.

1110 *Bravo*, Future Changes to Covered Tax Agreements and the MLI, S. 258 sieht ein Einstimmigkeitserfordernis hingegen vor dem Hintergrund der erschwerten Abänderbarkeit als unwahrscheinlich an, für eine Abänderung zum Konsensprinzip hält *Bravo* auf S. 257 f. hingegen eine Zweidrittelmehrheit nach Art. 9 Abs. 2 WVK für statthaft, dem ist zuzustimmen; vgl. auch *Bosman*, Intertax 2017, 642, 658.

1111 *Bravo*, Future Changes to Covered Tax Agreements and the MLI, S. 258; vgl. *Brosens/Bossuyt*, World Tax Journal 2020, 313, 353; vgl. ferner Lang, SWI 2017, 11, 20.

Tagesordnung eine einfache Mehrheit vor. Gemäß der Resolution C(2006)78/REV1/FINAL bilden Konsensentscheidungen im Rat der OECD jedoch die Regel, von der im Einzelfall abgewichen wird.[1112] Konsensentscheidung bedeutet hierbei, dass keinerlei Gegenstimmen vorliegen.[1113]

Festzuhalten ist damit, dass substanzielle Änderungen des Multilateralen Instruments der Zustimmung aller Vertragsparteien bedürfen. Im Übrigen bleiben andere Abstimmungsquoren möglich.

IV. Die Auslegung des Multilateralen Instruments

1. Die Anwendung der Art. 31 ff. WVK auf das Multilaterale Instrument

Völkerrechtlicher Ausgangspunkt für die Auslegung des Multilateralen Instruments sind die Art. 31 ff. WVK.[1114] Diese beinhalten, wie bereits dargestellt, eine differenzierte Auslegungsmethodik aus Wortlaut sowie systematischen, teleologischen und subsidiär auch entstehungsgeschichtlichen Erwägungen.[1115] In diesem Rahmen spielen neben dem völkerrechtlichen Vertrag als solchem auch begleitende Vereinbarungen und Dokumente eine relevante Rolle.[1116] Auch nachfolgende Vereinbarungen oder Vertragsübungen können zur Auslegung herangezogen werden.[1117] Als völkervertragliches Umsetzungsvehikel des BEPS-Projekts ist das Multilaterale Instrument eingebunden in eine Reihe von vorangegangenen Dokumenten unterschiedlicher Rechtsqualität, welche als solche Vereinbarungen infrage kommen könnten. Erstmals erläutert wurde das Vorhaben eines Multilateralen Instruments im Abschlussbericht zu Aktionspunkt 15.[1118] Des Weiteren ist das *explanatory statement* mit dem Multilateralen

---

1112 OECD, Revised Resolution of the Council on a New Governance Structure for the Organisation, C(2006)78/REV1/FINAL, Rn. 10.

1113 OECD, Rules of Procedure of the Organisation, October 2013, Appendix II, Rn. 34.

1114 Siehe auch Opinion of the Conference of the Parties of the MLI v. 3.5.2021, Multilateral Convention to Implement Tax Treaty Related Measures to Prevent Base Erosion and Profit Shifting (MLI): Interpretation and Implementation Questions, S. 1 f.

1115 Siehe Abschnitt B.I.5.a)dd)(1).

1116 Vgl. überblicksartig bzgl. der Argumentation zu *travaux préparatoires* im Auslegungsprozess *Merkouris*, "Third Party" Considerations and "Corrective Interpretation" in the Interpretative Use of Travaux Préparatoires, S. 75 ff.

1117 Siehe Abschnitt B.I.5.a)dd)(1).

1118 OECD, Base Erosion and Profit Shifting Project, Developing a Multilateral Instrument to Modify Bilateral Tax Treaties, Action 15, 2015 Final Report.

Instrument veröffentlicht worden, welches die einzelnen Artikel des Abkommens erläutert.[1119] Ferner ist zu berücksichtigen, dass Regelungen des Multilateralen Instruments auch Eingang in das OECD-Musterabkommen gefunden haben,[1120] sodass sich die Frage stellt, ob dieser in Hinblick auf gleichlautende Vorschriften des Multilateralen Instruments auch ergänzend zur Auslegung herangezogen werden könnte.[1121]

Der Abschlussbericht zu Aktionspunkt 15 enthält einen Leitfaden zur Rechtstechnik des Multilateralen Instruments, jedoch keine Ausführungen zu dessen materiellen Regelungen. Als Rückgriff zur Auslegung des Multilateralen Instruments kommt der Abschlussbericht somit ohnehin nur zum Verständnis der formellen Regelungen in Betracht. Auch die übrigen BEPS-Abschlussberichte könnten eine Rolle im Rahmen der Auslegung spielen, sodass die Einbeziehung der Abschlussberichte zu analysieren ist.[1122] Für eine Einbeziehung als Auslegungsmittel könnte es sich nach Art. 31 Abs. 2 lit. a) WVK um eine auf den Vertrag beziehende Übereinkunft, die zwischen allen Vertragsparteien anlässlich des Vertragsabschlusses getroffen wurde, handeln.[1123] In Rede steht hier, ob der Abschlussbericht als „anlässlich des Vertragsschlusses geschlossen" ("made in connection with the conclusion of treaty") bezeichnet werden kann.[1124] „In

1119 OECD, Explanatory Statement to the Multilateral Convention to Implement Tax Treaty Related Measures to Prevent Base Erosion and Profit Shifting.

1120 Vgl. die BEPS-Umsetzungen im OECD-Musterabkommen unter B.III.3.b).

1121 *Blum*, Bulletin for International Taxation 2018, 131, 132; *Haslehner*, Bulletin for International Taxation 2020, 222, 229.

1122 *Bosman*, Intertax 2017, 642, 648; *Blum*, Bulletin for International Taxation 2018, 131, 139; *Bravo*, Bulletin for International Taxation 2020, 231, 237; *Haslehner*, Bulletin for International Taxation 2020, 222, 228; vgl. auch Opinion of the Conference of the Parties of the MLI v. 3.5.2021, Multilateral Convention to Implement Tax Treaty Related Measures to Prevent Base Erosion and Profit Shifting (MLI): Interpretation and Implementation Questions, S. 2 f.

1123 *Haslehner*, Bulletin for International Taxation 2020, 222, 228 f. denkt in Bezug auf die Abschlussberichte 2, 6, 7 und 14 die Möglichkeit einer Einbeziehung nach Art. 31 Abs. 1 bzw. Abs. 4 WVK sowie im Übrigen nach Art. 32 WVK an. Auch *Manzi*, Bulletin for International Taxation 2020, 742, 753 nennt die Möglichkeit einer Einbeziehung nach Art. 31 Abs. 1 WVK. Es ist jedoch fraglich, ob die Bedeutung entsprechender Begriffe schon als i.S.e. gewöhnlichen bzw. beigelegten Bedeutung geprägt angesehen werden kann. In Bezug auf eine Einbeziehung nach Art. 32 WVK ist auf deren strenge Subsidiarität zu verweisen, sodass dessen Anwendung eine absolute Ausnahme darstellen dürfte, vgl. auch *Bosman*, Intertax 2017, 642, 647 f.

1124 Vgl. *Bosman*, Intertax 2017, 642, 648; siehe auch *Manzi*, Bulletin for International Taxation 2020, 742, 752.

connection" enthält dem reinen Wortlaut nach eine zeitliche Komponente, sodass ein Beschluss in zeitlichen Zusammenhang mit dem Vertragsschluss stehen müsste. Eine Gleichzeitigkeit oder ein unmittelbarer zeitlicher Zusammenhang ist jedoch vor dem Hintergrund abzulehnen, dass „connection" eher auf eine gelockerte zeitliche Verbindung hindeutet.[1125] Im Fall der Abschlussberichte lag der Zeitpunkt jedoch im Jahr 2015 bereits vor den Verhandlungen des Multilateralen Instruments. Zu dieser Zeit war ein Vertragsabschluss also noch nicht zeitlich absehbar.[1126] Zudem wurden die Abschlussberichte durch die OECD verfasst, dementsprechend nicht durch alle Vertragsparteien des Multilateralen Instruments getroffen.[1127] Gerade dies setzt Art. 31 Abs. 2 lit. a) WVK aber ausdrücklich voraus.[1128]

Jenseits dieser Überlegungen kommt eine Einbeziehung der Abschlussberichte jedoch gemäß Art. 31 Abs. 3 lit. a) WVK in Betracht. Am. 3.5.2021 beschloss die CoP eine Stellungnahme zu Auslegungs- und Anwendungsfragen des Multilateralen Instruments.[1129] Hierbei handelt es sich um eine Auslegungsvereinbarung der Parteien i.S.v. Art. 31 Abs. 3 lit. a) WVK, sodass diese Berücksichtigung für die Auslegung erlangen muss. In der Stellungnahme wird ausdrücklich Bezug genommen auf die „BEPS measures", die im Wege der Auslegung von MLI-Bestimmungen außer den Regelungen zum Schiedsverfahren hinzuzuziehen seien.[1130] Damit bilden auch die BEPS-Abschlussberichte legitime Auslegungsmittel.

1125 Vgl. *Villiger*, Commentary on the 1969 Vienna Convention on the Law of Treaties, Art. 31 Rn. 17.

1126 Vgl. *Bosman*, Intertax 2017, 642, 648.

1127 Vgl. *Bravo*, Bulletin for International Taxation 2020, 231, 237; Bosman, Intertax 2017, 642, 648.

1128 In diesem Fall wäre dann auf Art. 31 Abs. 2 lit. b) WVK zu rekurrieren, welcher diese Voraussetzung nicht aufweist. Dies würde allerdings eine geäußerte Annahme der Berichte als Vertragsurkunden durch die entsprechenden Parteien erfordern, vgl. *Villiger*, The Vienna Convention on the Law of Treaties, Art. 31 Rn. 19.

1129 Opinion of the Conference of the Parties of the MLI v. 3.5.2021, Multilateral Convention to Implement Tax Treaty Related Measures to Prevent Base Erosion and Profit Shifting (MLI): Interpretation and Implementation Questions.

1130 Opinion of the Conference of the Parties of the MLI v. 3.5.2021, Multilateral Convention to Implement Tax Treaty Related Measures to Prevent Base Erosion and Profit Shifting (MLI): Interpretation and Implementation Questions, S. 2 f.

Im Gegensatz hierzu könnte das *explanatory statement* eine Übereinkunft nach Art. 31 Abs. 2 lit. a) WVK darstellen.[1131] Dieses wurde in der ad hoc-Gruppe entworfen, sodass dieselben Vertragsparteien das *explanatory statement* verabschiedeten, die auch das Multilaterale Instrument beschlossen.[1132] Durch die Erläuterungen der einzelnen Artikel bezieht sich das *explanatory statement* auf den Vertrag des Multilateralen Instruments.[1133] Da das *explanatory statement* zeitgleich mit dem Multilateralen Instrument am 24.11.2016 angenommen wurde, ist dieses auch als „made in connection with the conclusion of treaty" anzusehen.[1134] Folglich stellt das *explanatory statement* eine Übereinkunft nach Art. 31 Abs. 2 lit. a) WVK dar und ist entsprechend zur Auslegung heranzuziehen.[1135]

Auf den OECD-Musterkommentar treffen die Tatbestandsvoraussetzungen des Art. 31 Abs. 2 lit. a) WVK hingegen in vielfältiger Hinsicht nicht zu: Der Musterkommentar bezieht sich nicht auf das Multilaterale Instrument und wurde nicht anlässlich des Vertragsschlusses getroffen, zudem handelt es sich

---

1131 Siehe hierzu und folgend *Bravo*, Bulletin for International Taxation 2020, 231, 236; *Haslehner*, Bulletin for International Taxation 2020, 222, 228; ferner im Überblick *Manzi*, Bulletin for International Taxation 2020, 742, 750 f.; *Bosman*, Intertax 2017, 642, 647 sowie *Berens*, Multilaterales Instrument im Kontext der Einkünfteerzielung hybrider Gesellschaften, S. 157; siehe hierzu und folgend ferner Opinion of the Conference of the Parties of the MLI v. 3.5.2021, Multilateral Convention to Implement Tax Treaty Related Measures to Prevent Base Erosion and Profit Shifting (MLI): Interpretation and Implementation Questions, S. 3, nach welcher die Parteien des MLI das *explanatory statement* als Bestandteil des „context" i.S.v. Art. 31 Abs. 2 WVK betrachten.

1132 OECD, Explanatory Statement to the Multilateral Convention to Implement Tax Treaty Related Measures to Prevent Base Erosion and Profit Shifting, Rn. 11; vgl. *Haslehner*, Bulletin for International Taxation 2020, 222, 228; *Bravo*, Bulletin for International Taxation 2020, 231, 236.

1133 Vgl. *Bravo*, Bulletin for International Taxation 2020, 231, 236.

1134 Vgl. *Bravo*, Bulletin for International Taxation 2020, 231, 236; *Haslehner*, Bulletin for International Taxation 2020, 222, 228; Bosman, Intertax 2017, 642, 647.

1135 *Haslehner*, Bulletin for International Taxation 2020, 222, 228; *Bosman*, Intertax 2017, 642, 647; auch *Bravo*, Bulletin for International Taxation 2020, 231, 236, welche das Explanatory Statement als „context" i.S.v. Art. 31 WVK einstuft; ablehnend jedoch *Berens*, Multilaterales Instrument im Kontext der Einkünfteerzielung hybrider Gesellschaften, S. 157 f., welcher hierfür u.a. ins Feld führt, dass es sich nicht um eine Übereinkunft aller Vertragsparteien des MLI handele. Wie auch *Bravo*, Bulletin for International Taxation 2020, 231, 236 bemerkt, dürfte diese Zustimmung jedoch konkludent im Beitritt zum MLI enthalten sein.

um eine Übereinkunft der OECD, und damit nicht um eine Übereinkunft der Vertragsparteien des Multilateralen Instruments.[1136] Im Falle des Multilateralen Instruments könnte jedoch eine vergleichbare Lage zu der Heranziehung des Musterkommentars bei der Auslegung von Doppelbesteuerungsabkommen vorliegen.[1137] In Bezug auf diese könnte dem Musterkommentar eine besondere Bedeutung nach Art. 31 Abs. 4 WVK zukommen. Dies scheidet jedoch von vornherein aus, da der Musterkommentar 2017, welcher maßgeblich BEPS-Inhalte umgesetzt hat, erst im auf den Abkommensabschluss folgenden Jahr veröffentlicht wurde, zu diesem Zeitpunkt also von den Parteien gar nicht zugrundegelegt werden konnte.

Beim Multilateralen Instrument handelt es sich zudem um einen in mehreren authentischen Sprachfassungen herausgegebenen Vertrag.[1138] Am Ende des Abkommens wird sowohl die englische, als auch die französische Sprachfassung als authentisch deklariert. Im Sinne von Art. 33 Abs. 1 WVK handelt es sich dabei um die einzigen maßgeblichen Sprachfassungen. Andere offizielle Übersetzungen weisen daher keine völkerrechtliche Relevanz auf.[1139] Dies betrifft auch den Text von MLI-Regelungen in konsolidierten Fassungen, welche Text der CTA um Regelungen des Multilateralen Instruments ergänzen und die die Mitgliedstaaten aus Gründen der Bestimmtheit vorsehen.[1140]

1136 Vgl. *Bosman*, Intertax 2017, 642, 648; *Haslehner*, Bulletin for International Taxation 2020, 222, 229; vgl. auch *Hattingh*, Bulletin for International Taxation 2020, 179, 192; anders *Blum*, welcher den OECD-Musterkommentar jedenfalls in Bezug auf die BEPS-Inhalte als Teil des Kontextes des multilateralen Instruments versteht, vgl. *Blum*, Bulletin for International Taxation 2018, 131, 139; ebenso *Manzi*, Bulletin for International Taxation 2020, 742, 755 f., welcher jedenfalls in Bezug auf unmittelbar aus dem BEPS-Projekt übernommene Passagen des OECD-Kommentars eine Einbeziehung bejaht, da die Parteien durch Abkommensbeitritt dem implizit zugestimmt hätten.

1137 *Manzi*, Bulletin for International Taxation 2020, 742, 756, stellt eine vergleichbare Überlegung an, indem er für eine Einbeziehung nach Art. 31 Abs. 1 WVK (oder aber Art. 32 WVK) in Bezug auf die nicht unmittelbar aus dem BEPS-Projekt übernommenen Teile des Kommentars plädiert. Eine solche dürfte jedoch regelmäßig an der nicht ausreichenden Prägung der gewöhnlichen Bedeutung i.S.d. entsprechenden Passagen des OECD-Kommentars scheitern.

1138 Ausführlich *Schuch/Van West*, Languages of the MLI and Covered Tax Agreements, S. 80.

1139 Vgl. *Schuch/Van West*, Languages of the MLI and Covered Tax Agreements, S. 77 f.

1140 Vgl. *Zöhrer*, Notifications to the MLI and Consolidated Versions of Tax Treaties, S. 202 f.

2. Die Auslegungsregel des Art. 2 Abs. 2 MLI

Art. 2 Abs. 2 MLI enthält eine spezielle Auslegungsregel, welche in ihrer dogmatischen Struktur Art. 3 Abs. 2 OECD-MA nachgeformt ist.[1141] Hinsichtlich eines Begriffs, der nicht im Multilateralen Instrument definiert ist, ist danach diejenige Bedeutung anzunehmen, welche ihm nach dem jeweiligen CTA im Zeitpunkt der Anwendung im nationalen Recht einer Vertragspartei zukommt. Ebenso wie im Fall des Art. 3 Abs. 2 OECD-MA existiert auch hier die Rückausnahme „unless the context otherwise requires". Diese bestimmt für Art. 2 Abs. 2 MLI die Reichweite des Rückgriffs auf das betroffene CTA. Für Art. 3 Abs. 2 OECD-MA begründet die Rückausnahme die Diskussion der Reichweite des Merkmals des Zusammenhangs.[1142] Auch wenn das Verständnis des Grundsatzes einer abkommensautonomen Auslegung ohne die Möglichkeit einer Berücksichtigung der nationalen Rechtsordnungen abzulehnen ist, bilden für die Auslegung relevante Umstände des Abkommens oder anderen internationalen Rechts gewichtige Bestandteile des Zusammenhangs i.S.d. Art. 3 Abs. 2 OECD-MA.[1143] Angesichts des vergleichbaren dogmatischen Aufbaus stellt sich die Frage, ob auch im Rahmen des Art. 2 Abs. 2 MLI die genannte Abwägung zwischen der Wahrung von Souveränitätsinteressen sowie einer international einheitlichen Abwägung maßgeblich ist.[1144]

Das Argument einer Durchsetzung des Abkommensziels durch eine einheitlich gewährleistete Auslegung lässt sich jedenfalls auf die Regelung des Art. 2 Abs. 2 MLI übertragen.[1145] Sollten der Rückgriff auf CTA je nach

---

1141 *Haslehner*, Bulletin for International Taxation 2020, 222, 227; *Lang*, SWI 2017, 11, 12; *Wakounig*, Interpretation of Terms Used in the Multilateral Instrument, S. 25 f.

1142 Siehe Abschnitt B.I.5.a)dd)(2)(b).

1143 Siehe Abschnitt B.I.5.a)dd)(2)(b).

1144 Siehe *Lang*, SWI 2017, 11, 12, welcher zuvor jedoch auch vor der Gefahr warnt, hierdurch Interpretationsprobleme zu importieren, sowie *Wakounig*, Interpretation of Terms Used in the Multilateral Instrument, S. 26.

1145 Hierzu und im Folgenden *Lang*, SWI 2017, 11, 14 sowie *Wakounig*, Interpretation of Terms Used in the Multilateral Instrument, S. 29; in diesem Sinne auch *Manzi*, Bulletin for International Taxation 2020, 742, 749; vgl. auch *Berens*, Multilaterales Instrument im Kontext der Einkünfteerzielung hybrider Gesellschaften, S. 158 f.; abweichend jedoch *Haslehner*, Bulletin for International Taxation 2020, 222, 228, welcher auf Ebene der CTA ein geringeres Divergenzpotenzial als auf Ebene des nationalen Rechts sieht. Angesichts der Tatsache, dass jedoch keine vollständig anerkannte „international tax language" besteht, vgl. *Engelen*, Interpretation of Tax Treaties under International Law, S. 479, und auch die authentischen Sprachfassungen

Abkommen zu unterschiedlichen Auslegungsergebnissen führen, wäre kein einheitliches Auslegungsergebnis gewährleistet.[1146] Dies bildet jedoch die Voraussetzung für eine effektive Umsetzung der Vermeidung von Nichtbesteuerung durch Regelungen des Multilateralen Instruments, da sich ansonsten steuerliche Strukturierungen zugunsten der Standorte ausrichten könnten, die die günstigste Auslegungsvariante bereithalten.

Gegen das Primat einer abkommensautonomen Auslegung könnte indes sprechen, dass Art. 32 Abs. 1 MLI für die Lösung von Auslegungsproblemen bei Vorschriften eines CTA, welche durch das Multilaterale Instrument modifiziert wurden, das Verständigungsverfahren vorsieht. Damit ist der Lösungsmechanismus für Auslegungsprobleme zumindest auch auf Ebene der CTA angesiedelt. Allerdings lässt sich hiervon nicht zwingend ableiten, dass auch die Auslegung des Begriffs auf Ebene des CTA getroffen wird. Zudem kann auch im Wege des Verständigungsverfahrens eine Auslegung, welche autonom für das Multilaterale Instrument getroffen wird, vorgenommen werden. Vor diesem Hintergrund ist auch im Fall des Art. 2 Abs. 2 MLI zunächst eine autonome Auslegung des Multilateralen Instruments vorzunehmen.[1147] Sofern diese zu keinem eindeutigen Ergebnis kommt, ist ein Rückgriff auf die CTA möglich.[1148]

Führt der Auslegungsprozess zu einem solchen Rückgriff, kann es möglicherweise auch zu einer „Verweiskette" kommen, wenn Art. 3 Abs. 2 OECD-MA wiederum einen Verweis ins nationale Recht vorsieht.[1149] Teilweise wird die Möglichkeit einer Verweiskette bestritten.[1150] Dies geschieht unter Hinweis auf den Umstand, dass sich der Rückgriff auf die Bedeutung im jeweiligen CTA bezieht. Wenn der Begriff jedoch gar keine Bedeutung hat und es daher zu einem Rückgriff auf das nationale Recht kommen muss, so kommt Art. 2 Abs. 2 MLI gar nicht zur Anwendung. Dem ist allerdings entgegenzuhalten, dass Art. 2 Abs. 2 MLI von der Bedeutung „under the relevant Covered

der CTA bisweilen abweichen, dürfte es auch auf Ebene der CTA gelegentlich zu Divergenzen kommen.

1146 Siehe *Manzi*, Bulletin for International Taxation 2020, 742, 748 ff., der die Bedeutung einer einheitlichen Auslegung in Bezug auf den Art. 2 Abs. 2 MLI ausführt.

1147 So *Lang*, SWI 2017, 11, 14, *Haslehner*, Bulletin for International Taxation 2020, 222, 228; *Wakounig*, Interpretation of Terms Used in the Multilateral Instrument, S. 30.

1148 *Wakounig*, Interpretation of Terms Used in the Multilateral Instrument, S. 30.

1149 So *Lang*, SWI 2017, 11, 15; vgl. ferner *Haslehner*, Bulletin for International Taxation 2020, 222, 228.

1150 Hierzu und im Folgenden *Lang*, SWI 2017, 11, 15 sowie *Wakounig*, Interpretation of Terms Used in the Multilateral Instrument, S. 30.

Tax Agreement" spricht. Damit wird zum Ausdruck gebracht, dass es nicht um eine im CTA definierte Bedeutung geht, sondern vielmehr um die Bedeutung, die sich bei Anwendung des CTA ergibt. Diese Einschätzung wird auch durch die französische Sprachfassung gestützt, welche von „le sens que lui attribue à ce moment la Convention fiscale couverte concernée" spricht und somit nicht die Definition eines Begriffs durch das CTA, sondern die Zuteilung einer Bedeutung als maßgeblich ansieht. Dies umfasst auch den Umstand, dass die Anwendung des Art. 3 Abs. 2 OECD-MA einem Begriff die Bedeutung im nationalen Recht zuweist. Folglich ist eine Verweiskette zwar möglich, dürfte jedoch in der Praxis von geringer Bedeutung sein.

3. Die formellen Verfahren zur Lösung von Auslegungsproblemen im Multilateralen Instrument

Das Multilaterale Instrument bildet eine multilaterale Plattform der Regelungsumsetzung, ist jedoch gleichzeitig von dem Gedanken geprägt die bilaterale Struktur der Steuerabkommen formell nicht anzutasten.[1151] Ein Lösungsmechanismus für Auslegungsprobleme hat daher zu berücksichtigen, wer die an der Lösung interessierten Parteien sind. Im Fall von Streitigkeiten über Konstellationen, die im Zusammenhang mit einem CTA stehen, sind dies die Vertragsparteien des CTA. Sofern generelle Regelungen des Multilateralen Instruments betroffen sind, fällt dies indes in den Interessenbereich aller Vertragsparteien. Art. 32 MLI bietet zwei Mechanismen zur Lösung von Auslegungsproblemen.

a) Die Anwendung des Verständigungsverfahrens nach Art. 32 Abs. 1 MLI

Art. 32 Abs. 1 MLI sieht zur Lösung von Auslegungsproblemen, welche Regelungen betreffen, die auf ein CTA angewendet werden, das Verständigungsverfahren in der durch das Multilaterale Instrument veränderten Fassung vor. Das Verständigungsverfahren kann grundsätzlich im Fall von Unklarheiten über Regelungen des Doppelbesteuerungsabkommens durch den Steuerpflichtigen eingeleitet werden.[1152] Das Verfahren beinhaltet eine direkte Kommunikation zwischen den Vertragsparteien durch die jeweils zuständigen Behörden und zielt darauf ab, eine einvernehmliche Lösung im Hinblick auf die Vermeidung der Doppelbesteuerung für den betroffenen Steuerpflichtigen zu finden.[1153]

1151 Siehe Abschnitt C.III.6.

1152 Vgl. *Ismer/Piotrowski*, in Vogel/Lehner, DBA, Art. 25 Rn. 31 ff.

1153 Vgl. *Eilers/Drüen*, in Wassermeyer, Doppelbesteuerung, Art. 25 MA Rn. 4.

Inhaltlich umfasst das Verständigungsverfahren gemäß Art. 25 Abs. 3 OECD-MA die Besprechung von Auslegungs- oder Anwendungsschwierigkeiten. Die Klärung von mit der Auslegung von Vorschriften verbundenen Problemen ist gemäß Art. 25 Abs. 3 OECD-MA Bestandteil des Verständigungsverfahrens.[1154] Art. 32 Abs. 1 MLI ordnet dem Verständigungsverfahren mit dem Verweis dementsprechend zwar keine neuen inhaltlichen Kompetenzen zu, allerdings wird hiermit die Anwendung des Verständigungsverfahrens auf abkommensfremde Vorschriften, nämlich solche des Multilateralen Instruments, erweitert. In diesem Zusammenhang sei daran erinnert, dass es sich beim Multilateralen Instrument um ein rechtlich selbstständiges Abkommen handelt, dessen Vorschriften bis auf Art. 6 Abs. 1 MLI nicht Bestandteil der CTA werden.[1155] Da die Fassung des Art. 25 OECD-MA als Rechtsgrundlage nur Vorschriften des Doppelbesteuerungsabkommens nennt, bedarf es dieser normativen Erweiterung. Ausweislich des *explanatory statement* umfasst diese etwa auch Fragen zur Anwendung der Kompatibilitätsklauseln.[1156]

Dass der Verweis daher deklaratorisch zu verstehen ist, ist aus diesen Erwägungen abzulehnen.[1157] Die Auslegung des materiellen Regelungsgehalts des Multilateralen Instruments, welcher auf die CTA einwirkt, verbleibt somit grundsätzlich im Verantwortungsbereich der Vertragsparteien der betroffenen CTA.

b) Die Durchführung einer CoP nach Art. 32 Abs. 2 MLI

Ohne die materiellen Regelungen des Multilateralen Instruments, welche mittels Kompatibilitätsklauseln auf Regelungen der CTA einwirken, verbleibt der Teil, welcher die Funktionsweise des Abkommens und seiner Institutionen etabliert. Da diese Regelungen nicht auf CTA bezogen sind, steht eine einheitliche Auslegung im Interessenbereich aller Vertragsparteien des Multilateralen Instruments.[1158] Das Verständigungsverfahren ist daher im Einzelfall a priori

1154 Vgl. *Ismer/Piotrowski*, in Vogel/Lehner, DBA, Art. 25 Rn. 151.

1155 Vgl. Abschnitt C.III.1.a)ee); siehe in Bezug auf die Selbstständigkeit in der Auslegung auch *Brauner*, Intertax 2018, 6, 14. Auch *Berens*, Multilaterales Instrument im Kontext der Einkünfteerzielung hybrider Gesellschaften, S. 161 hält das rechtliche Verhältnis des MLI zu den CTA in dieser Frage für zentral.

1156 OECD, Explanatory Statement to the Multilateral Convention to Implement Tax Treaty Related Measures to Prevent Base Erosion and Profit Shifting, S. 75.

1157 So jedoch *Lang*, SWI 2017, 11, 18; vgl. auch *Haslehner*, Bulletin for International Taxation 2020, 222, 224.

1158 Vgl. *Haslehner*, Bulletin for International Taxation 2020, 222, 224, welcher nur das Verfahren nach Art. 32 Abs. 2 MLI als „truly multilateral" bezeichnet.

untauglich, Auslegungsschwierigkeiten in Bezug auf diese Vorschriften zufriedenstellend zu lösen.[1159]

Art. 32 Abs. 2 MLI sieht vor, dass in Fragen der Auslegung oder Einführung des Multilateralen Instruments die CoP angerufen werden kann. Daher stellt die Anrufung in Auslegungs- und Einführungsfragen den zweiten Kompetenzbereich der CoP dar.[1160] In Bezug auf das Verfahren ergeben sich insoweit auch keine Abweichungen zu dem Fall, in dem die CoP aufgrund des Begehrens, das Multilaterale Instrument zu ändern, angerufen wird.[1161] Das Verfahren einer CoP zur Klärung von Auslegungsfragen ist angesichts des Wortlauts „may“ optional.[1162] Das *explanatory statement* hebt auch hervor, dass zur Klärung der Auslegung des Multilateralen Instruments auch alternative Wege, wie etwa eine direkte Kommunikation der Steuerbehörden im bilateralen Verhältnis, offen stehen.[1163] Art. 32 Abs. 1 und Abs. 2 MLI stehen daher hinsichtlich ihres Anwendungsbereichs in keinem strikten Ausschlussverhältnis, sondern bieten vielmehr einzelfallbezogene Verfahrenspräferenzen.[1164] Art. 32 Abs. 2 MLI bietet den Parteien die zusätzliche Möglichkeit einer globalen, vom bilateralen Verhältnis

1159 Vgl. *Bosman*, Intertax 2017, 642, 646, der das Bedürfnis einer Einheitlichkeit herausstellt; siehe auch Opinion of the Conference of the Parties of the MLI v. 3.5.2021, Multilateral Convention to Implement Tax Treaty Related Measures to Prevent Base Erosion and Profit Shifting (MLI): Interpretation and Implementation Questions, S. 1, wonach auch die CoP für Auslegungsfragen zu Vorschriften des MLI Art. 32 Abs. 2 MLI als maßgeblich ansieht.

1160 Siehe zu Ersterem Abschnitt C.III.5.c).

1161 Siehe *Holzinger*, The Relevance of the Conference of the Parties, S. 58.

1162 OECD, Explanatory Statement to the Multilateral Convention to Implement Tax Treaty Related Measures to Prevent Base Erosion and Profit Shifting, Rn. 316.

1163 OECD, Explanatory Statement to the Multilateral Convention to Implement Tax Treaty Related Measures to Prevent Base Erosion and Profit Shifting, Rn. 316.

1164 Auch krit. gegenüber einem Ausschlussverhältnis, *Haslehner*, Bulletin for International Taxation 2020, 222, 225; für ein Ausschlussverhältnis jedoch *Haase*, in Haase, MLI, Art. 32 Rn. 13; *Holzinger*, The Relevance of the Conference of the Parties, S. 55; *Lang*, SWI 2017, 11, 21. Auch die Formulierung in der Stellungnahme der CoP, dass im Fall von Meinungsverschiedenheiten zwischen Parteien über die Erfassung einer Vorschrift durch eine Kompatibilitätsklausel sowohl das Verständigungsverfahren als auch eine Klärung durch die CoP bemüht werden kann, kann als Hinweis darauf verstanden werden, dass kein striktes Ausschlussverhältnis vorliegt, vgl. Opinion of the Conference of the Parties of the MLI v. 3.5.2021, Multilateral Convention to Implement Tax Treaty Related Measures to Prevent Base Erosion and Profit Shifting (MLI): Interpretation and Implementation Questions, S. 7.

gelösten, Klärung von Auslegungsfragen. Dies betrifft vor allem Auslegungsfragen der Vorschriften zur Funktionsweise des Abkommens, welche im Interessenbereich aller Vertragsparteien liegen.

V. Fazit

Das Multilaterale Instrument bildet gemäß der erfolgten Analyse ein selbständiges Abkommen, welches mittels Kompatibilitätsklauseln und Notifikationsklauseln auf die CTA einwirkt. Hierbei werden nur bereits bestehende Doppelbesteuerungsabkommen durch den Anwendungsbereich berücksichtigt, zudem ist auch eine nachträgliche Modifizierung der CTA durch die Vertragspartner möglich.

Den Vertragsparteien des Multilateralen Instruments wird durch die zahlreichen Flexibilitätsmechanismen ein hohes Maß an steuerpolitischer Gestaltungsfreiheit in Bezug auf das Abkommen eingeräumt.

Hierbei bildet die Möglichkeit der Abkommensnotifikation den Ausgangspunkt; diese weist zudem der OECD als *depositary* die zentrale Rolle in der Abkommensverwaltung zu. Hinsichtlich späterer Notifikationshandlungen ist zu differenzieren: Während eine spätere Erklärung von Notifikationen jederzeit möglich ist, ist ein nachträglicher Widerruf in jedem Fall unzulässig. Eine zentrale Rolle in der Gewährleistung von Flexibilität unterhalb der Ebene der Notifikation spielen die Vorbehaltsmöglichkeiten, welche das Multilaterale Instrument zahlreich vorsieht. Bemerkenswert ist im Hinblick auf die Ausgestaltung der Vorbehalte das hohe Maß der Ausdifferenzierung und Anpassung an die einzelnen Regelungsinhalte, etwa den Mindeststandard. Bezüglich der Bindungswirkung an die ausgeübten Vorbehalte besteht ebenso eine Ausrichtung am Grundgedanken, dass lediglich eine Vergrößerung der angewendeten Inhalte zu einer Zulässigkeit der auf die Flexibilität bezogenen Erklärungen führen kann. Mithin ist lediglich ein Widerruf von Vorbehalten zulässig. Dies gilt auch für die Ausübung von Optionen, sodass auch hier kein Widerruf möglich ist. Auch ein Wechsel ist bis auf die benannte Konstellation im Rahmen des Art. 5 bzw. 13 MLI ausgeschlossen. Die nachträgliche Änderung des Multilateralen Instruments selbst ist aller Voraussicht nach durch ein Konsensprinzip im Rahmen der CoP abgesichert und unterliegt somit erheblichen Hürden.

Zur Auslegung des multilateralen Instruments können das *explanatory statement* sowie die BEPS-Abschlussberichte herangezogen werden. Art. 2 Abs. 2 MLI ist im Kern mit Art. 3 Abs. 2 OECD-MA vergleichbar: Zunächst ist eine abkommensautonome Auslegung vorzunehmen; sofern diese zu keinem Ergebnis führt, ist auf die CTA zurückzugreifen. Auch ein doppelter Verweis über Art. 3 Abs. 2 OECD-MA ins nationale Recht der Vertragsstaaten ist möglich. Die formellen Verfahren zur Lösung von Auslegungsproblemen nach Art. 32 MLI stehen in keinem Ausschlussverhältnis, sondern weisen inhaltliche Überschneidungen auf.

Das Multilaterale Instrument bedarf somit insgesamt zwecks seiner Anwendung einer Einbindung des bilateral geprägten Abkommensnetzwerks, ändert dieses jedoch grundsätzlich nicht im rechtlichen, sondern lediglich im anwendungsbezogenen Sinne.[1165] Die Flexibilitätsmechanismen erlauben eine Divergenz von diesen geplanten Änderungen. In diesem Sinne ist die Funktionsweise mit dem bisherigen System des internationalen Steuerrechts insofern vergleichbar, als dass ein allgemeiner Grundkonsens existiert, dem durch die Staaten Ausnahmen hinzugefügt werden.[1166] Im Fall des Multilateralen Instruments ist die Funktionsweise indes mit rechtlicher Verbindlichkeit ausgestattet.[1167]

1165 Siehe *Brauner*, Intertax 2018, 6, 16; *Bravo*, A Multilateral Instrument to Update the Tax Treaty Network, S. 65, 74.

1166 Vgl. *Antón*, Bulletin for International Taxation 2017, 544, 551, mit Verweis auf die Ähnlichkeit zu den Vorbehalten im OECD-Musterkommentar.

1167 *Antón*, Bulletin for International Taxation 2017, 544, 551.

D. Das Multilaterale Instrument als neue Koordinationsebene im System des internationalen Steuerrechts

Der Zustand des bisherigen Systems des internationalen Steuerrechts ist gekennzeichnet durch die bilateralen Doppelbesteuerungsabkommen der Staaten sowie durch einen latenten Multilateralismus, welcher sich aus den unverbindlichen Empfehlungen der OECD ergibt.[1168] Das Multilaterale Instrument ist teilweise mit großen Hoffnungen auf eine Multilateralisierung des Systems des internationalen Steuerrechts verbunden.[1169] Inwiefern diesem System durch das Multilaterale Instrument tatsächlich eine weitere Koordinationsebene hinzugefügt wurde, ist auf den ersten Blick indes schwer abzuschätzen. Es stellt sich die Frage, welche Wirkungen dem Multilateralen Instrument zugeschrieben werden können.

Dies gilt sowohl hinsichtlich einer Transformation des bestehenden internationalen Steuerrechtssystems als auch hinsichtlich zukünftiger Veränderungen. Betroffen ist neben den dogmatischen Wirkungen auch die Wechselwirkung mit anderen Institutionen des internationalen Steuerrechts. Darüber hinaus sind durch die Einfügung einer neuen Koordinationsebene möglicherweise auch die Funktionsweise sowie die Verfahrensabläufe des internationalen Steuerrechts betroffen. Dies könnte insbesondere Auswirkungen auf die Interaktion der Akteure in diesem System umfassen, womit insbesondere die Gebiete der Verhandlungen und Streitbeilegung betroffen sind. Im Hinblick auf zukünftige Veränderungen gilt es zu bestimmen, ob dem Multilateralen Instrument nicht nur Bedeutung für die Umsetzung des Status quo des BEPS-Projekts, sondern auch in Hinblick auf die Umsetzung weiterer Projekte unter Federführung der OECD zukommt.

I. Rechtliche Transformationswirkung des Multilateralen Instruments

In rechtlicher Hinsicht ist zunächst zu untersuchen, inwiefern das Multilaterale Instrument aufgrund der Eigenart seiner Funktionsweise zu einer Konvergenzverstärkung im internationalen Steuerrecht beiträgt. Hierfür sind sowohl

---

1168 Siehe Abschnitt B.I.6.

1169 Vgl. etwa *Kim*, 21 Seoul Tax Law Review 2015, 227, 259.

die Flexibilitätsmechanismen als auch die zukünftige Abkommensdynamik zu bewerten. Zudem sind ferner die Auswirkungen des Abkommens auf die Auslegung im internationalen Steuerrecht insbesondere in Bezug zu den CTA sowie Völkergewohnheitsrecht zu untersuchen. Schließlich wird auch der Faktor des innerstaatlichen Umsetzungsprozesses des Abkommens durch die Signatarstaaten einer Bewertung hinsichtlich einer möglichen Hemmung der rechtlichen Transformationswirkung unterzogen.

1. Konvergenzverstärkende Wirkung des Multilateralen Instruments

Das System des internationalen Steuerrechts wurde hinsichtlich drei potenziell konvergenzbegründender Bereiche unterschiedlicher Intensität geprüft. Eine solche konvergenzbegründende Wirkung konnte neben dem bedeutenden Bereich der Musterabkommen auch rechtlichen Transplants zugeschrieben werden.[1170] Das Multilaterale Instrument begründet durch einheitliche verbindliche Regelungen für mehrere Parteien zunächst eine Vermutung für eine Konvergenzverstärkung.[1171] Dies ist in erster Linie abhängig vom rechtlichen Umfang und der Detailtiefe, mit welcher Regelungen des Multilateralen Instruments in die rechtliche Struktur des bisherigen Systems vordringen können. Damit ist zunächst das Wirkungsverhältnis des Multilateralen Instruments zu den Doppelbesteuerungsabkommen angesprochen.

a) Die Flexibilitätsmechanismen als Ausgangspunkt

Der Anwendungsbereich des Multilateralen Instruments erstreckt sich lediglich auf die von den Vertragsparteien notifizierten Abkommen. Die Statuierung einer Notifikationspflicht bildet damit die erste Stellschraube der rechtlichen Reichweite des Multilateralen Instruments. Sie setzt das Prinzip der Reziprozität, welches von substanzieller Bedeutung für das bilaterale Abkommensnetzwerk ist, auf Ebene des Multilateralen Instruments fort.[1172] Hierdurch ist der Wirkungskreis des Multilateralen Instruments von vornherein begrenzt.

Sofern ein Abkommen in den Anwendungsbereich einbezogen ist, existieren weitere Flexibilitätsmechanismen, welche eine Anwendung dennoch

1170 Siehe hierzu Abschnitt B.I.5.

1171 Vgl. *Bacia/Toporowski*, Journal of Advanced Research in Law and Economics 2018, 386, 388.

1172 Siehe Abschnitt C.II.2.

ausschließen können. Hierzu gehören Vorbehalte und Optionen. Diese erlauben, Inhalte von der Anwendung auszunehmen oder schaffen weitere Wahlmöglichkeiten.

aa) Notifikationen

Im Gegensatz zu Vorbehalten und Optionen handelt es sich bei Notifikationen nicht um ein klassisches Instrument zur Schaffung von Abkommensflexibilität. Notifikationen dienen zur äußerlich sichtbaren Vermittlung von Entscheidungen, welche eine Partei auf Grundlage des Abkommens trifft.[1173] Im Multilateralen Instrument kommt der Notifikation jedoch gemäß Art. 2 Abs. 1 lit. a) ii) MLI darüber hinaus funktionell die Rolle der Determinierung des Anwendungsbereichs zu.[1174] Den Vertragsparteien wird durch Notifikationen ein Instrument verliehen, welches innerhalb des Abkommens aufgrund der Grundsätzlichkeit des Anwendungsbereichs die weitreichendste Flexibilität einräumt.

Gleichwohl können jedoch durch Notifikationen im Rahmen des Multilateralen Instruments auch Entscheidungen betroffen sein, welche keinerlei Bezug zu Flexibilitätsmechanismen haben, die etwa die Übermittlung der von einer Kompatibilitätsklausel betroffenen Abkommenspassage betreffen.[1175] Notifikationen sind daher nicht schlechthin auf den Zweck gerichtet, Flexibilität zu gewährleisten, sondern bilden diese nur im konkreten Einzelfall ab. Im Rahmen des Multilateralen Instruments kommt Notifikationen daher eine Doppelfunktion zu: Einerseits gewährleisten diese die Einbeziehung von Abkommen und sind daher den Flexibilitätsmechanismen zuzuordnen. Andererseits erfüllen sie eben auch die klassische Aufgabe eines Kommunikationsmediums, welches Verfahren innerhalb des Abkommens formalisiert und damit Rechtssicherheit und Transparenz gewährleistet.[1176]

Die Erkenntnis hinsichtlich einer Wirkung auf die Konvergenzverstärkung im internationalen Steuerrecht durch das Multilaterale Instrument stellt sich daher im Fall der Notifikationen als trivial dar. Durch die unbegrenzte Möglichkeit der Nichteinbeziehung von Abkommen besteht die Gelegenheit, eine

---

1173 Siehe Abschnitt C.II.1.

1174 Vgl. *Damberger*, Scope of the Multilateral Instrument, S. 3.

1175 Dies betrifft die Notifikationsklauseln, wie etwa Art. 3 Abs. 6, Art. 8 Abs. 4 oder Art. 10 Abs. 6 MLI.

1176 Vgl. Abschnitt C.III.2.a).

Abkommenswirkung hinsichtlich weiter Teile des Abkommensnetzwerks zu verhindern.[1177] Dies gilt umso mehr, als die Einbeziehung eine beidseitige Notifikation der CTA-Partner erfordert.[1178]

bb) Vorbehalte

Bei Vorbehalten handelt es sich durch die parteibezogene Reduzierung von Vertragsinhalten um einen prominenten Aspekt der Flexibilität. Die Vorbehalte des Multilateralen Instruments fallen in die Kategorien des Mindeststandards, der Schiedsgerichtsbarkeit sowie sonstiger Regelungen.

(1) Vorbehalte zum Mindeststandard

Vorbehalte zum Mindeststandard lassen sich in Art. 6 Abs. 4, Art. 7 Abs. 15 und 16 als auch in Art. 16 Abs. 5 MLI finden.[1179]

Die Existenz der Möglichkeit von Vorbehalten im Fall eines Mindeststandards ist bereits als paradox erörtert worden.[1180] Das Konzept des Multilateralen Instruments für Vorbehalte bei Mindeststandards beinhaltet jedoch eine Abbedingung nur um den Preis, dass die Erreichung des Abkommensziels durch vergleichbare Regelungen als sichergestellt gelten kann. Es handelt sich daher lediglich im formellen Sinne um Vorbehalte, da die betroffenen Regelungen des Multilateralen Instruments keine Anwendung finden. Materiell handelt es sich jedoch insoweit nicht um Vorbehalte im klassischen Sinne, als die Abbedingung an eine anderweitige Erreichung des Regelungsziels geknüpft ist.[1181]

1177 Vgl. *Hattingh*, Bulletin for International Taxation 2018, 234, 238; IFA, A: Reconstructing the treaty network, Cahiers de droit fiscal international 2020, S. 92 schätzt, dass zum 1.3.2020 1630 der über 3000 Abkommen erfasst wurden.

1178 Siehe etwa *Becerra*, Bulletin for International Taxation 2017, 598, 600, für den Fall einer Wirkungsanalyse bzgl. Nordamerika, wo bereits aufgrund der ausgebliebenen Signatur der USA wesentliche Abkommen entfallen.

1179 Siehe Abschnitt C.III.3.b)bb).

1180 Ebenso hierzu und folgend Abschnitt C.III.3.b)bb).

1181 Auch *Antón*, Bulletin for International Taxation 2017, 544 ff., sieht einen Unterschied zur klassischen Struktur von Vorbehalten und sieht im Fall des Mindeststandards bzgl. einer Zielerreichung durch die Pflicht mit dem anderen Vertragsstaat eine „mutually satisfactory solution" zu erreichen, eine Wesensveränderung von Vorbehalten hin zu „platforms to reach mutual solutions", S. 550. Ähnliches ist auch bei *Broekhuijsen*, A Multilateral Tax Treaty, S. 223 f. zu erkennen, welcher die Funktion der Vorbehalte im MLI in der Austarierung einer Interessenssymmetrie sieht.

In dieser Diskrepanz liegt daher auf den ersten Blick ein gesteigertes Potenzial für eine Unterstützung der Konvergenzwirkung, da im Gegensatz zu einer vollständigen Abbedingung eine Einhaltung der Vorgaben durch die Vertragsparteien praktiziert wird. Jedoch kann es zwischen dem eigentlich durch den Mindeststandard vorgegebenen Formulierungen sowie den vergleichbaren Regelungen zu Formulierungsunterschieden kommen, die möglicherweise vom Regelungsziel leicht abweichen können und somit im Ergebnis einer Konvergenz der Regelungen abträglich sind. Die Flexibilität, welche den Vertragspartnern in Hinblick auf die Alternativregelungen gestattet wird, hängt vor allem von den Vorgaben ab, die das Multilaterale Instrument an diese Regelung stellt. Im Fall des Art. 6 Abs. 1 MLI muss die Regelung nach Abs. 4 des gleichen Artikels die Absicht offenbaren, Doppelbesteuerung zu vermeiden, ohne dabei Möglichkeiten für doppelte Nichtbesteuerung oder Niedrigbesteuerung zu schaffen. Zulässig ist für die Vertragsparteien hier auch, jene Absicht auf Fälle der Steuerflucht oder -vermeidung zu beschränken. Somit sind im Rahmen des MLI-Mindeststandards in Bezug auf Art. 6 Abs. 1 MLI zahlreiche Abwandlungen denkbar. Im Kern muss lediglich das Grundbekenntnis zur Ablehnung doppelter Nichtbesteuerung und Niedrigbesteuerung vorhanden sein. Formulierungstechnisch sind Vorgaben dieses Vorbehalts daher als der Konvergenzverstärkung abträglich zu betrachten. Dies wird jedoch teilweise dadurch entschärft, dass der Präambel vor allem für Auslegungszwecke Bedeutung zukommt[1182] und daher die Voranstellung des teleologischen Grundgedankens das entscheidende Kriterium ist. Auch hier kann jedoch im Einzelfall eine zulässige Einschränkung auf Fälle von Steuervermeidung oder Steuerflucht Probleme bereiten.

Art. 7 Abs. 15 a) MLI hingegen ordnet eine Vorbehaltsmöglichkeit für den *principle purpose test* nach Abs. 1 für den Fall an, dass eine Kombination aus einer detaillierten LoB-Klausel und entweder Regelungen gegen *conduit-financing*-Strukturen oder einem *principle purpose test* eingeführt werden. Hierbei wird auf die dementsprechende Einhaltung des Mindeststandards für Abkommensmissbrauch im Rahmen des BEPS-Projekts verwiesen. Zudem soll die konkrete Einführung und Einhaltung dieses Mindeststandards den beteiligten Vertragsparteien obliegen, es findet folglich eine Rückkehr ins bilaterale Verhältnis der CTA-Vertragsparteien statt.[1183] Eine Konvergenz zwischen den Methoden der Vermeidung von Abkommensmissbrauch besteht in diesem Fall freilich schon im

---

1182 *Gradl/Kiesewetter*, IStR 2018, 1, 3.

1183 Auch hier zeigt sich der von *Antón*, Bulletin for International Taxation 2017, 544, 550 aufgezeigte „Plattformcharakter" mancher Vorbehalte zum Mindeststandard.

Ausgangspunkt aufgrund der Koexistenz der Möglichkeiten von LoB-Klauseln sowie dem *principle purpose test* nicht. Ungeachtet des Vorbehalts ist allerdings im Multilateralen Instrument keine Möglichkeit einer detaillierten LoB-Klausel vorgesehen. Insofern wirkt der Vorbehalt wie eine dogmatische Erweiterung des Maßnahmenspektrums. Somit wird auch in diesem Fall durch die Einräumung des Vorbehalts der Mindeststandard in gewisser Weise modifiziert und kann daher divergent ausgeführt werden. Dem hinzuzufügen ist zudem das Bedenken, dass durch die Rückkehr ins bilaterale Verhandlungsverhältnis multiple Ergebnisse, gerade hinsichtlich der konkreten Zusammensetzung einer detaillierten LoB-Klausel oder der *conduit-financing*-Regelungen, zustande kommen können, welche einer Konvergenz entgegenwirken.

Nach Art. 7 Abs. 15 b) MLI ist für einen Vorbehalt in Bezug auf den *principle purpose test* ferner Voraussetzung, dass bereits eine gleichwertige Regelung im Zielabkommen vorhanden ist. Die diesbezügliche Formulierung in Art. 7 Abs. 15 b) MLI ist grundsätzlich bedeutungsgleich mit derjenigen des Abs. 1, in welcher der *principle purpose test* etabliert wird. Folglich besteht kein Anlass, durch die Vorgabe dieser Vorbehaltsmöglichkeit eine Einschränkung der dahingehenden Konvergenzwirkung des Multilateralen Instruments anzunehmen.

Art. 7 Abs. 15 c) MLI enthält grundsätzlich eine ähnliche Struktur, mit welcher eine Vorbehaltsmöglichkeit für den Fall eingeräumt wird, dass im Zielabkommen bereits eine Regelung gleichen Typs vorhanden ist. Dies geschieht unter Bezugnahme auf die Kompatibilitätsklausel des Art. 7 Abs. 14 MLI. Dieser sieht im Grundsatz eine Regelung vor, welche Abkommensvergünstigungen auf ansässige Personen beschränkt, welche sich hierfür in einem oder mehreren Tests qualifizieren. Die Festlegung der Tests ist damit vollständig den Vertragsparteien überlassen, sodass in der Folge weiterhin zahlreiche unterschiedliche LoB-Klauseln nebeneinander existieren dürften. Eine Konvergenzverstärkung kann hierdurch beeinträchtigt werden.

Art. 7 Abs. 16 MLI sieht zudem eine Vorbehaltsmöglichkeit bezüglich des gesamten Artikels für die Vertragspartei vor, welche nach Art. 7 Abs. 6 die Einführung einer LoB-Klausel wählt, jedoch damit konfrontiert ist, dass der jeweilige Vertragspartner diese Wahl nicht ausgeübt hat.[1184] In diesem Fall findet wiederum eine Rückkehr ins bilaterale Verhältnis statt, in dessen Rahmen die Vertragsparteien die Einhaltung des BEPS-Mindeststandards zu verhandeln

1184 OECD, Explanatory Statement to the Multilateral Convention to Implement Tax Treaty Related Measures to Prevent Base Erosion and Profit Shifting, Rn. 113.

haben. In Bezug darauf gilt das bereits oben geäußerte Bedenken, dass Vertragsparteien hierbei sowohl inhaltlich als auch formulierungstechnisch zu diversen Ergebnissen kommen können, was einer Konvergenzwirkung abträglich ist.

In Bezug auf den Mindeststandard zum Verständigungsverfahren ergibt sich folgendes Bild: Art. 16 Abs. 1 MLI strebt eine Vereinheitlichung der Verständigungsverfahren mit der Folge an, dass eine steuerpflichtige Person, welche die Besteuerung als nicht im Einklang mit dem Abkommensrecht stehend ansieht, den Fall innerhalb von drei Jahren jeder zuständigen Behörde der Vertragsstaaten vortragen kann. Sofern die Behörde nicht bereits selbst Abhilfe schaffen kann, soll diese ein Verständigungsverfahren mit der zuständigen Behörde des anderen Vertragsstaats anstrengen. Die Vertragsstaaten haben ferner alle Auslegungs- oder Anwendungsschwierigkeiten im Rahmen des Verständigungsverfahrens zu klären.

Der Vorbehalt des Art. 16 Abs. 5 a) MLI zielt nun im Kern wiederum auf das Vorliegen einer gleichwertigen Regelung ab.[1185] Diese hat demnach zunächst sicherzustellen, dass der Steuerpflichtige im Falle einer von ihm vertretenen abkommenswidrigen Besteuerung sich an eine zuständige Behörde im Sitzstaat wenden kann. Die Regelung hat zudem den Zusatz zu enthalten, dass ein bilateraler Notifikations- und Konsultationsprozess eingeleitet wird, sofern die zuständige Behörde das Anliegen nicht von vornherein als begründet ansieht. Dies entspricht der Umsetzung des Art. 25 Abs. 1 OECD-MA, welche durch die Vorbehaltsmöglichkeit unberührt bleibt.[1186] Die Regelung unterscheidet sich von Art. 16 Abs. 1 MLI insbesondere dadurch, dass sich der Steuerpflichtige nicht an beide Behörden, sondern lediglich an die des Ansässigkeitsstaates wenden kann, welche dann eventuell weitere Konsultationen mit der Behörde des anderen Vertragsstaats durchführt.[1187] Somit besteht auch in diesem Fall eine Koexistenz von Regelungen, welche im Kern vergleichbar sind, jedoch teilweise voneinander abweichen und damit leichte Divergenzen auslösen.[1188]

Die Regelung des Art. 16 Abs. 5 b) MLI hingegen sieht einen Vorbehalt für die Dreijahresfrist für den Fall vor, dass im nationalen Recht des vorbehaltenden

---

1185 Vgl. auch *Bravo*, A Multilateral Instrument for Updating the Tax Treaty Network, S. 216.

1186 Vgl. OECD, Explanatory Statement to the Multilateral Convention to Implement Tax Treaty Related Measures to Prevent Base Erosion and Profit Shifting, Rn. 199 f.

1187 Siehe *Chan*, 25 Asia-Pacific Tax Bulletin 2019 No. 2 (published online), 1, 3.

1188 Eine knappe Übersicht der Verteilung der gewählten Regelungen bietet *Chan*, 25 Asia-Pacific Tax Bulletin 2019 No. 2 (published online), 1, 6 f.

Staates eine Frist dieses oder längeren Ausmaßes vorgesehen ist. Somit ist im Fall einer Abweichung lediglich eine überschießende Umsetzung des Mindeststandards zu erwarten.[1189]

Art. 16 Abs. 5 c) MLI enthält schließlich eine Vorbehaltsmöglichkeit für die Umsetzungsverpflichtung des Verständigungsverfahrens in Hinblick auf den Satz „any agreement reached shall be implemented notwithstanding any time limits in the domestic law of the Contracting Jurisdictions“ nach Art. 16 Abs. 2 MLI. Dieser steht unter der Voraussetzung, dass entweder bereits in sämtlichen CTA eine solche Verpflichtung vorhanden ist oder aber Regelungen im Sinne der Art. 16 Abs. 5 c) A) oder B) MLI bestehen, welche die Zurechnung von Gewinneinkünften zu Betriebsstätten sowie die Gewinnkorrektur von Unternehmen im Wege des Fremdvergleichs auf einen bestimmten Zeitrahmen beschränken.[1190] Hintergrund ist, dass die Zurechnung und Gewinnkorrektur idealiter jederzeit durch ein Verständigungsverfahren überprüfbar sein sollen.[1191] Die Umsetzungsverpflichtung kann also weiterhin durchaus unterschiedlich ausgestaltet sein.[1192] Auch der Zeitrahmen für die Begrenzung der Gewinnzurechnung und -korrektur ist nicht weiter determiniert. Folglich ist eine Regelungskonvergenz in diesem Fall durchaus beeinträchtigt.

(2) Sonstige Vorbehalte

Im Gegensatz zu den Vorbehalten des Mindeststandards sind die Vertragsparteien bei Ausübung der übrigen Vorbehalte nicht verpflichtet, sich bzgl. der Ausgestaltung ihrer Doppelbesteuerungsabkommen an weitere Vorgaben zur Gewährleistung des BEPS-Mindeststandards zu halten. Infolge der Vorbehaltsmöglichkeit, welche für jede Vorschrift außer solchen, die zum Mindeststandard gehören, eingeräumt wird, besteht die Gefahr, dass der gleiche Sachverhalt in unterschiedlichen Doppelbesteuerungsabkommen nach wie vor unterschiedlich behandelt wird. Hierdurch kann es zu einer Fragmentierung von Regelungen kommen, welche einer Konvergenz entgegenwirkt.[1193]

1189 *Bandtel*, in Haase, MLI, Art. 16 Rn. 32.

1190 OECD, Explanatory Statement to the Multilateral Convention to Implement Tax Treaty Related Measures to Prevent Base Erosion and Profit Shifting, Rn. 202; *Bandtel*, in Haase, MLI, Art. 16 Rn. 33.

1191 Siehe *Bandtel*, in Haase, MLI, Art. 16 Rn. 33.

1192 *Chan*, 25 Asia-Pacific Tax Bulletin 2019 No. 2 (published online), 1, 4 f. begründet dies mit einem besonderen Flexibilitätserfordernis vor dem Hintergrund unterschiedlicher nationaler Verjährungsvorschriften.

1193 Vgl. hierzu die beschriebenen Auswirkungen von Vorbehalten in Abschnitt C. III.3.a).

Wie der Vielzahl an unterschiedlichen Vorbehaltskategorien jedoch zu entnehmen ist, existieren zu diesen einzelnen Totalvorbehalten mehrere Alternativen, welche diese beeinträchtigende Wirkung potenziell abschwächen.[1194] Den Vertragsparteien wird ein hohes Maß an flexibler Ausgestaltung ermöglicht, indem die Vorbehalte auch nur auf einzelne CTA mit durch die Vorbehaltsregelung bestimmten normativen Voraussetzungen angewendet werden können.[1195] Jedenfalls sofern durch die Vorbehaltsmöglichkeit eingeräumt wird, dass die Regelung – wie bei der Konstellation der Vorbehalte zum Mindeststandard – nur im Fall gleichwertiger Regelungen oder nur in bestimmten Konstellationen vorbehalten wird, besteht eine deutliche Abschwächung der fragmentierenden Wirkung der Vorbehalte. Gerade im ersten Fall sorgt die Bezugnahme auf die Kompatibilitätsklausel oder die Regelungsanordnung im Multilateralen Instrument zur Bestimmung der Vergleichbarkeit für eine hohe Präzision.[1196]

Für den beschriebenen Fall, dass das Recht vorbehalten wird, die Regelung mit einer anderen Regelung bloß teilweise zu ersetzen, ist die Situation jedoch möglicherweise abweichend zu beurteilen. In diesem Fall wird nicht lediglich die gleiche Regelung in ihrer Reichweite bzgl. der angewendeten CTA vermindert, sondern die Regelung selbst divergiert inhaltlich. Dies könnte einer Fragmentierung auf den ersten Blick förderlich sein. Das betrifft allerdings nur Art. 4 Abs. 3 lit e) MLI, welcher im Ergebnis anordnet, dass bei Art. 4 Abs. 1 MLI der letzte Satz insofern verkürzt werden kann, als dass „except to the extent and in such manner as may be agreed upon by the competent authorities of the Contracting Jurisdictions“ weggelassen wird. Der Vorbehalt führt also de facto zu einer Vergrößerung des Anwendungsbereichs des Art. 4 Abs. 1 MLI, da das Außmaß der Regelung nicht mehr durch bilaterale Vereinbarung der zuständigen Behörden der Vertragsparteien des CTA beeinflusst werden kann, sodass im Ergebnis zwar eine Divergenz besteht, dies jedoch zugunsten der Umsetzungsreichweite des Multilateralen Instruments.

Insgesamt setzt die Abstufung der abkommenseinschränkenden Wirkung durch die unterschiedlichen Vorbehaltskategorien also Anreize, welche die

---

1194 Vgl. umfangreich *Bravo*, A Multilateral Instrument for Updating the Tax Treaty Network, S. 211 ff.

1195 Vgl. *Antón*, Bulletin for International Taxation 2017, 544, 551, welcher in der Ausübung von Vorbehalten die Offenbarung der „treaty policy“ des jeweiligen Vertragsstaats sieht.

1196 Siehe hierzu beispielhaft die Art. 3 Abs. 5 lit. b), Art. 9 Abs. 6 lit. d) oder auch Art. 10 Abs. 5 lit. c) MLI.

betroffene MLI-Norm zu schonend wie möglich einschränken.[1197] Gleichwohl bleibt es den Vertragsparteien unbenommen, einen Totalvorbehalt auszuüben und damit das größtmögliche Maß an Divergenz zu verwirklichen.[1198]

(3) Vorbehalte zur Schiedsgerichtsbarkeit

Die Vorbehalte in Bezug auf die Regelungen zum Schiedsverfahren umfassen einerseits die Vorbehaltsmöglichkeiten in Art. 19 Abs. 11, 12; Art. 23 Abs. 2, 3, 6, 7; Art. 24 Abs. 3 und Art. 26 Abs. 4 MLI sowie andererseits den offenen Vorbehaltstatbestand des Art. 28 Abs. 2 MLI. Der offene Vorbehaltstatbestand schafft, wie bereits hervorgehoben, ein hohes Maß an Unvorhersehbarkeit im Bereich der gewählten Regelungen zu Schiedsverfahren.[1199] Dies offenbart eine potenzielle Fragmentierung in diesem Bereich des internationalen Steuerrechts. Zu beachten ist jedoch, dass bzgl. der Regelungen zu Schiedsverfahren in Art. 18 MLI ein Generalvorbehalt eingerichtet ist, welcher die Anwendung des gesamten Teil VI des Multilateralen Instruments verhindert. In vielen Fällen wurde durch die Vertragsparteien überhaupt nicht für die Regelungen zum Schiedsverfahren optiert.[1200] So ergibt sich in zahlreichen Fällen keine Anwendbarkeit eines Schiedsverfahrens. Dies zeigt, dass gegen eine Erklärung der Anwendbarkeit von Schiedsverfahrensregelungen für alle CTA und damit für eine Multilateralisierung von Schiedsverfahrensregelungen noch erhebliche Bedenken bestehen.[1201] In diesem Bereich zeichnen sich daher zwei Gruppen ab. Einerseits diejenigen Staaten, die nicht für Teil VI optiert haben, und diejenigen Staaten, welche Schiedsverfahrensregelungen grundsätzlich positiv gegenüberstehen.[1202] In diesem Fall verstärkt das Multilaterale Instrument durch das

1197 Vgl. OECD, Explanatory Statement to the Multilateral Convention to Implement Tax Treaty Related Measures to Prevent Base Erosion and Profit Shifting, Rn. 14, welches vorgibt, die Flexibilität mit dem Ziel „while remaining consistent in its purpose“ abzuwägen.

1198 Siehe *Schoueri/Galdino*, Intertax 2018, 104, 107, welche die Möglichkeit einer Effektivitätsbeeinträchtigung durch die Ausübung von Vorbehalten betonen.

1199 Vgl. Abschnitt C.III.3.b)dd).

1200 Vgl. *Groen*, Bulletin for International Taxation 2017, 607, 607, der beschreibt, dass die Staaten, welche für die Schiedsverfahrensregelungen optiert haben, v.a. aus westlichen Industriestaaten bestehen.

1201 Vgl. *Groen*, Bulletin for International Taxation 2017, 607, 607; diese bestehen generell insb. aus der Perspektive von Entwicklungsländern, siehe hierzu *Strotkemper*, Schiedsverfahren in Steuersachen, S. 951.

1202 Vgl. *Pit*, Bulletin for International Taxation 2017, 568, 574, dem eine Liste der Staaten, welche für Teil VI unter Erklärung von Vorbehalten optiert haben, zu entnehmen ist.

Angebot des Teil VI die Fragmentierung in diesem Bereich, welche einer Konvergenz rechtlicher Regelungen abträglich ist.

cc) Optionen

Optionen weisen im Gegensatz zu Vorbehalten nicht die Funktion der Einschränkung von Abkommensinhalten zugunsten von Flexibilität auf.[1203] *Opt-in*-Klauseln besitzen durch die Pflicht ausdrücklicher Notifikation der Anwendung den Charakter eines zusätzlichen Abkommensinhalts, welcher durch die Signatur des Vertrages noch nicht zur Anwendung kommt.

Alternativklauseln bilden aufgrund der Tatsache, dass bei Nichtanwendung ein Vorbehalt erklärt werden muss, den grundsätzlich umzusetzenden Teil des Abkommens ab.[1204] Die Regelungen der Optionen zielen darauf ab, durch unterschiedlich zugeschnittene Antimissbrauchsregelungen auf die Bedürfnisse der Vertragsparteien Rücksicht zu nehmen und gleichzeitig dem Sinn und Zweck des zugrundeliegenden BEPS-Inhalts gerecht zu werden.[1205] Insofern stehen Optionen in einem Spannungsfeld zwischen einem Streben nach Konvergenz hinsichtlich einer einheitlichen Zielsetzung sowie dem Aspekt der Fragmentierung von Regelungen durch Ermöglichung alternativer Lösungsansätze.

Zunächst sind die Optionen des Art. 5 MLI unter dem Gesichtspunkt der Konvergenz zu betrachten. Die Option A des Art. 5 MLI setzt Art. 23A Abs. 4 OECD-MA sinngemäß um.[1206] Dieser beinhaltet die Maßgabe, dass, wenn die Anwendung der Freistellungsmethode zu doppelter Nichtbesteuerung führt, der Ansässigkeitsstaat die Anrechnungsmethode anzuwenden hat. Option B wiederum bezieht sich seinem Anwendungsbereich nach lediglich auf Dividenden. Sofern die Anwendung der Freistellungsmethode in einem Staat auf einen Abzug der Einkünfte im anderen Staat trifft, so gilt wie bei Option A

1203 Hierzu und folgend siehe Abschnitt C.III.4.a).

1204 OECD, Base Erosion and Profit Shifting Project, Developing a Multilateral Instrument to Modify Bilateral Tax Treaties, Action 15, 2015 Final Report, Rn. 53 beschrieb Alternativklauseln hingegen noch als Bestandteil von Opt-in-Regelungen im Sinne einer Erweiterung der Abkommensinhalte.

1205 Vgl. etwa die Meinungsverschiedenheiten bzgl. der vorbereitenden und unterstützenden Tätigkeiten in Art. 5 Abs. 4 OECD-MA und deren Berücksichtigung in der Optionsgesatltung des Art. 13 MLI, OECD, Explanatory Statement to the Multilateral Convention to Implement Tax Treaty Related Measures to Prevent Base Erosion and Profit Shifting, Rn. 169.

1206 OECD, Explanatory Statement to the Multilateral Convention to Implement Tax Treaty Related Measures to Prevent Base Erosion and Profit Shifting, Rn. 61.

statt einer Freistellung die Anwendung der Anrechnungsmethode. Option C des Art. 5 MLI umfasst schließlich eine Umsetzung des Art. 23B OECD-MA, d.h. der klassischen Anrechnungsmethode mit Progressionsvorbehalt.[1207] Art. 5 Abs. 1 MLI lässt die gewählten Optionen auch im Fall eines Widerspruchs zwischen den DBA-Partnern bestehen, sodass eine Divergenz erhalten bleibt.[1208]

Da Option A sowie C auf bereits existierende OECD-MA-Artikel Bezug nehmen, sind diese in hohem Maße bereits im bestehenden System des internationalen Steuerrechts integriert.[1209] Sofern einer der beiden Optionen gewählt wird, dürfte dies im Regelfall der tradierten Abkommenspraxis der jeweiligen Vertragspartei entsprechen.[1210] Es besteht daher jedenfalls keine Gefahr einer verstärkten Fragmentierung. Die Regelung der Option B hingegen zieht die Anwendung der Anrechnungsmethode nur für den Anwendungsbereich der Dividenden vor. Dies sorgt für eine Divergenz zum bisherigen Status quo der Regelungsinhalte.

Die Optionen des Art. 13 MLI regeln, inwiefern der Ausnahmekatalog des Betriebsstättenartikels modifiziert wird.[1211] Hierfür werden grundsätzlich zwei Wege zur Verfügung gestellt. Nach Option A werden die einzelnen Tatbestände des Ausnahmekatalogs generell von der Bedingung abhängig gemacht, dass es sich um Hilfstätigkeiten handelt. Option B hingegen stellt die Tatbestände nicht unter den Generalvorbehalt des Hilfscharakters. Dies hat den Hintergrund, dass bei Entwurf des Abschlussberichts zu BEPS-Aktionspunkt 7 Uneinigkeit zwischen den OECD-Mitgliedstaaten bestand, ob es sich generell um Tätigkeiten

---

1207 OECD, Explanatory Statement to the Multilateral Convention to Implement Tax Treaty Related Measures to Prevent Base Erosion and Profit Shifting, Rn. 68.

1208 Dies wird mit der bereits bestehenden Verbreitung einer asymmetrischen Anwendung von Methoden zur Vermeidung der Doppelbesteuerung begründet, OECD, Explanatory Statement to the Multilateral Convention to Implement Tax Treaty Related Measures to Prevent Base Erosion and Profit Shifting, Rn. 60.

1209 Jedoch weicht die genaue Formulierung der Methoden oftmals voneinander ab, siehe *Ash/Marian*, The Making of International Tax Law: Empirical Evidence from Natural Language Processing, Legal Studies Research Paper Series No. 2019-02, University of California School of Law, S. 33.

1210 In diesem Sinne bereits auch die oben erwähnte Ratio des Art. 5 Abs. 1, vgl. wiederum OECD, Explanatory Statement to the Multilateral Convention to Implement Tax Treaty Related Measures to Prevent Base Erosion and Profit Shifting, Rn. 60.

1211 Siehe auch *Kölbl*, in Haase, MLI, Art. 13 Rn. 2.

mit Hilfscharakter handeln muss.[1212] Durch die Koexistenz der beiden Alternativen wird diese Fragmentierung berücksichtigt.

Es zeigt sich daher, dass die Optionen zwar einerseits die Fragmentierung in verschiedene Lösungswege perpetuieren. Allerdings bilden sie in erster Linie bereits bestehende Meinungsverschiedenheiten im internationalen Steuerrecht ab. Daher wird eine bestehende Fragmentierung widergespiegelt, sodass die Optionen grundsätzlich zwar nicht konvergenzverstärkend, jedoch auch nicht hindernd wirken.

dd) Kompatibilitätsklauseln

Die Kompatibilitätsklauseln des Multilateralen Instruments bilden die Schnittstelle zur Implementierung der Regelungsinhalte.[1213] Eine konvergenzbegründende Wirkung des Multilateralen Instruments hängt daher auch davon ab, inwiefern die einzelnen Kompatibilitätsklauseln einen Vereinheitlichungscharakter aufweisen. Die Kompatibilitätsklauseln beinhalten die Kategorien „in place of", „in absence of", „in place or in abscence of" sowie „applies to/modifies".[1214] Im Gegensatz zu der lex-posterior-Regel, welche MLI-Regelungen in jedem Fall gegenüber im Vorhinein geschlossenen DBA vorziehen würde und daher mit der Kategorie „in place or in absence of" entfernt zu vergleichen ist,[1215] haben unterschiedlichen Abstufungen der Kompatibilitätsklauseln auch eine flexibilisierende Wirkung.[1216] Während „in place or in absence of" eine konsequente Umsetzung zur Folge hat, setzt „in place of" eine bestehende Regelung voraus und somit die Tatsache, dass die Vertragsparteien des DBA dem zugrundeliegenden rechtlichen Problem eine Relevanz beimessen. „In the absence of" sieht hingegen eine Umsetzung nur im Fall der Abwesenheit einer Regelung vor. Dies begünstigt den Erhalt eigener Formulierungen der Vertragsparteien des Doppelbesteuerungsabkommens.[1217] Die Kategorie „applies to/modifies" lässt Inhalte

---

1212 OECD, Base Erosion and Profit Shifting Project, Preventing the Artificial Avoidance of Permanent Establishment Status, 2015 Final Report, Rn. 13.

1213 Vgl. Abschnitt C.III.1.a)dd).

1214 Vgl. hierzu und folgend Abschnitt C.III.a)dd).

1215 Zum Verhältnis Abschnitt C.III.1a)dd)(2).

1216 Diese können zwar nicht von den Parteien, wie im Fall der übrigen Flexibilitätsmechanismen, im Einzelfall in Anspruch genommen werden, jedoch bestehen durch die Etablierung der Kompatibilitätsklauseln ein abgestuftes System der Implementierung, sodass keine gleichmäßige, sondern eine standardisierte, flexible Umsetzung erfolgt.

1217 Das Ziel einer Erhaltung von Abkommensformulierungen, welche bestimmte Kriterien aufweisen, erkennen die Vertragsparteien für den Bereich der Vorbehalte

ergänzend zu bestehenden Regelungen hinzutreten. Ursprünglich getroffene Formulierungen bleiben so erhalten.

Die größte Konvergenzverstärkung geht aufgrund der umfassenden Umsetzung von der Regelung des „in place or in absence of" aus. Die Formulierungen des „in place of" bzw. „in the absence of" führen zu einer Fragmentierung der Doppelbesteuerungsabkommen in ihrer bisherigen Form hinsichtlich der Existenz einer bestimmten Regelung. Ebenso wie „in place of" setzt auch „applies/modifies" eine bestehende Regelung voraus, sodass hier Gleiches zu konstatieren ist.

Die Formulierung „in place of" wird in Art. 5 Abs. 7 und Art. 13 Abs. 5 lit a) MLI verwendet.[1218] „In the absence of" wird hingegen in Art. 16 Abs. 4 (b) und (c) MLI eingesetzt. „Applies/modifies" findet man in Art 5 Abs. 3, Abs. 4 und Art. 7 Abs. 5 sowie Art. 13 Abs. 5 lit. b) MLI. Die Klausel des „in place or in the absence of" wird hingegen in Art. 3 Abs. 4, Art. 4 Abs. 2, Art. 6 Abs. 2, Art. 7 Abs. 2; Art. 8 Abs. 2, Art. 9 Abs. 2, Art. 9 Abs. 5, Art. 10 Abs. 4, Art. 11 Abs. 2, Art. 14 Abs. 2, Art. 16 Abs. 4 (a)(i), Art. 17 Abs. 2 und Art. 26 Abs. 1 MLI verwendet. Rein quantitativ bildet daher die Formulierung des „in place or in the absence of" den größten Anteil. Die Kompatibilitätsklauseln des Mindeststandards umfassen damit einmal „applies/modifies" in Art. 7 Abs. 5, „in the absence of" in Art. 16 Abs 4 lit. b) sowie „in place or in the absence of" in Art. 6 Abs. 2, Art. 7 Abs. 2 und ferner in Art. 16 Abs. 4 lit. a) (i) und (ii) MLI.

Die Regelungen des Multilateralen Instruments werden somit überwiegend unabhängig davon angewandt, ob im CTA eine vergleichbare Regelung besteht oder nicht. Dies gilt in Hinblick auf den Mindeststandard jedenfalls auch in Hinblick auf die zentralen Klauseln des Art. 6 Abs. 2, Art. 7 Abs. 2 und Art. 16 Abs 4 lit. a) (i), (ii) MLI. Bei Art. 7 Abs. 5 MLI handelt es sich mit der Umsetzung des Art. 7 Abs. 4 MLI um diejenige einer zusätzlichen Regelung, welche über die Etablierung des *principle purpose test* hinausgeht.[1219] Art. 16 Abs. 4 lit. b) MLI handelt hingegen von der Umsetzung des Art. 16 Abs. 2 MLI, welcher die Interaktion der Behörden der Vertragsparteien im Verständigungsverfahren regelt und somit in besonderer Art und Weise auf

---

ausdrücklich an, OECD, Explanatory Statement to the Multilateral Convention to Implement Tax Treaty Related Measures to Prevent Base Erosion and Profit Shifting, Rn. 14.

1218 Siehe hierzu und im Folgenden die diesbezügliche Übersicht von *Govind/Pistone*, The Relationship between Tax Treaties and the Multilateral Instrument, S. 119.

1219 Vgl. *Hackethal*, in Haase, MLI, Art. 7 Rn. 38 ff.

die einzelnen Formulierungspräferenzen der Mitgliedstaaten Rücksicht nehmen muss.[1220] Überwiegend ist den Kompatibilitätsklauseln somit eine konvergenzverstärkende Wirkung zuzuschreiben.

b) Die Abkommensdynamik: Änderungen und Widerrufe

Die Flexibilitätsmechanismen sorgen für eine Konturierung der rechtlichen Reichweite des Multilateralen Instruments im Zeitpunkt des Beitritts der Vertragsparteien. Im Zeitverlauf kann diese so gesetzte Reichweite jedoch auch dynamischen Veränderungen in Form von Änderungen, Widerrufen und späteren Erklärungen unterliegen.[1221]

Das Multilaterale Instrument stellt in Art. 33 MLI die Voraussetzungen für eine Änderung des Abkommens heraus. Da die Änderungen nicht nur die materiellen Abkommensregelungen, sondern auch die Flexibilitätsmechanismen sowie die Kompatibilitätsklauseln betreffen können, kann hierdurch auch in den formellen Teil der Abkommensmechanik eingegriffen werden. Wie erörtert, ist nach der Wiener Vertragsrechtskonvention bereits eine Zweidrittelmehrheit ausreichend.[1222] Allerdings ist eine Anwendung des bereits für die meisten OECD-Entscheidungen angewendeten Konsensprinzips jedenfalls für Grundlagenentscheidungen maßgeblich.[1223] Das bedeutet gleichzeitig eine Erschwerung zukünftiger Abkommensmodifikationen.[1224] Aus diesem Grund ist das Risiko einer abkommensschädlichen Beeinflussung durch spätere Abänderungen, etwa durch eine Verkleinerung des Anwendungsbereichs, als relativ gering zu beurteilen.

Auch durch den Widerruf von abkommensbezogenen Erklärungen sowie durch eine spätere Erklärung kann die Reichweite des Multilateralen Instruments sowohl positiv als auch negativ beeinflusst werden.[1225] Zunächst ist auf die Rolle der Widerrufe zu blicken. In Bezug auf die Vorbehalte ergibt sich, dass ein Widerruf jederzeit möglich ist.[1226] In Bezug auf Notifikationen und Optionen

1220 Vgl. auch OECD, Explanatory Statement to the Multilateral Convention to Implement Tax Treaty Related Measures to Prevent Base Erosion and Profit Shifting, Rn. 195.

1221 Vgl. Abschnitt C.III.

1222 Siehe Abschnitt C.III.5.c).

1223 Siehe ebenso Abschnitt C.III.5.c).

1224 Vgl. *Bravo*, Future Changes to Covered Tax Agreements and the MLI, S. 258.

1225 Vgl. auch *Bravo*, A Multilateral Instrument for Updating the Tax Treaty Network, S. 245 ff.

1226 Vgl. Abschnitt C.III.3.c)aa).

ist der Widerruf der Erklärung indes unzulässig.[1227] Bezüglich der späteren Erklärung von Vorbehalten ist zu differenzieren: Die Erklärung eines Vorbehalts geringerer Reichweite ist zulässig, im Übrigen ist die spätere Erklärung eines Vorbehalts generell nicht gestattet.[1228] Hingegen ist die spätere Erklärung von Notifikationen und Optionen als jederzeit zulässig zu erachten.[1229] Der Sonderfall eines Optionswechsels ist jedoch abkommenswidrig; ausgenommen ist hier lediglich der Fall, dass im Rahmen der Art. 5 und 13 MLI zunächst für eine Nichtwahl der Klauseln optiert wird und dann eine Option ausgewählt wird.[1230]

Der Widerruf von Vorbehalten erweitert die anzuwendenden Regelungen des Multilateralen Instruments, der Widerruf von Notifikationen und Optionen schränkt diesen jedoch ein.[1231] Hierzu konträr sorgt eine spätere Erklärung von Vorbehalten, mit Ausnahme solcher mit geringerer Reichweite, für eine Verkleinerung des Kreises anzuwendender Regelungen, wohingegen eine spätere Erklärung von Optionen und Notifikationen für eine Vergrößerung der anzuwendenden Regelungen führt.[1232] Die Dynamik der Flexibilitätsmechanismen hat somit einen bewahrenden Charakter, welcher darauf angelegt ist, einmal getroffene Wahlen der Vertragsparteien zu konservieren. Jedoch ist zu bedenken, dass unabhängig von diesen Abkommensvoraussetzungen nachträglich ein bilateraler *override* durch Änderung der Regelungen eines einzelnen CTA möglich ist, wodurch der bewahrende Charakter des Abkommens konterkariert werden kann.[1233]

Vor dem Hintergrund einer erschwerlichen Abänderbarkeit sowie Abkommensvoraussetzungen, welche auf einen Erhalt der getroffenen Abkommenswahlen der Vertragspartei ausgelegt sind, offenbart das Multilaterale Instrument damit einen tendenziell statischen Charakter. Soweit damit eine Zementierung der Regelungen einhergeht, wirkt sich dies auch positiv auf die Konvergenz von Regelungen im internationalen Steuerrecht aus. Da den Vertragsparteien jedoch unbenommen bleibt, die DBA im Nachhinein abzuändern, ist der Fortbestand dennoch vom nachvertraglichen Verhalten der Parteien abhängig.

1227 Siehe in Bezug auf Notifikationen Abschnitt C.III.2.e)bb) sowie für Optionen Abschnitt C.III.4.d)aa).

1228 Siehe Abschnitt C.III.3.c)bb).

1229 Abschnitt C.III.3.e)aa) sowie Abschnitt C.III.4.d).

1230 Abschnitt C.III.4.d)bb).

1231 Siehe auch *Miladinovic/Rust*, Options under the Multilateral Instrument, S. 164.

1232 Vgl. *Miladinovic/Rust*, Options under the Multilateral Instrument, S. 161.

1233 Siehe Abschnitt C.III.1.b)bb).

2. Auslegung

Die Auslegung internationalen Steuerrechts richtet sich nach der Wiener Vertragsrechtkonventionen, wobei die Doppelbesteuerungsabkommen, welche Art. 3 Abs. 2 OECD-MA implementiert haben, auch Schnittstellen ins nationale Recht vorsehen.[1234] Der Anwendungsbereich des Multilateralen Instruments setzt dieses in Beziehung zu den CTA. Zu untersuchen ist daher die Frage, wie das Verhältnis des Multilateralen Instruments zu diesen CTA im Punkt der Auslegung ausgestaltet ist. Auch die CoP ist durch Art. 32 MLI zur Klärung von Auslegungsfragen berufen. Daher stellt sich zudem die Frage, inwiefern diese einen relevanten Faktor für die Auslegung internationalen Steuerrechts begründet.

a) Auslegungsverhältnis zu den CTA

Beim Multilateralen Instrument handelt es sich um ein Steuerabkommen, welches für seine Anwendung zwar der Existenz von CTA bedarf, jedoch rechtlich selbstständig ist.[1235] Diese Trennung gilt auch für Auslegungszwecke.[1236] Demnach ist eine Auslegung nach Wortlaut, Systematik, Entstehungsgeschichte sowie Sinn und Zweck jeweils unabhängig sowohl für das Multilaterale Instrument, als auch für das jeweilige CTA dem Grunde nach autonom durchzuführen.[1237]

Trotz dieser im Grundsatz bestehenden Selbstständigkeit bestehen Schnittstellen zwischen dem Multilateralen Instrument und den CTA, welche für eine Wechselwirkung der Auslegung sorgen. Auf Seiten des Multilateralen Instruments wurde hier bereits Art. 2 Abs. 2 MLI angeführt, welcher in Ausnahmefällen eine Rückkehr auf die Ebene des CTA zu Auslegungszwecken gestattet.[1238]

In umgekehrter Hinsicht könnte auch das Multilaterale Instrument möglicherweise als Auslegungshilfe für CTA herangezogen werden.[1239] Hierbei ist zunächst zwischen Vorschriften, welche von Kompatibilitätsklauseln des Multilateralen Instruments oder anderweitig betroffen sind und solchen, welche dies nicht sind, zu differenzieren. Soll das Multilaterale Instrument zur Auslegung von Vorschriften herangezogen werden, welche nicht von Kompatibilitätsklauseln

1234 Hierzu Abschnitt B.I.5.a)dd)(2)(b).

1235 Siehe Abschnitt C.III.1.a)ee).

1236 *Bravo*, Bulletin for International Taxation 2020, 231, 236; *Brauner*, Intertax 2018, 6, 14.

1237 *Bravo*, Bulletin for International Taxation 2020, 231, 236.

1238 Siehe Abschnitt C.IV.2.

1239 Vgl. *Avi-Yonah/Xu*, 39 Michigan Journal of International Tax Law 2018, 155, 162; *Bravo*, Bulletin for International Taxation 2020, 231, 236.

betroffen sind,[1240] so richtet sich diese Beurteilung wieder nach einer Auslegung der MLI-Vorschrift im Sinne des Art. 31 WVK. So könnte in Betracht kommen, dass Multilaterale Instrument unter „subsequent agreement“ i.S.v. Art. 31 Abs. 3 lit. a) WVK zu subsumieren.[1241] Dann müsste es sich jedoch um eine Vereinbarung hinsichtlich der Interpretation oder Anwendung von Bestimmungen des Doppelbesteuerungsabkommens handeln. Ohne eine Bezugnahme des Multilateralen Instruments auf die entsprechende Regelung eines CTA, etwa durch Kompatibilitätsklauseln, erscheint es fernliegend, einen solchen Charakter des Multilateralen Instruments anzunehmen. Da insofern kein solcher Konnex zwischen den Abkommen hergestellt werden kann, ist es nicht möglich, in diesem Fall das Multilaterale Instrument ergänzend zur Auslegung heranzuziehen.[1242]

In Bezug auf die Regelungen, welche von Kompatibilitätsklauseln erfasst werden, könnte das Multilaterale Instrument jedoch unter Umständen als eine solche Vereinbarung angesehen werden. Eine Bezugnahme auf in den Doppelbesteuerungsabkommen bestehende Vorschriften besteht in folgenden Fällen:[1243] Erstens wird im Fall der Kompatibilitätsklauselvariante „applies/modifies“ auf die bestehende Klausel ergänzend eingewirkt. Zweitens besteht im Fall der Vorbehaltsmöglichkeiten zum Mindeststandard die Konstellation, dass eine vergleichbare Regelung durch die Parteien des Doppelbesteuerungsabkommens bereits getroffen wurde. In letztgenannten Fällen besteht durch die Vorbehaltsausübung im Grunde genommen keine Erfassung der Klausel durch das Multilaterale

1240 Dies könnte etwa zur Bildung systematischer Auslegungsargumente der Fall sein.

1241 Siehe etwa *Schwarz*, Bulletin for International Taxation 2020, 174, 176, welcher dies in kurzer Feststellung verneint.

1242 *Avi-Yonah/Xu*, 39 Michigan Journal of International Tax Law 2018, 155, 162 führt die Möglichkeit an, den Telos des multilateralen Instruments über Art. 31 im Wege des „context“ miteinzubeziehen. Jedoch ist anzuzweifeln, dass das Multilaterale Instrument, auch aufgrund des mitunter großen zeitlichen Abstands der Abkommensabschlüsse, das Merkmal „in connection with the conclusion of the treaty“ erfüllt, ebenso verneinend ohne nähere Begründung *Schwarz*, Bulletin for International Taxation 2020, 174, 176.

1243 Dies bezieht sich freilich nur auf diejenigen Fälle, in welchen durch das multilaterale Instrument Regelungen im CTA adressiert werden, welche Teile aufweisen, die entweder nicht durch das Multilaterale Instrument verändert werden sollen oder aber nicht vom Regelungsgehalt des Multilateralen Instruments erfasst werden. Denn andernfalls kann das Multilaterale Instrument in der Anwendung als selbstständiges Abkommen nach obigen Maßgaben direkt ausgelegt werden.

Instrument. Da der Mindeststandard allerdings für alle Parteien des Multilateralen Instruments Verbindlichkeit besitzt, könnte dennoch unter Umständen eine Auswirkung auf die Auslegung der DBA-Vorschrift bestehen.[1244]

In der Konstellation von „applies/modifies“ kann die Vorschrift des Multilateralen Instruments nicht selbstständig ausgelegt werden, da sie der vorhandenen Vorschrift im DBA bedarf.[1245] In diesem Fall könnte das Multilaterale Instrument also ausnahmsweise ein „subsequent agreement“ nach Art. 31 Abs. 3 lit. a) WVK hinsichtlich der Auslegung von Bestimmungen des Abkommens darstellen. Hierfür müssten die Parteien mit Abschluss des Multilateralen Instruments auch übereingekommen sein, angesprochene DBA-Vorschriften mit Rücksicht auf die modifizierende MLI-Regelung auszulegen.[1246] Das Einverständnis mit der Einwirkung auf die CTA-Vorschrift mittels Kompatibilitätsklausel bedeutet ein Einverständnis mit der Wirkung des Wortlauts und der Zwecksetzung der Vorschrift.[1247] Somit ist es geradezu denknotwendig, auch die Vorschrift des Multilateralen Instruments sowie des Doppelbesteuerungsabkommens zusammen auszulegen.

Im zweiten Fall besteht auf den ersten Blick keine Bezugnahme des Multilateralen Instruments auf das CTA, da ein Vorbehalt erklärt wurde. Da der Vorbehalt jedoch den Mindeststandard betrifft, könnte man auch in diesem Fall überlegen, ob die Parteien konkludent erklären, die schon bestehenden CTA-Vorschriften im Fall der Vorbehaltsausübung im Sinne der MLI-Regelung auszulegen.[1248] Das Argument, dass hierdurch der Telos des Multilateralen Instruments am stärksten verwirklicht wird, mag hierfür allein noch nicht durchgreifen. Denn die Beibehaltung der vergleichbaren Regelung im CTA ist als Vorbehalt ausgestaltet, welcher seiner völkerrechtlichen Natur nach teleologisch einschränkend ist. Die Wahl eines Vorbehalts deutet grundsätzlich nicht auf die

1244 *Bravo*, Bulletin for International Taxation 2020, 231, 236 f.; dies steht daher auch nicht in Konflikt mit dem von der CoP geäußerten Grundsatz, dass eine Auslegung lediglich innerhalb des Zustimmungsumfangs einer Partei stattfinden darf, vgl. Opinion of the Conference of the Parties of the MLI v. 3.5.2021, Multilateral Convention to Implement Tax Treaty Related Measures to Prevent Base Erosion and Profit Shifting (MLI): Interpretation and Implementation Questions, S. 5.

1245 Siehe Abschnitt C.III.1.a)dd)(1)(d).

1246 So sinngemäß für die hier als zweites thematisierte Fallgruppe *Bravo*, Bulletin for International Taxation 2020, 231, 238.

1247 Der Begriff des „agreement“ in Art. 31 Abs. 3 lit. a WVK ist weit auszulegen, vgl. *Aust*, Modern Treaty Law and Practice, S. 213.

1248 *Bravo*, Bulletin for International Taxation 2020, 231, 238.

Absicht einer Verwirklichung des Telos hin.[1249] Im Fall des Mindeststandards besteht der Zweck der Vorbehaltseinräumung jedoch nicht in der Gewährung von inhaltsbezogener Flexibilität, sondern ausgestaltungsbezogener Flexibilität.[1250] Der Vorbehalt steht gerade nicht im Widerspruch zum Telos des Mindeststandards, sondern wird nur aufgrund von Übereinstimmung mit dem Mindeststandard eingeräumt. Die Parteien verpflichten sich mit Unterschrift zur Wahrung des Mindeststandards. Daher ist hierin auch die Vereinbarung i.S.d. Art. 31 Abs. 3 lit. a) WVK zu sehen, dass eine Auslegung im Sinne des Mindeststandards vorgenommen wird.

Bei genannten Regelungskombinationen, welche für einen Sachverhalt sowohl bestehende Regelungen des Doppelbesteuerungsabkommens als auch ergänzende Regelungen des Multilaterales Instruments berücksichtigen, ist zudem zu differenzieren, wann auf den OECD-Musterkommentar zu Auslegungszwecken zurückgegriffen werden kann. Ein solcher Rückgriff kann in Betracht kommen, wenn die Parteien die im CTA stehende Vorschrift in Hinblick auf das OECD-Musterabkommen eingeführt haben. Denn dann kann den Ausführungen des Musterkommentars eine besondere Bedeutung i.S.d. Art. 31 Abs. 4 WVK beigelegt werden. Sofern die MLI-Klausel zudem einen Wortlaut aus dem OECD-Musterabkommen widerspiegelt, kann der OECD-Musterkommentar jedoch grundsätzlich nicht als Auslegungshilfe nach Art. 31 Abs. 4 WVK herangezogen werden, da der Musterkommentar keine Auslegungshilfe in Bezug auf das Multilaterale Instrument darstellt.[1251]

Die Auswirkungen dessen sind daher für den Fall der Kompatibilitätsklausel „applies/modifies" zu untersuchen. Im Fall von Art. 5 MLI ergibt sich kein Problem, da die Fälle der Art. 5 Abs. 3 sowie Abs. 5 MLI einen Übergang der Freistellungsmethode zur Anrechnungsmethode beinhalten und somit die Vorschrift des CTA nicht weiter zur Anwendung kommt. Art. 7 Abs. 5 MLI ist im OECD-Musterabkommen sowie Kommentar nicht enthalten. Art. 13 Abs. 5 lit. b) MLI bezieht sich auf Art. 13 Abs. 4, welcher Fragmentierungsstrategien bezüglich nahestehender Unternehmen verhindern will. Hierfür existiert eine Parallelregelung in Art. 5 Abs. 4.1 OECD-MA. In diesem Fall kann es also zu der – auf den ersten Blick widersprüchlichen – Situation kommen, dass der Katalog des

1249 Vgl. dazu Abschnitt C.III.3.a); hierzu und im Folgenden ferner *Bravo*, Bulletin for International Taxation 2020, 231, 238.

1250 Vgl. zu dieser Überlegung *Antón*, Untangling the Role of Reservations, BIT 2017, 544, 551.

1251 Siehe Abschnitt C.IV.1.

Art. 5 OECD-MA in Lichte des Musterkommentars ausgelegt werden kann, aber nicht die nachfolgende Regelung mit dem Gehalt des Art. 5 Abs. 1 OECD-MA, sofern sie durch das Multilaterale Instrument implementiert wird.

b) Die Lösung von Auslegungsfragen im Wege der CoP

Die zur Klärung von Auslegungsfragen vorgesehenen Verfahren sind in Art. 32 Abs. 1 sowie Abs. 2 MLI geregelt. Art. 32 Abs. 1 MLI stellt fest, dass Fragen der Auslegung über Klauseln des Multilateralen Instruments, welche Vorschriften der CTA modifizieren, im Wege des Verständigungsverfahrens zwischen den Parteien des Doppelbesteuerungsabkommens gelöst werden sollen.[1252] Da das Multilaterale Instrument ein grundsätzlich selbstständiges Abkommen ist, wird durch den Verweis auf das Verständigungsverfahren des Doppelbesteuerungsabkommens die Auslegung auf die Ebene des bilateralen Verständigungsverfahrens rückverlegt. Eingeschränkt wird diese Bilateralisierung des Multilateralen Instruments durch Art. 32 Abs. 2 MLI: Dieser eröffnet bei Auslegungsschwierigkeiten die Anrufung der CoP.[1253] Die Bilateralisierung der Auslegung des Multilateralen Instruments birgt erhebliche Risiken für eine konvergente Anwendung. So ist es beispielsweise möglich, in Art. 12, 13 MLI der Begriff des „fixed place of business“ so auszulegen, dass keine physische Präsenz erforderlich ist.[1254] Bisherige Auslegungsdivergenzen setzen sich daher auch im Mantel des Multilateralen Instruments weiter fort. Aufgrund der bloßen Eventualität eines Verfahrens durch die CoP bestehen nicht ausreichend Möglichkeiten einer konvergenten multilateralen Anwendung von Auslegung.[1255]

3. Gewohnheitsrecht

a) Multilaterale Abkommen und Gewohnheitsrecht

Gewohnheitsrecht besteht im internationalen Steuerrecht bislang nur in Form des *genuine link*-Erfordernisses.[1256] Völkergewohnheitsrecht ist grundsätzlich imstande, eine Konvergenzbildung zu fördern.[1257] Aufgrund der

1252 Siehe Abschnitt C.IV.3.a).

1253 Vgl. Abschnitt C.IV.3.b).

1254 Vgl. *Unnikrishnan/Nagappan*, Intertax 2018, 520, 522.

1255 Vgl. auch *Broekhuijsen*, A Multilateral Tax Treaty, S. 232, welcher die Bedeutung der CoP als klein beurteilt.

1256 Siehe Abschnitt B.I.5.b)aa).

1257 Vgl. Abschnitt B.I.5.b).

Voraussetzungen einer kontinuierlichen Übung sowie einer opinio juris ist Gewohnheitsrecht zugleich jedoch auch das Ergebnis von Konvergenz.[1258] Multilaterale Regelungen beinhalten ebenso das Versprechen einer kontinuierlichen Übung sowie einer einheitlichen opinio juris der Vertragsteilnehmer.[1259] Folglich sind multilaterale Regelungen grundsätzlich imstande, die Entstehung von Gewohnheitsrecht abzubilden[1260] bzw. ggf. auch zu fördern.[1261] Voraussetzung hierfür ist, dass das Abkommen zur generellen Befolgung beabsichtigt ist und eine breite Akzeptanz erfährt.[1262]

Über diese grundsätzlichen Anforderungen hinaus scheint der Wert von internationalen Abkommen für die Kennzeichnung von Völkergewohnheitsrecht jedoch auch rechtsgebietsabhängig zu sein.[1263] Ein Zusammenhang von internationalen Abkommen und Völkergewohnheitsrecht kann in den Bereichen des Völkervertragsrechts,[1264] der diplomatischen Immunität,[1265] dem Kriegsrecht[1266] sowie den Menschenrechten[1267] hergestellt werden.[1268] Während im Bereich des Völkervertragsrechts mit der Wiener Vertragsrechtskonvention auch bereits bestehendes Gewohnheitsrecht kodifiziert wurde,[1269] ist in den anderen Bereichen die Entstehung von Gewohnheitsrecht ganz überwiegend im Zusammenhang mit internationalen Abkommen zu sehen.[1270]

Auf dem Gebiet des Welthandelsrechts lässt sich beobachten, dass multilaterale Rechtsgrundlagen Diskussionen um nachfolgendes Völkergewohnheitsrecht

---

1258 *Byers*, Custom, Power, and the Power of Rules, S. 147.

1259 *Antón*, British Tax Review 2019, 462, 471; siehe etwa hinsichtlich der Hague Convention von 1930 UN, Reports of International Arbitral Awards, Mergé Case – Decision No. 55 v. 10.6.1955, Volume XIV, 236, 243.

1260 Siehe *Baxter*, 41 British Yearbook of International Law 1965–1966, 275, 275 f.

1261 Vgl. *Charney*, 61 Washington Law Review 1986, 971, 973, 993; vgl. auch *Hongler*, Justice in International Tax Law, S. 151, 156; vgl. bzgl. der UN ferner *Higgins*, 59 Proceedings of the American Society of International Law at Its Annual Meeting 1965, 116, 117.

1262 *Charney*, 41 Washington Law Review 1986, 971, 973.

1263 *Charney*, 41 Washington Law Review 1986, 971, 975.

1264 Vgl. *Villiger*, Customary International Law and Treaties, S. 24.

1265 Vgl. *Posner/Goldsmith*, 66 The University of Chicago Law Review 1999, 1113, 1151.

1266 Vgl. *Meron*, The American Journal of International Law, 238, 239 f.

1267 Vgl. *Hannum*, 25 Georgia Journal of International and Comparative Law 1995/96, 287, 340.

1268 *Charney*, 61 Washington Law Review 1986, 971, 975.

1269 *Villiger*, Commentary on the Vienna Convention on the Law of Treaties, XXIII.

1270 *Charney*, 61 Washington Law Review 1986, 971, 976 f.

anregen. In Bezug auf das auch in Art. 1 GATT normierte Meistbegünstigungsprinzip wird ein gewohnheitsrechtlicher Charakter zwar überwiegend abgelehnt.[1271] Vor dem Appellate Body der WTO wurde jedoch diskutiert, inwiefern das „precautionary principle" bereits gewohnheitsrechtlich anerkannt ist.[1272] Das Vorsorgeprinzip steht im Spannungsfeld zwischen der Gewährleistung von Gesundheitsschutz und der Ermöglichung von Freihandel.[1273] Im Welthandelsrecht findet es Erwähnung in Art. 5.7 des SPS Agreements.[1274] Der Appellate Body hat ebenso wie der Dispute Settlement Body nicht abschließend zu dieser Frage Stellung bezogen, gleichzeitig jedoch klargestellt, dass eine breite Akzeptanz des Vorsorgeprinzips durch die Mitgliedstaaten keinesfalls klar ist.[1275] Es liegt folglich kein Völkergewohnheitsrecht vor.[1276]

Es liegt folglich eine Diskrepanz zwischen den grundlegenden Rechtsgebieten des Völkervertragsrechts, der diplomatischen Immunität, des Kriegsrechts sowie den Menschenrechten einerseits, sowie des Wirtschaftsvölkerrechts andererseits vor.[1277] Obwohl auch im Welthandelsrecht generelle Prinzipien bestimmend wirken, lässt sich in Bezug auf diese kein gewohnheitsrechtlicher Charakter herausarbeiten.[1278] Zwar ist eine Übung in ausreichender Anzahl etwa bezüglich des Meistbegünstigungsprinzips angesichts der Vielzahl bilateraler Investitionsschutzabkommen sowie Art. 1 GATT möglicherweise gegeben.[1279] Jedenfalls wird aber angezweifelt, dass die Rechtsgemeinschaft der Staaten diese als rechtsverbindlich jenseits kodifizierter Abkommen ansieht.[1280] Dies könnte in

---

1271 *Charney*, 61 Washington Law Review 1986, 971, 980 f.; *Zamoro*, 32 German Yearbook of International Law 1989, 9, 28.

1272 WTO, Appelate Body v. 16.1.1998 – Hormones – WT/DS26/AB/R, Rn. 123. *Grmelová*, Interpretation of the Precautionary Principle by the WTO's Dispute Settlement Body with Respect to the Sanitary and Phytosanitary Agreement, 117, 125.

1273 *Grmelová*, Czech Yearbook of International Law 2017, 117, 120.

1274 Siehe *Grmelová* Czech Yearbook of International Law 2017, 117, 122.

1275 WTO, Appelate Body v. 16.1.1998 – Hormones – WT/DS26/AB/R, Rn. 123.

1276 *Charney*, 61 Washington Law Review 1986, 971, 980 f.

1277 *Charney*, 61 Washington Law Review 1986, 971, 980 f.

1278 *Charney*, 61 Washington Law Review 1986, 971, 980 f.; differenzierend *Zamoro*, 32 German Yearbook of International Law 1989, 9, 41, welcher den Rechtscharakter der welthandelsrechtlichen Gewohnheiten dem Grunde nach anerkennt, jedoch gleichzeitig auf die Relevanz gewisser Gewohnheiten im Rahmen zwischenstaatlicher Verhandlungen verweist.

1279 *Charney*, 61 Washington Law Review 1986, 971, 980 f.

1280 *Charney*, 61 Washington Law Review 1986, 971, 981; *Zamoro*, 32 German Yearbook of International Law 1989, 9, 28 f.; vgl. auch ILC, Yearbook of the International Law

der technischen Beschaffenheit dieser Prinzipien begründet sein.[1281] Die Prinzipien der Nichtdiskriminierung sowie das Reziprozitätsprinzip als solche enthalten keinen absoluten Gehalt, welcher mit menschenrechtlichen Prinzipien, der Gewährung diplomatischer Immunität oder des Kriegsrechts vergleichbar ist. Vielmehr sind die einzelnen Gewährleistungen der Nichtdiskriminierung sowie des Reziprozitätsprinzips von weiteren Detailregelungen abhängig, welche diese im Einzelfall konkretisieren, sodass die Bildung einer einheitlichen Rechtsüberzeugung erschwert wird.[1282] Die konkrete Ausgestaltung der Prinzipien ist zudem oftmals das Ergebnis eines Verhandlungsergebnisses im Sinne eines „quid pro quo".[1283] Eine Orientierung an der konkreten Interessenverteilung ist hingegen im Fall des menschenrechtlichen Gewohnheitsrechts, des Völkervertragsrechts, der diplomatischen Immunität sowie des Kriegsrechts nicht in dem Maße gegeben.[1284]

Im internationalen Steuerrecht bedürfen die Prinzipien der Vermeidung internationaler Doppelbesteuerung, der Nichtdiskriminierung sowie der Fremdvergleichsgrundsatz Detailregelungen, um konkret anwendbar zu sein.[1285] Diese Prinzipien sind daher als Leitentscheidungen zu verstehen.[1286] Die Detailregelungen, die insbesondere die verschiedenen Verteilungsnormen der Doppelbesteuerungsabkommen betreffen, bilden eine konkrete Interessenverteilung ab und in diesem Sinne ebenfalls das von *Charney* erwähnte „quid pro quo".[1287]

Commission 1978, Vol. II, Report of the Commission to the General Assembly on the work of its thirtieth session, A/CN.4/SER.A/1978/Add.l (Part 2), S. 24 f.

1281 So *Charney*, 61 Washington Law Review 1986, 971, 982.

1282 Hierzu *Charney*, 61 Washington Law Review 1986, 971, 983; vgl. *Dumberry*, 28 Penn State International Law Review, 675, 683. Die Bildung einer Rechtsüberzeugung wird überdies auch erschwert durch die Bedürfnislage vieler Staaten: Anders als etwa im Bereich der Menschenrechte oder des Kriegsrechts ist eine Durchsetzung welthandelsrechtlicher Normen durchaus erwünscht, dies lässt sich mit einem reinen Verlass auf Gewohnheitsrecht indes nicht erreichen, siehe *Vandevelde*, A Brief History of International Investment Agreements, S. 5.

1283 *Charney*, 61 Washington Law Review 1986, 971, 981, 983; vgl. etwa auch *Salacuse/Sullivan*, 46 Harvard International Law Journal 2005, 67, 87 für den Bereich der Enteignung in bilateralen Investitionsschutzabkommen.

1284 *Charney*, 61 Washington Law Review 1986, 971, 982 f.

1285 *Charney*, 61 Washington Law Review 1986, 971, 981.

1286 Siehe hierzu auch Abschnitt B.I.5.b)a)cc).

1287 *Charney*, 61 Washington Law Review 1986, 971, 981; vgl. auch *Broekhuijsen/Valderrama*, 23 International Community Law Review 2021, 79, 90 f. sowie *Hongler*, Justice in International Tax Law, S. 165.

Die Entstehungsvoraussetzungen für Gewohnheitsrecht sind somit grundsätzlich mit denen des Welthandelsrechts vergleichbar.[1288]

b) *Anwendung auf das Multilaterale Instrument*

Vor diesem Hintergrund ist der Effekt des Multilateralen Instruments auf die Bildung von Gewohnheitsrecht im internationalen Steuerrecht zu betrachten.[1289] Das Multilaterale Instrument ist als Abkommen zur generellen Befolgung ausgelegt. Bezüglich der Akzeptanz der Regelungen durch die Vertragsstaaten ist zu differenzieren. Während der Mindeststandard aufgrund seiner Verbindlichkeit eine in gewissen Konturen bestehende Einheitlichkeit ausdrückt, sind die übrigen Regelungen stärkerer Anwendung von Flexibilitätsmechanismen ausgesetzt.[1290] Lediglich hinsichtlich des Mindeststandards könnten somit perspektivisch auch eine ausreichende Übung sowie eine opinio juris gegeben sein.[1291] In Einklang mit obigen Ausführungen könnte der Wert des Abkommens für die Schaffung von Gewohnheitsrecht jedoch dadurch begrenzt sein, dass die Regelungen lediglich eine konkrete Interessenverteilung größerer Prinzipien abbilden könnten, welche somit schwerlich in eine einheitliche opinio juris überführt werden können. Art. 6 ff. MLI sind darauf ausgerichtet, Abkommensmissbrauch zu vermeiden.[1292] Art. 16 f. MLI sind der Verbesserung des Verständigungsverfahrens gewidmet, insbesondere um durch das BEPS-Projekt hervorgebrachte Unsicherheiten zu entschärfen.[1293] Hierzu gehören insbesondere die Regelungen zur Verhinderung von Abkommensmissbrauch.[1294] Mit dem so jedenfalls mittelbaren Bezug auf einen Antimissbrauchszweck besteht auch im Fall der Regelungen zum Verständigungsverfahren eine pauschale Ausrichtung auf den Antimissbrauchszweck des BEPS-Projekts. Einerseits könnte man nun annehmen, dass

1288 *Charney*, 61 Washington Law Review 1986, 971, 981.

1289 Vgl. auch *Broekhuijsen/Valderrama*, 23 International Community Law Review 2021, 79, 81.

1290 Vgl. Abschnitt C.III.

1291 Vgl. *Broekhuijsen/Valderrama*, 23 International Community Law Review 2021, 79, 82 ff., welche sich zur Untersuchung von Gewohnheitsrecht auf den Mindeststandard zum Abkommensmissbrauch fokussieren.

1292 Vgl. Exemplarisch OECD, Explanatory Statement to the Multilateral Convention to Implement Tax Treaty Related Measures to Prevent Base Erosion and Profit Shifting, Rn. 88.

1293 OECD, Abschlussbericht BEPS-Aktionspunkt 14, Rn. 2.

1294 Vgl. etwa bzgl. des principle purpose test *Zahra*, Bulletin for International Taxation 2019, 609, 613.

Regelungen gegen die missbräuchliche Inanspruchnahme von Abkommensnormen nicht an einer konkreten Interessenverteilung orientiert sind, sondern als einheitliche Zielsetzung unabhängig von Partikularinteressen von allen Staaten gewünscht wird und damit eine gewisse Nähe zu den benannten Referenzgebieten besitzt, in welchen Gewohnheitsrecht im Zusammenhang mit multilateralen Verträgen steht.[1295] Regelungen gegen Abkommensmissbrauch möchten jedoch die eigentlich intendierte Rechtssituation des Doppelbesteuerungsabkommens wiederherstellen. Folglich dienen die Abkommensmissbrauchsregeln des Multilateralen Instruments zunächst einmal den Staaten, an deren Interessen die Regeln des Abkommens grundsätzlich ausgerichtet sind. Somit bilden auch die Abkommensmissbrauchsregeln eine bestimmte Interessenverteilung ab, welche die Entstehung von Gewohnheitsrecht behindern könnte.[1296] Ferner bestehen auch für den Bereich des Mindeststandards zahlreichen Vorbehaltsmöglichkeiten, welche alternative Umsetzungsmöglichkeiten möglich machen.[1297] Den jeweiligen CTA-Partnern kommen so umfangreiche Gestaltungsmöglichkeiten zu, welche der Annahme einer einheitlichen Praxis sowie opinio juris fundamental entgegenstehen. Diese Einschätzung steht letztlich auch im Zusammenhang damit, dass das Multilaterale Instrument weiterhin das bilaterale Abkommensnetzwerk abbildet.[1298] Auf dieser Grundlage erfolgt kein Wechsel zu einem Multilateralismus, welcher, ähnlich wie in genannten Referenzgebieten, eine einheitliche opinio juris generieren kann. Das Multilaterale Instrument ist für die Entstehung von Gewohnheitsrecht demnach keine geeignete Grundlage.

4. Die Bedeutung des Prozesses innerstaatlicher Umsetzung

Die rechtliche Transformationswirkung des Multilateralen Instruments ist überdies abhängig von dem Umstand, zu welchem Grad das Multilaterale Instrument Geltung erfährt. Das Inkrafttreten des Multilateralen Instruments richtet sich nach Art. 34 MLI. Art. 34 Abs. 1 MLI bestimmt, dass das Abkommen am ersten Tag des Monats in Kraft tritt, welcher auf den Ablauf einer Zeit von drei

---

1295 Vgl. *Broekhuijsen/Valderrama*, 23 International Community Law Review 2021, 79, 100 ff.

1296 *Antón*, British Tax Review 2019, 462, 478 sowie 483 sieht das Multilaterale Instrument hingegen in der Lage, einen allgemeinen Konsens zu etablieren und damit zumindest auf dem Weg zur Bildung von Völkergewohnheitsrecht.

1297 Vgl. Abschnitt C.III.3.b)bb); vgl. auch *Broekhuijsen/Valderrama*, 23 International Community Law Review 2021, 79, 94 f.

1298 Siehe zu diesem Zusammenhang *Antón*, British Tax Review 2019, 462, 478 ff.

Monaten mit Beginn des Datums der Hinterlegung der fünften Urkunde einer Ratifikation, Annahme oder Genehmigung folgt. Art. 34 Abs. 2 MLI bestimmt darüber hinaus, dass für alle anderen Vertragsparteien, die das Multilaterale Instrument nach dem Inkrafttreten des Abkommens unterzeichnen, dieses ebenfalls am ersten Tag des Monats in Kraft tritt, welcher auf den Ablauf einer Zeit von drei Monaten mit Beginn des Datums der Hinterlegung einer Ratifikations-, Annahme- oder Genehmigungsurkunde folgt. Die Regeln des ursprünglichen sowie des nachfolgenden Inkrafttretens stimmen somit überein.

Somit ist die Hinterlegung der Ratifikations-, Annahme-, oder Genehmigungsurkunde maßgeblich für die Geltung des Multilateralen Instruments. Die Geltung ist daher indirekt verknüpft mit einer innerstaatlichen Umsetzung. Bereits an der vom Multilateralen Instrument eingeräumten Alternativität der Urkundenart ist zu erkennen, dass die nationale Umsetzung des Multilateralen Instruments unterschiedlich verlaufen kann.[1299] Grundsätzliche existieren drei unterschiedliche Möglichkeiten der nationalen Implementierung von internationalem Recht.[1300] Erstens ist eine Transformation in nationales Recht zu nennen.[1301] Hierunter ist die Umsetzung durch ein nationales Gesetz zu verstehen, welches den Inhalt des internationalen Rechts übernimmt, wodurch das internationale Recht in die nationale Rechtsordnung aufgenommen wird.[1302] Zweitens ist eine Inkorporation in nationales Recht dergestalt möglich, dass ein nationalstaatlicher Anwendungsbefehl erlassen wird und das internationale Recht so Teil der nationalen Rechtsordnung wird.[1303] Im Falle einer Inkorporation bleibt es

1299 Vgl. *Köstler*, in Haase, MLI, Art. 35 Rn. 7.

1300 *Dahm/Delbrück/Wolfrum*, Völkerrecht, S. 104 ff.; *Kunig/Uerpmann-Wittzack*, Völkerrecht und staatliches Recht, Rn. 37 ff. Diese hängen nach genannten Autoren ferner mit der Art des Verhältnisses von nationalem Recht und Völkerrecht zusammen: Während dualistische Systeme, welche nationales Recht und Völkerrecht als getrennte Rechtsordnungen begreifen, zum Transformationsprinzip neigen, sind in monistischen Systemen Anwendungsbefehle für das gesamte Völkerrecht verbreitet, vgl. ferner *Verdier/Versteeg*, 109 American Journal of International Law 2015, 514, 518.

1301 *Dahm/Delbrück/Wolfrum*, Völkerrecht, S. 105; *Kunig/Uerpmann-Wittzack*, Völkerrecht und staatliches Recht, Rn. 38; *Shelton*, International Law and Domestic Legal Systems, S. 2.

1302 *Dahm/Delbrück/Wolfrum*, Völkerrecht, S. 105; *Kunig/Uerpmann-Wittzack*, Völkerrecht und staatliches Recht, Rn. 38.

1303 *Dahm/Delbrück/Wolfrum*, Völkerrecht, S. 105 f.; *Kunig/Uerpmann-Wittzack*, Völkerrecht und staatliches Recht, Rn. 39.

jedoch bei der Völkerrechtsqualität der Norm, ein nationaler Transformationsakt unterbleibt.[1304] Drittens ist ein völkerrechtlicher Vollzug möglich.[1305] Hiernach wird das internationale Recht nicht durch einen innerstaatlichen Umsetzungsakt in nationales Recht überführt, sondern durch einen Anwendungsbefehl umgesetzt; wird jedoch nicht Bestandteil der nationalen Rechtsordnung.[1306] Der Umsetzungsprozess kann daher im organisatorischen und zeitlichen Umfang erheblich divergieren.[1307]

95 Jurisdiktionen haben das Multilaterale Instrument bereits unterzeichnet.[1308] Hiervon haben 65 Jurisdiktionen bereits eine Ratifikations-, Annahme- oder Genehmigungsurkunde hinterlegt.[1309] Eine Umsetzung ist daher bereits weit fortgeschritten.

In Art. 35 MLI ist ferner der Geltungsbeginn des Multilateralen Instruments geregelt. In Bezug auf Quellensteuern an nichtansässige Personen legt Art. 35 Abs. 1 lit. a) MLI den Geltungsbeginn auf dem Jahr des Inkrafttretens für beide Vertragsparteien folgenden Kalenderjahr, in welches der steuerbegründende Umstand fällt. Alle anderen Steuern sind gemäß Art. 35 Abs. 1 lit. b) MLI erfasst, wenn sie für die Steuerperiode erhoben werden, welche auf den Ablauf von sechs Monaten nach Inkrafttreten für beide Vertragsparteien folgt oder beginnt. Bemerkenswert in Hinblick auf den Geltungsbeginn ist, dass dieser gemäß Art. 35 Abs. 7 lit. a) i), ii) MLI von einer innerstaatlichen Umsetzung abhängig gemacht werden kann. Danach kann der Wortlaut des „Inkrafttretens für die Vertragsparteien" in Art. 35 Abs. 1 MLI mit dem Zeitpunkt ersetzt werden, welcher 30 Tage nach Notifikation an das *depositary*, dass der innerstaatliche Umsetzungsprozess durchgeführt wurde, eintritt. Hiermit soll den Vertragsparteien Gelegenheit gegeben werden, auf nationaler Ebene die Veränderungen an Doppelbesteuerungsabkommen anzupassen, bevor das Multilaterale Instrument

---

1304 *Kunig/Uerpmann-Wittzack*, Völkerrecht und staatliches Recht, Rn. 39.

1305 *Kunig/Uerpmann-Wittzack*, Völkerrecht und staatliches Recht, Rn. 40.

1306 *Dahm/Delbrück/Wolfrum*, Völkerrecht, S. 106.

1307 Eine gesetzgeberische Annahme ist sowohl im Transformations- als auch im Inkorporationsmodell möglich, welche in einer wachsenden Zahl von Staaten auch erforderlich ist, siehe *Verdier/Versteeg*, 109 American Journal of International Law 2015, 514, 519.

1308 https://www.oecd.org/tax/treaties/beps-mli-signatories-and-parties.pdf; abgerufen am 18.8.2021.

1309 https://www.oecd.org/tax/treaties/beps-mli-signatories-and-parties.pdf; abgerufen am 18.8.2021.

für sie in Kraft tritt.[1310] Indes bestünde aufgrund der Vorbehaltsregelung auch eine theoretische Möglichkeit, dass Vertragsparteien den innerstaatlichen Umsetzungsprozess unterlassen oder hinauszögern und damit den Geltungsbeginn für sich unterbinden oder behindern können. Dies würde potenziell negative Auswirkungen auf die rechtliche Transformationswirkung des Multilateralen Instruments begründen. Diesen Umstand erkennt auch das *explanatory statement*, welches in Konsequenz die Vertragsparteien dazu anhält, den innerstaatlichen Umsetzungsprozess so zügig wie möglich abzuschließen.[1311] Bislang haben zwölf Staaten den Vorbehalt nach Art. 35 Abs. 7 lit. a) i), ii) MLI ausgeübt.[1312] Das zu diesem Kreis gehörende Indonesien, Russland sowie die Schweiz haben indes bereits die Durchführung der innerstaatlichen Umsetzung gemäß Art. 35 Abs. 7 lit. b) MLI notifiziert.[1313]

5. Fazit

Es wurde aufgezeigt, dass die rechtliche Transformationswirkung des Multilateralen Instruments im Zusammenhang mit einer verstärkten Konvergenzwirkung steht. Diese ist abhängig von den gewählten Flexibilitätsmechanismen der anwendungsbereichsbezogenen Notifikationen, Vorbehalte und Optionen. Während die den Anwendungsbereich bestimmenden Notifikationen eine Divergenz im Ausgangspunkt durch die Auslassung bestimmter Abkommen schaffen können, ergibt sich das Potenzial einer divergenten Regelungsausgestaltung im Fall der Vorbehalte zum Mindeststandard durch die Möglichkeit alternativer dogmatischer Ausgestaltungen. Die Abstufung der übrigen Vorbehalte sorgt hingegen für einen möglichst weitgehenden Erhalt konvergenter Regelungsausgestaltung. Im Bereich der Schiedsverfahrensregelungen zeichnet sich eine Fragmentierung am deutlichsten ab. Zum Ersten ist der gesamte Regelungsabschnitt als

---

1310 OECD, Explanatory Statement to the Multilateral Convention to Implement Tax Treaty Related Measures to Prevent Base Erosion and Profit Shifting, Rn. 342.

1311 OECD, Explanatory Statement to the Multilateral Convention to Implement Tax Treaty Related Measures to Prevent Base Erosion and Profit Shifting, Rn. 342.

1312 Siehe https://research.ibfd.org/#/search?N=3+10+4293744759+7403&Ne=7487&Nu=global_rollup_key&Np=2& Ns=sort_multilateral|0||sort_country _one|0||sort_country _two|0||sort_organization_one|0||ibfd-tt-signdate-s|1||sort_date_common|1; abgerufen am 18.8.2021; hierzu gehören Andorra, Estland, Indonesien,Hongkong,Deutschland,Italien,Kenia,Schweiz,Schweden,Spanien,Russlandund Rumänien.

1313 https://www.oecd.org/tax/treaties/beps-mli-signatories-and-parties.pdf; abgerufen am 18.8.2021.

opt-in-Regelung ausgestaltet, zum Zweiten sind innerhalb der einzelnen Regelungen umfangreiche Vorbehalte möglich. Die Optionsregelungen weisen im Übrigen Alternativklauseln auf. Diese bilden überwiegend bereits bestehende Meinungsverschiedenheiten im internationalen Steuerrecht ab und bestätigen damit eine bereits vorhandene Fragmentierung. Aufgrund der weitgehenden Verwendung der Kompatibilitätsklausel „in place or in the absence of" ist diesen insgesamt eine konvergenzverstärkende Wirkung zuzuschreiben. Das Multilaterale Instrument weist angesichts der an einem Regelungserhalt ausgerichteten Voraussetzungen der Widerrufe und Änderungen einen statischen Charakter auf, welcher einer Konvergenz im Grundsatz zuträglich ist. Dem steht jedoch die Möglichkeit einer nachträglichen Abänderung im bilateralen Verhältnis nach Art. 30 MLI entgegen.

Die Untersuchung des Auslegungsverhältnisses zu den CTA hat ergeben, dass das Multilaterale Instrument teilweise als Vereinbarung i.S.d. Art. 31 Abs. 3 a) WVK angesehen werden kann. Zudem führt Art. 32 Abs. 1 MLI zu einer Bilateralisierung der Auslegung des Multilateralen Instruments, wohingegen durch Art. 32 Abs. 2 MLI keine neue Auslegungsebene geschaffen wird. Im Hinblick auf die Bildung von Gewohnheitsrecht ist zu konstatieren, dass das Multilaterale Instrument an einer konkreten Interessenverteilung ausgerichtet ist. Es bildet daher keine Grundlage für die Bildung von Völkergewohnheitsrecht.

Die rechtliche Transformationswirkung des multilateralen Instruments besteht somit vornehmlich in den eingeschränkten Konvergenzwirkungen und nur unwesentlich in Auswirkungen auf die Auslegung internationalen Steuerrechts. Zudem besteht in der Geschwindigkeit der Ratifikation, insbesondere in Verbindung mit der Vorbehaltsmöglichkeit des Art. 35 Abs. 7 lit. a) i), ii) MLI, ein mögliches Hemmnis dieser Wirkungen.

II. Institutionelle Transformationswirkung des Multilateralen Instruments

Vor dem Hintergrund des Umstands, dass das Multilaterale Instrument zwar multilaterale Regelungen trifft, jedoch das bilaterale Abkommensnetzwerk in seiner Struktur im Grundsatz rechtlich unangetastet lässt,[1314] bleibt fraglich, welche institutionellen Verschiebungen sich durch das Multilaterale Instrument einstellen. Im Rahmen der Anwendung der Regimetheorie auf das internationale

1314 Siehe Abschnitt C.V.

Steuerrecht wurde bereits herausgearbeitet, welche Akteure und Institutionen das internationale Steuerregime aufweist.[1315]

Das Inkrafttreten des Multilateralen Instruments könnte sich auf diese Akteure und Institutionen auswirken und deren Einfluss innerhalb des Systems verstärken oder mindern. Durch das Abkommen unmittelbar betroffen sind einerseits die OECD und andererseits die Nationalstaaten, sodass die Bearbeitung auf diese fokussiert werden soll.

1. Verstärkung des Einflusses der OECD

Die Ausführungen zum internationalen Steuerregime haben die spezifische regimetheoretische Prägung aufgezeigt.[1316] Das internationale Steuerregime ist danach ein Regime kognitiver Prägung, welches sich zudem auch aus einer funktionalen und spieltheoretischen Perspektive beschreiben lässt. Eine hegemoniale Prägung ist dem internationalen Steuerregime hingegen grundsätzlich nur untergeordnet auf Ebene der Veränderung der Regimeregeln zu entnehmen. Aufgrund der Rolle der OECD als Impulsgeber und *depositary* in Bezug auf das Multilaterale Instrument steht das Abkommen im engen institutionellen Zusammenhang mit der OECD. Es ist daher zu untersuchen, inwiefern das Multilaterale Instrument die Stellung der OECD im internationalen Steuerregime beeinflusst.

a) Beschleunigter Prozess der Zentralisierung im internationalen Steuerregime

Mit Blick auf die Historie des internationalen Steuerrechts ist bereits die Entstehung des internationalen Steuerregimes auf wissensbasierte Gremien zurückzuführen.[1317] Dies bezieht sich ursprünglich auf den Bericht der Professoren Bruins, Einaudi, Seligman und Stamp.[1318] Auch die Fortführung der Musterabkommen und des Musterkommentars war stets von dem externen Wissenszufluss von Institutionen geprägt, allen voran der OECD.[1319] Veränderungen im internationalen Steuerrecht waren daher schon immer auch kognitiv determiniert.[1320] Vor dem Hintergrund, dass die OECD als Institution im internationalen Steuerregime

1315 Siehe Abschnitt B.II.3.

1316 Dazu und folgend B.II.3.b).

1317 Vgl. Abschnitt B.I.1.a).

1318 Siehe auch *Ring*, Tax Law Review 2007, 83, 145.

1319 *Ring*, Tax Law Review 2007, 83, 145.

1320 Vgl. *Ring*, Tax Law Review 2007, 83, 148.

nicht nur als intergouvernementale Stelle fungiert, sondern im Rahmen durch die Mitgliedstaaten erteilter Mandate auch aus eigener Initiative heraus Entwicklungen anstößt,[1321] geht dieser Umstand mit einem Prozess der Zentralisierung internationaler Steuerpolitik einher.[1322]

Auch der Entstehungsprozess des Multilateralen Instruments könnte den wissensbasierten Einfluss der OECD widerspiegeln.[1323] Die Inhalte des Multilateralen Instruments gehen zurück auf die Abschlussberichte 6, 7, 14 und 15 des BEPS-Projekts.[1324] Diese wurden vom *Committee of Fiscal Affairs* der OECD erstellt und durch die G20 in ihren Konturen angenommen.[1325] Die technische Umsetzung des Abkommens war bereits im Abschlussbericht zu Aktionspunkt 15 vorgesehen.[1326] Diese umfasste bereits Vorschläge für die Ausgestaltung der Notifikationen, Optionen, Vorbehalte und Kompatibilitätsklauseln.[1327] Die detaillierte Ausgestaltung und Zusammensetzung des Abkommens oblag der ad hoc-Gruppe, an welcher sich 99 Staaten beteiligten.[1328] Auch wenn die Aushandlung daher im zwischenstaatlichen Verhältnis durchgeführt wurde, so ist der inhaltliche Rahmen also zuvor bereits umfangreich durch die OECD umrissen worden. Dies betrifft sowohl die materiellen Abkommensinhalte als auch die verwendete Abkommenstechnik. Der OECD ist es dadurch gelungen, ihre Marktführerschaft[1329] im internationalen Steuerregime auch im Bereich der

---

1321 Die Arbeiten zu Harmful Tax Competition gingen etwa auf ein Mandat der G7 zurück, enthalten jedoch autonom entwickelte Kategorisierungen und Handlungsempfehlungen, siehe OECD, Harmful Tax Competition, An Emerging Global Issue, 1998, S. 7; vgl. ferner erwähnte Feedbackeffekte in Abschnitt B.II.3.c).

1322 Siehe etwa die Ausführungen von *Baistrocchi*, 33 Oxford Journal of Legal Studies, 733, 746 zu den OECD Guidelines.

1323 Vgl. hierzu und im Folgenden auch *Broekhuijsen*, A Multilateral Tax Treaty, S. 233 f.

1324 Vgl. Abschnitt C.I.

1325 OECD, Base Erosion and Profit Shifting Project, Explanatory Statement, 2015 Final Reports, Rn. 1.

1326 OECD, Action Point 15 Final Report, S. 29 ff.

1327 OECD, Base Erosion and Profit Shifting Project, Developing a Multilateral Instrument to Modify Bilateral Tax Treaties, Action 15, 2015 Final Report, Rn. 48 ff., 65 ff.

1328 OECD, Explanatory Statement to the Multilateral Convention to Implement Tax Treaty Related Measures to Prevent Base Erosion and Profit Shifting, Rn. 7; zudem beteiligten sich vier nichtstaatliche Jurisdiktionen sowie sieben internationale und regionale Organisationen als Beobachter.

1329 Der Begriff des *market-leader* wird in Bezug auf die OECD verwendet von *Baistrocchi*, 33 Oxford Journal of Legal Studies, 733, 743.

Verhinderung von BEPS zu zementieren und weitgehend unabhängig von hegemonialen Partikularinteressen zu implementieren.

Möglich erscheint auch, dass die Abkommenstechnik dazu beiträgt, den kognitiven Einfluss der OECD zu bewahren. Die Gestaltungsmöglichkeiten, die den Vertragsstaaten nach dem Abkommen zukommen, umfassen die Notifikation von Doppelbesteuerungsabkommen sowie die Erklärung von Vorbehalten und die Auswahl von Optionen.[1330] Die gewählte Reichweite liegt damit im Ermessen der Vertragsstaaten. Sofern jedoch die Abkommen notifiziert und Vorbehalte erklärt wurden, ist ein Widerruf nur noch dahingehend möglich, dass der Anwendungsbereich nicht beeinträchtigt wird. Dies stellt im Vergleich zum Musterabkommen, in Bezug auf welches die Staaten einzelne Vorschriften beliebig wählen und auch wieder abwählen können, einen signifikanten Unterschied dar. Der durch die OECD ausgeübte Einfluss in Form der BEPS-Inhalte wird daher durch die Abkommenstechnik protegiert. Die Handlungsoptionen der beteiligten Staaten werden so zugunsten des kognitiven Einflusses der OECD eingeschränkt. Der dem internationalen Steuerregime immanente Prozess der Zentralisierung internationaler Steuerkoordination wird so zugunsten der OECD gefördert.

b) OECD als Ordnungsinstanz im internationalen Steuerrecht

Ohne Koordination internationaler Steuerbeziehungen offenbart sich das Problem, dass Staaten stets selbst unilateral auf Besteuerungsrechte verzichten müssen, um eine Doppelbesteuerung für in ihrem Staatsgebiet ansässige Personen zu vermeiden.[1331] Der Abschluss von Doppelbesteuerungsabkommen teilt die Pflicht zum Verzicht auf Besteuerungsrechte indes mit Rücksicht auf die Interessen der Vertragsstaaten auf. Bereits durch die Erstellung und Aktualisierung des Musterabkommens sowie des Musterkommentars durch die OECD wird dafür gesorgt, dass sich die Verhandlungen innerhalb eines vorgegebenen Rahmens bewegen können, den Parteien Informationen zu den Rechtsgrundlagen zur Verfügung stehen und die Transaktionskosten eines Abkommens insgesamt gesenkt werden.[1332] Diese Rolle als Institution zur Lösung eines „Marktversagens“, welche auf den funktionalen Ansatz zur Erklärung des internationalen Steuerregimes zurückzuführen ist,[1333] ist auch im Fall des Multilateralen Instruments anzudenken.

1330 Vgl. Abschnitt C.III.
1331 Hierzu und folgend Abschnitt B.I.4.
1332 Siehe Abschnitt B.II.3.b) und c).
1333 Dazu Abschnitt B.II.2.b)cc) sowie Abschnitt B.II.3.b).

Das Multilaterale Instrument enthält die Umsetzungen der BEPS-Abschlussberichte in Bezug auf *hybrid mismatches*, Abkommensmissbrauch, der Umgehung des Betriebsstättenstatus sowie den Komplexen der Verbesserung des Verständigungsverfahrens und der Einführung von Schiedsverfahren.[1334]

Zu klären ist, ob in diesen Bereichen vor dem BEPS-Prozess eine Kooperation entstand und falls diese nur unzureichend möglich war, inwiefern die OECD mithilfe dem Multilateralen Instruments diesem „Marktversagen" entgegentritt. Eine Kooperation von Staaten im Bereich des Abkommensmissbrauchs war auch vor dem BEPS-Prozess maßgeblich von der OECD geprägt.[1335] Diese war im Wesentlichen durch die Erstellung von spezifischen Berichten bestimmt, deren Ergebnisse dann in unterschiedlichem Umfang Einzug in den Musterkommentar erhielten. Die erste Musterkommentarversion, welche Ziel vorangegangener Berichte wurde, war die Version des Jahres 1992.[1336] Die Kommentierung zu Art. 1 OECD-MA bezog sich auf den „Report on Double Tax Convention and the Use of Conduit Companies" 1987.[1337] Auch Teile des „Report on Double Tax Convention and the Use of Base Companies" aus 1987 fanden sich im OECD-Musterkommentar.[1338] Ebenso beeinflusste der OECD „Harmful Tax Competition Report" 1998 die Kommentierung des Art. 1 OECD-MA 2003.[1339]

Für den Bereich der *hybrid mismatches* sowie der Vermeidung des Betriebsstättenstatus existiert keine vergleichbare Historie. Die Stärkung von Quellensteuerrechten wurde etwa über die Rechtsfigur des *beneficial ownership* in den Artikeln, welche sich passiven Einkommen widmeten, vollzogen.[1340] Die OECD war daher bereits früher versucht, jedenfalls in Teilbereichen über die Instrumente des Musterabkommens sowie des Musterkommentars auf das Doppelbesteuerungsnetzwerk einzuwirken. Diese Steuerpolitik wirkte wesentlich in die zwischenstaatliche Koordination hinein. Gründe für ein Ausbleiben rein zwischenstaatlicher Koordination könnten einerseits in den im kognitiven Steuerregime bestehenden Informationsdefiziten liegen, andererseits in den

---

1334 Siehe Abschnitt C.I.

1335 Siehe hierzu und im Folgenden *Irawan*, Historical Development of the OECD's Work on Treaty Abuse, S. 23 ff.

1336 *Irawan*, Historical Development of the OECD's Work on Treaty Abuse, S. 28.

1337 *Irawan*, Historical Development of the OECD's Work on Treaty Abuse, S. 28.

1338 *Irawan*, Historical Development of the OECD's Work on Treaty Abuse, S. 29 f.

1339 *Irawan*, Historical Development of the OECD's Work on Treaty Abuse, S. 30 ff.

1340 Vgl. UN, Comittee of Experts on International Cooperation in Tax Matters, E/C.18/2019/CRP.10, S. 2; vgl. hierzu und folgend *Hattingh*, Bulletin for International Taxation 2020, 179, 189.

hohen Transaktionskosten einer Anpassung. Die Entwicklung einer völkerrechtlichen Antimissbrauchsklausel wie etwa die des *principle purpose test* in Art. 7 Abs. 1 MLI, welche den Bedürfnissen aller DBA-Partner gerecht wird, gestaltet sich aufwendiger als die in dieser Hinsicht attraktive Lösung einer nationalen Antimissbrauchsnorm wie etwa § 50d Abs. 3 EStG.[1341] Zunächst ist der Umstand von Bedeutung, dass die entsprechende Missbrauchsvorschrift in der Regel mit mehreren, wenn nicht allen DBA-Partnern zu verhandeln ist, um einem Rechtsmissbrauch umfangreich vorzubeugen.[1342] Dies erfordert von dem Staat, welcher die Initiative ergreift, ein erhebliches Maß an Zeit und administrativer Ressourcen.[1343] Die Aushandlung mit mehreren DBA-Partnern birgt daher die Gefahr einer hohen Komplexität, welche mit den vorhandenen Kapazitäten oftmals nur unzureichend zu bewältigen ist. Zudem droht eine Rechtszersplitterung, wenn die Verhandlungen mit den Partnern der Doppelbesteuerungsabkommen zu unterschiedlichen Ergebnissen kommen.[1344]

Der bilaterale Vorstoß mit einer neuen Antimissbrauchsregelung in Doppelbesteuerungsabkommen ist zudem dahingehend ein Risiko, als dass sie vom durch die OECD gesetzten Standard abweichen und allein aufgrund diesen Umstands potenzielle Investoren abschrecken können.[1345] Sofern sich Nationalstaaten isoliert entscheiden, im Bereich der Missbrauchsvermeidung zu kooperieren, sind die Transaktionskosten demnach hoch. Durch das Multilaterale Instrument wird der Prozess der Anpassung der Doppelbesteuerungsabkommen enorm beschleunigt.[1346] Eine Auseinandersetzung mit den einzelnen Partnern des Doppelbesteuerungsabkommens ist so nicht mehr notwendig.[1347] Somit liegen die Gründe für ein Ausbleiben zwischenstaatlicher Koordination in Informationsdefiziten und hohen Transaktionskosten.

1341 Die Komplikation der Einführung internationaler Missbrauchsklauseln galt umso mehr, als dass bis zu Beginn des BEPS-Projekts viele Staaten noch nicht für Missbrauchsregelungen sensibilisiert waren, siehe *Haarmann*, IStR 2018, 561, 561.

1342 OECD, Base Erosion and Profit Shifting Project, Developing a Multilateral Instrument to Modify Bilateral Tax Treaties, Action 15, 2015 Final Report, Rn. 12.

1343 OECD, Base Erosion and Profit Shifting Project, Developing a Multilateral Instrument to Modify Bilateral Tax Treaties, Action 15, 2015 Final Report, Rn. 12.

1344 *Thuronyi*, 26 Brooklyn Journal of International Law 2001, 1641, 1661 f.

1345 Vgl. *Avi-Yonah*, International Tax Law as International Law, S. 3 f.

1346 Vgl. OECD, Base Erosion and Profit Shifting Project, Developing a Multilateral Instrument to Modify Bilateral Tax Treaties, Action 15, 2015 Final Report, Rn. 12.

1347 Vgl. *Thuronyi*, 26 Brooklyn Journal of International Law 2001, 1641, 1653.

Die Nutzung des Forums der OECD für die Erstellung des Multilateralen Instruments ist zunächst einmal die Bestätigung der zuvor jahrzehntelang gefestigten Stellung der OECD als führende internationale Organisation im internationalen Steuerrecht. Aufgrund ihrer großen Bedeutung für das kognitiv geprägte Steuerregime hat die OECD den Einfluss, Missbrauchsnormen einzubringen, welche eine hohe Wahrscheinlichkeit aufweisen, von den Staaten akzeptiert zu werden.[1348] Die Gefahr, dass bei einer unilateralen Aushandlung mit den DBA-Partnern eine Rechtszersplitterung der angedachten Missbrauchsklausel eintritt, wird so abgeschwächt.

Einerseits ermöglicht die OECD auf diese Art und Weise eine Kooperation, welche ohne Überwindung der Informationsdefizite und Transaktionskosten nicht möglich wäre. Andererseits war sie durch diese einflussreiche Position in der Lage, den Inhalt der Kooperation zu einem gewissen Grad zu bestimmen. Dies war auch bereits zuvor über die Medien des Musterabkommens und -kommentars möglich. Durch das Multilaterale Instrument wurden die Inhalte jedoch multilateral und rechtlich bindend verabschiedet.

Gleichwohl besteht diese Position als überwindendes Element des Marktversagens im internationalen Steuerrecht in Zukunft nur mit Abstrichen. Durch die Änderungsmodalitäten des Multilateralen Instruments ist die Beeinflussung des MLI-Inhalts von der einstimmigen Entscheidung der Vertragsstaaten abhängig.[1349] Folglich muss die OECD jedenfalls im Vorfeld auf einen breiten Konsens geplanter Änderungen hinwirken. Sie befindet sich daher in einer intermediären Stellung zwischen bloßer Ermöglichung von Kooperation und einer gestaltenden Position. Fraglich ist daher, inwiefern das Multilaterale Instrument als Optionserweiterung zugunsten einer zukünftig gestaltenden Position im internationalen Steuerregime verstanden werden kann.[1350]

c) Optionserweiterung für die OECD

Die konvergente Beeinflussung der Regeln des internationalen Steuerregimes war bislang auf das wirkmächtige Instrument des OECD-Musterabkommen inklusive des -kommentars beschränkt.[1351] Diese ermöglichen „focal points“ in

---

1348 Vgl. auch *Brosens/Bossuyt*, World Tax Journal 2020, 313, 343 f.

1349 Siehe Abschnitt C.III.5.c).

1350 Vgl. etwa den Versuch Brauners einer Einbettung des Musterabkommens in das multilaterale Instrument, *Brauner*, British Tax Review 2019, 437, 450 ff.

1351 Vgl. für den Bereich des Abkommensmissbrauchs *Hattingh*, Bulletin for International Taxation 2020, 179, 189.

Bezug auf die bilaterale Verhandlung der Aufteilung von Besteuerungsbefugnissen zwischen Staaten.[1352] Auf diese Weise können Regelungen vorgegeben werden, welche die Staaten zwar nicht verpflichten, jedoch durch die umfassende Adaption den Handlungsdruck zur Einführung der entsprechenden Vorschrift erhöhen.[1353] Im Gegensatz hierzu weist das Multilaterale Instrument als völkerrechtlicher Vertrag Verbindlichkeit für die Parteien auf.[1354] Durch die Abbildung kollektiver Regelungen gegen BEPS sowie die Möglichkeiten zukünftiger kollektiver Maßnahmen im Rahmen der CoP handelt es sich bei diesem um einen autonomen Entscheidungsprozess des internationalen Steuerregimes. Regelungen müssen nicht mehr von den DBA-Vertragsparteien einzeln eingeführt werden, sondern können über die Kompatibilitätsklauseln des Multilateralen Instruments direkt implementiert werden. Somit werden durch das Multilaterale Instrument bestehende *focal points* im Bereich der Verhinderung von BEPS direkt vorgegeben und bilden nicht mehr lediglich den Rahmen einer Aushandlung.[1355]

Dem Multilateralen Instrument kommt im Verhältnis daher insbesondere der Vorteil einer zügigen Umsetzung zu.[1356] Es ist allerdings zu beachten, dass eine Implementierung über das Multilaterale Instrument mit einer beschränkten Reichweite in Bezug auf die erreichten Doppelbesteuerungsabkommen einhergeht. Durch die Notifikation der anzuwendenden Abkommen ist der Wirkungskreis von vornherein beschränkt. Die Ausübung der Vorbehalte im Multilateralen Instrument ist hingegen aufgrund der hohen Ausdifferenzierung mit dem Mechanismus der selektiven Übernahme von Inhalten aus dem Musterabkommen vergleichbar.[1357] Eine Ausnahme gilt diesbezüglich nur für die Vorschriften des Mindeststandards.[1358] Eine Ähnlichkeit zum Verfahren im Fall einer Übernahme von Vorschriften des Musterabkommens gilt auch für den

1352 Siehe Abschnitt B.II.3.c).

1353 Vgl. *Avi-Yonah*, International Tax Law as International Law, S. 3 f.; *Baistrocchi*, 33 Oxford Journal of Legal Studies, 733, 764.

1354 Vgl. *Hattingh*, Bulletin for International Taxation 2020, 179, 189.

1355 Siehe *Broekhuijsen*, A Multilateral Tax Treaty, S. 233 f. sowie generell Abschnitt B. II.3.c).

1356 OECD, Base Erosion and Profit Shifting Project, Developing a Multilateral Instrument to Modify Bilateral Tax Treaties, Action 15, 2015 Final Report, Rn. 12.

1357 Einen Vergleich zwischen der Flexibilität des multilateralen Instruments und dem Vorbehaltssystem des OECD-Musterkommentars ziehen *Antón*, Bulletin for International Taxation 2017, 544, 551; ferner *Brauner*, British Tax Review 2019, 437, 455.

1358 Vgl. *Antón*, Bulletin for International Taxation 2017, 544, 551.

Fall der Optionen im Multilateralen Instrument. Die Übernahme vom Musterabkommen abgewandelter, präferierter Ausgestaltungen ist Kern der bisherigen Funktionsweise des Musterabkommens.[1359] Jedenfalls die Alternativklauseln des Multilateralen Instruments institutionalisieren diesen Prozess des *cherry-picking*, welcher zuvor in dem tradierten Umfeld des *soft law* des Musterabkommens schon bestand.[1360] Trotz bestimmter Ähnlichkeiten in der Wirkungsweise bestehen somit Vorteile einer Umsetzung durch den Entscheidungsprozess des Multilateralen Instruments.

Bei einer Implementierung über das Multilaterale Instrument ist zudem zu beachten, dass die OECD informell auf die Vertragsstaaten einwirken muss, um eine Änderung herbeizuführen. Der OECD wird durch das Abkommen die Rolle als *depositary* zugewiesen.[1361] Der OECD kommen daher keine besonderen Rechte, sondern Verwahrungs-, Übermittlungs- und Veröffentlichungspflichten zu. Eine Änderung muss, nach Übermittlung des Gesuches an die OECD, jedenfalls bzgl. Modifikationen substanzieller Art einstimmig auf der CoP beschlossen werden.[1362] Im Gegensatz hierzu ist die Einführung einer Änderung über das Musterabkommen allein im Rahmen der OECD möglich.

Die Stellung der OECD gegenüber den anderen Regimeakteuren, welche Musterabkommen generieren, ist somit durch das Multilaterale Instrument einerseits qualifiziert. Denn das Multilaterale Instrument weist eine einzigartige Struktur auf, welche sich von den Musterabkommen rechtlich und funktionell unterscheidet. Andererseits ist der Veränderungsprozess des Multilateralen Instruments jedoch langwierig und erfordert ein hohes Maß an Koordination,[1363] was die Wirkung des Multilateralen Instruments als Umsetzungsträger wiederum einschränkt.

1359 Vgl. OECD, Model Tax Convention on Income and on Capital, Condensed Version, 2017, Introduction Rn. 12 ff.

1360 Dies entspricht auch *Brauners* pauschaler Feststellung: „The MLI therefore is important mainly due to its mere existence and legitimacy, not its miniscule, flexible content that complements and supports the current, bilateral international tax regime“, *Brauner*, Intertax 2018, 6, 12.

1361 Siehe Abschnitt C.III.2.a).

1362 Hierzu Abschnitt C.III.5.c).

1363 Vgl. auch *Bosman*, Intertax 2017, 642, 658.

2. Die CoP als neue Institution

Die CoP wird in Art. 31 Abs. 1 MLI als Institution des Abkommens errichtet. Dem Wortlaut nach wird diese von den Parteien anberaumt, dem *depositary* kommt nach Art. 31 Abs. 2 und Abs. 3 MLI die Rolle des Organisators vor und während der Konferenz zu. Diese institutionelle Innovation[1364] wirft die Frage auf, welche rechtliche Stellung der CoP zukommt[1365] und zu welchem Grad die CoP als ein neuer Akteur im internationalen Steuerregime angesehen werden kann, welcher intergouvernementale Kooperation ermöglicht.[1366]

a) *Rechtsnatur der CoP*

Rechtlich betrachtet ist die Völkerrechtssubjektivität der CoP zu untersuchen, welche den übrigen Akteuren des internationalen Steuerregimes, namentlich Staaten und internationalen Organisationen, zukommt. Diese ist an die Existenz völkerrechtlicher Rechte oder Pflichten geknüpft.[1367] Die CoP hat nach Art. 32 MLI die Aufgabe, der Besprechung von Fragen der Auslegung oder Umsetzung ein Forum zu bieten. Zudem ist ihr nach Art. 33 MLI die Aufgabe übertragen, Änderungsvorschläge des Multilateralen Instruments anzunehmen. Es bestehen daher völkerrechtlich normierte Rechte, welche den Aufgabenbereich der CoP determinieren. Klassische Merkmale anderer Völkerrechtssubjekte wie etwa die Aufnahme diplomatischer Beziehungen oder der Abschluss völkerrechtlicher Verträge,[1368] kommen ihr jedoch nicht zu. Es ist daher anzuzweifeln, inwiefern der CoP über die bloße Zusammenkunft der Vertragsstaaten ein eigener Subjektcharakter zukommt. Auch wenn die CoP als Versammlung normierte Befugnisse hat, so geht sie dennoch vollständig in der Gemeinschaft der beteiligten Vertragsstaaten auf.[1369] Sie ist vielmehr als Gesamtheit der Vertragsstaaten zu verstehen, welche das Abkommen gemeinschaftlich in Bezug auf Auslegung und Änderung verwalten.[1370] Die CoP stellt daher kein Völkerrechtssubjekt dar.[1371]

1364 Gomes, Bulletin for International Taxation 2018, 87, 96, bezeichnet die CoP als „new international tax forum".

1365 *Holzinger*, The Relevance of the Conference of the Parties, S. 44.

1366 Zweifelnd an der Nachhaltigkeit der CoP als Forum *Brauner*, Intertax 2018, 6, 17.

1367 *Herdegen*, Völkerrecht, § 7 Rn. 1; *Kau*, Der Staat und der Einzelne als Völkerrechtssubjekte, S. 170.

1368 *Kau*, Der Staat und der Einzelne als Völkerrechtssubjekte, S. 170.

1369 *Holzinger*, The Relevance of the Conference of the Parties, S. 44.

1370 *Holzinger*, The Relevance of the Conference of the Parties, S. 44.

1371 Vgl. *Holzinger*, The Relevance of the Conference of the Parties, S. 44.

b) Die CoP – Akteur im internationalen Steuerregime?

Unabhängig davon könnte sie jedoch in der Funktion als Repräsentation der Gesamtheit der Vertragsstaaten als Akteur im internationalen Steuerregime eine Rolle spielen. Dies ist in Hinblick auf die ihr zugewiesenen Aufgabenbereiche und der Möglichkeit einer Beeinflussung von Regimeregeln zu beurteilen.

Änderungen können nach Art. 33 Abs. 1 MLI durch jede Vertragspartei vorgeschlagen werden. Der Einfluss der CoP hinsichtlich zukünftiger Modifikationen ist folglich von dem Tätigwerden der Nationalstaaten abhängig. Diese müssen hierfür auf eigene Ressourcen zurückgreifen, da die CoP als Gremium keine eigene Verwaltung zur Verfügung hat und daher nicht selbstständig Wissen aggregieren kann. Aufgrund der kognitiven Prägung des internationalen Steuerregimes ist indes dahingehend ein hoher Aufwand erforderlich, substanzielle Änderungsvorschläge einzuleiten. Legitimität für solche wissensbasierten Modifikationen kommen nach jetzigem Status quo lediglich der OECD zu.[1372] Die OECD ist jedoch selbst kein Mitglied der CoP, sondern ist nach Art. 31 Abs. 2 MLI nur an der Organisation der Konferenz beteiligt. Dass unilaterale, oder auch multilaterale, jenseits der OECD-Ressourcen erarbeitete Vorschläge in der CoP eingebracht werden, ist folglich unwahrscheinlich.

Sofern Unklarheit bezüglich der Auslegung von Abkommensbegriffen besteht, kann im Rahmen der CoP eine Einigung der Vertragsparteien erzielt werden.[1373] Auch im Rahmen der Auslegung besteht grundsätzlich durch die Reichweite des OECD-Musterkommentars eine vorgeprägte Auffassung bestimmter Begriffe, sodass diese unter dem Einfluss der OECD steht.[1374] Die Manifestation einzelner Auslegungsstandpunkte ist jedoch in der Praxis der Doppelbesteuerungsabkommen die Regel,[1375] sodass in diesem Fall die CoP als neue Institution Wirkung auf Regimeregeln im Wege der Auslegung entfalten kann.

Insgesamt ist die Bedeutung der CoP im Kontext des Multilateralen Instruments mit Einschränkungen versehen. Es ist kaum zu erwarten, dass sich aus der CoP heraus ohne die OECD signifikante Änderungen des Multilateralen Instruments entwickeln. Lediglich in Fragen der Auslegung von Abkommensbegriffen des Multilateralen Instruments besteht eine institutionelle Relevanz der

---

1372 Vgl. *Brosens/Bossuyt*, World Tax Journal 2020, 313, 341, welche diese als eine „input-legitimacy" klassifizieren.

1373 Siehe Abschnitt C.IV.3.b).

1374 Vgl. Abschnitt B.I.5.a)dd)(2)(a).

1375 Vgl. beispielhaft die Ausführungen von *Loukota*, Multilateral Tax Treaty Versus Bilateral Treaty Network, S. 90.

CoP, welche jedoch mit dem Vorbehalt der hohen Hürde einer Einstimmigkeit versehen ist.

3. Entstaatlichung im Wege qualifizierter Veränderungsresistenz des internationalen Steuerregimes

Die im Rahmen der durch die OECD etablierten „focal points" sowie die Prinzipien, Normen und Regeln des Regimes determinieren Handlungsspielräume der Nationalstaaten, in welchen diese ihre internationale Steuerpolitik souverän entwerfen können.[1376] Durch das Multilaterale Instrument wird dieser Handlungsspielraum der Nationalstaaten zwar bei Begutachtung der rechtlichen Grundlagen nicht eingeschränkt.[1377] Denn erstens besteht durch das für Grundlagenentscheidungen zu fordernde Einstimmigkeitserfordernis aller Staaten in der CoP sowie für Abkommensänderungen ein Vetorecht jedes einzelnen Vertragsstaats.[1378] Zudem wird zweitens auch die zukünftige souveräne Handlungsfähigkeit der Staaten durch die Regelung des Art. 30 MLI abgesichert, welche nachträgliche Abweichungen im bilateralen Verhältnis ermöglicht.[1379] Und schließlich ist drittens auch ein Austritt aus dem Abkommen gemäß Art. 37 MLI jederzeit möglich.[1380] Allerdings könnte die multilaterale Konstruktion des Multilateralen Instruments eine verändernde Wirkung auf die Entscheidungsgremien des internationalen Steuerregimes haben, welche zu einer Überlagerung benannter Handlungsspielräume durch multilaterale Prozesse führt.[1381]

Die Schaffung und Nutzung einer Institution innerhalb eines Regimes führt vor dem Hintergrund der veränderungshemmenden Wirkung von durch Tradition geschaffener Legitimität zu einer Stabilisierung der damit einhergehenden Strukturen.[1382] Zwar bestehen mit Art. 37 MLI rechtliche Möglichkeiten des Austritts aus dem Abkommen. Allerdings könnte in dem Fall eine Nutzenabwägung dafür sorgen, dass im Ergebnis im Abkommen verblieben wird.[1383] Denn die

1376 Vgl. Abschnitt B.II.3.c).

1377 Siehe *Köstler*, in Haase, MLI, Art. 30 Rn. 6.

1378 Vgl. Abschnitt C.III.5.c).

1379 Vgl. *Köstler*, in Haase, MLI, Art. 30 Rn. 5 f.

1380 Umfangreich *Bravo*, A Multilateral Instrument for Updating the Tax Treaty Network, S. 289.

1381 Vgl. *Brosens/Bossuyt*, World Tax Journal 2020, 313, 349 f., welcher faktische Souveränitätseinbußen durch den BEPS-Prozess beschreibt.

1382 Vgl. Abschnitt B.II.2.c).

1383 Vgl. *Stein*, 36 International Organization 1982, 299, 322.

Investitionen, welche in eine Beitrittsprüfung geflossen sind, wären in diesem Fall vergeblich getätigt worden; im Vergleich hierzu erscheint die Errichtung neuer Antimissbrauchstrukturen ungleich aufwendiger.[1384] Für die Vertragsstaaten besteht auch ein wertebasierter Druck, im Abkommen zu verbleiben, da man sich mit Unterschrift auch zu der Vermeidung von Abkommensmissbrauch bekannte.[1385] Zudem können sich auch unter dem Aspekt der Gewährleistung von Rechtssicherheit für das von den Abkommensregeln betroffenen Steuersubjekts Nachteile ergeben, welche sich investitionshemmend auswirken können. Demnach bestehen faktische Handlungszwänge, welche den Spielraum der staatlichen Akteure einschränken. Dieser beschränkende Prozess kann als Entstaatlichung im internationalen Steuerrecht aufgefasst werden.[1386]

Auch ohne das Multilaterale Instrument bestand indes bereits ein Druck auf Nationalstaaten, die Regelungen des Musterabkommens zu berücksichtigen.[1387] Fraglich ist aber, ob im Fall des Multilateralen Instruments im internationalen Steuerregime eine stärkere Beständigkeit gegen unilaterale Veränderungen besteht, welcher für eine Umsetzung der Regelungen sorgt. Da das internationale Steuerregime hinsichtlich des faktischen Drucks zur Umsetzung des Musterabkommens durch eine wissensbasierte sowie funktionale Struktur bestimmt ist,[1388] ist hierbei auf die Relevanz der Informationsdefizite für die staatlichen Akteure sowie die Höhe der Transaktionskosten abzustellen.

Damit von einer qualifizierten Veränderungsresistenz des Regimes im Vergleich zum Status quo ante gesprochen werden kann, ist erforderlich, dass die Transaktionskosten für einen Ausstieg höher sind als bei der Verweigerung der Übernahme von Regelungen des Musterabkommens. Diese sind einerseits dadurch erhöht, dass es sich um ein Abkommen rechtlicher Verbindlichkeit handelt. Die Unterwerfung unter verbindliche völkerrechtliche Regeln übt einen höheren Druck aus als die Zusage von nicht bindenden Erklärungen. Zudem

---

1384 Vgl. *Stein*, 36 International Organization 1982, 299, 322.

1385 Vgl. *Stein*, 36 International Organization 1982, 299, 323; Zeugnis des Anpassungsdrucks an die Antimissbrauchspolitik des Multilateralen Instruments ist wohl auch, dass ein Großteil der nach dem Multilateralen Instrument verhandelten Abkommen den Mindeststandard enthalten, siehe IFA, A: Reconstructing the treaty network, Cahiers de droit fiscal international 2020, S. 36.

1386 Die Rückführbarkeit des Rechts der Doppelbesteuerungsabkommen auf die Musterabkommen wurde bereits als eine solche Entstaatlichung benannt, siehe *Reimer*, Transnationales Steuerrecht, S. 187; *Valta*, Das Internationale Steuerrecht, S. 361.

1387 *Avi-Yonah*, International Tax as International Law, S. 3 f.

1388 Siehe Abschnitt B.II.3.b).

ist zu beachten, dass der Widerruf von Notifikationen sowie die spätere Erklärung von Vorbehalten im Multilateralen Instrument unzulässig sind. Ein bloß teilweiser Rückzug aus dem Abkommen ist folglich nicht möglich, wodurch die Transaktionskosten für einen Ausstieg aus einzelnen Klauseln immer mit einem Ausstieg aus dem gesamten Abkommen gleichlaufen. Hierdurch wird die Resistenz gegen Veränderungen erhöht. Bezüglich der MLI-Regelungen bestehen daher weniger alternative Handlungsoptionen für die Vertragsstaaten als im Fall des OECD-Musterabkommens. Geschützt in Hinblick auf zukünftige Modifikationen des Multilateralen Instruments wird der Handlungsspielraum der Vertragsstaaten jedoch durch das grundsätzlich bestehende Einstimmigkeitserfordernis zukünftiger Vertragsänderungen. Das insoweit sich ergebene Vetorecht kann jedoch im Einzelfall durch Reputationsgesichtspunkte überlagert werden, da bereits mit Abschluss des Multilateralen Instruments ein Bekenntnis zur Bekämpfung von BEPS auf völkerrechtlicher Ebene erfolgte. Aufgrund dieser Gesichtspunkte lässt sich die These der Beschleunigung eines Entstaatlichungsprozesses im Umfeld eines Regimes mit qualifizierter Veränderungsresistenz aufrechterhalten.

4. Fazit

Das Multilaterale Instrument führt zu einem verstärkten Zentralisierungsprozess im internationalen Steuerregime zugunsten des kognitiven Einflusses der OECD. Diese nimmt im Bereich des Abkommensmissbrauchs zunehmend eine Ordnungsinstanz dar, welche sowohl Kooperation ermöglicht als auch gestaltet. Der Entscheidungsprozess des Multilateralen Instruments erweitert das Umsetzungsintrumentarium der OECD grundsätzlich, wenngleich eine Umsetzung sich langwierig und komplex gestaltet und daher gegenüber einer Umsetzung über das Musterabkommen in dieser Hinsicht nachteilhaft sein kann. Der CoP kommt hingegen keine Rolle eines eigenständigen Akteurs im internationalen Steuerregime zu. Vielmehr geht diese vollständig in den Vertragsstaaten des Multilateralen Instruments auf. Ferner geht mit dem Multilateralen Instrument auch eine erschwerte Abänderbarkeit der so etablierten Regimeregeln einher, sodass sich eine hohe Beständigkeit des Regimes in diesem Bereich ergibt. Diese Veränderungsresistenz geht mit einem Entstaatlichungsprozess einher.

III. Funktionelle Transformationswirkung des Multilateralen Instruments

Neben den rechtlichen und institutionellen Transformationswirkungen bestehen zudem Auswirkungen, welche die Entscheidungsprozesse und Verfahrensabläufe im internationalen Steuerrecht und somit die systemische Funktionsweise direkt betreffen. Maßgeblich umfasst sind hiervon die Verhandlungen von Doppelbesteuerungsabkommen sowie der bisherigen Streitbeilegungsmechanismus, welche nachfolgend beleuchtet werden.

1. Auswirkungen auf die Verhandlungen von Doppelbesteuerungsabkommen

Die Aushandlung sowie Nachverhandlung von Doppelbesteuerungsabkommen ist der Zeitpunkt, zu welchem die Prinzipien, Normen und Regeln des internationalen Steuerregimes eine konkrete Umsetzung erfahren. Die Verhandlungen erfolgen auf der Grundlage einzelner Musterabkommen oder aber Verhandlungsgrundlagen, welche ihrerseits auf einem Musterabkommen basieren.[1389] In diesem Kontext spielen auch rechtliche Transplants eine große Rolle.[1390] Hierbei ist sowohl denkbar, dass sämtliche Verhandlungen von einer einheitlichen Grundlage aus begonnen werden.[1391] Andererseits besteht auch die Möglichkeit, dass je nach Verhandlungspartner eine unterschiedliche Ausgangslage gewählt wird.[1392] Die Verhandlungen sind geprägt von den jeweiligen Fiskalinteressen der Staaten, welche im Grundsatz eine Vermeidung der Doppelbesteuerung bei möglichst weitgehendem Erhalt der Besteuerungsrechte anstreben.[1393] Trotz des durch die Prinzipien, Normen und Regeln des internationalen Steuerregimes bestehenden latenten Multilateralismus finden die Verhandlungen allein im bilateralen Verhältnis statt. Parteien können daher strategische Vorteile, welche gegenüber dem Verhandlungspartner bestehen, innerhalb der Verhandlungen ausnutzen.

1389 Siehe *Lehner*, in Vogel/Lehner, DBA, Grundlagen des Abkommensrechts, Rn. 37 f.

1390 Siehe Abschnitt B.I.5.c)aa).

1391 Dies trifft etwa auf die USA zu, siehe *Reese*, UCLA Law Review 1987, 369, 382 f.

1392 So wählt etwa China einen unterschiedlichen Ansatz, welcher sich in Industriestaaten und Entwicklungsländer differenzieren lässt, siehe *Narotzki*, 50 Akron Law Review 2017, 383, 405 f.

1393 Siehe dies bzgl. betreffend Ansässigkeitsstaaten *Dagan*, 32 N.Y.U. Journal of International Law and Politics 2000, 939, 952 ff.

Im Rahmen des Multilateralen Instruments sind die Vertragsparteien jedoch dazu verpflichtet, bestimmte steuerpolitische Entscheidungen unabhängig von dem Inhalt einzelner Doppelbesteuerungsabkommen zu treffen.[1394] Denn die Vertragsparteien bestimmen zwar den Kreis der vom Abkommen erfassten Doppelbesteuerungsabkommen. Die Erklärung von Vorbehalten und Optionen wird jedoch einheitlich ausgeübt. Dies ist Art. 28 Abs. 3 MLI zu entnehmen, welcher feststellt, dass die Ausübung eines Vorbehalts Rechtswirkung gegenüber jeder beliebigen anderen Abkommenspartei erzeugt. Die Entscheidung für oder gegen einzelne Regelungsinhalte muss daher aus der Überzeugung einer bestimmten Steuerpolitik getroffen werden und sind nicht mehr, wie im bilateralen Verhältnis, auf Grundlage der Interessenverteilung in relativer Beziehung zum anderen an den Verhandlungen beteiligten Staat. Vorbehalte oder Optionen können nicht auf einzelne DBA bezogen erklärt oder, sofern zulässig, widerrufen werden. Damit sind die im Multilateralen Instrument geregelten Inhalte zu einem gewissen Grad der Verhandlungsmasse zwischen den DBA-Partnern entzogen und dem MLI-Umsetzungsprozess zugeordnet. Aufgrund der Bindung des Anwendungsbereichs des Multilateralen Instruments an die CTA hat nur die Anerkennung der diesbezüglichen Anpassung der CTA multilateralen Charakter, nicht aber die Inhalte selbst, welche lediglich im Zusammenspiel mit dem bilateralen Abkommensnetzwerk Wirkung entfalten können. Durch die Vereinheitlichung steuerpolitischer Entscheidungen im Bereich der MLI-Inhalte kommt es jedoch zu einer teilweisen Multilateralsierung der Verhandlungen von Doppelbesteuerungsabkommen, da die Staaten durch die Abkommenstechnik des Multilateralen Instruments dazu veranlasst sind, Entscheidungen allgemein und nicht mehr bezogen auf den Vertragspartner zu treffen. Durch die Gewährleistung eines bilateralen *override* besteht zwar für die Vertragsstaaten die Möglichkeit, auch nachträglich noch Modifikationen auszuhandeln, welche Ihrer bilateralen Interessenlage entsprechen.[1395] Aufgrund der völkerrechtlichen Verpflichtung im Ausgangspunkt besteht jedoch ein erhöhtes Hemmnis, einen solchen *override* durchzuführen.

2. Schiedsverfahren

Die Entscheidungsprozesse im internationalen Steuerrecht im Fall von Konflikten über die Zuordnung von Besteuerungsrechten sind nach jetzigem Stand

1394 Vgl. hierzu und im Folgenden *Miladinovic/Rust*, Options under the Multilateral Instrument, S. 157.

1395 Siehe Abschnitt C.III.1.b)bb).

überwiegend durch die in den Doppelbesteuerungsabkommen vorgesehenen Verständigungsverfahren geprägt.[1396] Die Zahl der Verständigungsverfahren ist im Wachstum begriffen, allerdings bleiben ca. 45 % ohne rechtliche Lösung.[1397] Im Verständigungsverfahren, so wie es nach Art. 25 OECD-MA bzw. auch nach den Art. 16 ff. MLI vorgesehen ist, sind die Parteien gegenüber dem Steuerpflichtigen nicht verpflichtet, zu einer Lösung zu kommen.[1398] Die hierdurch produzierte Unsicherheit wird im Rahmen des BEPS-Prozesses verstärkt, da zahlreiche Neuerungen noch nicht auf eine lange Historie an gefestigten Rechtsansichten in Rechtsprechung und Literatur zurückblicken können.[1399] Vor diesem Hintergrund offenbart sich das Bedürfnis einer erhöhten Rechtssicherheit im System des internationalen Steuerrechts, welche durch die verbindliche Bescheidung von Streitigkeiten im Kontext der Doppelbesteuerungsabkommen erhöht werden könnte.[1400] Neben der EU-Schiedsverfahrensrichtlinie bildet das Multilaterale Instrument die zweite wesentliche Säule der Schiedsverfahrensarchitektur im internationalen Steuerrecht.[1401] Da dieses seit jeher vom Anliegen eines Erhalts fiskaler Souveränität geprägt war,[1402] ist zu erwarten, dass sich die Strukturen des Schiedsverfahrens im internationalen Steuerrecht erst graduell entwickeln können.[1403] Daher gilt es mit Blick auf die Auswirkungen des Multilateralen Instruments hinsichtlich der Verfahren und Abläufe des internationalen Steuerrechts zu untersuchen, nach welchen Gesetzmäßigkeiten das Schiedsverfahren nach dem Multilateralen Instrument funktioniert, welcher Status quo hierdurch hergestellt wird und inwiefern die Regelungen Funktionsunterschiede zum Verständigungsverfahren aufweisen.

1396 Vgl. *Strotkemper*, Schiedsverfahren in Steuersachen, S. 128.

1397 *Dourado*, Intertax 2019, 671, 671; vgl. *Eilers/Drüen*, in Wassermeyer, Doppelbesteuerung, Art. 25 MA Rn. 1.

1398 *Eilers/Drüen*, in Wassermeyer, Doppelbesteuerung, Art. 25 MA Rn. 13.

1399 Vgl. OECD, Base Erosion and Profit Shifting Project, Making Dispute Resolution Mechanisms More Effective, Action 14, 2015 Final Report, Rn. 2.

1400 OECD, Base Erosion and Profit Shifting Project, Making Dispute Resolution Mechanisms More Effective, Action 14, 2015 Final Report, Rn. 2.

1401 *Dourado*, Intertax 2019, 671, 671; *Govind/Turcan*, 71 Bulletin for International Taxation 2017 No. 3/4 (online edition), 1.

1402 *Bühler*, Prinzipien des Internationalen Steuerrechts, S. 130 f.

1403 Vgl. *Strotkemper*, Schiedsverfahren in Steuersachen, S. 529.

a) *Das Schiedsverfahren im Multilateralen Instrument*

Die *opt-in*-Klausel des Art. 18 MLI eröffnet den Vertragsparteien die Möglichkeit eines Schiedsverfahrens nach Maß, für welches Art. 19 Abs. 1 MLI im Wesentlichen drei Voraussetzungen aufstellt.[1404]

Zunächst ist nach Art. 19 Abs. 1 lit. a) MLI erforderlich, dass die Voraussetzungen des Verständigungsverfahrens vorlagen und dieses auch durchgeführt wurde. Zudem müssten die in den Vertragsstaaten zuständigen Behörden innerhalb einer Frist von zwei Jahren nicht zu einer Lösung im Rahmen des Verständigungsverfahrens gelangt sein. Schließlich ist auch noch ein Antrag der Person erforderlich, welche Bezugspunkt des Verständigungsverfahrens war.

Sofern das Verständigungsverfahren aufgrund einer Anhängigkeit des Verfahrens ausgesetzt wurde, wird die zweijährige Frist gem. Art. 19 Abs. 2 MLI unterbrochen bis zu einer endgültigen Entscheidung oder Aufhebung des Verfahrens. Wenn zwischenzeitlich eine Entscheidung im Rahmen des Verständigungsverfahrens gefunden wurde, sieht Art. 22 MLI eine Beendigung des Schiedsverfahrens vor. Wurde letzten Endes ein Schiedsspruch angenommen, so muss dieser gemäß Art. 19 Abs. 4 MLI im Rahmen des Verständigungsverfahrens umgesetzt werden.

Die Einzelheiten des Schiedsverfahrens richten sich nach dem gewählten Verfahren.[1405] Den Vertragsparteien steht einerseits das Verfahren nach Art. 23 Abs. 1 MLI (*final-offer*-Verfahren)[1406] sowie nach Art. 23 Abs. 2 MLI (*independent-opinion*-Verfahren)[1407] offen.[1408] Sofern beide Vertragsparteien keine Vorbehalte erklären, findet das *final-offer*-Verfahren gemäß Art. 23 Abs. 1 MLI Anwendung.[1409] Erklärt auch nur eine Partei diesbezüglich einen Vorbehalt nach Art. 23 Abs. 2 MLI, kommt es danach zur Anwendung des *independent-opinion*-Verfahrens.[1410] Auf den ersten Blick besteht daher

1404 Hierzu und folgend *Kestler*, in Haase, MLI, Art. 19 Rn. 9.

1405 Hierzu *Bravo*, Intertax 2019, 693, 697 f.

1406 OECD, Explanatory Statement to the Multilateral Convention to Implement Tax Treaty Related Measures to Prevent Base Erosion and Profit Shifting, Rn. 242.

1407 OECD, Explanatory Statement to the Multilateral Convention to Implement Tax Treaty Related Measures to Prevent Base Erosion and Profit Shifting, Rn. 245.

1408 Vgl. *Bravo*, Intertax 2019, 693, 698; *Neto*, 8 International Tax Studies 2019, 2, 6.

1409 OECD, Explanatory Statement to the Multilateral Convention to Implement Tax Treaty Related Measures to Prevent Base Erosion and Profit Shifting, Rn. 242.

1410 OECD, Explanatory Statement to the Multilateral Convention to Implement Tax Treaty Related Measures to Prevent Base Erosion and Profit Shifting, Rn. 248.

die Möglichkeit einer unilateralen Abänderung des Schiedsverfahrens durch Erklärung des Vorbehalts.[1411] Dieser Gefahr beugt jedoch Art. 23 Abs. 3 MLI vor: Hier ist geregelt, dass eine Partei, welche keinen solchen Vorbehalt ausgeübt hat, sich dennoch das Recht vorbehalten kann, die Anwendung des *independent-opinion*-Verfahrens auszuschließen.[1412] In diesem Fall haben sich die beteiligten Staaten gemäß Art. 23 Abs. 3 MLI bilateral auf eine Art des Schiedsverfahrens zu einigen. Bis zu einer Einigung kommt es dann zur Aussetzung des Art. 19 MLI.

aa) Das Verfahren nach Art. 23 Abs. 1 MLI

Kern des *final-offer*-Verfahrens ist die Beschränkung des schiedsgerichtlichen Untersuchungsgegenstands auf zwei mögliche Regelungsvorschläge, welche von den Parteien beigebracht werden.[1413]

Die Behörden der beteiligten Staaten bereiten eigene Vorschläge vor, welche dem Schiedsgericht zu einem vereinbarten Zeitpunkt vorgelegt werden. Der Lösungsvorschlag hat gemäß Art. 23 Abs. 1 lit. a) MLI zu allen ungelösten Fragen des Falles Stellung zu nehmen. In diesem Rahmen sind demgemäß die im Verständigungsverfahren zwischen den Behörden erzielten Ergebnisse zugrunde zu legen. Für jede Berichtigung ist der Lösungsvorschlag im Grundsatz auf die Benennung bestimmter Geldbeträge oder die höchste Steuerrate, welche auf Grundlage des Doppelbesteuerungsabkommens erhoben wurde, zu begrenzen. Art. 23 Abs. 1 lit. a) MLI legt jedoch ferner fest, dass die Regelungsvorschläge in einigen Fällen auch zu den Voraussetzungen der Anwendung einzelner Normen von Doppelbesteuerungsabkommen Stellung beziehen. Diesen Fall konkretisiert Art. 23 Abs. 1 lit. a) MLI als Beantwortung einer sog. „Schwellenfrage" ("threshold question") und führt als Beispiel für die Möglichkeit näherer Ausführung und Stellungnahme die Uneinigkeit über die Erfüllung des Begriffs der Ansässigkeit oder der Betriebsstätte an.

Nach Art. 23 Abs. 1 lit. b) MLI können die in den Vertragsstaaten betroffenen Behörden auch begleitende Stellungnahmen anfügen. Jede Behörde hat der zuständigen Behörde im anderen Vertragsstaat danach auch eine Ausfertigung des Lösungsvorschlags sowie der begleitenden Stellungnahmen zukommen zu lassen. Möglich ist gemäß Art. 23 Abs. 1 lit. b) MLI auch die Anfügung eines Antwortschreibens auf den Lösungsvorschlag sowie die begleitenden Stellungnahmen der anderen Partei. Auch hiervon ist eine Ausfertigung der anderen

---

1411 Vgl. *Nürnberg*, in Haase, MLI, Art. 23 Rn. 35.
1412 Vgl. *Nürnberg*, in Haase, MLI, Art. 23 Rn. 35.
1413 Siehe *Neto*, 8 International Tax Studies 2019, 2, 2 f.

Partei zuzustellen. Sowohl die begleitenden Stellungnahmen als auch die Anfertigung eines Antwortschreibens sind jedoch nicht verfahrensnotwendig; ein Ausbleiben begründet somit keinen formellen Mangel des Schiedsverfahrens nach Art. 23 Abs. 1 MLI.[1414] Im Anschluss an dieses Verfahren wählt dann das Schiedsgericht gemäß Art. 23 Abs. 1 lit. c) MLI einen der Lösungsvorschläge. Begründungen oder anderweitige Erklärungen dürfen der Entscheidung nach gleicher Vorschrift nicht angefügt werden.

bb) Das Verfahren nach Art. 23 Abs. 2 MLI

Das *independent-opinion*-Verfahren nach Art. 23 Abs. 2 MLI ist dementsprechend zunächst abhängig von der Erklärung eines Vorbehalts bezüglich des *final-offer*-Verfahrens nach Art. 23 Abs. 1 MLI.[1415] Sofern sich die Parteien nicht dazu entschließen, alternative Regeln einzuführen, kommt es zur Anwendung der *independent-decision*-Verfahrens. Während das *final-offer*-Verfahren das Schiedsgericht auf die von den Parteien beigebrachten Lösungsvorschläge beschränkt, wird im Rahmen des *independent-decision*-Verfahrens eine eigenständige Lösung auf Grundlage der von den Parteien bereitgestellten Informationen durch das Schiedsgericht erarbeitet.[1416] Nach Eröffnung des Schiedsverfahrens haben die Parteien nach Art. 23 Abs. 2 lit. a) MLI die für den Schiedsspruch notwendigen Informationen den Schiedsrichtern zukommen zu lassen. Als solche gelten jedoch nur Informationen, welche vor Eingang des Antrags auf Schiedsverfahrens von beiden Parteien empfangen wurden. Andernfalls scheidet eine Berücksichtigung für die Entscheidungsfindung aus.

Der rechtliche Prüfungsmaßstab bezieht nach Art. 23 Abs. 2 lit. b) MLI in erster Linie die anwendbaren Vorschriften des Doppelbesteuerungsabkommens mit ein und abhängig von diesen Vorschriften auch die Gesetze der Vertragsstaaten.[1417] Darüber hinaus soll das Schiedsgericht auch solche Rechtsquellen zurate

---

1414 Siehe *Nürnberg*, in Haase, MLI, Art. 23 Rn. 16 f.

1415 OECD, Explanatory Statement to the Multilateral Convention to Implement Tax Treaty Related Measures to Prevent Base Erosion and Profit Shifting, Rn. 245.

1416 OECD, Explanatory Statement to the Multilateral Convention to Implement Tax Treaty Related Measures to Prevent Base Erosion and Profit Shifting, Rn. 246; siehe bereits vor der Verabschiedung des Multilateralen Instruments *van Herksen/Fraser*, International Transfer Pricing Journal 2009, 143, 155.

1417 OECD, Explanatory Statement to the Multilateral Convention to Implement Tax Treaty Related Measures to Prevent Base Erosion and Profit Shifting, Rn. 246, wobei darauf hingewiesen wird, dass nationalen Recht der Vertragsstaaten nur herangezogen wird, um zu bestimmen, ob ein Vertragsstaat das CTA korrekt angewendet hat.

ziehen, die im Übereinkommen beider Behörden ausfindig gemacht wurden. Die Vorgaben an die Schiedsentscheidung umfassen außer dem Schriftlichkeitserfordernis gemäß Art. 23 Abs. 2 lit. c) MLI zudem, dass die herangezogenen Rechtsquellen sowie eine Begründung anzugeben sind.[1418]

cc) Die Ernennung der Schiedsrichter

Art. 20 MLI enthält, unabhängig von der Variante des gewählten Verfahrens, Vorgaben zur Ernennung der Schiedsrichter.

Der Spruchkörper ist nach Art. 20 Abs. 2 lit. a) MLI mit drei Personen zu besetzen, welche Erfahrung und Expertise im internationalen Steuerrecht aufweisen können. Sobald der Antrag auf Schiedsverfahren eingegangen ist, haben die zuständigen Behörden beider Vertragsstaaten gemäß Art. 20 Abs. 2 lit. b) MLI 60 Tage Zeit, jeweils einen Schiedsrichter zu bestimmen. Innerhalb der folgenden 60 Tage ist von beiden Schiedsrichtern ein Vorsitzender des Spruchkörpers zu ernennen. Anders als im Fall der einfachen Schiedsrichter darf dieser nicht die Nationalität eines Vertragsstaats innehaben. Schaffen es die Behörden nicht innerhalb der vorgegebenen Zeit, einen Schiedsrichter zu ernennen, so ist das Mitglied des Spruchkörpers gemäß Art. 20 Abs. 2 lit b) MLI durch den höchsten Amtsträger des *Centre for Tax Policy and Administration* der OECD zu bestimmen; auch dieser darf wiederum keiner der beiden Nationen angehören. Gleiches gilt gemäß Art. 20 Abs. 4 MLI für den Fall, dass die beiden durch die Behörden der Vertragsstaaten es innerhalb der vorgegebenen Frist unterlassen, einen Vorsitzenden zu benennen.

Zudem ist nach Art. 20 Abs. 2 lit. c) MLI auch eine Vorschrift vorgesehen, um über das Verbot der Angehörigkeit eines Vertragsstaats hinaus Befangenheit vorzubeugen.[1419] Die ernannten Mitglieder des Schiedsgerichts müssen hiernach eine Unabhängigkeit und Unvoreingenommenheit von beteiligten Behörden, Verwaltungen, Finanzministerien sowie allen durch den Fall direkt betroffenen Personen inklusive ihrer Berater aufweisen. Dieser Status gilt gemäß Art. 20 Abs. 2 lit. c) MLI jedenfalls für die Zeit der Ernennung und dauert

---

1418 Vgl. OECD, Explanatory Statement to the Multilateral Convention to Implement Tax Treaty Related Measures to Prevent Base Erosion and Profit Shifting, Rn. 247, wonach im Regelfall ferner eine Sachverhaltsbeschreibung, eine Darlegung der Rechtspositionen der beteiligten Behörden sowie eine Zusammenfassung des Verfahrensablaufs beizufügen ist.

1419 Vgl. *Bravo*, Intertax 2019, 693, 704; *Govind/Turcan*, 71 Bulletin for International Taxation 2017 No. 3/4 (online edition), 1, 4.

während des Schiedsverfahrens an. Nach Abschluss des Verfahrens ist zudem im Rahmen eines angemessenen Zeitraums Verhalten zu unterlassen, welches den Anschein der Unvoreingenommenheit und Unabhängigkeit in Bezug auf das Schiedsverfahren erschüttern könnte.[1420] Als Beispielfall für ein davon erfasstes Verhalten nennt das *explanatory statement* etwa eine Beschäftigung bei einer direkt beteiligten Person im Anschluss an die Entscheidung des Schiedsverfahrens.[1421] Den Vertragsparteien steht es zudem frei, detailliertere Regelungen für das Maß an Unabhängigkeit und Unvoreingenommenheit vorzugeben, wie etwa Offenlegungspflichten für den Fall, dass ein Umstand gegen die individuelle Unabhängigkeit und Unvoreingenommenheit spricht oder aber Vorschriften für die Konstellation, dass ein Mitglied aufgrund von Krankheit oder fehlender Handlungsfähigkeit seine Tätigkeit nicht durchführen kann.[1422]

b) Wahl des Schiedsverfahrens in der Praxis

Da die Regelungen zum Schiedsverfahren im Kontext der Übertragung judikativer Staatsgewalt liegen und damit einhergehend fiskaler Souveränität, haften diesen eine besondere politische Brisanz an.[1423] Die funktionellen Wirkungen der Schiedsverfahrensregelungen hängt zunächst davon ab, welche Art des Schiedsverfahrens gewählt wurde. Das *final-offer*-Verfahren bedeutet für die Parteien ein hohes Maß der Vorhersehbarkeit, da die Entscheidung des Gerichts auf die zwei beigebrachten Lösungsvorschläge beschränkt ist.[1424] Das *independent-opinion*-Verfahren wird hingegen im Regelfall zu einer gründlicheren rechtlichen Untersuchung führen, da das Schiedsgericht eine unabhängige Bewertung

1420 Die Vorschriften sind zur Unabhängigkeit der Schiedsrichter sind somit durchaus detailliert vorgegeben, etwa im Vergleich zu Art. 14 ICSID-Convention, welcher, je nach authentischer Sprachfassung, generell eine Unabhängigkeit sowie Unbefangenheit verlangt, siehe *Cleis*, The Independence and Impartiality of ICSID Arbitrators, S. 12.

1421 OECD, Explanatory Statement to the Multilateral Convention to Implement Tax Treaty Related Measures to Prevent Base Erosion and Profit Shifting, Rn. 236.

1422 OECD, Explanatory Statement to the Multilateral Convention to Implement Tax Treaty Related Measures to Prevent Base Erosion and Profit Shifting, Rn 236.

1423 Hierzu *Strotkemper*, Schiedsverfahren in Steuersachen, S. 330.

1424 Vgl. *Petruzzi/Koch/Turcan*, Baseball Arbitration in Comparison to other Types of Arbitration, S. 142, welche eine Komplexitätsreduktion anführen.

anhand der einschlägigen rechtlichen Grundlagen vornimmt.[1425] Durch die Etablierung eines unabhängigen Schiedsgerichts mit ungebundener Entscheidungsbefugnis wird zudem eine Ebene geschaffen, welcher zwar nicht permanenter Natur ist.[1426] Sofern die Entscheidungen veröffentlicht werden, können jedoch rechtliche Erwägungen in späteren Schiedsverfahren transplantiert werden.

Das Ausmaß einer Wirkung auf die Entscheidungsprozesse im internationalen Steuerrecht wird schließlich auch durch die nach Art. 28 Abs. 2 MLI erklärten Vorbehalte bestimmt.[1427] Art. 28 Abs. 2 MLI sieht eine offene Vorbehaltsmöglichkeit in Bezug auf die Reichweite der Regelungen zum Schiedsverfahren vor.[1428] Der zunächst unbeschränkte Anwendungsbereich kann daher im Einzelfall stark eingeschränkt werden. Die folgende Tabelle enthält die durch die Vertragsparteien des Multilateralen Instruments erklärten Vorbehalte.[1429]

Vertragspartei	**Art des gewählten Schiedsverfahrens**	**Vorbehalt in Hinblick auf den „scope of cases“ nach Art. 28 Abs. 2 MLI**	**Art. 23 Abs. 3 MLI**
Andorra	Art. 23 II		
Australien	Art. 23 I	• nationale Antimissbrauchsklauseln des australischen Steuerrechts	
Barbados	Art. 23 I		
Belgien	Art. 23 I		

1425 Vgl. *Vanistendael*, Bulletin for International Taxation 2017, 444, 448, welcher anführt, dass es im final-offer-Verfahren lediglich auf das Ergebnis und nicht auf eine detaillierte Ausarbeitung ankommt.

1426 Im Gegensatz hierzu steht der Gedanke der Errichtung dauerhafter Institute, siehe hierzu Abschnitt D.III.2.d)aa).

1427 Vgl. zur Flexibilität *Bravo*, Intertax 2019, 693, 695.

1428 Siehe auch Abschnitt C.III.3.b)dd).

1429 Siehe https://research.ibfd.org/#/search?N=3+10+4293744759+7403&Ne=7487&Nu=global_rollup_key&Np=2& Ns=sort_multilateral|0||sort_country_one|0||sort_country _two|0||sort_organization_one|0||ibfd-tt-signdate-s|1||sort_date_common|1; abgerufen am 24.8.2021.

Vertragspartei	**Art des gewählten Schiedsverfahrens**	**Vorbehalt in Hinblick auf den „scope of cases" nach Art. 28 Abs. 2 MLI**	**Art. 23 Abs. 3 MLI**
Canada	Art. 23 I	• Antimissbrauchsvorschriften, unabhängig davon, ob diese im Multilateralen Instrument, im Doppelbesteuerungsabkommen oder im nationalen Recht enthalten sind • Sachverhalte, welche Art. 4 OECD-MA betreffen, jedoch nur insofern, als diese die Ansässigkeit einer natürlichen Person betreffen • Sachverhalte im Zusammenhang mit Art. 5, 7 und 9 OECD-MA • Sacherhalte, welche sich auf Art. 12 OECD-MA beziehen und Personen betreffen, für welche Art. 9 OECD-MA anwendbar ist • Jede weitere Vorschrift, welche nachträglich von den Vertragsparteien im diplomatischen Austausch vereinbart wird	Ja
Curacao	Art. 23 I		
Dänemark	Art. 23 I	• Fälle, die durch die Schiedsverfahrensrichtlinie oder durch die Richtlinie über die Beseitigung der Doppelbesteuerung im Falle von Gewinnberichtigungen zwischen verbundenen Unternehmen (90/436/EEC) erfasst werden • Strafrechtliche Sachverhalte • Nur anwendbar auf Fälle, in denen ein Richter als Vorsitzender des Panels ernannt wurde sowie in welchen Dänemark erlaubt wurde, „Abstracts" der Entscheidung zu veröffentlichen	Ja
Fidschi	Art. 23 I		

Vertragspartei	**Art des gewählten Schieds-verfahrens**	**Vorbehalt in Hinblick auf den „scope of cases" nach Art. 28 Abs. 2 MLI**	**Art. 23 Abs. 3 MLI**
Finnland	Art. 23 I	• Spezifische nationale Antimissbrauchsvorschriften • Strafrechtliche Sachverhalte • Fälle von Quellensteuern auf Beträge, die an nichtansässige Personen gezahlt oder erstattet werden, sofern das steuerauslösende Ereignis vor einem detailliert zu bestimmenden Referenzdatum liegt • Fälle der 90/436/EEC sowie anderer europarechtlicher oder nationaler Streitbeilegungsmechanismen • Fälle, in welchen keine Doppelbesteuerung vorliegt	
Frankreich	Art. 23 I	• Fälle, in denen Einkommen oder Vermögen nicht in die Bemessungsgrundlage einbezogen wurde oder die von einer Steuerbefreiung oder Nullsteuersatz profitieren • Fälle im Zusammenhang mit verwaltungs- oder strafrechtliche Sanktionen • Fälle, die eine Steuerbemessungsgrundlage unter 150.000 € pro Steuerjahr beinhalten • Fälle, die durch die Schiedsverfahrensrichtlinie oder durch die Richtlinie über die Beseitigung der Doppelbesteuerung im Falle von Gewinnberichtigungen zwischen verbundenen Unternehmen erfasst werden • Fälle, die im gegenseitigen Einvernehmen mit der zuständigen Behörde des anderen Staates ausgeschlossen werden • Fälle zu Vorbehalten, die in Bezug auf das innerstaatliche Recht des anderen Staats erklärt werden; in dem Fall behält sich Frankreich vor, den gleichen Vorbehalt zu erklären	

Vertragspartei	**Art des gewählten Schieds-verfahrens**	**Vorbehalt in Hinblick auf den „scope of cases" nach Art. 28 Abs. 2 MLI**	**Art. 23 Abs. 3 MLI**
Deutschland	Art. 23 I	• Antimissbrauchsvorschriften, unabhängig davon, ob es sich dabei um nationale Regelungen oder Abkommensrecht handelt • Alle Fälle, die ein Verhalten des Steuerpflichtigen beinhalten, welches von einem Gericht als Steuerstraftat beurteilt wurde • Fälle, in denen Einkommen oder Vermögen nicht in die Bemessungsgrundlage einbezogen wurde oder die von einer Steuerbefreiung oder einem Nullsteuersatz profitieren • Fälle, die durch die Richtlinie über die Beseitigung der Doppelbesteuerung im Falle von Gewinnberichtigungen zwischen verbundenen Unternehmen (90/436/EEC) oder nachfolgende Regelungen erfasst werden • Fälle, in denen innerstaatliche Rechtsvorschriften oder Abkommensbestimmungen auf Einkommens- oder Kapitalbestandteile angewandt werden, die zur Vermeidung der Doppelbesteuerung nach der Anrechnungsmethode anstelle der Freistellungsmethode führen • Alle Umstände, die Teil einer tatsächlichen Verständigung sind	
Griechenland	Art. 23 II		
Irland	Art. 23 I	• Strafrechtliche Sachverhalte • Nationale Antimissbrauchsklauseln	

Vertragspartei	**Art des gewählten Schiedsverfahrens**	**Vorbehalt in Hinblick auf den „scope of cases“ nach Art. 28 Abs. 2 MLI**	**Art. 23 Abs. 3 MLI**
Italien	Art. 23 I	• Fälle, in denen Einkommen oder Vermögen nicht in die Bemessungsgrundlage einbezogen wurde oder die von einer Steuerbefreiung oder einem Nullsteuersatz profitieren • Antimissbrauchsregelungen im Abkommensrecht sowie im nationalen Recht Italiens • Fälle doppelter Ansässigkeit • Fälle im Zusammenhang mit Steuerkriminalität	Ja
Japan	Art. 23 II	• Fälle, die sich auf Regelungen beziehen, nach denen aufgrund doppelter Ansässigkeit die Ansässigkeit final einem Staat zugeordnet wird • Fälle von Vorbehalten des anderen Staats, die in Bezug auf das innerstaatliche Recht und Abkommensrecht erklärt werden; in dem Fall behält sich Japan vor, den gleichen Vorbehalt zu erklären	
Liechtenstein	Art. 23 I		
Luxemburg	Art. 23 I		
Malta	Art. 23 II	• Fälle von Vorbehalten, die in Bezug auf das innerstaatliche Recht des anderen Staats erklärt werden; in dem Fall behält sich Malta vor, den gleichen Vorbehalt zu erklären	
Mauritius	Art. 23 I	• Fälle im Zusammenhang mit nationalen Antimissbrauchsvorschriften • Fälle im Zusammenhang mit Steuerkriminalität	
Die Niederlande	Art. 23 I		

Vertragspartei	**Art des gewählten Schieds-verfahrens**	**Vorbehalt in Hinblick auf den „scope of cases“ nach Art. 28 Abs. 2 MLI**	**Art. 23 Abs. 3 MLI**
Neuseeland	Art. 23 I	• Fälle im Zusammenhang mit nationalen Antimissbrauchsvorschriften • Fälle im Zusammenhang mit Antimissbrauchsvorschriften, welche die Vermeidung einer Betriebsstätte in Neuseeland betreffen	
Österreich	Art. 23 I	• Nationale Antimissbrauchsklauseln der Bundesabgabenordnung, insb. Abschnitt 21, 22	
Papua-Neuguinea	Art. 23 II		
Portugal	Art. 23 II	• Die Schiedsverfahren dürfen sich ausschließlich Fällen im Zusammenhang mit Art. 5, 7, 9 OECD-MA widmen • Fälle, in denen Einkommen oder Vermögen nicht in die Bemessungsgrundlage einbezogen wurde oder die von einer Steuerbefreiung oder einem Nullsteuersatz profitieren • Fälle im Zusammenhang mit Steuerkriminalität • Fälle, welche im Zusammenhang mit nationalen Antimissbrauchsklauseln oder solchen des Abkommensrecht, welche durch das Multilaterale Instrument eingeführt wurden, stehen • Fälle, die durch die Schiedsverfahrensrichtlinie oder durch die Richtlinie über die Beseitigung der Doppelbesteuerung im Falle von Gewinnberichtigungen zwischen verbundenen Unternehmen (90/436/EEC) erfasst werden	

Vertragspartei	Art des gewählten Schieds-verfahrens	Vorbehalt in Hinblick auf den „scope of cases“ nach Art. 28 Abs. 2 MLI	Art. 23 Abs. 3 MLI
Schweden	Art. 23 II	• Fälle, welche Schweden mit einer Vertragspartei vom Anwendungs-bereich ausschließt; hierbei wird ein Rückwirkungsverbot sowie ein Informationsgebot bzgl. des Steuerpflichtigen etabliert • Fälle doppelter Ansässigkeit, ausgenommen sind Individuen • Fälle, welche schwer bewertbare immaterielle Wirtschaftsgüter betreffen, für die die Erstbewertung näher festgelegten Kriterien folgt	
Schweiz	Art. 23 I	• Fälle betreffend Besteuerungszeiträumen, die zu oder vor Inkrafttreten des MLI begannen oder sich auf tatsächliche steuerbegründende Umstände beziehen, die vor oder bei Inkrafttreten des MLI auftraten • Fälle, welche schwer bewertbare immaterielle Wirtschaftsgüter betreffen, für die die Erstbewertung näher festgelegten Kriterien folgt	
Singapur	Art. 23 I	• Fälle im Zusammenhang mit nationalen Antimissbrauchsvorschriften sowie darauf ausgerichtetes *case law* oder Rechtsdogmatik • Fälle von Vorbehalten, die in Bezug auf das innerstaatliche Recht des anderen Staats erklärt werden; in dem Fall behält sich Singapur vor, den gleichen Vorbehalt zu erklären	Ja

Vertragspartei	**Art des gewählten Schieds- verfahrens**	**Vorbehalt in Hinblick auf den „scope of cases“ nach Art. 28 Abs. 2 MLI**	**Art. 23 Abs. 3 MLI**
Slowenien	Art. 23 II	• Fälle, in denen Einkommen oder Vermögen nicht in die Bemessungsgrundlage einbezogen wurde oder die von einer Steuerbefreiung oder einen Nullsteuersatz profitieren • Fälle im Zusammenhang mit Steuerkriminalität • Sachverhalte, welche die Ansässigkeit einer juristischen Person berühren • Fälle im Zusammenhang mit nationalen Antimissbrauchsvorschriften	
Spanien	Art. 23 I	• Fälle im Zusammenhang mit nationalen oder abkommensrechtlichen Antimissbrauchsvorschriften • Fälle im Zusammenhang mit Steuerkriminalität • Verrechnungspreissachverhalte, in denen Einkommen oder Vermögen nicht in die Bemessungsgrundlage einbezogen wurde oder die von einer Steuerbefreiung oder Nullsteuersatz profitieren • Fälle, die durch die Richtlinie über die Beseitigung der Doppelbesteuerung im Falle von Gewinnberichtigungen zwischen verbundenen Unternehmen (90/436/EEC) oder nachfolgende Regelungen erfasst werden • Fälle, welche Spanien mit einer Vertragspartei vom Anwendungsbereich ausschließt; hierbei wird ein Rückwirkungsverbot sowie ein Informationsgebot bzgl. des Steuerpflichtigen etabliert	
Vereinigtes Königreich	Art. 23 I		

c) Verhältnis zum Verständigungsverfahren

Das Verständigungsverfahren bildet als erste Voraussetzung nach Art. 19 Abs. 1 MLI den Sockel des Schiedsverfahrens.[1430] Zunächst einmal bestehen diverse Gemeinsamkeiten der beiden Verfahren. Die Stellung des Steuerpflichtigen im Verständigungsverfahren beschränkt sich darauf, mit dem Fall innerhalb von drei Jahren bei einer der zuständigen Behörden vorstellig zu werden. Er wird keine Partei des Verständigungsverfahrens, dieses wird vielmehr allein zwischen den zuständigen Behörden der Vertragsstaaten des Doppelbesteuerungsabkommens durchgeführt.[1431] Die beschränkte Rolle des Steuerpflichtigen bestätigt sich auch im Rahmen des Schiedsverfahrens.[1432] Dem Steuerpflichtigen kommt lediglich ein Initiativrecht, jedoch kein Beteiligungsrecht zu.[1433] Das Verfahren ist also nach wie vor als kontradiktorisches Verfahren zwischen den Vertragsstaaten ausgelegt.[1434]

Die Einsetzung eines Schiedsverfahrens bedeutet zudem die Gewissheit einer abschließenden Entscheidung.[1435] Im Rahmen des Verständigungsverfahrens sind die Parteien nicht verpflichtet, zu einer konstruktiven Lösung zu kommen.[1436] Durch die Etablierung einer Schiedsstelle wird eine Stelle geschaffen, welche befugt ist, für die Parteien verbindliche Entscheidungen zu treffen.[1437]

Ebenso wie im Fall des Verständigungsverfahrens unterliegen die Vertragsparteien auch für das Schiedsverfahren keiner Veröffentlichungspflicht hinsichtlich der Schiedssprüche. Somit besteht auch keine Möglichkeit rechtlicher Transplantationsprozesse durch international formalisierte Entscheidungsprozesse im internationalen Steuerrecht. Selbst wenn sich die Parteien auf eine Veröffentlichung einigen,[1438] stellt sich das mit deutlicher Mehrheit statthafte

---

1430 *Bravo*, Intertax 2019, 693, 694; *Govind/Turcan*, Derivatives & Financial Instruments 2017 Vol. 19 No. 5 (online edition), 1, 6.

1431 *Bravo*, Intertax 2019, 693, 694.

1432 *Bravo*, Intertax 2019, 693, 695.

1433 Vgl. *Bravo*, Intertax 2019, 693, 695; siehe auch *Govind/Turcan*, 71* Bulletin for International Taxation 2017 No. 3/4 (online edition), 1, 10, welche den dahingehenden Unterschied zur EU-Schiedsverfahrensrichtlinie aufzeigen, nach der dem Steuerpflichtigen Beteiligungsrechte zukommen.

1434 Vgl. *Bravo*, Intertax 2019, 693, 695.

1435 Vgl. *Govind/Turcan*, 71 Bulletin for International Taxation 2017 No. 3/4 (online edition), 1, 3.

1436 *Eilers/Drüen*, in Wassermeyer, Doppelbesteuerung, Art. 25 MA Rn. 13.

1437 Siehe *Bravo*, Intertax 2019, 693, 706.

1438 So behält sich etwa Dänemark vor, Abstracts der Entscheidungen zu veröffentlichen, siehe Abschnitt D.III.2.b).

final-offer-Verfahren[1439] als schlecht geeignet dar, um rechtliche Transplants zu fördern.[1440] Denn die im Rahmen des *final-offer*-Verfahrens getroffenen Entscheidungen enthalten keine detailliert ausgearbeitete Entscheidungsbegründung, an welcher sich andere Akteure orientieren können.[1441]

Darüber hinaus könnte sich auch im Fall der Schiedsverfahren ein anderes Verhalten der Vertragsparteien im Vergleich zu den Verhandlungen des Verständigungsverfahrens offenbaren. Im Rahmen des Verständigungsverfahrens unterliegen die Verhandlungen keiner weiteren vorgegebenen Formalisierung, sodass die Aushandlung zunächst ergebnisoffen ist und potenziell mit einem Kompromiss beendet werden kann.[1442] Im Fall des ganz überwiegend gewählten *final-offer*-Verfahrens wird hingegen einer der beiden von den Vertragsparteien unterbreiteten Lösungsvorschläge durch das Schiedsgericht ausgewählt.[1443] Folglich besteht auf den ersten Blick auch die Gefahr, dass die Parteien ihre Extremposition vortragen und dadurch eine Kompromisslösung unwahrscheinlicher wird.[1444] Allerdings müssen die Parteien damit rechnen, dass im Falle der Einnahme einer Extremposition die Annahme durch das Schiedsgericht im Vergleich zu einem ausgewogenen Lösungsvorschlag abwegiger wird.[1445] Somit sehen sich die Parteien von vornherein eher dazu angehalten, bereits stärker an einem Kompromiss ausgerichtete Vorschläge zu unterbreiten.[1446] Hiermit wird eine starke Polarität der Positionen, um das Ergebnis zu den eigenen Gunsten zu verbessern, vermieden.[1447]

Die Transformationswirkung der schiedsverfahrensrechtlichen Regelungen bezieht sich nach diesen Ausführungen insbesondere auf die Herbeiführung

---

1439 Dazu Abschnitt D.III.2.b).

1440 Vgl. *Petruzzi/Koch/Turcan*, Baseball Arbitration in Comparison to other Types of Arbitration, S. 144, welche auf die fehlende Möglichkeit von Präzedenzfällen hinweisen.

1441 Vgl. *Petruzzi/Koch/Turcan*, Baseball Arbitration in Comparison to other Types of Arbitration, S. 144.

1442 So kommt etwa die Aushandlung mehrerer Verständigungsverfahren als Teil eines *package deal* vor, in dessen Rahmen die Parteien gegenseitige Zugeständnisse als Teil eines Kompromisses anerkennen, siehe *Cai*, Intertax 2018, 744, 748 f.

1443 Siehe Abschnitt D.III2.a)aa).

1444 Vgl. *Neto*, 8 International Tax Studies 2019, 2, 3.

1445 Vgl. *Neto*, 8 International Tax Studies 2019, 2, 3.

1446 Vgl. *Neto*, 8 International Tax Studies 2019, 2, 3.

1447 Siehe *Neto*, 8 International Tax Studies 2019, 2, 3; *Petruzzi/Koch/Turcan*, Baseball Arbitration in Comparison to other Types of Arbitration, S. 143; welche die Wirkung als „chilling effect“ beschreiben.

einer größeren Verbindlichkeit. Trotz Formalisierung des Verfahrens ist indes keine wesentliche Veränderung der Ergebnisverteilung durch die verschiedenen Entscheidungsprozesse zu erwarten, da auch im Rahmen des *final-offer*-Verfahrens an einem Kompromiss ausgerichtete Lösungsvorschläge gefördert werden.

Auch eine Wirkung zwischen den einzelnen Verfahren ist durch die fehlenden Transplantationsmöglichkeiten nicht gegeben.

3. Fazit

Die Interaktion der Akteure im internationalen Steuerrecht wird durch das Multilaterale Instrument beeinflusst. Das Abkommen führt zu einer teilweisen Multilateralisierung von Verhandlungen, da Regelungen des multilateralen Instruments zu dem bilateralen Verhandlungsraum faktisch entzogen werden. Die Streitbeilegung wird im Punkt der Schiedsverfahren durch das Multilaterale Instrument beeinflusst. Dieses beinhaltet im Grundsatz eine Festlegung auf das *final-offer*-Verfahren, welches auch ganz überwiegend von den Vertragsparteien beibehalten wurde. Im Vergleich zum Verständigungsverfahren besteht in diesem eine abschließende, verbindliche Entscheidung des Schiedsgerichts. Trotz des Charakters als Gerichtsverfahren besteht nach dem *final-offer*-Verfahren eine Anreizwirkung für die Parteien, eine kompromissorientierte Lösung vorzuschlagen. Durch die fehlende Veröffentlichungspflicht der Schiedssprüche bestehen jedoch keine Transplantationsmöglichkeiten und damit keine Binnenwirkung zwischen den Verfahren.

Diese beschriebenen Wirkungen stehen jedoch unter dem gewichtigen Vorbehalt einer überwiegenden Nichtoptierung für Teil VI des Multilateralen Instruments sowie teilweise sehr umfangreicher Ausnahmen von Streitgegenständen für das Schiedsverfahren.

Trotz der Verbesserung der Rechtsposition des Steuerpflichtigen und der Schaffung eines unabhängigen Spruchkörpers durch die Schiedsverfahrensregelungen befindet sich die Institutionalisierung des Verfahrens auch inhaltlich in einem noch ausbaufähigen Stadium.[1448] Die Vorschriften der Art. 19 ff. MLI enthaltenen Vorschriften hinsichtlich des Verfahrensablaufs sowie der personellen Besetzung des Schiedsgerichts, lassen allerdings offen, wie die logistische und räumliche Organisation vorzunehmen ist; eine Externalisierung des Schiedsverfahrens auf nichtstaatliche Institutionen ist daher nicht geplant.[1449] Neben der

1448 So besteht nach wie vor eine erhebliche Diskrepanz zu den Schiedsverfahren im internationalen Investitionsschutzrecht, vgl. *Bravo*, Intertax 2019, 693, 695.

1449 Vgl. dazu *Mooij*, Intertax 2019, 737, 737.

Externalisierung des Schiedsprozesses erfolgt durch das Multilaterale Instrument auch im Punkt der verfahrensrechtlichen Stellung des Steuerpflichtigen keine profunde Weiterentwicklung. Nach dem rechtlichen Status quo ist das Mitwirkungsrecht des Steuerpflichtigen auf ein Minimum begrenzt.[1450] Dieser hat lediglich ein Initiativrecht zur Einleitung des Schiedsverfahrens. Eine eigene, gesicherte verfahrensrechtliche Stellung kommt ihm in der Schiedsverhandlung nicht zu.[1451] Er verfügt jenseits des Initiativrechts aus Art. 19 Abs. 1 MLI über keinerlei Gestaltungs- oder sonstige Beteiligungsrechte, um auf das Verfahren einzuwirken. Damit ist der Steuerpflichtige von einer Rolle als Partei im Verfahren, wie in Investitionsschiedsverfahren, weit entfernt.[1452]

IV. Das Multilaterale Instrument als Umsetzungsvehikel künftiger Maßnahmen

1. Die Nachhaltigkeit des Multilateralen Instruments als Umsetzungsvehikel

Auch wenn das Multilaterale Instrument per se als technische Erneuerung im internationalen Steuerrecht bezeichnet werden kann, wird sich der langfristige Erfolg des Abkommens hingegen einerseits an einer effizienten Umsetzung der bisherigen Inhalte durch eine zügige Ratifikation und Anwendung der Kompatibilitätsklauseln sowie andererseits an der Möglichkeit der Einbringung neue Inhalte im Wege einer zukünftigen Veränderung des Abkommens bemessen.[1453] Das dem Multilateralen Instrument inhärente Versprechen einer beschleunigten Angleichung[1454] betrifft ein Grundproblem des Abkommensnetzwerks, welches auch bei nachfolgenden Umsetzungsvorhaben eine Rolle spielen dürfte. Es stellt

1450 Siehe Abschnitt D.III.2.d)bb).

1451 Hierzu und folgend *Bravo*, Intertax 2019, 693, 695; vertiefend zur verfahrensrechtlichen Stellung im Kontext eines „international tax court“ *Camino*, The Future of Arbitration: Towards an International Tax Court?, S. 730.

1452 Siehe hierzu exemplarisch Rule 29 ff. der ICSID Arbitration Rules, welche gemäß Art. 44 der ICSID-Konvention Anwendung finden.

1453 Vgl. etwa *Kleist*, Intertax 2016, 823, 830; *Reimer*, IStR 2017, 1, 2; vgl. ferner *Bosman*, Intertax 2017, 642, 659.

1454 OECD, Explanatory Statement to the Multilateral Convention to Implement Tax Treaty Related Measures to Prevent Base Erosion and Profit Shifting, Rn. 4 f.

sich daher die Frage, ob das Multilaterale Instrument auch für die Umsetzung zukünftiger Maßnahmen vorgesehen und geeignet ist.[1455]

Die Bezugnahme der materiellen Regelungen des Multilateralen Instruments auf die BEPS-Abschlussberichte, 6, 7 und 14 sowie der Hintergrund des Abschlussberichts 15 lassen zunächst vermuten, dass das Abkommen nur im Zusammenhang mit diesen Inhalten Relevanz aufweist. Dies steht konträr zu Überlegungen in der Literatur[1456] im Vorfeld der Abkommenserstellung, lediglich die Regeln zur Funktionsweise in den Abkommenstext mitaufzunehmen und die materiellen Regelungen zur Anpassung der Vorschriften der Doppelbesteuerungsabkommen in Anhänge zu überführen, was die Unabhängigkeit dieser neuen Umsetzungstechnik gegenüber den eigentlichen materiellen Regelungen gestärkt hätte.[1457] Das Abkommen ist somit in hohem Maße inhaltlich mit dem BEPS-Projekt verwoben. Der Abkommenstext selbst stellt dennoch bzgl. zukünftiger Umsetzungen keine inhaltlichen Grenzen auf.[1458] Die Präambel weist naturgemäß einen starken inhaltlichen Bezug zum Status quo des BEPS-Projekt auf. Das Bedürfnis einer effizienten Umsetzung angesichts sonst notwendiger zahlreicher Neuverhandlungen von Doppelbesteuerungsabkommen wird hingegen unabhängig davon in einer eigenen Formulierung anerkannt. Auch das *explanatory statement* bezieht sich in der Einführung explizit auf das BEPS-Projekt nach bisherigem Stand,[1459] schweigt jedoch zu der Frage der Umsetzung zukünftiger Projekte. Die Möglichkeit inhaltlicher Weiterentwicklung wird daher nicht ausdrücklich erwähnt, prima facie stehen einer Umsetzung neuer Maßnahmen über das Multilaterale Instrument aber auch keine grundsätzlichen Bedenken entgegen.[1460]

Entscheidend für das konkrete Gelingen einer solchen Umsetzung sind jedoch die rechtlichen und institutionellen Bedingungen, in deren Rahmen eine Umsetzung durchzuführen ist. In rechtlicher Hinsicht sind damit die Grundlagen einer Änderung des Multilateralen Instruments angesprochen.[1461] Art. 33 Abs. 1 MLI erklärt das Abkommen in Einklang mit Art. 39 WVK für abänderbar durch

1455 *Bosman*, Intertax 2017, 642, 659; *Kleist*, Intertax 2016, 823, 830; *Reimer*, IStR 2017, 1, 2, 6.

1456 Siehe *Avery Jones/Baker*, Bulletin – Tax Treaty Monitor 2006, 19, 21.

1457 *Reimer*, IStR 2017, 1, 2.

1458 Siehe hierzu und folgend *Reimer*, IStR 2017, 1, 2.

1459 OECD, Explanatory Statement to the Multilateral Convention to Implement Tax Treaty Related Measures to Prevent Base Erosion and Profit Shifting, Rn. 1 ff.

1460 *Reimer*, IStR 2017, 1, 2.

1461 Vgl. Abschnitt C.III.5.

eine Entscheidung der CoP.[1462] Es ist zu erwarten, dass für eine Abänderung des Multilateralen Instruments eine Entscheidung nach dem Konsensprinzip als maßgebend vereinbart wird.[1463] Durch die Anwendung des Konsensprinzips ist der Verabschiedung kontroverser Vorschläge Einhalt geboten; lediglich Vorschläge, welche auf einer breiten Zustimmung basieren, haben Aussicht auf Erfolg. Ferner treten auch institutionelle Bedingungen der Umsetzung hinzu. Auch wenn die CoP das zur Änderung und Fortentwicklung des Multilateralen Instruments berufene Gremium ist, so ist es unwahrscheinlich, dass einzelne Länder neue Maßnahmen im Rahmen der CoP vorschlagen werden. Lediglich die OECD könnte de facto aufgrund ihrer kognitiven Legitimität über die CoP eine konzertierte Änderung des Abkommens anstoßen.[1464] Damit verbleibt das Multilaterale Instrument trotz der Festlegung auf die CoP als Umsetzungsorgan im Umsetzungsinstrumentarium der OECD.[1465] Neben das Musterabkommen tritt so ein Instrument, dessen Regelungen im Gegensatz zum Musterabkommen Verbindlichkeit aufweisen. In diesem Sinne steht das Multilaterale Instrument zum Musterabkommen auf die Umsetzung bezogen weniger in einem Konkurrenz- sondern vielmehr in einem Komplementärverhältnis: Grundsätzliche Leitentscheidungen im internationalen Steuerrecht, welche auf einem breiten Konsens beruhen, können über das Multilaterale Instrument (und das Musterabkommen) umgesetzt werden, während Projekte geringerer Relevanz sowie solche, die unter den Vertragsstaaten umstritten sind, vorzugsweise lediglich über das Musterabkommen umgesetzt werden.

Auch die Konsistenz der eingeführten Inhalte ist Bestandteil einer effizienten und nachhaltigen Umsetzung. Dem steht entgegen, dass den Parteien nach Art. 30 MLI ein bilateraler *override* in Bezug auf die verabschiedeten MLI-Regelungen möglich ist.[1466] Praktisch dürfte sich dies jedoch in aller Regel als unproblematisch erweisen, da durch das im Grundsatz bestehende Konsensprinzip bereits eine breite Zustimmung gesichert ist, sodass nur bei nachträglicher

1462 Siehe Abschnitt C.III.5.b).

1463 Siehe Abschnitt C.III.5.c).

1464 Vgl. Abschnitt D.II.1.c).

1465 Vgl. Abschnitt D.II.1.c).

1466 Vgl. *Reimer*, IStR 2017, 1, 2, welcher die Möglichkeit nachträglicher Konterkarierung durch die bilateralen Abkommensparteien jedoch ablehnt; sowie Abschnitt C.III.1.b) bb).

Änderung der Interessenlage beider Vertragsstaaten des CTA eine Abänderung, welche in Widerspruch zu der beschlossenen Norm steht, in Betracht kommt.[1467]

Insgesamt bestehen also einige Faktoren, die die Effizienz und Konsistenz der Umsetzung von Maßnahmen über das Multilaterale Instrument hemmen. Dennoch stellt das Multilaterale Instrument ein Umsetzungsinstrument dar, welches in der Lage ist, Verbindlichkeit herzustellen und somit in Fällen größerer Projekte unter der Federführung der OECD zur Umsetzung genutzt werden kann.

2. Kriterien der Umsetzbarkeit von Maßnahmen im Rahmen des Multilateralen Instruments

Die OECD ist somit grundsätzlich in der Lage, auch zukünftige Maßnahmen über das Multilaterale Instrument umzusetzen. Befindet sich das Multilaterale Instrument jedoch, wie festgestellt, in einem Komplementärverhältnis zum Musterabkommen, so bedeutet das auch, dass für manche Maßnahmen ihrem Inhalt und ihrer Struktur nach eine Implementierung über das Multilaterale Instrument vorzugswürdig sein könnte.

a) Konsensprägung der Maßnahme

Maßnahmen, welche über das Multilaterale Instrument umgesetzt werden sollen, müssen über einen breiten Konsens zwischen den Vertragsparteien verfügen.[1468] Andernfalls ist eine Annahme im Rahmen der CoP unwahrscheinlich. Insbesondere Regelungen, welche traditionell zwischen OECD-Mitgliedstaaten sowie Entwicklungs- und Schwellenländern umstritten sind, sind hiervon betroffen. Hierzu zählen vor allem Regelungen zur Stärkung von Quellensteuerrechten, etwa Vorschriften im Zusammenhang mit der Begründung von Betriebsstätten.[1469] Aber auch neue kontroverse Ansätze zur Stärkung der Besteuerungsrechte der Marktjurisdiktionen in Bezug auf digitale Dienstleistungen werden hiervon regelmäßig betroffen sein. Hierzu zählt bspw. Art. 12B des

---

1467 Vgl. *Bosman*, Intertax 2017, 642, 658, welcher darauf verweist, dass die meisten Vertragsparteien auch als Teil des BEPS Inclusive Framework jedenfalls zur Umsetzung des Mindeststandards verpflichtet sind.

1468 Vgl. hierzu und folgend auch *Broekhuijsen*, A Multilateral Tax Treaty, S. 82, welcher multilaterale Abkommen generell als ungeeignet für spezielle Regelungsentwürfe erachtet.

1469 Vgl. *Valta*, Das Internationale Steuerrecht, S. 345 ff., welcher sich kritisch mit der Benachteiligung der Quellenstaaten durch Doppelbesteuerungsabkommen auseinandersetzt.

UN-Musterabkommens.[1470] Nach dessen Abs. 1 können automatisierte digitale Dienstleistungen, welche in einem Vertragsstaat anfallen und an eine im anderen Vertragsstaat ansässige Person bezahlt werden, in diesem anderen Vertragsstaat besteuert werden.[1471] Gemäß Art. 12B Abs. 2 steht dem Vertragsstaat, in welchem die digitalen Dienstleistungen angefallen sind, jedoch ein Quellensteuerecht zu.[1472] Im Rahmen der bisher überwiegenden Erfassung über Art. 7 UN-MA (sowie des OECD-Musterabkommens) ist hingegen die Begründung einer Betriebsstätte zur Quellenbesteuerung nötig. Bereits im Rahmen des *Tax Committee* der UN ist diese Neuregelung höchst kontrovers beurteilt worden.[1473] Eine Umsetzung im Rahmen der CoP scheint daher insbesondere aufgrund der Präsenz zahlreicher Staaten mit einer hoch entwickelten Digitalwirtschaft illusorisch.

b) Berücksichtigung des hybriden Charakters des Multilateralen Instruments

Zudem müssen Maßnahmen zur Umsetzung durch das Multilaterale Instrument den Umstand berücksichtigen, dass das Multilaterale Instrument den latenten Multilateralismus des Abkommensnetzwerks nicht verändert, sondern nur bekräftigt.[1474] Dementsprechend muss es sich um eine Maßnahme handeln, welche zwar einerseits im bilateralen Verhältnis der Doppelbesteuerungsabkommen nicht mehr oder nur mit großen zeitlichen und organisatorischen Hürden ausgehandelt werden kann. Andererseits muss die Maßnahme jedoch gleichzeitig noch theoretisch im bilateralen Verhältnis implementiert werden können, es dürfen folglich keine multilateralen Elemente enthalten sein, die die Einbeziehung weiterer Staaten in den Regelungsmechanismus erfordern.[1475] In diesem

1470 UN, Committee of Experts on International Cooperation in Tax Matters, Twenty-second Session, 19–28 April 2021, E/C.18/2021/CRP.1, S. 6.

1471 UN, Committee of Experts on International Cooperation in Tax Matters, Twenty-second Session, 19–28 April 2021, E/C.18/2021/CRP.1, S. 6.

1472 UN, Committee of Experts on International Cooperation in Tax Matters, Twenty-second Session, 19–28 April 2021, E/C.18/2021/CRP.1, S. 6.

1473 UN, Committee of Experts on International Cooperation in Tax Matters, Twentieth session, 20–23 and 26–29 October 2020, E/C.18/2020/CRP.41, S. 7.

1474 Vgl. dazu *Brauner*, Intertax 2018, 6, 16 sowie Abschnitt C.III.6.

1475 Der hybride Charakter des Multilateralen Instruments wurde verschiedentlich benannt, etwa *Haslehner*, Bulletin for International Taxation 2020, 222, 222; IFA, A: Reconstructing the treaty network, Cahiers de droit fiscal international 2020, S. 41; ferner „Janus-faced instrument", *Antón*, British Tax Review 2019, 462, 478.

Sinne ließen sich etwa die Projekte *Pillar One* und *Pillar Two* der OECD als Beispiele anführen. Nach Erstellung der *Blueprints* durch die OECD wurden diese am 1.7.2021 durch das BEPS Inclusive Framework mit einigen Abänderungen angenommen.[1476] Auch die G20 schlossen sich im Communiqué des kurz darauffolgenden Treffens dieser Stellungnahme an.[1477]

Pillar One sieht eine innovative Zuweisung von Besteuerungsrechten für Unternehmensgewinne durch neue Gewinnverteilungs- und Nexusregeln vor.[1478] Zur Errechnung des *Amount A*, welcher in finaler Form den zu verteilenden Betrag abbildet, sind von vornherein nur Unternehmen miteinzubeziehen, welche vom Anwendungsbereich erfasst sind.[1479] Der *blueprint* des *Amount A* definierte diesen durch aktivitätsbezogene und schwellenwertbezogene Tests.[1480] Nach der Stellungnahme des BEPS Inclusive Framework sollen hingegen lediglich Unternehmen mit einem globalen Gesamtumsatz von 20 Milliarden Euro und einer Profitabilität über 10 % mit Ausnahme der Rohstoffindustrie und Finanzdienstleistungen erfasst werden.[1481] Der Wert des Gesamtumsatzes soll nach sieben Jahren auf 10 Milliarden Euro zurückgeführt werden, sofern eine erfolgreiche Einführung des Amount A festgestellt werden kann.[1482]

Nach einer Gesamtbetrachtung des Konzerns wird basierend auf der Profitabilitätsrate des Konzerns dessen Residualgewinn errechnet.[1483] Dieser wird ab

---

1476 OECD/G20 Inclusive Framework on BEPS, Statement on a Two-Pillar Solution to Address the Tax Challenges Arising From the Digitalisation of the Economy.

1477 G20, Third Finance Ministers and Central Bank Governors meeting, Communiqué, 9–10 July 2021, S. 2.

1478 OECD, Tax Challenges Arising from Digitalisation – Report on Pillar One Blueprint, 2020, Rn. 6.

1479 OECD, Tax Challenges Arising from Digitalisation – Report on Pillar One Blueprint, 2020, Rn. 21.

1480 OECD, Tax Challenges Arising from Digitalisation – Report on Pillar One Blueprint, 2020, Rn. 38 ff., 171 ff.

1481 OECD/G20 Inclusive Framework on BEPS, Statement on a Two-Pillar Solution to Address the Tax Challenges Arising From the Digitalisation of the Economy, S. 1.

1482 OECD/G20 Inclusive Framework on BEPS, Statement on a Two-Pillar Solution to Address the Tax Challenges Arising From the Digitalisation of the Economy, S. 1.

1483 OECD/G20 Inclusive Framework on BEPS, Statement on a Two-Pillar Solution to Address the Tax Challenges Arising From the Digitalisation of the Economy, S. 2; OECD, Tax Challenges Arising from Digitalisation – Report on Pillar One Blueprint, 2020, Rn. 417 ff.

einem gewissen Schwellenwert mittels Umrechnung auf die Umsatzanteile der beteiligten Marktjurisdiktionen auf diese verteilt.[1484]

Überträgt man *Pillar One* auf die oben gewählten Maßstäbe, so ergibt sich zunächst, dass eine Aushandlung der Umstände des Vorhabens im bilateralen Verhältnis bereits auf den ersten Blick ausscheidet, da es zur Funktionsweise einer allumfassenden, multilateralen Mitwirkung bedarf, um die Besteuerung nach *Amount A* effektiv durchführen zu können.[1485] Sodann müsste das Vorhaben jedoch auch im bilateralen Verhältnis implementiert werden können. Der Report hebt selbst hervor, dass eine Implementierung im Grundsatz über nationales Recht möglich ist, jedoch zumindest die abkommensrechtliche Regelung zur Betriebsstättenbegründung einer Rechtsdurchsetzung hinderlich wäre.[1486] In der Tat erfordert *Amount A* keine Umsetzung im bilateralen Verhältnis von Vertragspartnern eines Doppelbesteuerungsabkommens. Lediglich rechtliche Hürden, welche auf abkommensrechtlicher Ebene bestehen, ließen sich im bilateralen Verhältnis und damit auf Ebene des Multilateralen Instruments beseitigen.[1487] Jedoch würden dann der materielle Projektinhalt, ob im Wege einer rein nationalen Umsetzung oder einem eigenen Musterabkommen mit nachfolgender Umsetzung, und die abkommensrechtlichen Anpassungsformalitäten über das Multilaterale Instrument getrennt normiert.

Hieraus resultiert erstens ein Folgeproblem für Staaten, die kein Mitglied des Multilateralen Instruments sind, sich jedoch an der Umsetzung des *Pillar One*-Projekts beteiligen. Diese Staaten müssten dem Multilateralen Instrument konsequenterweise beitreten mit der Folge, dass der Mindeststandard für alle CTA Anwendung finden würde. Ferner müssten bzgl. aller übrigen Regelungen

---

1484 OECD/G20 Inclusive Framework on BEPS, Statement on a Two-Pillar Solution to Address the Tax Challenges Arising From the Digitalisation of the Economy, S. 2; OECD, Tax Challenges Arising from Digitalisation – Report on Pillar One Blueprint, 2020, Rn. 496 ff.

1485 Bzgl. des Verfahrens Errechnung des Amount A und auftretener Streitigkeiten OECD, Tax Challenges Arising from Digitalisation – Report on Pillar One Blueprint, 2020, Rn. 706.

1486 OECD, Tax Challenges Arising from Digitalisation – Report on Pillar One Blueprint, 2020, Rn. 824 f.; auch die Stellungnahme des BEPS-Inclusive Frameworks stellt auf die Notwendigkeit eines Abkommens zur Umsetzung des *Amount A* ab, siehe OECD/G20 Inclusive Framework on BEPS, Statement on a Two-Pillar Solution to Address the Tax Challenges Arising From the Digitalisation of the Economy, S. 3.

1487 OECD, Tax Challenges Arising from Digitalisation – Report on Pillar One Blueprint, 2020, Rn. 825.

Vorbehalte erklärt werden, was das Verständnis von Vorbehalten als Flexibilitätsinstrument ad absurdum führen würde.

Zweitens müssten sich in umgekehrter Hinsicht die Staaten, welche Partei des Multilateralen Instruments sind, sich jedoch nicht am *Pillar One*-Projekt beteiligen wollen, um Vorbehalte bzgl. der neu ins Multilaterale Instrument eingeführten Inhalte bemühen. Dies erschwert die Schaffung eines Mindeststandards innerhalb der Vorschriften des *Pillar One*-Projekts, da die Neuregelungen jeweils mit Vorbehalten versehen sein müssten. Zwar existiert nach Art. 41 WVK auch die Möglichkeit der Abänderung eines multilateralen Vertrages nur unter bestimmten Parteien. Allerdings unterliegt eine solche den speziellen Voraussetzungen des Art. 41 WVK. Auch unter dem Gesichtspunkt der Rechtsklarheit erscheint eine Zersplitterung in unterschiedliche Parteienfraktionen innerhalb des Multilateralen Instruments gegenüber der Schaffung eines neuen, einheitlichen multilateralen Abkommens nachteilhaft.[1488]

Pillar Two versucht hingegen die Idee einer Mindestbesteuerung durch die Anwendung verschiedener Regelungen umzusetzen (GloBE).[1489] Die GloBE-Vorschriften finden grundsätzlich Anwendung auf diejenigen multinationalen Unternehmen, welche den CbCR-Regeln des Abschlussberichts zu BEPS-Aktionspunkt 13 unterliegen.[1490] Damit sind grundsätzlich multinationale Unternehmen mit einem Konzernumsatz von mindestens 750 Mio. Euro umfasst.[1491] Im Folgenden wird dann der effektive Steuersatz des Konzerns jeweils für die Jurisdiktionen berechnet, in welchen der Konzern tätig ist.[1492] Der

1488 Auch die OECD sieht das MLI nicht als passendes Umsetzungsinstrument an und strebt ein neues multilaterales Abkommen an, siehe OECD, Tax Challenges Arising from Digitalisation – Report on Pillar One Blueprint, 2020, Rn. 837.

1489 Vgl. OECD, Tax Challenges Arising from Digitalisation – Report on Pillar Two Blueprint, 2020, Rn. 8.

1490 OECD/G20 Inclusive Framework on BEPS, Statement on a Two-Pillar Solution to Address the Tax Challenges Arising From the Digitalisation of the Economy, S. 4; OECD, Tax Challenges Arising from Digitalisation – Report on Pillar Two Blueprint, 2020, Rn. 41, 46 f.

1491 OECD/G20 Inclusive Framework on BEPS, Statement on a Two-Pillar Solution to Address the Tax Challenges Arising From the Digitalisation of the Economy, S. 4; OECD, Base Erosion and Profit Shifting Project, Transfer Pricing Documentation and Country-by-Country Reporting, Action 13, 2015 Final Report, Rn. 52.

1492 OECD, Tax Challenges Arising from Digitalisation – Report on Pillar Two Blueprint, 2020, Rn. 248 ff.; vgl. OECD/G20 Inclusive Framework on BEPS, Statement on a Two-Pillar Solution to Address the Tax Challenges Arising From the Digitalisation of the Economy, S. 4.

Gewinn des Konzerns wird dabei im Grundsatz der Tochtergesellschaft zugerechnet, welche den Gewinn erwirtschaftet hat.[1493] Hierbei werden die Buchhaltungsregeln zugrunde gelegt, welche von der Konzernmutter zur Erstellung der *consolidated financial statements* angewendet werden.[1494] Ziel der weiteren Regelungen zur Herbeiführung einer Mindestbesteuerung, welche zueinander in einem hierarchischen Verhältnis stehen, ist nun, eine Differenz zwischen dem effektiven Steuersatz und der tatsächlichen Besteuerung auszugleichen.[1495] Als erste dieser Regelungen ist die abkommensrechtliche *subject-to-tax-rule* anzuführen.[1496] Nach dieser kann der Quellenstaat eine *top-up tax* für den Fall veranschlagen, dass er zuvor sein Besteuerungsrecht nicht ausgeübt hat und der Umsatz auch im Ansässigkeitsstaat freigestellt wurde, sodass andernfalls eine doppelte Nichtbesteuerung drohen würde.[1497] Da die so ausgelöste Besteuerung im Rahmen der effektiven Steuerrate zu berücksichtigen ist, genießt die *subject-to-tax*-Regelung Vorrang.[1498] Sofern keine *subject-to-tax*-Regelung besteht oder diese nicht zu einem hinreichenden Ausgleich führt, findet die *income inclusion rule* Anwendung, welche Ähnlichkeit mit einer Hinzurechnungsbesteuerung aufweist.[1499] Kommt es bei der Einbeziehung von Einkünften einer Betriebsstätte im

---

1493 OECD, Tax Challenges Arising from Digitalisation – Report on Pillar Two Blueprint, 2020, Rn. 272 ff.

1494 OECD, Tax Challenges Arising from Digitalisation – Report on Pillar Two Blueprint, 2020, Rn. 164 f.; vgl. OECD/G20 Inclusive Framework on BEPS, Statement on a Two-Pillar Solution to Address the Tax Challenges Arising From the Digitalisation of the Economy, S. 4, „by reference to financial accounting income“.

1495 OECD, Tax Challenges Arising from Digitalisation – Report on Pillar Two Blueprint, 2020, Rn. 8, 669 ff.; vgl. OECD/G20 Inclusive Framework on BEPS, Statement on a Two-Pillar Solution to Address the Tax Challenges Arising From the Digitalisation of the Economy, S. 4.

1496 OECD, Tax Challenges Arising from Digitalisation – Report on Pillar Two Blueprint, 2020, Rn. 566.

1497 OECD, Tax Challenges Arising from Digitalisation – Report on Pillar Two Blueprint, 2020, Rn. 567.

1498 Vgl. OECD, Tax Challenges Arising from Digitalisation – Report on Pillar Two Blueprint, 2020, Rn. 671; vgl. bzgl. der Berücksichtigung der subject-to-tax-rule im Rahmen der GloBE-Regelungen OECD/G20 Inclusive Framework on BEPS, Statement on a Two-Pillar Solution to Address the Tax Challenges Arising From the Digitalisation of the Economy, S. 3.

1499 OECD, Tax Challenges Arising from Digitalisation – Report on Pillar Two Blueprint, 2020, Rn. 410 f.; vgl. ferner OECD/G20 Inclusive Framework on BEPS, Statement on a Two-Pillar Solution to Address the Tax Challenges Arising From the Digitalisation of the Economy, S. 3.

Ansässigkeitsstaat zu einer Kollision mit einer abkommensrechtlichen Freistellung der Einkünfte der Betriebsstätte im Ansässigkeitsstaat, so sieht der *blueprint* eine *switch-over*-Klausel vor, die dem entgegenwirken soll.[1500] Diese sieht einen Wechsel von Freistellungs- zur Anrechnungsmethode vor, um eine Besteuerung im Rahmen der *income inclusion rule* zu ermöglichen.[1501] In der Stellungnahme des BEPS Inclusive Framework ist diese jedoch nicht mehr enthalten.

Führt die *income inclusion rule* nicht zu einer Mindestbesteuerung, so findet nachrangig die *undertaxed payment rule* Anwendung.[1502] Diese führt eine Mindestbesteuerung über eine Betriebsausgabenbeschränkung für das betroffene Tochterunternehmen der Konzernmutter herbei.[1503]

Hinsichtlich der Umsetzung ist somit zu differenzieren. Die Neuerungen des GloBE-Projekts, die *income inclusion rule* sowie die *undertaxed payment rule*, benötigen einer multilateralen Aushandlung, um Effektivität zu entfalten. Allerdings sind diese nicht im bilateralen Verhältnis der Doppelbesteuerungsabkommen implementierbar, sondern erfordern – möglicherweise auch infolge eines neuen multilateralen Abkommens – eine nationale Umsetzung.[1504] Im Gegensatz hierzu handelt es sich jedoch bei der *subject-to-tax*-Klausel sowie der *switch-over*-Klausel um bekanntes Abkommensrecht, welches dementsprechend im bilateralen Verhältnis implementierbar ist und damit unter diesem Gesichtspunkt durch das Multilaterale Instrument umgesetzt werden könnte.[1505] Auch in dieser Konstellation gelten jedoch die in den Ausführungen zu *Pillar One*

1500 OECD, Tax Challenges Arising from Digitalisation – Report on Pillar Two Blueprint, 2020, Rn. 453 f.

1501 Vgl. OECD, Tax Challenges Arising from Digitalisation – Report on Pillar Two Blueprint, 2020, Rn. 455.

1502 OECD, Tax Challenges Arising from Digitalisation – Report on Pillar Two Blueprint, 2020, Rn. 459; vgl. auch OECD/G20 Inclusive Framework on BEPS, Statement on a Two-Pillar Solution to Address the Tax Challenges Arising From the Digitalisation of the Economy, S. 3.

1503 OECD, Tax Challenges Arising from Digitalisation – Report on Pillar Two Blueprint, 2020, Rn. 473 ff.; OECD/G20 Inclusive Framework on BEPS, Statement on a Two-Pillar Solution to Address the Tax Challenges Arising From the Digitalisation of the Economy, S. 3.

1504 OECD, Tax Challenges Arising from Digitalisation – Report on Pillar Two Blueprint, 2020, Rn. 678.

1505 OECD, Tax Challenges Arising from Digitalisation – Report on Pillar Two Blueprint, 2020, Rn. 677.

angeführten Bedenken bzgl. der Staaten, welche sich entweder nur am Multilateralen Instrument oder nur am *Pillar Two*-Projekt beteiligen.

c) Adaption der Flexibilitätsmechanismen

Schließlich müssten Maßnahmen die Anpassung an den abkommenseigenen Flexibilitätsmechanismus erlauben. Das Multilaterale Instrument strebt eine größtmögliche Einbeziehung von Staaten an.[1506] Hierfür ist auf die unterschiedlichen fiskalpolitischen Interessen dieser Staaten Rücksicht zu nehmen, um eine Kollision entgegenstehender Interessen zu vermeiden. Das Multilaterale Instrument offenbart die Flexibilitätsinstrumente der anwendungsbereichsbezogenen Notifikation sowie ferner Vorbehalte und Optionen zur Gewährleistung dieser größtmöglichen Einbeziehung.[1507] Hierbei stellt eine Ausstattung der Regelungen mit abgestuften Vorbehalten, welche nur Teile der Regelung betreffen oder aber mit Optionen, welche eine alternative, gleich effektive Art der Einführung versprechen, sicher, dass die Vertragsstaaten nicht zu einer absoluten Entscheidung über die Adaption der Regelung gezwungen werden.[1508] Eine Abkehr von dieser Ausdifferenzierung würde den Charakter des Multilateralen Instruments als inhaltlich austariertes Abkommen, welches auf die diversen staatlichen Belange Rücksicht nimmt, konterkarieren. Maßnahmen müssen daher über ein hinreichendes Maß inhaltlicher Ausdifferenzierung verfügen, damit idealiter abgestufte Vorbehalte oder unterschiedliche Optionen vorgesehen werden können, um dem Ziel der größtmöglichsten Abkommensreichweite zu entsprechen.

3. Fazit

Es wurde festgestellt, dass das Multilaterale Instrument als Umsetzungsvehikel neuer Maßnahmen der OECD grundsätzlich eine Nachhaltigkeit aufweist. Jedoch steht das Abkommen dabei in einem Komplementärverhältnis zum OECD-Musterabkommen. Umzusetzende Maßnahmen müssen daher bestimmte Eigenschaften aufweisen, um für eine Implementierung durch das Multilaterale Instrument infrage zu kommen. Vor dem Hintergrund der hohen Hürden einer Abkommensänderung ist eine Konsensprägung der Maßnahme

---

1506 Bereits die ad hoc-Gruppe stand allen Staaten gleichermaßen zur Teilnahme offen, OECD, Explanatory Statement to the Multilateral Convention to Implement Tax Treaty Related Measures to Prevent Base Erosion and Profit Shifting, Rn. 7.

1507 Siehe Abschnitt C.III.

1508 Vgl. *Avi-Yonah/Xu*, 39 Michigan Journal of International Law 2018, 155, 162 f.

erforderlich. Des Weiteren ist auch der hybride Charakter des Multilateralen Instruments zu berücksichtigen. Hierfür ist ein Maßnahmencharakter dergestalt erforderlich, dass der Einführung durch die bilateralen Abkommenspartner selbst gewichtige Hindernisse entgegenstehen – wie etwa die Langwierigkeit der Anpassung –, gleichzeitig jedoch keine multilateralen Elemente enthalten sind, welche eine Einbindung des bilateralen Abkommensnetzwerks beeinträchtigen würden. Schließlich ist ein ausreichendes Maß inhaltlicher Ausdifferenzierung erforderlich, um die vom Multilateralen Instrument vorgesehen Flexibilitätsmechanismen zu berücksichtigen.

E. Zusammenfassung der Ergebnisse

Das Multilaterale Instrument führt zu breit gefächerten Auswirkungen auf das System des internationalen Steuerrechts, die in ihrer Reichweite jedoch unterschiedlich zu gewichten sind.

Im ersten Abschnitt wurden die Grundlagen dieses Systems erarbeitet. Vom Fluchtpunkt der Vermeidung der Doppelbesteuerung ausgehend besteht eine lange Historie internationaler Koordination im internationalen Steuerrecht. Das Koordinationsbedürfnis wurde mit dem verstärkten Aufkommen internationaler Wirtschaftstätigkeit früh an verschiedener Stelle diagnostiziert und fand mit dem Forum der *League of Nations* einen zentralen Ort der Analyse und Weiterentwicklung. Die Koordination war von Beginn an von einer prinzipiengeleiteten Herangehensweise an die internationale Aufteilung der Besteuerungsbefugnisse geprägt. Diese Praxis führte zur Kristallisierung einer Dichotomie der Anknüpfungspunkte, geprägt durch das Quellen- sowie Ansässigkeitsprinzip. Obgleich eine Vermeidung bereits unilateral Erfolg verspricht, erscheinen Vermeidungsanstrengungen auf bilateraler Ebene in mehrerlei Hinsicht vorteilhaft.

Die demgemäße Prägung des internationalen Steuerrechts im Sinne einer bilateralen Struktur kann indes nicht darüber hinwegtäuschen, dass es sich um ein System handelt, welches nicht nur auf Ebene der bilateralen Doppelbesteuerungsabkommen, sondern vielmehr auch durch die Wirkung von konvergenzbegründenden Faktoren auf einer hieraus abstrahierten, globalen Ebene betrachtet werden kann. Hierbei ist das Hauptaugenmerk auf die Musterabkommen, allen voran das OECD-Musterabkommen, zu legen. Wenngleich diesen kein rechtsverbindlicher Charakter zukommt, so erreichen sie dennoch durch die Herausbildung leitender Prinzipien sowie Auslegungsmechanismen ein hohes Maß an Konvergenz im internationalen Steuerrecht. Die Rolle von Völkergewohnheitsrecht ist im internationalen Steuerrecht im Zusammenhang mit der Herausbildung von Konvergenz hingegen unterzugewichten. Zwar besteht für dieses angesichts umfangreich geübter Gewohnheiten ein Potenzial, jedoch hat sich ein solches bislang jenseits des *genuine-link*-Erfordernisses nicht bilden können. Als weiterer Faktor für die Begründung von Konvergenz im System des internationalen Steuerrechts dürfen rechtliche Transplants bezeichnet werden. Deren Durchführung ist unter ökonomischen und politischen Gesichtspunkten attraktiv und führt durch die Verbreitung gleichgelagerter rechtlicher Inhalte zu einer Regelungskonvergenz. In diesem Zusammenhang ist jedoch bedeutsam, dass eine national divergierende normative Umgebung sowie Rechtskultur zu einer Modifizierung des importierten Rechts führen kann, sodass sich Fragmentierungseffekte einstellen, die einer Regelungskonvergenz hinderlich sind.

Auf dieser Grundlage weist das internationale Steuerrecht eine hohe Gleichförmigkeit auf, welches allerdings dennoch in seiner bilateralen Struktur keine grundlegende Antastung erfährt. Dies kann mit dem Begriff des latenten Multilateralismus umschrieben werden.

Zwecks Betrachtung der Funktionsweise des Systems wurde auf den Forschungsbereich der internationalen Beziehungen eingegangen; die erarbeiteten Grundlagen wurden unter dem Aspekt der Regimetheorie analysiert. Die Erklärungsmuster einer verstetigten Kooperation im Sinne eines Regimes kaprizieren sich auf vier wesentliche Strömungen, zu welchen die strukturalistische Perspektive im Sinne des Neorealismus, ferner spieltheoretische, funktionale und kognitive Theorien zählen. Durch die Herausbildung von Prinzipien, Normen und Regeln sowie standardisierter Entscheidungsprozesse hat sich ein internationales Steuerregime gebildet, welches aus einer kognitiven sowie funktionalen und spieltheoretischen Perspektive hergeleitet werden kann. Hegemoniale Gesichtspunkte spielen hingegen grundsätzlich auf Ebene der Regimeveränderung eine Rolle. Große institutionelle Bedeutung ist hierbei der OECD beizumessen, welche das Steuerregime durch fortwährenden Experteneinfluss prägt und ihrerseits aufgrund von Feedbackwirkungen eine gefestigte und robuste Position innerhalb des Steuerregimes einnimmt.

Das beschriebene System des internationalen Steuerrechts wird jedoch durch das Aufkommen von Informationstechnologie sowie der kontinuierlichen Digitalisierung, welche sowohl zur Innovation bestehender, als auch zum Aufkommen völlig neuer Geschäftsmodelle führen, strukturell herausgefordert. Die bereichsspezifischen Problemfelder des internationalen Steuerrechts lassen sich in den Themen der grenzüberschreitenden Mobilität, dem Einsatz immaterieller Wirtschaftsgüter sowie der Nutzerbeteiligung zusammenfassen. Hieraus ergeben sich komplexe Probleme der Erosion von Quellensteuerrechten, der missbräuchlichen Verwendung von Abkommen sowie Bewertungsprobleme.

Vor diesem Hintergrund ist das BEPS-Projekt der OECD/G20 in den Blick zu nehmen, welches sich seit 2013 einer Eindämmung negativer Auswirkungen der Digitalisierung für das internationale Steuerrecht widmet. Zentrales Umsetzungsinstrument des Projekts ist auf völkerrechtlicher Ebene das Multilaterale Instrument, welches aus dem 15. Aktionspunkt des BEPS-Projekts hervorgegangen ist. Das Abkommen, welches zentrale Inhalte des Projekts im Bereich der *hybrid mismatches*, der Vermeidung des Betriebsstättenstatus, des Abkommensmissbrauchs sowie der Verbesserung des Verständigungsverfahrens und der Schiedsverfahren umsetzt, trat nunmehr am 1.7.2018 in Kraft und weist zum jetzigen Zeitpunkt 95 Signatarstaaten auf. Durch den vordergründig multilateralen Ansatz stellt das Abkommen eine bahnbrechende Innovation im internationalen Steuerrecht dar. Startpunkt der Abkommensmechanik bildet der Anwendungsbereich, welcher sich auf die bestehenden Doppelbesteuerungsabkommen erstreckt, die durch beide Vertragsparteien des Doppelbesteuerungsabkommens einer Notifikation zugeführt wurden. So wird das Prinzip der Reziprozität, welches sich in der bisherigen bilateralen Abkommensstruktur abbildet, gewahrt. Charakteristikum der abkommensrechtlichen Funktionsweise ist das Verhältnis des Multilateralen Instruments zu den so notifizierten Doppelbesteuerungsabkommen. Dieses wird durch die Kompatibilitätsklauseln beherrscht, welche die normativen Bedingungen einer Implementierung enthalten. Die Kompatibilitätsklauseln funktionieren damit ähnlich klassischer Konfliktnormen des Völkerrechts, gehen jedoch teilweise in ihrer Wirkung auch darüber hinaus. Die Analyse des Verhältnisses hat ergeben, dass das Multilaterale Instrument ein rechtlich selbstständiges Abkommen bildet, dass neben den CTA angewendet wird. Eine Ausnahme hierzu bildet Art. 6 Abs. 2 MLI. Neben dem Notifikationserfordernis des Anwendungsbereichs wird das Multilaterale Instrument in der inhaltlichen Reichweite seiner Implementierung durch weitere Flexibilitätsmechanismen bestimmt. Hierzu zählen die eingeräumten Vorbehaltsmöglichkeiten und Optionen. Im Rahmen der Vorbehalte ist eine hohe Ausdifferenzierung vorzufinden; auch zum Mindeststandard bestehen Vorbehaltsmöglichkeiten.

Hinsichtlich der Notifikationen, Vorbehalte und Optionen stellt sich gleichermaßen die Frage, ob die Entscheidung für oder gegen eine solche durch eine Vertragspartei einer späteren Abänderung unterliegen kann. Hierbei gilt eine Orientierung an dem Grundgedanken, dass dies nur zulässig ist, sofern der Anwendungsgehalt des Multilateralen Instruments im Ergebnis nicht verringert wird. Demgemäß ergibt sich eine Unzulässigkeit des Widerrufs im Fall der Notifikation sowie der Option, im Fall des Vorbehalts verhält es sich umgekehrt. Eine Änderung des Multilateralen Instruments ist im Rahmen der CoP möglich. Diese hat jedenfalls für Grundlagenentscheidungen dem Konsensprinzip zu folgen.

Die Auslegung des Multilateralen Instruments hat anhand der Maßgaben der Art. 31 ff. WVK zu erfolgen. Als Auslegungshilfe sei auf das *explanatory statement* sowie die BEPS-Abschlussberichte verwiesen, für eine Heranziehung des OECD-Musterkommentars im Falle gleichlautender Vorschriften besteht indes keine Grundlage. Die Auslegungsregel des Art. 2 Abs. 2 MLI ist dogmatisch mit der des Art. 3 Abs. 2 OECD-MA vergleichbar. In diesem Rahmen kann es in Einzelfällen auch zu einer Verweiskette ins nationale Recht kommen. Die Vorschrift des Art. 32 Abs. 1 MLI bildet insoweit ein Novum, als dass das Verständigungsverfahren hiernach auch auf abkommensfremde Vorschriften, nämlich solche des Multilateralen Instruments, Bezug nehmen kann. Mit Art. 32 Abs. 2 MLI besteht zudem die Möglichkeit einer multilateralen Klärung von Auslegungsfragen im Rahmen der CoP. Die Vorschriften des Art. 32 Abs. 1 sowie Abs. 2 MLI stehen zudem in keinem Ausschlussverhältnis zueinander. Das Multilaterale Instrument ist in seinem Wesen als neue Koordinationsebene im System des internationalen Steuerrechts hinsichtlich der rechtlichen, institutionellen sowie der funktionellen Transformationswirkung untersucht worden. Die konvergenzverstärkende Wirkung des Multilateralen Instruments ist angesichts des Fragmentierungspotenzials der Flexibilitätsmechanismen als eingeschränkt zu beurteilen.

Das Multilaterale Instrument berührt zudem Fragen der Auslegung internationalen Steuerrechts. Als Auslegungshilfe für Vorschriften, welche nicht durch Kompatibilitätsklauseln berührt werden, lässt sich in der Wiener Vertragsrechtskonvention keine Grundlage für das Multilaterale Instrument als Auslegungshilfe finden. In Bezug auf Vorschriften eines CTA, welche durch die Kompatibilitätsklausel „applies/modifies" berührt werden sowie solche, welche im Zusammenhang eines Vorbehalts in Bezug auf den Mindeststandard stehen, kann das Multilaterale Instrument jedoch eine Auslegungshilfe darstellen. Die Bedeutung der CoP für die Klärung von Auslegungsfragen ist zudem als eingeschränkt zu beurteilen; eine kontinuierliche multilaterale Koordination von Auslegungsfragen ist nicht zu erwarten.

Darüber hinaus wurde die Möglichkeit der Schaffung internationalen Gewohnheitsrechts durch das Multilaterale Instrument untersucht. Es wurde jedoch gezeigt, dass multilaterale Abkommen im internationalen Steuerrecht per se zur Herausbildung von Völkergewohnheitsrecht ungeeignet sind. Der Regelungscharakter des Multilateralen Instruments bestätigt dies, sodass das Abkommen die Entstehung von Gewohnheitsrecht nicht fördern wird. Der innerstaatliche Umsetzungsprozess weist zudem Hemmnisse für eine rasche Implementierung des Multilateralen Instruments auf, insbesondere wurde die verzögernde Wirkung des Art. 35 Abs. 7 lit. a) i), ii) MLI beschrieben.

Aus institutioneller Sicht ist zunächst die OECD in ihrer Rolle als Wegbereiter und *depositary* des Multilateralen Instruments im internationalen Steuerregime beleuchtet worden. Das Multilaterale Instrument limitiert im Rahmen rechtlicher Verbindlichkeit die Handlungsoptionen der Vertragsstaaten, sodass sich der kognitive Einfluss der OECD im Sinne eines Zentralisierungsprozesses perpetuiert. Darüber hinaus agiert die OECD auch im Fall des Multilateralen Instruments als Prämisse der Regimeermöglichung durch die Senkung von Transaktionskosten sowie ihren kognitiven Einfluss. Die zukünftige Bestimmung des Prozesses über das Multilaterale Instrument ist jedoch aufgrund der notwendigen umfangreichen Einwirkung der OECD auf die Mitgliedstaaten und der hohen Hürden einer Änderung eingeschränkt. Das Multilaterale Instrument stellt daher nicht schlechthin eine Optionserweiterung für die OECD dar. Auch aus sich heraus schafft das Multilaterale Instrument keine neuen Institutionen. Die CoP stellt keinen unabhängigen Akteur im internationalen Steuerregime, welcher von der OECD sowie den Mitgliedstaaten hinreichend abgegrenzt werden könnte, dar. In Bezug auf das Multilaterale Instrument weist das internationale Steuerregime zudem eine höhere Resistenz gegen Veränderungen auf, welche einen Entstaatlichungsprozess fördert.

Die funktionelle Transformationswirkung besteht einerseits in Verhandlungseffekten: So führt der faktische Zwang der Formulierung einer einheitlichen steuerpolitischen Optierung im Rahmen des Multilateralen Instruments zu einer teilweisen Multilateralisierung der Verhandlungen von Doppelbesteuerungsabkommen. Ferner bestehen Auswirkungen auf die Durchführung von Schiedsverfahren durch die Einfügung der Art. 18 ff. MLI. Hierbei besteht Entwicklungspotenzial hinsichtlich der Übertragung des Schiedsprozesses auf externe Institute sowie in Bezug auf die Stellung des Steuerpflichtigen im Prozess.

Schließlich ist festzuhalten, dass eine Umsetzung zukünftiger Maßnahmen über das Multilaterale Instrument dem Grunde nach möglich ist. Damit eine Umsetzung gelingt, sollten Maßnahmen jedoch auf einem breiten Konsens beruhen, dem hybriden Charakter des Multilateralen Instruments in ihrer Regelungstechnik Rechnung tragen sowie über ein zur Gewährung von Flexibilität notwendiges Maß an Ausdifferenzierung verfügen.

Literaturverzeichnis

Ali, Saleem H.: Environmental Planning and Cooperative Behaviour, Journal of Planning Education and Research 2003, S. 165–176.

Andenas, Mads/Chiussi, Ludovica: Cohesion, Convergence and Coherence of International Law, in Andenas, Mads/Fitzmaurice, Malgiosa/Tanzi, Attila/ Wouters, Jan (Hrsg.), General Principles and the Coherence of International Law, Leiden 2019. (zitiert als Andenas/Chiussi, Cohesion, Convergence and Coherence of International Law)

Antón, Ricardo Garcia: Untangling the Role of Reservations in the OECD Multilateral Instrument: The OECD Legal Hybrids, Bulletin for International Taxation 2017, S. 544–552.

Antón, Ricardo García: Multilateral Dynamics in Bilateral Settings: Back to Realpolitik, British Tax Review 2019, S. 462–486.

Arnold, Brian J.: Tax Treaty News: An Overview of the UN Model (2011), Bulletin for International Taxation 2012, S. 523–529.

Ash, Elliott/Marian, Omri: The Making of International Tax Law: Empirical Evidence from Natural Language Processing, Legal Studies Research Paper Series No. 2019-02, University of California School of Law.

Ault, Hugh J.: Corporate Integration, Tax Treaties, and the Division of the International Tax Base: Principles and Practices, 47 Tax Law Review 1992, S. 565–608.

Ault, Hugh J.: The Role of the OECD Commentaries in the Interpretation of Tax Treaties, Intertax 1994, S. 144–148.

Ault, Hugh J.: Reflections on the Role of the OECD in Developing International Tax Norms, 34 Brooklyn Journal of International Law 2009, S. 757–781.

Ault, Hugh J./Sasseville, Jacques: Taxation and Non-Discrimination: A Reconsideration, World Tax Journal 2010, S. 101–125.

Aust, Anthony: Handbook of international law, 2. Auflage, Cambridge 2010.

Aust, Anthony: Modern Treaty Law and Practice, 3. Auflage, Cambridge 2013.

Avery Jones, John/Berg, Charles/Depret, Henri-Robert/Ellis, Maarten J./Fontaneau, Pierre/Lenz, Raoul/Miyatake, Toshio/Roberts, Sidney I./Sandels, Claes/ Strobl, Jakob/Ward, David A.: The Interpretation of Tax Treaties with Particular Reference to Article 3(2) of the OECD Model – II, British Tax Review 1984, S. 90–108.

Avery Jones, John/Baker, Philipp: The Multiple Amendment of Bilateral Double Taxation Conventions, Bulletin – Tax Treaty Monitor 2006, S. 19–22.

Avery Jones, John: Understanding the OECD Model Tax Convention: The Lesson of History, 10 Florida Tax Review 2009, S. 3–49.

Avi-Yonah, Reuven: International Taxation of Electronic Commerce, 52 Tax Law Review 1997, S. 507–555.

Avi-Yonah, Reuven: International Tax as International Law, New York 2007.

Avi-Yonah, Reuven: Who Invented The Single Tax Principle?: An Essay on the History of U.S. Treaty Policy, 59 New York Law School Law Review 2014/15, S. 305–315.

Avi-Yonah, Reuven/Xu, Haiyan: A Global Treaty Override? The New OECD Multilateral Tax Instrument and Its Limits, 39 Michigan Journal of International Law 2018, S. 155–216.

Avi-Yonah, Reuven: Altera, the Arm's Length Standard, and Customary International Tax Law, 38 Michigan Journal of International Law Opinio Juris 2018, S. 1–8.

Avi-Yonah, Reuven: Does Customary International Tax Law Exist?, University of Michigan Law School, Law & Economics Working Papers, Art. 161, 2019.

Bacia, Bartosz/Toporowski, Patryk: OECD Multilateral Instrument: The New Era in International Tax Law, Journal of Advanced Research in Law and Economics 2018, S. 386–395.

Bailer, Stefanie: What factors determine bargaining power and success in EU negotiations? Journal of European Public Policy 2010, S. 743–757.

Baistrocchi, Eduardo A.: The International Tax Regime and the BRIC World: Elements for a Theory, 33 Oxford Journal for Legal Studies 2013, S. 733–766.

Baldwin, David A.: Neoliberalism, Neorealism, and World Politics, in Baldwin, David. A. (Hrsg.), Neorealism and Neoliberalism, New York 1993, S. 3–25.

Bammens, Niels: The Principle of Non-Discrimination in International and European Tax Law, Amsterdam 2012.

Barak-Erez, Daphne: The Institutional Aspects of Comparative Law, 15 Columbia Journal of European Law 2009, S. 477–493.

Barbé, Vanessa: Droit Fiscal International, Issy-les-Moulinaux 2018.

Bärsch/Spengel: Hybrid Mismatch Arrangements, OECD Recommendations and German Practice, Bulletin for International Taxation 2013, S. 520–528.

Baxter, Richard Reeve: Multilateral Treaties as Evidence of Customary International Law, 41 British Yearbook of International Law 1965–1966, S. 275–300.

Becerra, Juan Angel: A Practical Approach to Determine the Influence of the OECD Multilateral Instrument on North American Tax Treaty Networks, Bulletin for International Taxation 2017, S. 598–606.

Becker, Johannes: Seminar C: Besteuerung einer digitalen Präsenz, IStR 2018, S. 634–638.

Becker, Johannes/Englisch, Joachim: Taxing Where Value Is Created: What's "User Involvement" Got to Do with It?, Intertax 2018, S. 161–171.

Benvenisti, Eyal: Judicial Misgivings Regarding the Application of International Law: An Analysis of Attitudes of National Courts, 4 European Journal of International Law 1993, S. 159–183.

Birk, Dieter/Tappe, Henning/Desens, Marc: Steuerrecht, 23. Auflage, Heidelberg 2020.

Black, Stephen T.: The Copyright Box Model, 41 Seattle University Law Review 2017, S. 179–208.

Blum, Daniel W.: The Relationship between the OECD Multilateral Instrument and Covered Tax Agreements: Multilateralism and the Interpretation of the MLI, Bulletin for International Taxation 2018, S. 131–140.

Bosman, Alexander: General Aspects of the Multilateral Instrument, Intertax 2017, S. 642–659.

Bradley, Curtis A./Goldsmith, Jack L.: Customary International Law as Federal Common Law: A Critique of the Modern Position, 110 Harvard Law Review 1997, S. 815–876.

Brähler, Gernot: Internationales Steuerrecht, 7. Auflage, Wiesbaden 2012.

Braun, Julia/Zagler, Martin: An Economic Perspective on Double Tax Treaties with(in) Developing Countries, World Tax Journal 2014, S. 242–281.

Brauner, Yariv: McBEPS: The MLI – The First Multilateral Tax Treaty that Has Never Been, Intertax 2018, S. 6–17.

Brauner, Yariv: The Multilateral Instrument as a Platform for Co-ordination of International Tax Policies, British Tax Review 2019, S. 437–461.

Brauner, Yariv: The True Nature of Tax Treaties, Bulletin for International Taxation 2020, S. 28–48.

Bravo, Nathalie: Future Changes to Covered Tax Agreements and the MLI, in Lang, Michael/Pistone, Pasquale/Rust, Alexander/Schuch, Josef/Staringer, Claus (Hrsg.), The OECD Multilateral Instrument for Tax Treaties. Analysis and Effects, Alphen aan den Rijn 2018, S. 237–264.(zitiert als Bravo, Future Changes to Covered Tax Agreements and the MLI)

Bravo, Nathalie: Mandatory Binding Arbitration in the BEPS Multilateral Instrument, Intertax 2019, S. 693–714.

Bravo, Nathalie: A Multilateral Instrument for Updating the Tax Treaty Network, Amsterdam 2020.

Bravo, Nathalie: Interpreting Tax Treaties in the Light of Reservations and Opt-Ins under the Multilateral Instrument, International Bulletin for Taxation 2020, S. 231–241.

Bretschger, Lucas/Hettich, Frank: Globalisation, capital mobility and tax competition: theory and evidence for OECD Countries, European Journal of Political Economy 2002, S. 695–716.

Broekhuijsen, Dirk: A Multilateral Tax Treaty. Designing an instrument to modernise international tax law, abrufbar unter: https://scholarlypublications.universiteitleiden.nl/handle/1887/57407, zuletzt abgerufen am 23.8.2021. (zitiert als Broekhuijsen, A Multilateral Tax Treaty)

Broekhuijsen, Dirk/Valderrama, Irma Mosquera: Revisiting the Case of Customary International Law, 23 International Community Law Review 2021, S. 79–103.

Brooks, Kim: Inter-Nation Equity: The Development of an Important but Underappreciated Tax Policy Objective, in Head, John G./Krever, Richard (Hrsg.), Tax Reform in the 21st Century. A Volume in Memory of Richard Musgrave, Alphen an den Rijn 2009, S. 471–498. (zitiert als Brooks, Inter-Nation Equity: The Development of an Important but Underappreciated International Tax Policy Objective)

Brosens, Linda/Bossuyt, Jasper: Legitimacy in International Tax Law-Making: Can the OECD Remain the Guardian of Open Tax Norms?, World Tax Journal 2020, S. 313–376.

Bühler, Ottmar: Prinzipien des Internationalen Steuerrechts, München, Berlin 1964.

Burgstaller, Eva/Schilcher, Michael: Subject-to-tax Clauses in Tax Treaties, European Taxation 2004, S. 266–276.

Byers, Michael: Custom, Power and the Power of Rules. International Relations and Customary International Law, Cambridge 2004.

Cai, Qiang: A Package Deal Is Not a Bad Deal: Reassessing the Method of Package Negotiation Under the Mutual Agreement Procedure, Intertax 2018, S. 744–752.

Camino, Cristina: The Future of Arbitration: Towards an International Tax Court?, in Majdanska, Alicja/Turcan, Laura (Hrsg.), OECD Arbitration in Tax Treaty Law, Wien 2018, S. 711–735. (zitiert als Camino, The Future of Arbitration: Towards an International Tax Court?)

Chan, Alfred Kwok Ki: Application of Mutual Agreement Procedure Article under the Multilateral Instrument to Covered Tax Agreements, 25 Asia-Pacific Tax Bulletin 2019 No. 2 (published online), S. 1–9.

Charney, Jonathan I.: International Agreements and the Development of Customary International Law, 61 Washington Law Review 1986, S. 971–996.

Christians, Allison: Hard Law, Soft Law, and International Taxation, 25 Wisconsin International Law Journal 2007, S. 325–333.

Christians, Allison: Networks, Norms, and National Tax Policy, 9 Washington University Global Studies Law Review 2010, S. 1–37.

Cleis, Maria Nicole: The Independence and Impartiality of ICSID Arbitrators, Leiden 2017.

Cnossen, Sijbren: Company Taxes in the European Union: Criteria and options for Reform, 17 Fiscal Studies 1996, S. 67–97.

Cockfield, Arthur J.: The Rise of the OECD as Informal "World Tax Organization" through National Responses to E-Commerce Tax Challenges, 8 Yale Journal of Law and Technology 2006, S. 136–187.

Cockfield, Arthur J./Arnold, Brian J.: What Can Trade Teach Tax? Examining Reform Options for Art. 24 (Non-Discrimination) of the OECD Model, World Tax Journal 2010 No. 2 (online edition), S. 1–9.

Cockfield, Arthur J.: BEPS and Global Digital Taxation, Tax Notes International 2014, S. 933–940.

Corten, Olivier/Klein, Pierre (Hrsg.): The Vienna Conventions on the Law of Treaties. A Commentary, Bd. I, New York 2011. (zitiert als Bearbeiter, in Corten/Klein, The Vienna Conventions on the Law of Treaties)

Cotterrell, Roger: Is There a Logic of Legal Transplants?, in Nelken, David/Feest, Johannes (Hrsg.), Adapting Legal Cultures, Portland 2001, S. 71–92. (zitiert als Cotterrell, Is There a Logic of Legal Transplants?)

Crawford, James: Brownlie's Principles of International Public Law, 8. Auflage, Oxford 2012.

Crotoof, Rebecca: Constitutional Convergence and Customary International Law, 54 Harvard International Law Journal Online 2013, S. 195–203.

Dagan, Tsilly: The Tax Treaty Myth, 32 N.Y.U. Journal of International Law and Politics 2000, S. 939–996.

Dahm, Georg (Begr.)/Delbrück, Jost/Wolfrum, Rüdiger: Völkerrecht. Die Grundlagen. Die Völkerrechtssubjekte, Bd. I/1, 2. Auflage, Berlin 1989. (zitiert als Dahm/Delbrück/Wolfrum, Völkerrecht)

Damberger, Robin: Scope of the Multilateral Instrument, in Lang, Michael/Pistone, Pasquale/Rust, Alexander/Schuch, Josef/Staringer, Claus (Hrsg.), The OECD Multilateral Instrument for Tax Treaties. Analysis and Effects, Alphen aan den Rijn 2018, S. 1–19. (zitiert als Damberger, Scope of the Multilateral Instrument)

Damm, Carolin: Die Europäische Union im universellen Völkergewohnheitsrecht, Tübingen 2016.

De Broe, Luc/Avery Jones, John/Ellis, Maarten/van Raad, Kees/Le Gall, Jean-Pierre/Torrione, Henri/Vann, Richard/Miyatake, Toshio/Roberts, Sidney/Goldberg, Sanford/Strobl, Jakob/Killius, Jürgen/Maisto, Guglielmo/Giuliani, Federico/Ward, David/Wiman, Berti: Interpretation of Article 15(2)(b) of the OECD Model Convention: "Remuneration Paid by, or on Behalf of, an Employer Who is not a Resident of the Other State", Bulletin – Tax Treaty Monitor 2000, S. 503–521.

De Pietro, Carla: Tax Treaty Override and the Need for Coordination between Legal Systems: Safeguarding the Effectiveness of International Law, World Tax Journal 2015, S. 73 – 97.

Dischinger, Matthias/Riedel, Nadine: Corporate taxes and the location of intangible assets within multinational firms, 95 Journal of Public Economics 2011, S. 691–707.

Donnelly, Jack: International Human Rights: A Regime Analysis, 40 International Organization 1986, S. 599–642.

Dörr, Oliver/Schmalenbach, Kirsten (Hrsg.): Vienna Convention on the Law of Treaties. A Commentary, Berlin, Heidelberg 2012. (zitiert als Bearbeiter, in Dörr/Schmalenbach, Vienna Convention on the Law of Treaties)

Donnelly, Jack: International Human Rights: A Regime Analysis, 40 International Organization 1986, S. 599–642.

Dourado, Ana Paula: Editorial: Post-BEPS International Tax Arbitration, Intertax 2019, S. 671–673.

Drezner, Daniel W.: The Power and Peril of International Regime Complexity, 7 Perspectives on Politics 2009, S. 65–70.

Dumberry, Patrick: Are BITs Representing the "New" Customary International Law in International Investment Law?, 28 Penn State International Law Review 2010, S. 675–701.

Dürrschmidt, Daniel: Tax Treaties and Most-Favoured-Nation Treatment, particularly within the European Union, Bulletin for International Taxation 2006, S. 202–214.

Dworkin, Robert: Taking Rights Seriously, London 1977.

Ebling, Klaus: Unilaterale Massnahmen gegen die internationale Doppelbesteuerung bei den Steuern vom Ertrag, Mainz 1970.

Ecker, Thomas/Koppensteiner, Franz: Anwendbarkeit der WTO-Abkommen auf direkte und indirekte Steuern, SWI 2009, S. 142–148.

Edwards, Jr., Richard W.: Reservations to Treaties, 10 Michigan Journal of International Law 1989, S. 362–405.

Efinger, Manfred/Rittberger, Volker/Wolf, Klaus Dieter/Zürn, Michael: Internationale Regime und internationale Politik, in Rittberger, Volker (Hrsg.), Theorien der Internationalen Beziehungen. Bestandsaufnahme und Forschungsperspektiven, S. 263–285. (zitiert als Efinger et al., Internationale Regime und internationale Politik)

Egger, Peter/Larch, Mario/Pfaffermayr, Michael/Winner, Hannes: The Impact of Endogenous Tax Treaties on Foreign Direct Investment: Theory and Evidence, 39 The Canadian Journal of Economics 2006, S. 901–931.

Elias, Taslim Olawale: The Modern Law of Treaties, Leiden 1974.

Endo, Ayumu: Zur Rezeption des Schenkungswiderrufsrechts wegen groben Undanks in Japan, in Schermaier, Martin Josef/Gephart, Werner (Hrsg.), Rezeption und Rechtskulturwandel. Europäische Rechtstraditionen in Ostasien und Russland, 1. Auflage, Frankfurt am Main 2016, S. 85–102. (zitiert als Endo, Zur Rezeption des Schenkungswiderrufsrechts wegen groben Undanks in Japan)

Engelen, Frank: Interpretation of Tax Treaties under International Law, Amsterdam 2004.

Engelen, Frank: Some Observations on the Legal Status of the Commentaries on the OECD Model, Bulletin – Tax Treaty Monitor 2006, S. 105–109.

Englisch, Joachim: Wettbewerbsgleichheit im grenzüberschreitenden Handel, Tübingen 2008.

Escribano, Eva: Jurisdiction to Tax Corporate Income Pursuant to the Presumptive Benefit Principle. A Critical Analysis of Structural Paradigms Underlying Corporate Income Taxation and Proposals for Reform, Alphen aan den Rijn 2019. (zitiert als: Escribano, Jurisdiction to Tax)

Fitzgerald, Robert: The Rise of the Global Company. Multinationals and the Making of the Modern World, Cambridge 2015.

Fleming, Clifton J./Peroni, Robert J./Shay, Stephen E.: Fairness in International Taxation: The Ability-to-Pay Case for Taxing Worldwide Income, 5 Florida Tax Review 2001, S. 299–354.

Flick, Hans: Das Erfordernis der Subjektidentität bei Doppelbesteuerungsnormen, StuW 1960, S. 329–350.

Flick, Hans: Methoden zur Ausschaltung der internationalen Doppelbesteuerung bei den direkten Steuern, Finanzarchiv 1961, S. 86–116.

Flick, Hans: Gleichheit von Steuergegenstand und Bemessungsgrundlage im Internationalen Steuerrecht, StuW 1961, S. 679–684.

Frotscher, Gerrit: Internationales Steuerrecht, 5. Auflage, München 2020.

Gadzo, Stjepan: The Principle of "Nexus" or "Genuine Link" as a Keystone of International Income Tax Law: A Reappraisal, Intertax 2018, S. 194–209.

Galbraith, Jean: Treaty Options: Towards a Behavioral Understanding of Treaty Design, 53 Virginia Journal of International Law 2013, S. 309–364.

Gamble, John King: Reservations to Multilateral Treaties: A Macroscopic View of State Practice, 74 The American Journal of International Law 1980, S. 372–394.

Garbarino, Carlo: Comparative Taxation and Legal Theory: The Tax Design Case of the Transplant of General Anti-Avoidance Rules, 11 Theoretical Inquiries in Law 2010, S. 765–790.

Garbarino, Carlo: Judicial Interpretation of Tax Treaties. The Use of the OECD Commentary, Cheltenham 2016.

Gehring, Thomas: Dynamic International Regimes. Institutions for International Environmental Governance, Frankfurt am Main 1994.

Germer, Peter: Interpretation of Plurilingual Treaties: A Study of Article 33 of the Vienna Convention on the Law of Treaties, 11 Harvard International Law Journal 1970, S. 400–427.

Gerten, Andreas: Die Gemeinsame Konsolidierte Körperschaftsteuer-Bemessungsgrundlage: (R)Evolution der Konzernbesteuerung?, IstR 2008, S. 377–392.

Ghouri, Ahmad Ali: Resolving Incompatibilities of Bilateral Investment Treaties of the EU Member States with the EC Treaty: Individual and Collective Options, 16 European Law Journal 2010, S. 806–830.

Glaser, Charles L.: Realists as Optimists: Cooperation as Self-Help, 19 International Security 1994–1995, S. 50–90.

Gloria, Christian: Das steuerliche Verständigungsverfahren und das Recht auf diplomatischen Schutz, Berlin 1988.

Gomes, Marcus Lívio: International Taxation and the Challenges for Multilateralism in the Context of the OECD Multilateral Instrument, Bulletin for International Taxation 2018, S. 87–98.

Gosch, Dietmar: Über die Auslegung von Doppelbesteuerungsabkommen, ISR 2013, S. 87–95.

Govind, Sriram/Pistone, Pasquale: The Relationship between Tax Treaties and the Multilateral Instrument: Compatibility Clauses in the Multilateral Instrument, in Lang, Michael/Pistone, Pasquale/Rust, Alexander/Schuch, Josef/Staringer, Claus (Hrsg.), The OECD Multilateral Instrument for Tax Treaties. Analysis and Effects, Alphen aan den Rijn 2018, S. 111–137. (zitiert als

Govind/Pistone, The Relationship between Tax Treaties and the Multilateral Instrument)

Govind, Sriram/Turcan, Laura: The Changing Contours of Dispute Resolution in the International Tax World: Comparing the OECD Multilateral Instrument and the Proposed EU Arbitration Directive, 71 Bulletin for International Taxation 2017 No. 3/4 (online edition), S. 1–11.

Govind, Sriram/Turcan, Laura: Cross-Border Tax Dispute Resolution in the 21st century: A Comparative Study of Existing Bilateral and Multilateral Remedies, 19 Derivates & Financial Instruments 2017 No. 5 (online edition), S. 1–23.

Gradl, Christoph/Kiesewetter, Michael: Das Mehrseitige Übereinkommen (Multilateral Instrument) zur Umsetzung abkommensbezogener Maßnahmen aus dem OECD/G20-BEPS-Projekt und dessen voraussichtlichen Auswirkungen auf die deutschen Doppelbesteuerungsabkommen, IStR 2018, S. 1–11.

Grmelová, Nicole: Interpretation of the Precautionary Principle of the WTO's Dispute Settlement Body with Respect to the Sanitary and Phytosanitary Agreement, Czech Yearbook of International Law 2017, S. 117–132.

Groen, Gerrit: The Nature and Scope of the Mandatory Arbitration Provision in the OECD Multilateral Convention (2016), Intertax 2017, S. 607–613.

Haarmann, Wilhelm: Die Missbrauchsverwirrung, IStR 2018, S. 561–574.

Haas, Ernst B.: Words can hurt you; or, who said what to whom about regimes, 36 International Organization 1982, S. 207–243.

Haase, Florian (Hrsg.): Außensteuergesetz. Doppelbesteuerungsabkommen, Heidelberg 2016. (zitiert als Bearbeiter, in Haase AStG, DBA)

Haase, Florian (Hrsg.): Multilaterales Instrument, Heidelberg 2018. (zitiert als Bearbeiter, in Haase, MLI)

Haggard, Stephan/Simmons, Beth A.: Theories of International Regimes, 41 International Organization 1987, S. 491–517.

Halliday, Fred: The Middle East in International Relations. Power, Politics and Ideology, New York 2005.

Hannum, Hurst: The Status of the Universal Declaration of Human Rights in National and International Law, 25 Georgia Journal International & Comparative Law 1995/96, S. 287–397.

Hart, Herbert Lionel Adolphus: The Concept of Law, 3. Auflage, Oxford 2012.

Hasenclever, Andreas: Liberale Ansätze zum „demokratischen Frieden", in Schieder, Siegfried/Spindler, Manuela (Hrsg.), Theorien der Internationalen Beziehungen, 3. Auflage, Regensburg 2010, S. 223–253. (zitiert als Hasenclever, Liberale Ansätze zum „demokratischen Frieden")

Haslehner, Werner: A Multilateral Interpretation of the Multilateral Instrument (and Covered Tax Agreements)?, Bulletin for International Taxation 2020, S. 222–230.

Hattingh, Johann: The Multilateral Instrument from a Legal Perspective: What May Be the Challenges?, 71 Bulletin for International Taxation 2017 No. 3/4 (online edition), S. 1–10.

Hattingh, Johann: The Impact of the BEPS Multilateral Instrument on International Tax Policies, Bulletin for International Taxation 2018, S. 234–247.

Hattingh, Johann: The Relevance of BEPS Materials for Tax Treaty Interpretation, Bulletin for International Taxation 2020, S. 179–196.

Helfer, Laurence R.: Flexibility in International Agreements, in Dunoff, Jeffrey L./Pollack, Mark A. (Hrsg.), Interdisciplinary Perspectives on International Law and International Relations, S. 175–196. (zitiert als Helfer, Flexibility in International Agreements)

Herdegen, Matthias: Völkerrecht, 20. Auflage, München 2021.

Hey, Johanna: Vom Nutzen des Nutzenprinzips für die Gestaltung der Steuerrechtsordnung, in Tipke, Klaus/Seer, Roman/Hey, Johanna/Englisch, Joachim (Hrsg.), Festschrift für Joachim Lang zum 70. Geburtstag, Gestaltung der Steuerrechtsordnung, Köln 2011, S. 133–165. (zitiert als Hey, Vom Nutzen des Nutzenprinzips, in FS Lang)

Higgins, Rosalyn: The Development of International Law by the Political Organs of the United Nations, 59 Proceedings of the American Society of International Law at Its Annual Meeting 1965, S. 116–124.

Ho, Khoonming/Jiang, Yuesheng (Hrsg.): A New Dawn for the International Tax System. Evolution from past to future and what role will China play?, Amsterdam 2017.

Holsti, Ole R.: Theories of International Relations and Foreign Policy: Realism and Its Challengers, in Kegley, Charles W., Controversies in International Relations Theory. Realism and the Neoliberal Challenge, S. 35–65. (zitiert als Holsti, Theories of International Relations and Foreign Policy)

Holzinger, Raphael: The Relevance of the Conference of the Parties for the Interpretation and Amendment of the Multilateral Instrument, in Lang, Michael/Pistone, Pasquale/Rust, Alexander/Schuch, Josef/Staringer, Claus (Hrsg.), The OECD Multilateral Instrument for Tax Treaties. Analysis and Effects, Alphen aan den Rijn 2018, S. 43–65. (zitiert als Holzinger, The Relevance of the Conference of the Parties)

Hong, Qing/Smart, Michael: In praise of tax havens: International tax planning and foreign direct investment, 54 European Economic Review 2010, S. 92–95.

Hongler, Peter/Pasquale, Pistone: Blueprints for A New PE Nexus to Tax Business Income in the Era of the Digital Economy, IBFD Working paper v. 20.1.2015.

Hongler, Peter: Justice in International Tax Law. A Normative Regime of the International Tax Regime, Amsterdam 2019. (zitiert als Hongler, Justice in International Tax Law)

Hummel, Roland: Fremdvergleich und hypothetischer Fremdvergleich, in Wassermeyer, Doppelbesteuerung. Festgabe zum 75. Geburtstag von Prof. Dr. Dr. h.c. Franz Wassermeyer, München 2015. (zitiert als Hummel, Fremdvergleich und hypothetischer Fremdvergleich, in FS Wassermeyer)

IFA: A: Reconstructing the treaty network, Cahiers de droit fiscal international, Volume 105, Rotterdam 2020.

Irawan, Romi: Historical Development of the OECD's Work on Treaty Abuse, in Blum, Daniel W./Seiler (Hrsg.), Markus, Preventing Treaty Abuse, Wien 2016, S. 23–44. (zitiert als Irawan, Historical Development of the OECD's Work on Treaty Abuse)

Isay, Ernst: Internationales Finanzrecht. Eine Untersuchung über die äußeren Grenzen der staatlichen Finanzgewalt, Stuttgart 1934.

Jacobs, Andreas: Realismus, in Schieder, Siegfried/Spindler, Manuela (Hrsg.), Theorien der Internationalen Beziehungen, 3. Auflage, Regensburg 2010, S. 39–64. (zitiert als Jacobs, Realismus)

Jacobs, Otto H.: Internationale Unternehmensbesteuerung, 8. Auflage, München 2016.

Janis, Mark W.: Sovereignty and International Law: Hobbes and Grotius, in Macdonald, Ronald St. John (Hrsg.), Essays in Honour of Wang Tieya, Dordrecht 1993, S. 391–400. (zitiert als Janis, Sovereignty and International Law: Hobbes and Grotius)

Jankowiak, Ingo: Doppelte Nichtbesteuerung im Internationalen Steuerrecht, Baden-Baden 2009.

Jenks, Wilfred: The Conflict of Law-Making Treaties, 30 British Yearbook of International Law, S. 401–453.

Jogarajan, Sunita: Double Taxation and the League of Nations, Cambridge 2018.

Jones, Geoffrey: Entrepreneurs, Firms and Global Wealth since 1850, Harvard Business School Working Paper No. 13-076 v. 12.3.2013

Jung, Christian: Auf den Spuren des 5. Elements – Die Kompatibilitätsklauseln des MLI, IStR 2019, S. 91–96.

Kane, Mitchell A.: A Defense of Source Rules in International Taxation, 32 Yale Journal on Regulation 2015, S. 311–361.

Kahl, Wolfgang/Waldhoff, Christian/Walter, Christian (Hrsg.): Bonner Kommentar zum Grundgesetz, 212. Aktualisierung, Heidelberg 2021. (zitiert als Bearbeiter, in Bonner Kommentar zum Grundgesetz)

Kahlenberg, Christian/Kopec, Agnieszka: Hybrid Mismatch Arrangements – A Myth or a Problem That Still Exists?, World Tax Journal 2016, S. 37–78.

Kau, Marcel: Der Staat und der Einzelne als Völkerrechtssubjekte, in Vitzthum, Wolfgang Graf/Proelß, Alexander (Hrsg.), Völkerrecht, 8. Auflage, Berlin 2019. (zitiert als Kau, Der Staat und der Einzelne als Völkerrechtssubjekte)

Kegel, Gerhard/Seild-Hohenveldern, Ignaz/Darby, Joseph J.: On the Territoriality Principle in International Law, 5 Hastings International & Comparative Law Review 1982, S. 245–290.

Kelsen, Hans: The Principle of Sovereign Equality of States as a Basis for International Organization, 53 The Yale Law Journal 1944, S. 207–220.

Keohane, Robert O.: The Demand for International Regimes, 36 International Organization 1982, S. 325–355.

Keohane, Robert O.: After Hegemony. Cooperation and Discord in the World Political Economy, Princeton 1984.

Keohane, Robert O.: Reciprocity in international relations, 40 International Organization 1986, S. 1–27.

Kim, Jung-hong: A New Age of Multilateralism in International Taxation? – Focusing on the OECD/G20 Action 15 (Multilateral Instrument), 21 Seoul Tax Law Review 2015, S. 227–278.

Kirchner, Jörg: Völkergewohnheitsrecht aus der Sicht der Rechtsanwendung. Möglichkeiten und Grenzen bei der Ermittlung völkergewohnheitsrechtlicher Normen, München 1989. (zitiert als Kirchner, Völkergewohnheitsrecht aus der Sicht der Rechtsanwendung)

Kleist, David: A Multilateral Instrument for Implementing Changes to Double Tax Treaties: Problems and Prospects, Intertax 2016, S. 823–830.

Kluge, Volker: Das internationale Steuerrecht, 4. Auflage, München 2000.

Kollmann, Jasmin/Roncarati, Alessandro/Staringer, Claus: Treaty Entitlement for Fiscally Transparent Entities: Articles 1 (2) of the OECD Model Convention, in Lang, Michael/Pistone, Pasquale/Rust, Alexander/Schuch, Josef/Staringer, Claus (Hrsg.), Base Erosion and Profit Shifting (BEPS). The Proposal to Revise the OECD Model Convention, S. 1–26. (zitiert als Kollmann/Roncarati/Staringer, Treaty Entitlement for Fiscally Transparent Entities)

Krasner, Stephen D.: Structural Causes and Regime Consequences: Regimes as Intervening Variables, 36 International Organization 1982, S. 185–205.

Krause, Michael: Internationale Doppelbesteuerung. Ursachen und Lösungen, IFSt-Schrift Nr. 405, Bonn 2003.

Kreutzer, Ralf T.: Treiber und Hintergründe der digitalen Transformation, in Schallmo, Daniel/Rusnjak, Andreas/Anzengruber, Johanna/Werani, Thomas/Jünger, Michael (Hrsg.), Digitale Transformation von Geschäftsmodellen. Grundlagen, Instrumente und Best Practices, Berlin 2017, S. 33–58. (zitiert als Kreutzer, Treiber und Hintergründe der digitalen Transformation)

Kunig, Philipp/Uerpmann-Wittzack, Robert: Völkerrecht und staatliches Recht, in Vitzthum, Wolfgang Graf/Proelß, Alexander (Hrsg.), Völkerrecht, 8. Auflage, Berlin 2019. (zitiert als Kunig/Uerpmann-Wittzack, Völkerrecht und staatliches Recht)

Kußmaul, Heinz/Berens, Bela: Doppelbesteuerung im internationalen Steuerrecht – Methoden und Maßnahmen zur Vermeidung von Doppelbesteuerung, StB 2016, S. 136–142.

Kydd, Andrew/Snidal, Duncan: Progress in Game-Theoretical Analysis of International Regimes, in Rittberger, Volker (Hrsg), Regime Theory and International Relations, New York 1993, S. 112–135. (zitiert als Kydd/Snidal, Progress in Game-Theoretical Analysis of International Regimes)

Laguna, Féliz Daniel Martínez: Abuse and Aggressive Tax Planning: Between OECD and EU Initiatives – The Dividing Line between Intended and Unintended Double Non-Taxation, World Tax Journal 2017, S. 189–246.

Lalive, Pierre: On the Neutrality of the Arbitrator and of the Place of Arbitration, in Reymond, Claude/Bucher, Eugène (Hrsg.), Recueil de Travaux Suisses sur l'Arbitrage International, Lausanne 1984, S. 23–33. (zitiert als Lalive, On the Neutrality of the Arbitrator and of the Place of Arbitration)

Lang, Michael/Pistone, Pasquale/Schuch, Josef/Staringer, Claus (Hrsg.): The Impact of the OECD and UN Model Conventions on Bilateral Tax Treaties, Cambridge 2012.

Lang, Michael: The Interpretation of Tax Treaties and Authentic Languages, in Guglielmo, Maisto/Nikolakakis, Angelo/Ulmer, John M. (Hrsg.), Essays on Tax Treaties, Toronto 2012. (zitiert als Lang, The Interpretation of Tax Treaties and Authentic Languages)

Lang, Michael: Introduction to the Law of Double Taxation Conventions, 2. Auflage, Wien 2013.

Lang, Michael: Die Auslegung des multilateralen Instruments, SWI 2017 S. 11–25.

Larenz, Karl/Canaris, Claus-Wilhelm: Methodenlehre der Rechtswissenschaft, 3. Auflage, Berlin, Heidelberg 1995.

Larson, Deborah Welch: Exchange and Reciprocity in International Negotiations, International Negotiation 1998, S. 121–138.

Lebow, Richard Ned: Classical Realism, in Dunne, Tim/Kurki, Milja/Smith, Steve (Hrsg.), International Relations Theories. Discipline and Diversity, New York 2007, S. 52–70. (zitiert als Lebow, Classical Realism)

Legrand, Pierre: What "Legal Transplants"?, in Nelken, David/Feest, Johannes (Hrsg.), Adapting Legal Cultures, Portland 2001, S. 55–70. (zitiert als Legrand, What "Legal Transplants"?)

Lennard, Michael: The UN Model Tax Convention as Compared with the OECD Model Tax Convention – Current Points of Difference and Recent Developments, Asia-Pacific Tax Bulletin 2009, S. 4–11.

Lepard, Brian D.: Is the United States Obligated to Drive on the Right? A Multidisciplinary Inquiry into the Normative Authority of Contemporary International Law Using the Arm's Length Standard as a Case Study, 10 Duke Journal of Comparative & International Law 1999, S. 43–190.

Lepard, Brian D.: Customary International Law. A New Theory with Practical Applications, New York 2010.

Li, Jinyan: Tax Transplants and Local Culture: A Comparative Study of the Chinese and Canadian GAAR, 11 Theoretical Inquiries in Law 2010, S. 655–685.

Li, Jinyan: The Great Fiscal Wall of China: Tax Treaties and Their Role in Defining and Defending China's Tax Base, Bulletin for International Taxation 2012, S. 452–479.

Li, Jinyan: Tax Transplants and the Critical Role of Processes: A Case Study of China, 3 Journal of China Tax and Policy 2013, S. 85–139.

Linderfalk, Ulf: On The Interpretation of Treaties. The Modern International Law as Expressed in the 1969 Vienna Convention on the Law of Treaties, Dordrecht 2007.

Lindroos, Anja: Addressing Norm Conflicts in a Fragmented Legal System: The Doctrine of Lex Specialis, 74 Nordic Journal of International Law 2005, S. 27–66.

Lipson, Charles: The Transformation of Trade: The Sources and Effects of Regime Change, 36 International Organization 1982, S. 417–455.

Liu, Doreen/Reyneveld, Jaap/Charlotte, Straatman: OECD's Work on the Digital Economy: Impact Far beyond the Digital Economy, International Transfer Pricing Journal 2019, S. 295–304.

Livingston, Michael A: Tax and Culture. Convergence, Divergence, and the Future of Tax Law, Cambridge 2020.

Lornsen, Birgitt: Unilaterale Maßnahmen der Bundesrepublik Deutschland zur Ausschaltung der internationalen Doppelbesteuerung bei der Einkommen- und Körperschaftsteuer, Frankfurt am Main 1987.

Loukota, Helmut: Multilateral Tax Treaty Versus Bilateral Treaty Network, in Lang, Michael/Loukota, Helmut/Rädler, Albert J./Schuch, Josef/Toifl, Gerald/ Urtz, Christoph/Wassermeyer, Franz/Züger, Mario (Hrsg.), Multilateral Tax Treaties. New Developments in International Tax Law, Wien 1998, S. 83–103.

Magalhães, Tarcisio Diniz: What is Really Wrong with Global Tax Governance and How to Properly Fix It, World Tax Journal 2018, S. 499–536.

Malherbe, Philippe: Éléments de droit fiscal international, Brüssel 2015.

Manzi, Gaetano: The Autonomous Interpretation of the Multilateral Instrument with Particular Relevance to Article 2(2), Bulletin for International Taxation 2020, S. 742–756.

Martin, Lisa L.: Neoliberalism, in Dunne, Tim/Kurki, Milja/Smith, Steve (Hrsg.), International Relations Theories. Discipline and Diversity, New York 2007, S. 109–126. (zitiert als Martin, Neoliberalism)

Matscher, Franz: Vertragsauslegung durch Vertragsvergleichung in der Judikatur internationaler Gerichte, vornehmlich vor den Organen der EMRK, in Bernhardt, Rudolf/Geck, Wilhelm Karl/Jaenicke, Günther/Steinberger, Helmut (Hrsg.), Völkerrecht als Rechtsordnung, Internationale Gerichtsbarkeit, Menschenrechte, Heidelberg 1983, S. 545–566. (zitiert als Matscher, Vertragsauslegung durch Vertragsvergleichung)

Matz, Nele: Wege zur Koordinierung völkerrechtlicher Verträge. Völkervertragsrechtliche und institutionelle Ansätze, Heidelberg 2005.

Mclachlan, Campbell: The Principle of Systemic Integration and Article 31(3)(c) of the Vienna Convention, 54 International and Comparative Law Quarterly 2005, S. 279–319.

McLure, Jr., Charles E.: Globalization, Tax Rules and National Sovereignty, Bulletin for International Taxation 2001, S. 328–341.

Mearsheimer, John J.: Structural Realism, in Dunne, Tim/Kurki, Milja/Smith, Steve (Hrsg.), International Relations Theories. Discipline and Diversity, New York 2007, S. 71–88. (zitiert als Mearsheimer, Structural Realism)

Merkouris, Panos: "Third Party" Considerations and "Corrective Interpretation" in the Interpretative Use of Travaux Préparatoires: – Is it Fahrenheit 451 for Preparatory Work? –, in Malgosia, Fitzmaurice/Elias, Olufemi/Merkouris, Panos (Hrsg.), Treaty Interpretation and the Vienna Convention on the Law of Treaties: 30 Years on, Leiden 2010, S. 75–95. (zitiert als Merkouris, "Third Party" Considerations and "Corrective Interpretation" in the Interpretative Use of Travaux Préparatoires)

Meron, Theodor: The Continuing Role of Custom in the Formation of International Humanitarian Law, 90 The American Journal of International Law 1996, S. 238–249.

Michineau, Marine: Droit fiscal, 2. Auflage, Paris 2020.

Miladinovic, Alexandra/Rust, Alexander: Options under the Multilateral Instrument, in Lang, Michael/Pistone, Pasquale/Rust, Alexander/Schuch, Josef/Staringer, Claus (Hrsg.), The OECD Multilateral Instrument for Tax Treaties. Analysis and Effects, Alphen aan den Rijn 2018, S. 139–164. (zitiert als Miladinovic/Rust, Options under the Multilateral Instrument)

Miller, Angharad/Oats, Lynne: Principles of International Taxation, 4. Auflage, Haywards Heath 2014.

Miller, Jonathan M.: A Typology of Legal Transplants: Using Sociology, Legal History and Argentine Examples to Explain the Transplant Process, 51 The American Journal of Comparative Law 2003, S. 839–885.

Mooij, Hans: Arbitration Institutes: An Issue Overlooked, Intertax 2019, S. 737–744.

Morris, Madeleine: Few Reservations about Reservations, 1 Chicago Journal of International Law 2000, S. 341–346.

Mortenson, Julian Davis: The Travaux of Travaux: Is the Vienna Convention Hostile to Drafting History?, 107 The American Journal of International Law 2013, S. 780–822.

Mus, Jan B.: Conflicts between Treaties in International Law, Netherlands International Law Review 1998, S. 208–232.

Musgrave, Richard A./Musgrave, Peggy: Inter-Nation Equity, in Bird, Richard M./Head, John G. (Hrsg.), Modern Fiscal Issues. Essays in Honor of Carl S. Shoup, Toronto 1972. (zitiert als Musgrave/Musgrave, Inter-Nation Equity)

Narotzki, Doron: Tax Treaty Models – Past, Present and A Suggested Future, 50 Akron Law Review 2017, S. 383–423.

Neto, Luís Flávio: Baseball Arbitration: The Trendiest Alternative Dispute Resolution Mechanism in International Taxation, 8 International Tax Studies 2019, S. 2–16.

Nye, Jr., Joseph S.: Nuclear learning and U.S.-Soviet security regimes, 41 International Organization 1987, S. 371–402.

Olbert, Marcel/Spengel, Christpoh: International Taxation in the Digital Economy: Challenge Accepted?, World Tax Journal 2017, S. 3–46.

Olmstead, Cecil J.: Jurisdiction, 14 Yale Journal of International Law 1989, S. 468–488.

Panayi, Christiana: International Tax Law Following the OECD/G20 Base Erosion and Profit Shifting Project, Bulletin for International Taxation 2016, S. 628–660.

Panke, Diana/Risse, Thomas: Liberalism, in Dunne, Tim/Kurki, Milja/Smith, Steve (Hrsg.), International Relations Theories. Discipline and Diversity, New York 2007, S. 89–108. (zitiert als Panke/Risse, Liberalism)

Parada, Leopoldo: Double Non-taxation and the Use of Hybrid Entities. An Alternative Approach in the New Era of BEPS, Alphen aan den Rijn 2018.

Parisi, Francesco/Ghei, Nita: The Role of Reciprocity in International Law, 36 Cornell International Law Journal 2003, S. 93–123.

Parisi, Francesco/Sevcenko, Catherine: Treaty Reservations and the Economics of Article 21 (1) of the Vienna Convention, 21 Berkeley Journal of International Law 2003, S. 1–26.

Petruzzi, Raffaele/Koch, Petra/Turcan, Laura: Baseball Arbitration in Comparison to Other Types of Arbitration, in Lang, Michael/Owens, Jeffrey (Hrsg.), International Arbitration in Tax Matters, Amsterdam 2015, S. 139–158. (zitiert als Petruzzi/Koch/Turcan, Baseball Arbitration in Comparison to Other Types of Arbitration)

Picciotto, Sol: International Business Taxation. A Study in the Internationalization of Business Regulation, Cambridge 1992.

Pistone, Pasquale: General Report, in Lang, Michael/Pistone, Pasquale/Schuch, Josef/Staringer, Claus (Hrsg.), The Impact of the OECD and UN Model Conventions on Bilateral Tax Treaties, Cambridge 2012. (zitiert als Pistone, General Report, in Lang et al., The Impact of the OECD and UN Model Conventions on Bilateral Tax Treaties)

Pit, Harm Mark: Arbitration under the OECD Multilateral Instrument: Reservations, Options and Choices, Bulletin for International Taxation 2017, S. 568–591.

Plous, Scott: The Nuclear Arms Race: Prisnoner's Dilemma or Perceptual Dilemma?, 30 Journal of Peace Research 1993, S. 163–179.

Posner, Eric. A./Goldsmith, Jack L. Gold: A Theory of Customary International Law, 66 The University of Chicago Law Review 1999, S. 1113–1177.

Postler, Steffen: Die Digitalisierung traditioneller Geschäftsmodelle: Ein Ansatz zum Umgang mit steuerlichen Verrechnungspreisen, IStR 2019, S. 100–107.

Prakash, Saikrishna: The Constitutional Status of Customary International Law, 26 Harvard Journal of Law & Public Policy 2006, S. 65–71.

Prokisch, Rainer: Fragen der Auslegung von Doppelbesteuerungsabkommen, SWI 1994, S. 52–60.

Puchala, Donald J./Jopkins, Raymond F.: International Regimes: Lessons from Inductive Analysis, 36 International Organization 1982, S. 245–275.

Reese, Paul D.: United States Tax Treaty Policy Towards Developing Countries: The China Example, 35 UCLA Law Review 1987, S. 369–397.

Reimer, Ekkehart: Transnationales Steuerrecht, in Möllers, Christoph/Vosskuhle, Andreas/Walter, Christian (Hrsg.), Internationales Verwaltungsrecht, Tübingen 2007, S. 181–207. (zitiert als Reimer, Transnationales Steuerrecht)

Reimer, Ekkehart/Rust, Alexander: Klaus Vogel on Double Taxation Conventions, Bd. I, 4. Auflage, Alphen aan den Rijn 2015. (zitiert als Bearbeiter, in Reimer/Rust, Klaus Vogel on Double Taxation Conventions, Bd. I)

Reimer, Ekkehart: Meilenstein des BEPS-Programms: Das Multilaterale Übereinkommen zur Umsetzung der DBA-relevanten Maßnahmen, IStR 2017, S. 1–6.

Reinhold, Richard L.: What is Tax Treaty Abuse? (Is Treaty Shopping an Outdated Concept?), 53 Tax Lawyer 2000, S. 663–702.

Reith, Thomas: Internationales Steuerrecht, München 2004.

Rigaut, Aloys: Anti-Tax Avoidance Directive (2016/1164): New EU Policy Horizons, European Taxation 2016, S. 497–505.

Ring, Diane: International Tax Relations: Theory and Implications, 60 Tax Law Review 2007, S. 83–154.

Rixen, Thomas: The Political Economy of International Tax Governance, Chippenham and Eastbourne 2008.

Rixen, Thomas: Bilateralism or multilateralism? The political economy of avoiding international double taxation, European Journal of International Relations 2010, S. 589–614.

Roberts, Anthea: Comparative International Law? The Role of National Courts in Creating and Enforcing International Law, 60 International and Comparative Law Quarterly 2011, S. 57–92.

Rosenbloom, David H./Noked, Noam/Helal, Mohamed S.: The Unruly World of Tax: A Proposal for an International Tax Cooperation Forum, 15 Florida Tax Review 2014, S. 57–87.

Ruggie, Johnn Gerard: International Regimes, Transactions, and Change: Embedded Liberalism in the Postwar Economic Order, 36 International Organization 1982, S. 379–415.

Sacco, Rodolfo: Legal Formants: A Dynamic Approach to Comparative Law (Installment II of II), 39 The American Journal of Comparative Law 1991, S. 343–401.

Sachs, Michael (Hrsg.): Grundgesetz. Kommentar, 9. Auflage, München 2021. (zitiert als Bearbeiter, in Sachs, Grundgesetz)

Salacuse, Jeswald W./Sullivan, Nicholas P.: Do BITs Really Work?: An Evaluation of Bilateral Investment Treaties and Their Grand Bargain, 46 Harvard International Law Journal 2005, S. 67–130.

Schacherreiter, Judith: Das Landeigentum als Legal Transplant in Mexiko, Tübingen 2014.

Schallmo, Daniel/Rusnjak, Andreas: Roadmap zur Digitalen Transformation von Geschäftsmodellen, in Schallmo, Daniel/Rusnjak, Andreas/Anzengruber, Johanna/Werani, Thomas/Jünger, Michael (Hrsg.), Digitale Transformation von Geschäftsmodellen. Grundlagen, Instrumente und Best Practices, Wiesbaden 2017, S. 1–31. (zitiert als Schallmo/Rusnjak, Roadmap zur Digitalen Transformation von Geschäftsmodellen)

Schanz, Georg: Zur Frage der Steuerpflicht, Finanzarchiv 1892, S. 365–438.

Schanz, Georg: Die Doppelbesteuerung und der Völkerbund, Finanzarchiv 1923, S. 353–370.

Schaumburg, Harald: Das Leistungsfähigkeitsprinzip im internationalen Steuerrecht, in Lang, Joachim (Hrsg.), Die Steuerrechtsordnung in der Diskussion, Festschrift für Klaus Tipke zum 70. Geburtstag, Köln 1995, S. 125–151. (zitiert als Schaumburg, Das Leistungsfähigkeitsprinzip im internationalen Steuerrecht, in FS Tipke)

Schaumburg, Harald (Hrsg.): Internationales Steuerrecht, 4. Auflage, Köln 2017.

Schaumburg, Harald/Englisch, Joachim (Hrsg.): Europäisches Steuerrecht, 2. Auflage, Köln 2020. (zitiert als Bearbeiter, in Schaumburg/Englisch, Europäisches Steuerrecht)

Schermaier, Martin Josef: Einleitung: Transplantationen und Irritationen, Evolutionen und Diffusionen. Über Bedingungen und Konsequenzen der Rezeption fremden Rechts, in Schermaier, Martin Josef/Gephart, Werner (Hrsg.), Rezeption und Rechtskulturwandel. Europäische Rechtstraditionen in Ostasien und Russland, 1. Auflage, Frankfurt am Main 2016, S. 9–32. (zitiert als Schermaier, Transplantationen und Irritationen, Evolutionen und Diffusionen)

Schön, Wolfgang: International Tax Coordination for a Second-Best World (Part I), World Tax Journal 2009, S. 67–114.

Schönfeld, Jens/Ditz, Xaver: Doppelbesteuerungsabkommen, 2. Auflage, Köln 2019. (zitiert als Bearbeiter, in Schönfeld/Ditz, DBA)

Schörnig, Niklas: Neorealismus, in Schieder, Siegfried/Spindler, Manuela (Hrsg.), Theorien der Internationalen Beziehungen, 3. Auflage, Regensburg 2010, S. 65–96. (zitiert als Schörnig, Neorealismus)

Schoueri, Luís Eduardo/Galdino, Guilherme: Action 2 and the Multilateral Instrument: Is the Reservation Power Putting Coordination at Stake, Intertax 2018, S. 104–114.

Schuch, Josef/Van West, Jean-Philippe: Authentic Languages and Official Translations of the Multilateral Instrument, in Lang, Michael/Pistone, Pasquale/Rust, Alexander/Schuch, Josef/Staringer, Claus (Hrsg.), The OECD Multilateral Instrument for Tax Treaties. Analysis and Effects, Alphen aan den Rijn 2018, S. 67–87. (zitiert als Schuch/Van West, Authentic Languages and Official Translations of the Multilateral Instrument)

Schulze, Reiner/Janssen, André/Kadelbach, Stefan (Hrsg.): Europarecht, 4. Auflage, Baden-Baden 2020. (zitiert als Bearbeiter, in Schulze/Janssen/Kadelbach, Europarecht)

Schwarz, Jonathan: The Impact of the New Preamble on the Interpretation of Old and New Treaties and on the Policy of Abuse Prevention, Bulletin for International Taxation 2020, S. 174–178.

Shaviro, Daniel: The Two Faces of the Single Tax Principle, 41 Brooklyn Journal of International Law 2016, S. 1293–1301.

Shaw, Malcolm N.: International Law, 8. Auflage, Cambridge 2017.

Shelton, Dinah: State Practice on Reservations to Human Rights Treaties, Canadian Human Rights Yearbook 1983, S. 205–234.

Shelton, Dinah: Introduction, in Shelton, Dinah (Hrsg.), International Law and Domestic Legal Systems, New York 2011, S. 1–22. (zitiert als Shelton, International Law and Domestic Legal Systems)

Sinclair, Ian M.: The Vienna Convention on the Law of Treaties, Manchester 1973.

Sloane, Robert D.: Breaking the Genuine Link: The Contemporary International Legal Regulation of Nationality, 50 Harvard International Law Journal 2009, S. 1–60.

Spindler, Manuela: Interdependenz, in Schieder, Siegfried/Spindler, Manuela (Hrsg.), Theorien der Internationalen Beziehungen, 3. Auflage, Regensburg 2010, S. 97–130.

Spitaler, Armin: Das Doppelbesteuerungsproblem bei den direkten Steuern, 2. Auflage Köln 1967.

Sprinz, Detlev F.: Internationale Regime und Institutionen, in Hellmann, Gunther/Wolf, Klaus Dieter/Zürn, Michael (Hrsg.), Die neuen Internationalen Beziehungen. Forschungsstand und Perspektiven in Deutschland, Baden-Baden 2003, S. 251–273. (zitiert als Sprinz, Internationale Regime und Institutionen)

Stein, Arthur: Coordination and Collaboration: Regimes in an Anarchic World, 36 International Organization 1982, S. 299–324.

Sternberg, Christian: Die exterritoriale Besteuerungsgewalt des Staates, Berlin 2019.

Strange, Susan: Cave! Hic Dragones: A Critique of Regime Analysis, 36 International Organization 1982, S. 479–496.

Strotkemper, Noemi: Das Spannungsverhältnis zwischen Schiedsverfahren in Steuersachen und einem Internationalen Steuergerichtshof, Baden-Baden 2017. (zitiert als Strotkemper, Schiedsverfahren in Steuersachen)

Szczepanski, Jan Karol: The Dual System of OECD Model Tax Conventions from the Evolutionary Perspective, Intertax 2018, S. 766–793.

Thomas, Chantal: Customary International Law and State Taxation of Corporate Income: The Case for the Separate Accounting Method, 14 Berkeley Journal of International Law 1996, S. 99–136.

Thuronyi, Victor: International Tax Cooperation and a Multilateral Treaty, 26 Brooklyn Journal of International Law 2001, S. 1641–1681.

Ting, Antony: iTax – Apple's International Tax Structure and the Double Non-Taxation Issue, British Tax Review 2014, S. 40–71.

Tipke, Klaus: Die Steuerrechtsordnung, Bd. I, 2. Auflage, Köln 2000.

Tipke, Klaus: Die Steuerrechtsordnung, Bd. II, 2. Auflage, Köln 2003.

Tipke, Klaus/Lang, Joachim (Begr.)/Seer, Roman/Hey, Johanna (Hrsg.): Steuerrecht, 20. Auflage, Köln 2010. (zitiert als Bearbeiter, in Tipke/Lang, Steuerrecht, 20. Auflage)

Tipke, Klaus/Lang, Joachim (Begr.)/Seer, Roman/Hey, Johanna (Hrsg.): Steuerrecht, 24. Auflage, Köln 2021. (zitiert als Bearbeiter, in Tipke/Lang, Steuerrecht)

Trimble, Phillip R.: A Revisionist View of Customary International Law, 33 UCLA Law Review 1986, S. 665–732.

Unnikrishnan, Anandapadmanabhan/Nagappan, Meyyappan: Virtual Permanent Establishments: Indian Law and Practice, Intertax 2018, S. 520–540.

Valderrama, Irma Johanna Mosquera: Legal Transplants and Comparative Law, International Law Journal 2004, S. 261–276.

Valta, Matthias: Das internationale Steuerrecht zwischen Effizienz, Gerechtigkeit und Entwicklungshilfe, Tübingen 2014. (zitiert als: Valta, Das Internationale Steuerrecht)

van Aaken, Anne: Defragmentation of Public International Law Through Interpretation: A Methodological Proposal, 16 Indiana Journal of Global Legal Studies 2009, S. 483–512.

van Herksen, Monique/Fraser, David: Comparative Analysis: Arbitration Procedures for Handling Tax Controversy, International Transfer Pricing Journal 2009, S. 143–160.

van Lück, Kolja: Steuerrecht und Digital Economy. Lösungsansätze sachgerechter Besteuerung multinationaler Unternehmen der digitalisierten Wirtschaft, Berlin 2018.

Vandevelde, Kenneth J.: A Brief History of International Investment Agreements, in Sauvant, Karl P./Sachs, Lisa E. (Hrsg.), The Effect of Treaties on Foreign Direct Investment: Bilateral Investment Treaties, Double Taxation Treaties, and Investment Flows, Oxford 2009, S. 3–35. (zitiert als Vandevelde, A Brief History of International Investment Agreements)

Vanistendael, Frans: Democracy, Revolution and Taxation, Bulletin for International Taxation 2017, S. 444–451.

Verdier, Pierre-Hugues/Versteeg, Mila: International Law in National Legal Systems: An Empirical Investigation, 109 American Journal of International Law 2015, S. 514–533.

Vierdag, E.W.: The Time of the "Conclusion" of a Multilateral Treaty: Article 30 of the Vienna Convention on the Law of Treaties and Related Provisions, in 59 The British Yearbook of International Law, S. 75–111.

Villiger, Mark E.: Commentary on the 1969 Vienna Convention on the Law of Treaties, Leiden 2009.

Vogel, Klaus: Die Besteuerung von Auslandeinkünften – Prinzipien und Praxis, in Vogel, Klaus (Hrsg.), Grundfragen des Internationalen Steuerrechts, DStJG 1985, S. 3–31. (zitiert als Vogel, Die Besteuerung von Auslandseinkünften, DStJG 1985)

Vogel, Klaus: Double Tax Treaties and Their Interpretation, 4 International Tax & Business Lawyer 1986, S. 4–85.

Vogel, Klaus: Worldwide vs. source taxation of income – A review and re-evaluation of arguments (Part I), Intertax 1988, S. 216–229.

Vogel, Klaus: The Influence of the OECD Commentaries on Treaty Interpretation, Bulletin – Tax Treaty Monitor 2000, S. 612–616.

Vogel, Klaus (Begr.)/Lehner, Moris (Hrsg.): Doppelbesteuerungsabkommen der Bundesrepublik Deutschland auf dem Gebiet der Steuern vom Einkommen und Vermögen. Kommentar auf der Grundlage der Musterabkommen, 7. Auflage, München 2021. (zitiert als Bearbeiter, in Vogel/Lehner, DBA)

Wakounig, Svetlana: Interpretation of Terms Used in the Multilateral Instrument, in Lang, Michael/Pistone, Pasquale/Rust, Alexander/Schuch, Josef/Staringer, Claus (Hrsg.), The OECD Multilateral Instrument for Tax Treaties. Analysis and Effects, Alphen aan den Rijn 2018, S. 21–41. (zitiert als Wakounig, Interpretation of Terms Used in the Multilateral Instrument)

Walker, Benjamin: Reservations to the Multilateral Instrument, in Lang, Michael/Pistone, Pasquale/Rust, Alexander/Schuch, Josef/Staringer, Claus (Hrsg.), The

OECD Multilateral Instrument for Tax Treaties. Analysis and Effects, Alphen aan den Rijn 2018, S. 165–190. (zitiert als Walker, Reservations to the Multilateral Instrument)

Waltz, Kenneth: Realist Thought and Neorealist Theory, in Kegley, Charles W., Controversies in International Relations Theory. Realism and the Neoliberal Challenge, S. 67–82. (zitiert als Waltz, Realist Thought and Neorealist Theory)

Waltz, Kenneth: Theory of International Politics, Long Grove Reissued 2010.

Wassermeyer, Franz/Baumhoff, Hubertus: Verrechnungspreise international verbundener Unternehmen, Köln 2014. (zitiert als Bearbeiter, in Wassermeyer/Baumhoff, Verrechnungspreise international verbundener Unternehmen)

Wassermeyer, Franz/Kaeser, Christian/Schwenke, Michael/Drüen, Klaus-Dieter (Hrsg.): Doppelbesteuerung, Kommentar zu allen deutschen Doppelbesteuerungsabkommen, Bd. I: Kommentierung OECD-MA, 153. EGL, München März 2021. (zitiert als: Bearbeiter, in Wassermeyer, Doppelbesteuerung)

Weiss, Martin: The Impact of Article 9 of the OECD Model on German Taxation, European Taxation 2016, S. 51–57.

Whittaker, Donald R.: An Examination of the O.E.C.D. and U.N. Model Tax Treaties: History, Provisions and Application to U.S. Foreign Policy, 8 North Carolina Journal of International Law and Commercial Regulation 1982, S. 39–60.

Wilson, Peter Antony: BRICS and International Tax Law, Alphen aan den Rijn 2018.

Young, Oran R.: Regime Dynamics: The Rise and Fall of International Regimes, 36 International Organization 1982, S. 277–297.

Zahra, Ian: The Principle Purpose Test: A Critical Analysis of Its Substantive and Procedural Aspects – Part 1, Bulletin for International Taxation 2019, S. 609–622.

Zamoro, Stephen: Is There Customary International Economic Law, 32 German Yearbook of International Law 1989, S. 9–42.

Zangl, Bernhard: Regimetheorie, in Schieder, Siegfried/Spindler, Manuela (Hrsg.), Theorien der Internationalen Beziehungen, 3. Auflage, Regensburg 2010, S. 131–155. (zitiert als Zangl, Regimetheorie)

Zinser, Thomas: Risiken steuerlicher Verrechnungspreise in Wertschöpfungsnetzwerken und hybriden Geschäftsmodellen, DB 2018, S. 2317–2325.

Zöhrer, Christiane: Notifications According to the Multilateral Instrument and Consolidated Versions of Tax Treaties, in Lang, Michael/Pistone, Pasquale/Rust, Alexander/Schuch, Josef/Staringer, Claus (Hrsg.), The OECD Multilateral Instrument for Tax Treaties. Analysis and Effects, Alphen aan den Rijn

2018, S. 191–209. (zitiert als Zöhrer, Notifications According to the Multilateral Instrument and Consolidated Versions of Tax Treaties)

Zuleeg, Manfred: Vertragskonkurrenz im Völkerrecht Teil I: Verträge zwischen souveränen Staaten, 20 German Yearbook of International Law 1977, S. 246–276.

Zürn, Michael: Gerechte internationale Regime. Bedingungen und Restriktionen der Entstehung nicht-hegemonialer internationaler Regime untersucht am Beispiel der Kommunikationsordnung, Frankfurt am Main 1987.

Finanz- und Steuerrecht in Deutschland und Europa

Herausgegeben von Klaus-Dieter Drüen, Hanno Kube
und Rainer Wernsmann

Band 1 Gordon Dreher: Das Alterseinkünftegesetz. Systematische Darstellung und verfassungsrechtliche Zweifelsfragen. 2007.

Band 2 Nils Meyer-Sandberg: Die Duale Einkommensteuer als Modell ungleicher Besteuerung von Arbeit und Kapital. 2008.

Band 3 Alexander Pfab: Die Behandlung von Bildungsaufwendungen im deutschen Einkommensteuerrecht. 2008.

Band 4 Christian Johannes Müller: Einnahmeverzicht im Einkommensteuerrecht – insbesondere durch verbilligte Wohnungsüberlassung an nahe Angehörige. 2009.

Band 5 Melanie Falkner: Die Einkunftserzielungsabsicht als subjektives Besteuerungsmerkmal. Eine Analyse subjektiver Tatbestandsmerkmale im Steuerrecht. Zugleich ein Beitrag zur Liebhaberei im Steuerrecht. 2009.

Band 6 Steffen Ott: Die Vertreterbetriebsstätte nach OECD-MA. 2009.

Band 7 Christoph Wagner: Steuergleichheit unter Standortvorbehalt? Verfassungsrechtliche Grenzen einer ungleichen Einkommensbesteuerung von Kapital und Arbeit. 2010.

Band 8 Andreas Goetze: Die Ersetzung der sieben Einkunftsarten des EStG durch eine einzige. Zur Gleichheit aller Erwerbsgrundlagen in einem vereinfachten Steuerrecht. 2010.

Band 9 Hanno Kube: Der bundesstaatliche Finanzausgleich. Verfassungsrechtlicher Rahmen, aktuelle Ausgestaltung, Entwicklungsperspektiven. 2011.

Band 10 Katharina Brauer: Abgrenzung der Lebensmittellieferung von der Restaurationsdienstleistung im Umsatzsteuerrecht. 2011.

Band 11 Marc Schubert: Die Verfassungswidrigkeit der Erbschaft- und Schenkungsteuer und die verfassungsrechtlichen Anforderungen an eine Neuregelung. 2011.

Band 12 Martin Rehberg: Der Zuzug und Wegzug von Kapitalgesellschaften in gesellschafts- und steuerrechtlicher Hinsicht. 2011.

Band 13 Dirk Wünschig: Perspektiven eines europarechtskonformen Gemeinnützigkeits- und Zuwendungsrechts. Eine Untersuchung nach „Stauffer" und „Persche" bei gleichzeitiger Kritik an der Neufassung des Gemeinnützigkeitsrechts nach dem Jahressteuergesetz 2009. 2011.

Band 14 Sebastian Grimm: Die negative Konkurrentenklage im Steuerrecht. 2011.

Band 15 Arne von Freeden: Minder- und Mehrabführungen nach § 14 Abs. 4, § 27 Abs. 6 KStG. Ausgleichspostenlösung und Einlagelösung. 2011.

Band 16 Anne Keller: Rechtsschutz gegen Maßnahmen der steuerlichen Außenprüfung. 2011.

Band 17 Larissa Maier-Bledjian: Sondervermögen des Bundes. 2011.

Band 18 Philipp Riedl: Die internationale Doppelbesteuerung im EU-Binnenmarkt. 2012.

Band 19 Anna Schwarz: Die Pensionszusage an den Mitunternehmer der Personengesellschaft im Einkommensteuerrecht. 2012.

Band 20 Carsten Höink: Nichtsteuerbare Vermögensübertragungen im Umsatzsteuerrecht. Eine rechtssystematische Analyse der Entwicklung des Rechtsinstituts der Geschäftsveräußerung im Ganzen. 2013.

Band 21 Christian Kniese: Europarechtlicher Rahmen einer steuerlichen Förderung von Forschung und Entwicklung. 2013.

Band 22 Katarina Günther: Vertrauensschutz bei Angaben Dritter im Umsatzsteuerrecht. 2013.

Band 23 Andreas Königer: Ertragsteuerrechtliche Behandlung grenzüberschreitender Spaltungen von Rechtsträgern. Unter besonderer Beachtung der Vorgaben des Unionsrechts. 2014.

Band 24 Matthias Diete: Das obligatorische Schiedsverfahren in der deutschen DBA-Praxis. Erweiterung des zwischenstaatlichen Rechtsschutzes bei Doppelbesteuerungskonflikten. 2014.

Band 25 Friederike Grube: Der Einfluss des unionsrechtlichen Beihilfenverbots auf das deutsche Steuerrecht. Dargestellt an den Beispielen der sogenannten Sanierungsklausel und der Steuervergünstigungen für gemeinnützige Unternehmen. 2014.

Band 26 Tobias Loscher: Präventive Aufsicht der Europäischen Union über den Bundeshaushalt. 2014.

Band 27 Jochen Lutz Tillmanns: Divergenz und Konvergenz von Umsatzsteuer und Einkommensteuer. Zur problematischen Verwendung ertragsteuerlicher Konzepte und Begriffe im Umsatzsteuerrecht. 2015.

Band 28 Cornelia Zirkl: Die Neutralität der Umsatzsteuer als europäisches Besteuerungsprinzip. Inhalt, Herleitung und der Umgang mit Neutralitätsverletzungen. 2015.

Band 29 Matthias Ernst: Die Dienstleistungsbetriebsstätte im Abkommensrecht. Begriffsbestimmung, Abgrenzung und Analyse eines alternativen Betriebsstättentatbestands. 2015.

Band 30 Michael Brandl: Mehrfachansässigkeit im Ertragsteuerrecht. 2016.

Band 31 Stephanie Krebbers-van Heek: Die mitunternehmerische Besteuerung der Komplementäre der Kommanditgesellschaft auf Aktien. 2016.

Band 32 Felix Klemt: Körperschaftsteuerliche Verluste junger innovativer Unternehmen. Rechtliche und wirtschaftliche Analyse, Alternativen de lege ferenda. 2016.

Band 33 Nina Erm: Personengesellschaften in Steuerverfahren. Verfahrensklarheit trotz Einheit und Vielheit. 2016.

Band 34 Christian Erich Rödel: Der Teilbetriebsbegriff in den Einbringungstatbeständen des Umwandlungssteuergesetzes. 2016.

Band 35 Florian Wenk: Einkünfte aus Leistungen nach § 22 Nr. 3 EStG. Eine Untersuchung zum Belastungsgrund der Einkommensteuer. 2017.

Band 36 Ralf Haendel: Treaty Overriding im Internationalen Steuerrecht als Verfassungsproblem. Insbesondere zur Reichweite der Völkerrechtsfreundlichkeit des Grundgesetzes. 2017.

Band 37 Nadine Schader: Fiskalische Immunität internationaler Organisationen und ihres Personals in der Bundesrepublik Deutschland. 2018.

Band 38 Sebastian Cloppenburg: Eine Finanztransaktionssteuer im „kleinen Kreis“. Unionsrechtliche Zulässigkeit der Durchführung einer Verstärkten Zusammenarbeit im Bereich der Finanztransaktionsbesteuerung. 2018.

Band 39 Volodymyr Izrailevych: Der Begriff der Betriebsstätte im deutschen und im russischen Ertragsteuerrecht und im deutsch-russischen Doppelbesteuerungsabkommen. Ein Rechtsvergleich. 2018.

Band 40 Jan Popel: Das vorgeprägte und intendierte Ermessen im Steuerrecht. 2018.

Band 41 Marcel Sandberg: Internationale Vollstreckungshilfe im Besteuerungsverfahren. Insbesondere zum EU-Beitreibungsgesetz und zu Doppelbesteuerungsabkommen nach Art des Artikels 27 OECD-Musterabkommen. 2019.

Band 42 Sven Sobanski: Die Rechtsbeständigkeit von Steuerverwaltungsakten und finanzgerichtlichen Urteilen bei Verstößen gegen Unionsrecht. 2019.

Band 43 Delia Maria Palenker: Die Bindung der gesonderten Verlustfeststellung an den Einkommensteuerbescheid. Eine Rechtsprechungsanalyse zu § 10d Abs. 4 EStG vor und nach Inkrafttreten des JStG 2010 und ihre Folgen für den Rechtsschutz. 2020.

Band 44 Theresa Siebing: Wohnsitz und gewöhnlicher Aufenthalt als nationale Anknüpfungsmerkmale der Besteuerung. 2020.

Band 45 Julian Siller: Steuerliche Amtshilfe nach dem Übereinkommen über die gegenseitige Amtshilfe in Steuersachen vom 25.01.1988 im System der internationalen steuerlichen Amtshilfe. 2020.

Band 46 Sebastian Fernkorn: Verfassungsrechtliche Anforderungen an nichtsteuerliche Umweltabgaben am Beispiel des Brennstoffemissionshandels. Eine finanzverfassungsrechtliche Untersuchung der nationalen CO2-Zertifikate. 2022.

Band 47 Hanna Brentrup: Methoden der Einkunftsartenabgrenzung sowie der Bestimmung des steuerbaren Bereichs im Einkommensteuerrecht. 2023.

Band 48 Elisabeth Catherine Wöhrle: Der finanzgerichtliche Prozessvergleich. 2024.

Band 49 Jan Luis Lemli: Das Multilaterale Instrument im System des internationalen Steuerrechts. 2024.

www.peterlang.com

www.ingramcontent.com/pod-product-compliance
Ingram Content Group UK Ltd.
Pitfield, Milton Keynes, MK11 3LW, UK
UKHW021838290926
8980IPUK00004B/522

9 783631 908792